TSCHECHISCH
IM ALLTAG

DAGMAR BRČÁKOVÁ / EVA BERGLOVÁ

TSCHECHISCH
im Alltag

**Učebnice češtiny
pro německy hovořící**

LEDA
PRAHA 2004

Recenzovaly: doc. PhDr. Olga Müllerová, CSc.,
          a PhDr. Jana Hoffmannová, CSc.

© PhDr. Dagmar Brčáková, CSc.,
a PhDr. Eva Berglová, CSc., 2004
© LEDA spol. s r.o., 2004
Illustrations © Karel Benetka, 2004

ISBN 80-7335-043-2

INHALTSVERZEICHNIS

VORWORT / 15
PŘEDMLUVA / 20
ABKÜRZUNGSVERZEICHNIS / 24
EINLEITUNG / 25
DIE TSCHECHISCHEN LAUTE
  UND IHRE SCHREIBUNG / 25
    Vokale 25
    Konsonanten 25
    Das Alphabet 25

Lektion 1

GRÜSSE. GESELLSCHAFTLICHER KONTAKT – POZDRAVY. SPOLEČENSKÝ STYK

Text: Pan König je v Praze (Herr König ist in Prag) 30
Wortschatz 30
Erläuterungen: Familiennamen der Frauen 33
    Der Vokativ 33
    Der Infinitiv 33
Grammatik: Das Präsens und die Verneinung des Verbs
    být (sein) 33
    Die Höflichkeitsform 34
Übungen 34
    Fragewörter (Übung 10) 37

Lektion 2

WOHNEN – BYDLENÍ

Text: Ahoj, Kurte, už máš byt? (Hallo, Kurt, hast du schon
    eine Wohnung?) 38
Wortschatz 38
Erläuterungen: Der Vokativ 41
    Die Demonstrativpronomina *ten, ta, to* 41
    Das Quantitativum *moc* 41
    Die Verneinung 42
Grammatik: Das Präsens des Verbs *mít* (haben) 42

INHALT

Substantive – Der Nominativ Sg. 42
Der Akkusativ Sg. 44
Übungen 45

Lektion 3

TELEFONIEREN. KORRESPONDENZ – TELEFONOVÁNÍ. KORESPONDENCE

Text: Zavoláme Milanovi? (Rufen wir Milan an?) 48
Wortschatz 50
Erläuterungen: Die Reflexivpartikel *se, si* 53
Die Indefinitpronomina und -adverbien 53
Die Negativpronomina und -adverbien 53
Die Demonstrativpronomina *ten, ta, to, tenhle, tahle, tohle* 53
Grammatik: Verben I. Das Präsens 54
Die Konjugation der I., II. Gruppen 54
Substantive – Der Dativ Sg. 55
Übungen 56
Reflexivverben (Übung 6) 57

Lektion 4

EINKÄUFE – NÁKUPY

Text: Aleno, kde teď nakupuješ? (Alena, wo kaufst du jetzt ein?) 60
Wortschatz 62
Erläuterungen: Die Vorsilben bei den Verben 63
Die Wortzusammensetzungen 63
Die Verben *chodit – jít, jezdit – jet* 63
Der Genitiv nach der Mengenangabe 64
Die Zeitangabe I – Wochentage, Monatsnamen 64
Jahreszeiten, Temporaladverbien 65
Grammatik: Verben II. Das Präsens 65
Die Konjugation der III., IV., V. Gruppen 65
Substantive – Der Genitiv Sg. 66
Übungen 68

Lektion 5

VERGNÜGUNGEN UND PFLICHTEN – ZÁBAVA A POVINNOSTI

Text: Proč nechceš jet s námi na hory? (Warum willst du nicht mit uns ins Gebirge fahren?) 74
Wortchatz 76
Erläuterungen: Die Wortfolge 77
    Die Präpositionen *se, ze, ke, ode, ve, přede* 77
    Die Reflexivverben mit *se, si* 77
    Die Modalkonstruktion *(Ne)chce se mi* 77
    Die unpersönlichen man-Sätze mit 3. P. Sg. + *se* 78
Grammatik: Die Modalverben 78
    Substantive – Der Instrumental Sg. 79
    Die Personalpronomina – Die Deklination 80
Übungen 81
Lied: Bejvávalo, bejvávalo 85

Lektion 6

FAMILIE – RODINA

Text: Žádný spěch se svatbou (Keine Eile mit der Hochzeit) 86
Wortchatz 86
Erläuterungen: Jeden, jedna, jedno 89
    Kolik je mu let? 89
    Ženatý, vdaná 89
    Die Possessivpronomina *svůj, svá, své* 90
    Der Verbalaspekt I 90
Grammatik: Die Kardinalzahlen I 90
    Die Demonstrativpronomina 91
    Adjektive 92
    Die harte Deklination 93
    Die weiche Deklination 94
    Die Possessivpronomina 95
Übungen 98
    Antonympaare (Übung 10) 101
    (Übung 13) 103

INHALT

Lektion 7

DIE STADT – MĚSTO
Text: Poprvé v Praze (Zum erstenmal in Prag) 106
Wortschatz 110
Erläuterungen: Das Verb *stát* 112
    Die Possessivadjektive 112
    Die deminutiven Substantive 113
Grammatik: Der Imperativ 113
    Substantive – Der Lokativ Sg. 115
    Übersicht der Stammkonsonantenerweichung
      der Substantive 116
Übungen 117

Lektion 8

URLAUB. REISEN – DOVOLENÁ. CESTOVÁNÍ
Text: O dovolené byli všichni spokojení (Im Urlaub waren
    alle zufrieden) 122
Wortschatz 124
Erläuterungen: Die substantivierte Adjektive 126
    Die Wortzusammensetzungen 126
    Die man-Bedeutung mit *člověk* 126
Grammatik: Die Vergangenheit 127
    Der Verbalaspekt II 129
    Der Aspekt und die Verben der Bewegung 131
Übungen 133
    Symbole der staatlichen Souveränität 137
    Karte der Tschechischen Republik 137

Lektion 9

WETTER – POČASÍ
Text: Rozmary dubnového počasí (Die Launen des
    Aprilwetters) 138
Wortschatz 140
Erläuterungen: Adverbien 142
    Witterungsverben – Impersonalia 142

Die L-form ohne *-nou-*	142
Grammatik: Das Futur und der Aspekt	143
Der Imperativ und der Aspekt	144
Die Kardinalzahlen II	144
Deklination	145
Übungen	147
Lied: Sil jsem proso	151

Lektion 10

HOBBYS – KONÍČKY

Text: Máme doma želvu (Wir haben eine Schildkröte zu Hause)	152
Wortschatz	154
Erläuterungen: Emphatische Sätze mit Genitiv	156
Die Deklination von *kotě, dítě – děti, lidi*	157
Grammatik: Substantive – Der Nominativ Pl.	158
Der Akkusativ Pl.	159
Übungen	160

Lektion 11

DER MENSCH UND SEINE EIGENSCHAFTEN – ČLOVĚK A JEHO VLASTNOSTI

Text: Co tomu říká horoskop? (Was sagt das Horoskop dazu?)	164
Wortschatz	166
Erläuterungen: Maskulina mit der Endung *-a*	168
Myslím, že	169
Die Konjunktion *jestli*	169
Grammatik: Die Steigerung der Adjektive	169
Übungen	172

Lektion 12

IM RESTAURANT – V RESTAURACI

Text: Co si dáme k večeři? (Was bestellen wir zum Abendessen?)	178

INHALT

Wortschatz 182
Erläuterungen: Peníze, peněz 183
    Mnoho, hodně, moc, málo, dost, spousta, několik,
    trochu, pár + G. 183
    Die Namen der Häuser 184
    Das Verbum *dát (se, si)* 184
Grammatik: Substantive – Der Genitiv Pl. 184
    Die Ordinalzahlen 185
    Die Zeitangabe II. – *Kolikátého je dnes?* (Den wie
    vielten haben wir heute?) 186
    Kolik je hodin? (Wie viel Uhr ist es?) 187
Übungen 188

Lektion 13

BILDUNG UND BERUF – VZDĚLÁNÍ. POVOLÁNÍ

Text: Čím chceš být? (Was willst du werden?) 192
Wortschatz 194
Erläuterungen: Čím chceš být? (Was willst du werden?) 197
    Rád (mít rád, být rád…), raději / radši 197
    Das Verb *dostat* 198
Grammatik: Die Fragepronomina *kdo?, co?* 198
    Substantive – Der Dativ Pl. 198
    Der Lokativ Pl. 199
    Adverbien I 200
Übungen 201
    Verben *studovat, chodit do školy* (Übung 3) 201
    Adverbien *vpředu – dopředu* (Übung 15) 205

Lektion 14

BEIM ARZT – U LÉKAŘE

Text: V čekárně a v ordinaci (Im Wartezimmer und im
    Sprechzimmer des Arztes) 209
Wortschatz 212
Erläuterungen: Pronomina *sám, samý* 214
    Die Bedeutung von *běhat – běžet* 215
Grammatik: Substantive – Der Instrumental Pl. 216

Adverbien II – Die Steigerung 216
Übungen 217
Lied: Červený šátečku 221

Lektion 15

KLEIDUNG. MODE – ODÍVÁNÍ. MÓDA
Text: Hnědá kravata? Vyloučeno! (Der braune Schlips?
    Ausgeschlossen!) 222
Wortschatz 224
Erläuterungen: Vzít si (na sebe), mít na sobě, obléct si 227
    Šaty, kalhoty – nur Mehrzahl 227
    Spezialzahlen *jedny*, *dvoje* 227
    Namen der Farben 227
    Die Partikel *prý* 227
    Dá se + Inf. (man kann) 228
Grammatik: Der Konditional 228
    Sätze mit *kdyby, aby* 229
Übungen 230

Lektion 16

KUNST – UMĚNÍ
Text: Filmový festival je přede dveřmi (Das Filmfestival
    steht vor der Tür) 236
Wortschatz 238
Erläuterungen: Das Wort *lístek* 240
    Kurze Wörter *až, ani, asi, než, třeba, že* 240
Grammatik: Nebenordnende Konjunktionen 242
    Die Satzgefüge 242
    Die wichtigsten Konjunktionen der Nebensätze 243
Übungen 246

Lektion 17

ÖFFENTLICHES LEBEN. POLITIK – VEŘEJNÝ ŽIVOT. POLITIKA
Text: Co je ve světě nového? (Was gibt's Neues in der Welt?) 252
Wortschatz 254

INHALT

Erläuterungen: Vidím, že čteš noviny – der Verlauf der
aktuellen Handlung 256
V novinách píšou – die man-Bedeutung 256
Kdo za to může? 257
Říkávat, chodívat, sedávat – pflegen + zu + Inf. 257
Grammatik: Das Passiv 257
Partizipformen 258
Übungen 259

Lektion 18

AUS DER BÖHMISCHEN GESCHICHTE
– Z ČESKÝCH DĚJIN

Text: Od praotce Čecha k zániku Velkomoravské říše
a k prvním Přemyslovcům (Vom Urvater Tschech
bis zum Untergang des Großmährischen Reiches
und den ersten Přemysliden) 262
Wortschatz 264
Grammatik: Die Deklination der Internationalismen *génius,*
cyklus, centrum, téma, galerie 266
Übungen 268
Wiederholungsübungen 269
Tschechische Staatshymne 277

RATSCHLÄGE FÜR DIE IN DER TSCHECHISCHEN
REPUBLIK LEBENDEN AUSLÄNDER / 278
  I. Generell 278
  II. Fragebogen 278
  III. Lebenslauf 281
  IV. Antrag 281
  V. Bestätigung 282
  VI. Arbeitsverhältnis 282
  VII. Anzeigen 283
  VIII. Postamt 284
  IX. Reklamationsformular 284
  X. Am Fahrkartenautomaten 285
Wortschatz 287

NAMEN DER KONTINENTE, DER EUROPÄISCHEN LÄNDER
UND IHRER EINWOHNER, HAUPTSTÄDTE / 291

GRAMMATIKÜBERSICHT / 293
Die Deklination 293
    Substantive 293
    Unregelmäßige Substantive 294
    Adjektive 294
    Die Personalpronomina 295
    Die Demonstrativpronomina 296
    Die Interrogativpronomina 296
    Die Possessivpronomina 297
    Die Kardinalzahlen 298
    Die Ordnungszahlen 299
Die Konjugation 299
    Präsens der regelmäßigen Verben 299
    Vergangenheit der regelmäßigen Verben 300
    Futur 301
    Konditional 301
Verben mit abweichender Rektion 301
Am häufigsten gebrauchte reflexive Verben 303
    Im Tschechischen reflexiv – Im Deutschen
    nicht-reflexiv 303
    Im Tschechischen nicht-reflexiv – Im Deutschen
    reflexiv 303
Unregelmäßige Verben 303

KLEINE BELEHRUNG ÜBER
DAS GEMEINTSCHECHISCH / 306

LÖSUNGSSCHLÜSSEL / 312

WORTREGISTER / 335

BENUTZTE LITERATUR / 365

VERZEICHNIS DER AUFNAHMEN / 366

VORWORT

Das Lehrwerk, das Sie in der Hand halten, wendet sich an deutschsprachige Benutzer, die lernen wollen, Tschechisch zu verstehen und zu sprechen. Es geht von dem frequentierten Wortschatz aus und übt diesen in lebendigen Satzmodellen, wobei sowohl die Interferenz als auch die Übereinstimmungen zwischen dem Deutschen und dem Tschechischen berücksichtigt werden. Bestandteil des Lehrwerks sind drei CDs, auf denen sich ausgewählte Texte und Übungen befinden, die dem Benutzer (und das besonders im Selbststudium) ermöglichen, die authentische tschechische Intonation und Aussprache zu hören, sich an das natürliche Sprechtempo zu gewöhnen und schlagfertig zu reagieren.

Wenn Sie das Lehrwerk durchgearbeitet haben, werden Sie mehr als 1 800 Wörter produktiv anwenden können.

■ I. AUFBAU DES LEHRWERKS

A. Das Lehrbuch besteht neben der Einführung in das tschechische Laut- und Schriftsystem aus 18 Lektionen, die thematisch auf kommunikative Situationen des Alltags ausgerichtet sind.

Jede Lektion ist auf die gleiche Weise aufgebaut und beinhaltet fünf Blöcke:
1. tschechischer Ausgangstext (Dialog), auch auf CD, dazu freie Übersetzung ins Deutsche
2. Wortschatz – Vokabelverzeichnis zur Lektion
3. Erläuterungen zum Dialogtext
4. Grammatikpräsentation, eventuell Anmerkungen
5. Übungsbatterie, davon cca 70 % auf CD

B. Der Anhang beinhaltet ein paar nützliche Ratschläge für die Ausländer, die in der Tschechischen Republik leben, Namen der Kontinente und der europäischen Länder, Übersichtstafeln zur Deklination und Konjugation, ein Verzeichnis der Verben mit abweichender Rektion, ein Verzeichnis der Verben mit abweichender Reflexivität, ein Verzeichnis der frequentierten unregelmäßigen Verben, eine kleine Belehrung über das Gemeintschechisch, den

VORWORT

Lösungsschlüssel zu den nicht-audiooralen Übungen und ein tschechisch-deutsches zusammenfassendes Wortregister.

■ *II. CHARAKTERISTIK DER EINZELNEN BLÖCKE*

1. **Der Ausgangsdialog** beinhaltet neben dem thematisch begrenzten Wortschatz auch Redemittel zum Ausdruck von *Einstellungen und Haltungen* der Gesprächsteilnehmer, d. h. des Sprechers, der etwas mitteilt und die weitere Replik stimuliert, und des Hörers, der das Mitgeteilte verstehen soll und dann in veränderter Rolle als weiterer Sprecher auf die gehörte Replik z. B. mit Zustimmung, Ablehnung, Verwunderung, Gleichgültigkeit, Aufforderung zur weiteren Information u.a. reagiert. Dadurch unterscheidet sich dieses Lehrwerk von vielen älteren Konversationsbüchern, die oft nur ein thematisiertes Wörterverzeichnis darstellen. Der Ausgangsdialog kann selbstverständlich umfangreichen themagebundenen Wortschatz nicht einbeziehen, deshalb wird der Wortschatz auch in den nachfolgenden Übungen erweitert, wobei – aus praktischen Gründen – die deutschen Äquivalente der bis dahin noch unbekannten Wörter sowohl direkt im Text der Übungen als auch in dem Vokabelverzeichnis zur Lektion angeführt werden.

2. **Die Erläuterungen** zum Dialogtext betreffen schwierige Wendungen und Satzkonstruktionen; stellenweise gewähren sie auch einen Einblick in den Wortumfang aus Interferenzsicht.

3. **Die Grammatikpräsentation** verfolgt die Progression vom Einfachen zum Komplizierten. Sie setzt die Kenntnis der elementaren grammatischen Terminologie voraus und stützt sich auf unsere langjährigen Erfahrungen, die beweisen, dass der deutsche Nutzer das Bedürfnis hat, sich eine Fremdsprache im System als fester Grundlage der sprachlichen Äußerung anzueignen. Dieser Block unseres Lehrwerks bietet dazu die Gelegenheit.

4. **Die Übungsbatterien** dienen der Festigung des behandelten Stoffs der einzelnen Lektionen, in der späteren Phase erweitern sie auch geringfügig den Lernstoff und wiederholen den der vorausgegangenen Lektionen. Der größte Teil der Übungen ist auf

CD gesprochen (audioorale Übungen). Es sind gelenkte (d. h. eindeutige) Antworten nach einem bestimmten Muster: Sie simulieren die Bestandteile der natürlichen gesprochenen Kommunikation, in denen der Nutzer zum Verstehen der Replik (auditive Komponente) und zum Reagieren darauf (orale Komponente) geführt werden soll. Die aufgenommenen Texte, Übungen und Lieder sind im Lehrwerk gekennzeichnet durch 🔊 mit Nummern, die die Nummer der CD (1, 2 oder 3) bedeuten sowie mit der laufenden Nummer der Aufnahme (Track-Nummer). Die anderen (nicht-audiooralen) Übungen (mit ✎) werden ohne CD durchgeführt und ihre richtige Lösung befindet sich im Lösungsschlüssel im Anhang.

5. **Das Vokabelverzeichnis** (Wortschatz) zu den einzelnen Lektionen ist alphabetisch angeordnet. Die Vokabeln, die sich nur in den Übungen, ev. in den Erläuterungen oder in der Grammatikpräsentation befinden, werden mit einem Punkt (•) markiert.

■ *III. METHODISCHE VERFAHREN*

Im institutionalisierten Unterricht wählt der Lehrer in der Regel selbst entsprechend seiner Unterrichtserfahrung und der Bedingungen in der Klasse das Unterrichtsverfahren.

Im Selbststudium erwies sich am effektivsten folgendes Vorgehen:

1. Beherrschen Sie schrittweise *den Wortschatz der Lektion*. Prägen Sie sich sowohl die grafische als auch die lautliche Gestalt der Wörter ein: Sprechen Sie die tschechischen Vokabeln laut aus, gehen Sie in solchen Etappen voran, die für Sie annehmbar sind. Lernen Sie zunächst die Vokabeln des Dialogs – sie stehen vor dem Wortschatz zur Erweiterung der Übungen, eventuell der Grammatikpräsentation oder der Anmerkungen, die Sie sich erst vor der Durchführung der Übungsbatterie einprägen. Sofern erforderlich, wiederholen Sie dieses Vorgehen.

2. Hören Sie sich *den Dialog auf der CD* an. In der Anfangsetappe verfolgen Sie gleichzeitig im Lehrbuch den gedruckten Text, eventuell auch dessen sinngemäße Übertragung ins Deutsche. In

VORWORT

einem späteren Stadium sollten Sie sich bemühen, den Text bei geschlossenem Lehrbuch zu verstehen. Die Aufnahmen können Sie individuell stoppen und die Repliken wiederholen, die Ihre Aufmerksamkeit geweckt haben.

    3. Arbeiten Sie *die Erläuterungen zum Text* durch. Wenn Sie möchten, hören Sie sich dann noch einmal den ganzen Dialog an und sprechen Sie dort den Text simultan mit dem Sprecher auf der Kassette mit.

    4. Arbeiten Sie *den Block der Grammatik* durch und das auf jeden Fall mindestens zweimal.

    5. Arbeiten Sie *die Übungsbatterie* durch. Hören Sie sich die audiooralen Übungen von den CDs an, achten Sie auf die Aufgabenstellung und das Muster. Dann (d. h. nach der ersten Phase der Aufnahme) reagieren Sie in der Pause (d. h. in der zweiten Phase der Aufnahme). In der dritten Phase der Aufnahme hören Sie dann die richtige Lösung. Haben Sie falsch reagiert, halten Sie bitte die Aufnahme an und korrigieren Sie Ihre Lösung. In der Anfangsetappe können Sie parallel dazu auch den gedruckten Text verfolgen. Versuchen Sie aber, diesen so schnell wie möglich außer Acht zu lassen – das hilft Ihnen, das Hörverständnis zu schulen.

    Die nicht-audiooralen Übungen führen Sie so durch wie im Lehrbuch angegeben, die richtigen Lösungen finden Sie im Lösungsschlüssel im Anhang des Buches. Die letzte Übung ist in der Regel die Übersetzung ins Tschechische; sie fasst die Lexik und die Grammatik der ganzen Lektion zusammen. Führen Sie die Übersetzung sowohl mündlich als auch schriftlich durch.

    Der Weg zur Beherrschung einer Fremdsprache ist niemals kurz und einfach. Lassen Sie sich nicht von Anfangsschwierigkeiten abraten – wenn Sie systematisch arbeiten werden, überwinden Sie diese bald. Gehen Sie in solchen Schritten voran, die Ihnen entgegenkommen, allerdings auf keinen Fall ohne größere zeitliche Pausen. Das größte Hindernis in der mündlichen Äußerung erwachsener Lerner in der Fremdsprache ist die psychische Barriere. Wenn Sie erst „vor Ort" sprechen werden, nehmen Sie

Gestik, Mimik zu Hilfe und das Allerwichtigste – haben Sie keine Angst davor, Fehler zu machen! Jeder Tscheche wird sie Ihnen gern verzeihen, ja, er wird sie für ein nettes Wortspiel halten und wird bestimmt Ihr Bemühen zu schätzen wissen, sich im Tschechischen, dieser sehr schwierigen, Ihnen aber schon vertrauten Sprache, ausdrücken zu wollen.

Ausdauer im Studium und viel Freude am Erfolg wünschen Ihnen die Autorinnen

DAGMAR BRČÁKOVÁ
EVA BERGLOVÁ

PŘEDMLUVA

Kniha, kterou držíte v ruce, je určena německy mluvícím uživatelům, kteří se chtějí naučit rozumět a mluvit česky. Vychází z frekventované slovní zásoby a nacvičuje ji v živých větných modelech, přičemž zohledňuje německo-české jazykové interference i shody. Součástí učebnice jsou tři CD s nahrávkou vybraných textů a cvičení. Ta umožňuje uživateli, zejména při samoučení, slyšet autentickou českou výslovnost a intonaci, zvykat si na přirozené tempo řeči a pohotově reagovat.

Po zvládnutí učebnice budete umět aktivně užívat více než 1 800 slov.

■ *I. STRUKTURA UČEBNICE*

A. Učební část obsahuje v úvodu stručný přehled grafické a fonetické podoby českého jazyka.

Následuje 18 lekcí, tematicky zaměřených na komunikativní situace běžného života. Lekce mají jednotnou strukturu a obsahují pět bloků:
1. výchozí učební dialog spolu se zrcadlovým volným převodem do němčiny (česká část je též v nahrávce)
2. slovníček k lekci
3. vysvětlivky k dialogu
4. výklad gramatiky, ev. poznámky k němu
5. sérii cvičení (asi 70 procent v nahrávce),

B. Pomocná část obsahuje několik praktických rad pro cizince žijící v České republice, názvy světadílů a evropských států, přehledné tabulky deklinace a konjugace, seznam sloves s odlišnou rekcí, seznam sloves s odlišnou reflexivitou, seznam frekventovaných nepravidelných sloves, poučení o obecné češtině, klíč k neaudioorálním cvičením a souhrnný česko-německý slovník.

■ *II. CHARAKTERISTIKA UČEBNÍCH BLOKŮ*

1. **Výchozí** učební **dialog** na konkrétní téma obsahuje příslušnou slovní zásobu a předvádí modely pro vyjadřování ***postojů***

účastníků dialogu, t.j. mluvčího, který něco sděluje a stimuluje další repliku, a posluchače, jehož úkolem je porozumět sdělovanému, aby pak – v pozměněné roli – jako další mluvčí reagoval na vyslechnutou repliku, například souhlasem, nesouhlasem, údivem, lhostejností, pobídkou k další informaci apod. Tím se tato učebnice liší od mnoha starších konverzačních příruček, které často bývaly pouhým tematizovaným slovníkem. Učební dialog pochopitelně nemůže zahrnout rozsáhlou tematickou slovní zásobu; ta je proto rozšiřována i v následných cvičeních, přičemž německé ekvivalenty dosud neznámých slov jsou z důvodů praktických uvedeny jednak přímo v textu cvičení, jednak ve slovníčku k lekci hned za textem.

2. **Vysvětlivky** k textu dialogu se týkají obtížnějších slovních obratů a větných konstrukcí; místy vysvětlují významy z hlediska rozdílů mezi češtinou a němčinou.

3. **Výklad gramatiky** postupuje od základního ke složitějšímu. Předpokládá znalost elementární gramatické terminologie a vychází z našich dlouhodobých zkušeností, které prokázaly, že valná většina německých uživatelů cítí potřebu osvojovat si jazyk v určitém systému, který je pevným základem jazykového vyjadřování. Tento blok učebnice jim to plně umožňuje.

4. **Cvičení** upevňují probranou látku jednotlivých lekcí, v pokročilejších lekcích ji mírně rozšiřují a opakují i látku lekcí předchozích. Velká část cvičení je ozvučena na CD (cvičení audioorální); ta se řídí metodikou řízených, tj. jednoznačných odpovědí podle zadaného vzoru: simulují součásti přirozené mluvené komunikace, v nichž je uživatel veden k porozumění repliky (složka audiální) a pohotové reakci na ni (složka orální). Nahrané texty, cvičení a písničky jsou v učebnici označena znakem ⌬ s číslicí, která znamená číslo CD (1, 2 nebo 3) a pořadové číslo nahrávky (na CD track). Jiná (neaudioorální) cvičení (s ⌀) se provádějí bez nahrávky a jejich správné řešení si lze ověřit klíčem v pomocné části učebnice.

5. **Slovní zásoba** k lekci se uvádí v abecedním pořádku. Slova, která jsou pouze ve cvičeních, ev. ve vysvětlivkách k výchozímu textu či ve výkladu gramatiky, jsou označena •.

PŘEDMLUVA

■ III. UČEBNÍ POSTUP

Ve třídě vedené učitelem si vyučující zpravidla volí postup podle svých zkušeností a podmínek třídy.

Při samoučení se jako nejefektivnější osvědčil následující postup:

1. Postupně zvládejte *slovní zásobu lekce*. Osvojujte si jak psanou, tak i zvukovou podobu slov: česká slovíčka vyslovujte nahlas, postupujte po etapách pro Vás přijatelných. Nejdříve se naučte slovíčka k dialogu. Slova ke cvičením, ev. výkladu či vysvětlivkám osvojujte až před prováděním série cvičení. Je-li třeba, postup opakujte.

2. Poslouchejte *dialog z nahrávky*. V počáteční etapě nahlížejte zároveň do tištěného textu, ev. jeho převodu do němčiny. V pozdější etapě se snažte porozumět nahrávce bez nahlížení do učebnice. Nahrávku můžete podle individuální potřeby zastavovat a opakovat repliky, které Vás zaujaly.

3. Prostudujte si *vysvětlivky k textu*. Chcete-li, poslechněte si znovu celou nahrávku dialogu a tam, kde to dokážete, simultánně text vyslovujte spolu se spíkrem.

4. Prostudujte si *gramatický výklad*. Učiňte tak alespoň dvakrát.

5. Proveďte *sérii cvičení*. Audioorální cvičení poslouchejte z nahrávky, věnujte pozornost zadání a vzoru. Podle zadání (= první takt nahrávky) reagujte do pauzy (= druhý takt nahrávky), ve třetím taktu pak uslyšíte správné řešení. Jestliže jste reagovali chybně, zastavte nahrávku a své řešení korigujte. V počáteční etapě můžete paralelně sledovat i tištěný text, co nejdříve se však snažte od něho odpoutat – pomůže vám to v rozvíjení poslechu.

Neaudioorální cvičení provádějte z učebnice, správné řešení ověřujte v klíči. Posledním cvičením je zpravidla překlad do češtiny; shrnuje lexikální i gramatickou látku celé lekce. Překlad proveďte ústně i písemně.

Cesta ke zvládnutí cizího jazyka není nikdy krátká ani snadná. Nedejte se odradit počátečními potížemi – když budete pokračovat systematicky, brzy je překonáte. Postupujte po dávkách, které Vám vyhovují, avšak v každém případě bez větších časových intervalů. Největší překážkou mluvené komunikace v cizím jazyce je u dospělých mluvčích psychická bariéra. Až budete hovořit v reálné situaci, „v terénu", vypomáhejte si gesty, mimikou a hlavně – nebojte se chyby! Každý Čech Vám ji rád promine, ba bude ji považovat za roztomilou slovní hříčku a jistě ocení Vaše úsilí vyjadřovat se v češtině, v tom velmi těžkém, ale Vám už známém jazyce.

Vytrvalost při studiu a hodně radosti z úspěchu Vám přejí autorky

DAGMAR BRČÁKOVÁ
EVA BERGLOVÁ

VORWORT

ABKÜRZUNGSVERZEICHNIS

adj.	s Adjektiv	Nom.	r Nominativ
adv.	s Adverb	*num.*	s Numerale
Akk.	r Akkusativ	österreich.	österreichisch
bel.	belebt	P.	e Person
bzw.	beziehungsweise	*par.*	e Partikel
D.	r Dativ	*pf.*	perfektiv
engl.	englisch	*pl.* / Pl.	r Plural
Erl.	e Erläuterung	*pnm.*	s Pronomen
f. / F.	s Femininum	*präp.*	e Präposition
Fut.	s Futur	refl.	reflexiv
freq.	frequentativ	sächl.	sächlich
G.	r Genitiv	S.	e Seite
Gr.	e Gruppe	sg. / Sg.	r Singular
h.	hart	s.g.	so genannt
imp.	impersonal	*schriftspr.*	in der Schriftsprache
Ind.	r Indikativ	sth.	stimmhaft
Inf.	r Infinitiv	stl.	stimmlos
Inst.	r Instrumental	subst.	s Substantiv
ip.	imperfektiv	tsch.	tschechisch
kon.	e Konjunktion	*umgspr.*	in der Umgangssprache
Kond.	r Konditional	unb.	unbelebt
Kons.	r Konsonant	ungar.	ungarisch
L.	r Lokativ	V.	r Vokativ
m. / M.	s Maskulinum	vgl.	vergleiche
männl.	männlich	*vulg.*	vulgär
n. / N.	s Neutrum	weibl.	weiblich

EINLEITUNG

■ *DIE TSCHECHISCHEN LAUTE UND IHRE SCHREIBUNG*

VOKALE

Das Tschechische hat 5 kurze und 5 lange Vokale. Die langen werden mit Längezeichen ´, d. h. einem schrägen Strich *(čárka)* gekennzeichnet. (Das lange **u** auch mit ° *(kroužek)*.

Kurze Vokale: **a, e, i/y, o, u.**

Lange Vokale: **á, é, í/ý, ó, ú/ů** (siehe unten *Das Alphabet*).

Alle Vokale werden **deutlich** ausgesprochen.

Die **Wortbetonung** liegt auf der **ersten** Silbe.

In der Aussprache gibt es keinen Unterschied zwischen **i** und **y** (und zwischen **í** und **ý**).

KONSONANTEN

Die stimmhaften Konsonanten (**b, v, d, ď, z, ž, g, h; l, r, m, n, j**) unterscheiden sich in der Aussprache ganz deutlich von den stimmlosen (**p, f, t, ť, s, š, k, ch, c, č**). Die Konsonanten **b, d, p, t, k** werden – im Vergleich mit dem Deutschen – ohne Behauchung ausgesprochen.

Das tsch. **r** hat mehr Schläge als das deutsche Zungenspitzen -**r**.

Das Tschechische hat einen „speziellen" Konsonanten, und zwar das **ř**. Man spricht das **ř** wie ein Zungenspitzen -**r** aus, nur muss die Zungenspitze dabei flattern!

(Über die Problematik der Laute **ř, c, č** siehe S. 29.)

DAS ALPHABET

Die meisten Buchstaben sind dieselben im Tschechischen wie im Deutschen. Die Unterschiede zwischen dem Tschechischen und Deutschen zeigt folgende Übersicht.

Die dritte Rubrik zeigt die tsch. Aussprache im Vergleich mit der deutschen. In der vierten Rubrik wird ein Transkriptionsbeispiel angeführt.

EINLEITUNG

Tsch.	Deutsch	Aussprache	Beispiel
a	a	kurz, hell, sehr gespannt	akt [akt]
á	–	a lang [aa], [ah]	pán [pahn]
b	b	stimmhafter, ohne Behauchung	bar [barr]
c	c	z, tz	car [zarr]
č	–	tsch	česky [tschesski]
d	d	stimmhafter, ohne Behauchung	dáma [dahma]
ď	–	wie ungar. -**gya**-	Maďar [magyar]
e	e	e kurz, immer offen!	les [less]
é	–	ähnlich wie äh	éra [ähra]
ě	–	in der Gruppe bě, pě, vě wie [je]	oběd [objet], pět [pjet], devět [devjet]
		in der Gruppe *dě, tě, ně* wie [ďe], [ťe], [ňe]	děkan [ďekan], tělo [ťelo], něco [ňezo]
		in der Gruppe *mě* wie [mňe]	měsíc [mňessietz]
f	v, f, ph	stimmhafter, ohne Behauchung	fronta [fronta]
g	g	stimmhaft	gram [gramm]
h	h	kräftiger als deutsches **h**	harfa [harfa]
ch	ch	wie in la**ch**en	chór [chor]
i	i	i kurz	index [indeks]
		in der Gruppe *di, ti, ni* wie [ďi], [ťi], [ňi]	div [ďif], tisíc [ťissietz], nic [ňitz]
í	–	ie, ieh, lang	mít [miet]
		in der Gruppe *dí, tí, ní* wie [ďie], [ťie], [ňie]	díl [ďiel], tíha [ťieha], nízký [ňiesskie]

Tsch.	Deutsch	Aussprache	Beispiel
j	j	wie der zweite Laut in **Ei**	máj [mai]
k	ck, k	ohne Behauchung, stimmhafter	koruna [korunna]
l	l		lampa [lampa]
m	m		magnet [magnet]
n	n		nektar [nektar]
ň	–	wie französisches **-gn-**	koňak [kognak]
o	o	o kurz, immer offen	oko [oko]
ó	–	o lang, immer offen, oo, oh	dóm [dohm]
p	p	ohne Behauchung	pan [pann]
r	r	wie bühnendeutsches **r** (**r**ot)	radar [radar]
ř	–	ähnlich wie österreichisches **-st** in Wur**st**, Für**st**	dveře [dweře]
s		ss, ß	pas [pa**ss**]
š	sch	sch	šach [schach]
t	t	ohne Behauchung, (**T**racht)	test [tesst]
ť	–	wie t, aber vorderer Laut Der mittlere Teil der Zunge ist an den harten Gaumen angedrückt.	leť [leť]
u	u	u kurz	ulice [ullitze]
ú	–	u lang, [uh], im Wortanlaut	únor [uhnor]
ů	–	u lang, [uh], im Wortinlaut und -auslaut	dům [duhm], domů [domuh]
v	w	w	vana [wanna]
x	x	ks	xylofon [xilofon]
y	y	wie i kurz	byl [bil]
ý	–	wie i lang [ie]	sýr [ssier]
z	s	s	zima [simma]
ž	–	wie französisches j in **j**ournal	žába [jahba]

EINLEITUNG

■ *HARTE, WEICHE, MITTLERE, PAARIGE KONSONANTEN IN DER RECHTSCHREIBUNG*

1. harte Konsonanten: **h**, **ch**, **k**, **r**
   Nach diesen Konsonanten **schreibt** man (in den einheimischen Wörtern) immer **y/ý**.
2. weiche Konsonanten: **c**, **č**, **j**, **ř**, **š**, **ž**
   Nach diesen Konsonanten **schreibt** man (in den einheimischen Wörtern) immer **i/í**.
3. mittlere Konsonanten: **b**, **f**, **l**, **m**, **p**, **s**, **v**, **z**
   Nach diesen Konsonanten **schreibt** man manchmal **i/í**, manchmal **y/ý**. Im Wortinlaut ist die Rechtschreibung eines jeden Wortes beim Vokabellernen zu üben; im Wortauslaut gibt die Belehrung die Formenlehre.
4. paarige Konsonanten: **d/ď**, **t/ť**, **n/ň**
   W e i c h e Varianten der paarigen Konsonanten werden (in den einheimischen Wörtern) auf zweierlei Art geschrieben:
   a) ohne Häkchen (oder ohne Apostroph): vor **-ě**, **-i/-í**, z. B.: dělat, něco, dítě, dík, nic, tisíc,
   b) mit Häkchen (oder mit Apostroph): in allen anderen Fällen, d. h. vor anderen Vokalen, vor Konsonanten, im Wortauslaut, z. B.: ďábel, pojďme, taťka, daň.

■ *STIMMHAFTE (STH.), STIMMLOSE (STL.) KONSONANTEN. ASSIMILATION*

1. Sonore Konsonanten, nur sth.: **l**, **r**, **m**, **n**, **j**
2. Paarlaute:

sth.	b	d	ď	h	g	v	z	ž	[dz]	[dž]	ř
stl.	p	t	ť	ch	k	f	s	š	c	č	[ř]

   Paarlaute werden **assimiliert**. Die stimmhaften Konsonanten lauten wie die entsprechenden stimmlosen, d. h. **b>p**, **d>t**, **ď>ť**, **h>ch**, **v>f**, **z > s**, **ž>š**, **[dz]>c**, **[dž]>č**, **ř>[ř]**
   a) im Wortauslaut, z. B. klu**b** [klu**p**], náro**d** [nahro**t**], te**ď** [tä**ť**], mu**ž** [mu**š**], zdrá**v** [sdraa**f**],
   b) im Wortinlaut (oder an der Wortgrenze), wo die stimmhaften und die stimmlosen in einer Gruppe nebeneinander stehen,

wird die ganze Gruppe entweder stimmhaft oder stimmlos, je nach dem **zweiten** Konsonanten, z. B.: **k**do [**g**do], o**b**chod [o**p**chott], po**d**chod [po**t**chott], pře**d** **P**rahou [pře**t** **p**rahou], pře**d** **B**rnem [pře**d** **b**rnem], dí**v**ka [die**f**ka], **v**še [**f**še], **z**tráta [**ss**trahta].

Die Assimilation des Lautes ř: am Wortende steht ein stl. ř: keř, wie auch vor dem stl. Konsonanten: pekař perníku, und in der Mitte des Wortes nach den stl.: tři, přišel. Vor dem Vokal am Anfang und nach den sth. in der Mitte des Wortes steht ein sth. ř: řeka, dříve, břeh.

Die Assimilation der Laute **c** und **č**: vor dem sth. sind die **c** und **č** sth.: ote**c** **b**yl, [ot**t**e**dz** **b**ill], lé**čb**a [läh**dž**ba], vor dem stl. sind die **c** und **č** stl.: ote**c** pil [otte**tz** pill], mí**č** **p**adl [mie**tsch** padl].

Das stimmlose ř und die stimmhaften **c** und **č** haben keinen eigenen Buchstaben.

LEKTION 1

POZDRAVY
SPOLEČENSKÝ STYK

1-1

Pan König je v Praze

(Osoby: A – pan König, B – paní Králová, C – pan Barták)

A: Dobrý den, já jsem
  Robert König z Halle.
B: Těší mě, Eva Králová[1].
  Vy jste jistě od firmy ADA.
A: Ano, to jsem já.
B: Moment, já vás ohlásím.
  Pane řediteli[2],
  je tu pan König z Halle.
A: Děkuju, paní Králová[2].
B: Není zač. Pane Königu[2], jděte prosím dál.
C: Vítám vás v Praze, pane Königu. Nechcete si odložit[3]?
  Posaďte se prosím.
A: Dobré ráno, pane Bartáku[2].
  To jsem rád, že vás zase vidím.
C: Já také. Jaká byla cesta?
A: Děkuji, dobrá. Jsme tu dneska autem.
  Jen počasí je hrozné.
C: To máte pravdu, prší tady už dva dny.
  Ale promiňte, kde je ten váš projekt?
A: Prosím, tady je kompletní dokumentace.

WORTSCHATZ

ale *kon.*	aber	**cesta** *f.*	e Reise
ano *par.*	ja, jawohl	**Děkuju. / Děkuji.**	Danke.
auto *n.*	s Auto, r PKW	**dnes** / **dneska** *adv.*	heute
být, jsem, jsi, je,	sein	• **dnes večer**	heute Abend
jsme, jste, jsou *ip.*		**dobrý**	gut
jsem rád	ich bin froh	**Dobré ráno!**	Guten Morgen!

GRÜSSE
GESELLSCHAFTLICHER KONTAKT

Herr König ist in Prag

(Personen: A – Herr König, B – Frau Králová, C – Herr Barták)

A Guten Tag.
  Ich bin Robert König aus Halle.
B Freut mich, Eva Králová.
  Sie sind sicher von der Firma ADA.
A Ja, das bin ich.
B Einen Moment, ich melde Sie an.
  Herr Direktor,
  Herr König aus Halle ist da.
A Danke, Frau Králová.
B Nichts zu danken. Kommen Sie bitte herein, Herr König.
C Willkommen in Prag, Herr König. Möchten Sie nicht ablegen?
  Nehmen Sie bitte Platz.
A Guten Morgen, Herr Barták.
  Ich bin froh, Sie wiederzusehen.
C Gleichfalls. Wie war die Reise?
A Danke, gut. Wir sind heute mit dem Auto hier.
  Nur das Wetter ist schrecklich.
C Sie haben Recht, es regnet hier seit zwei Tagen.
  Aber entschuldigen Sie, wo ist Ihr Projekt?
A Bitte, hier ist die komplette Dokumentation.

Dobrý den!	Guten Tag!
dokumentace *f*	e Dokumentation
dva, dvě, dvě *num.*	zwei
firma *f.*	e Firma
hrozný	schrecklich, furchtbar

LEKTION 1

já *pnm.*	ich	**počasí** *n.*	s Wetter
jaký *pnm.*	wie, was für ein	**Posaďte se.**	Nehmen Sie Platz.
Jděte dál.	Kommen Sie herein. / Gehen Sie hinein.	**Promiňte.** *pf.*	Entschuldigen Sie.
jen / **jenom** *par.*	nur	**prosím**	bitte
jistě *adv.*	gewiss, sicher	**prší** *ip.*	es regnet
Máte pravdu.	Sie haben Recht.	**ředitel** *m.*	r Direktor
• **my** *pnm.*	wir	• **sekretářka** *f.*	e Sekretärin
• **náš, naše, naše** *pnm.*	unser, unsere, unser	**také** / **taky** *par.*	auch
		já také	gleichfalls
• **ne** *par.*	nein; nicht	**ten, ta, to** *pnm.*	der, die, das
Nechcete…?	Mögen Sie nicht…?	**Těší mě.**	Es freut mich.
		to *pnm.*	das, es
Není zač.	Nichts zu danken.	**tu** / **tady** *adv.*	da, hier
		ty *pnm.*	du
od / **ode** + *G. präp.*	von	**už dva dny**	seit zwei Tagen
odložit si *pf.*	ablegen (den Mantel)	**v, ve** + Lok. (wo?) *präp.*	in
Nechcete si odložit?	Möchten Sie nicht ablegen?	**váš** *pnm.*	euer, Ihr
		vidět *ip.*	sehen
ohlásit *pf.*	anmelden	**Vítám vás.**	Schön willkommen.
• **on, ona, ono** *pnm.*	er, sie, es		
		vy, Akk. **vás** *pnm.*	Sie
oni, ony, ona *pl.*	sie	**z, ze** + *G. präp.*	aus
pan, pán *m.*	r Herr	**zase** / **zas** *adv.*	wieder
paní *f.*	e Frau	**že** *kon.*	dass

ERLÄUTERUNGEN ZUM TEXT

1. Familiennamen der Frauen (**paní** = Frau) haben meistens die Endung **-ová**: paní Králová, paní Königová, paní Bartáková. (Siehe auch L. 6, S. 95.) Das Wort **paní** bleibt undekliniert.
2. Das Tschechische hat einen speziellen Ruffall (Vokativ), der meistens eine andere Endung als der Nominativ hat: pan**e** Barták**u**! (Siehe auch L. 2, Erl. 1, S. 41.). Soll das Wort **pán** (= Herr) mit dem Namen oder mit dem Titel gebraucht werden, so hat es die Form **pan**, z. B.: pan Barták, pan König, pan doktor.
Der Ruffall: pan**e** Barták**u**, pan**e** König**u**.
Aber bei weiblichen Namen: Děkuju, paní Králová! (Gleicht dem Nominativ.)
3. Der Infinitiv endet auf **-t**. Beispiel: bý**t** (= sein), vidě**t** (= sehen), odloži**t** si (= ablegen).

GRAMMATIK

DAS PRÄSENS bý**t** (= sein)

Das Tschechische konjugiert mit Hilfe der Endungen. Das Personalpronomen wird gewöhnlich nur in Fällen der **Hervorhebung** verwendet. In der gesprochenen Sprache ist es aber ziemlich häufig.

Sg.			Pl.		
(já)	**jsem**	ich bin	(my)	**jsme**	wir sind
(ty)	**jsi**	du bist	(vy)	**jste**	ihr seid
(on, ona, ono)	**je**	er, sie es ist	(oni)	**jsou**	sie sind

LEKTION 1

ANMERKUNGEN:

1. Verneinung **ne** (= nicht) steht immer **vor** dem Verb und wird mit ihm zusammengeschrieben. Beispiel:

(já) nejsem	ich bin nicht	(my) nejsme	wir sind nicht
(ty) nejsi	du bist nicht	(vy) nejste	ihr seid nicht / Sie sind nicht (!)
(on, ona, ono) **není**	er, sie, es ist nicht	(oni) nejsou	sie sind nicht

2. 3. P. Sg. **není** ist eine unregelmäßige Form.
3. Höfliche Form (das deutsche *Sie sind*) wird durch 2. P. Pl. ausgedrückt: **(Vy) jste** od firmy ADA. – Sie sind…

ÜBUNGEN

■ **1.** *Üben Sie die Aussprache. Wiederholen Sie das Wort oder die Wortverbindung.*

Dobrý den – , dobré ráno – , nechcete si odložit? – , pane Bartáku – , vítám vás v Praze – ;
děkuju – , těší mě – , není zač – , posaďte se – , já také – , promiňte, prosím – , jsme tu dnes autem – .

■ **2.** *Prägen Sie sich zuerst einige Einwohnernamen ein. Wiederholen Sie das tschechische Wort. (Siehe auch S. 291–2)*

Němec (r Deutsche) –
Rakušan (r Österreicher) –
Švýcar (r Schweizer) –
Francouz (r Französe) –
Angličan (r Engländer) –
Rus (r Russe) –
Polák (r Pole) –
Ital (r Italiener) –

Maďar (r Ungar) –
Čech (r Tscheche) –
Američan (r Amerikaner) –

Und jetzt beantworten Sie bitte die Frage. Die Nationalität erkennen Sie am Familiennamen.

BEISPIEL: Je pan König Angličan? – Ne, pan König je Němec.

1. Je pan König Angličan? – 2. Je pan Barták Švýcar? – 3. Je pan Smirnov Němec? – 4. Je pan Milkowski Maďar? – 5. Je pan István Polák? – 6. Je pan Dürrenmat Rus? – 7. Je pan Hopkins Francouz? – 8. Je pan Pavarotti Rakušan? – 9. Je pan Belmondo Američan? –

■ **3.** *Verneinen Sie den Satz. Wenn Sie wollen, können Sie die Reihe beliebig fortsetzen.*

MUSTER: Jsem Polák. – Nejsem Polák. (Jsem Němec.)

1. Jsem Polák. – 2. Je dobré počasí. – 3. Jsme tu autem. – 4. Jsou v Dortmundu. – 5. Firma je v Praze. – 6. Jsem od firmy Siemens. – 7. Jsme z Tübingen. – 8. Pan Horák je v Ostravě. –

■ **4.** *Sie hören die Replik von A. Was sollte B sagen? Antworten Sie nach dem Lehrbuchtext.*

MUSTER: A: Já jsem Robert König z Halle. – B: Těší mě, Eva Králová.

1. Já jsem Robert König z Halle. – 2. Vy jste od firmy ADA? – 3. Jděte prosím dál. – 4. Jsem rád, že vás zase vidím. – 5. Jaká byla cesta? – 6. Jen počasí je hrozné. – 7. Promiňte, kde je ten váš projekt? –

■ **5.** *Je nach der Anrede duzen oder siezen Sie sich.*

BEISPIELE: Karle, – z Prahy? – Karle, ty jsi z Prahy? Pane Hrone, – od firmy Siemens? – Pane Hrone, vy jste od firmy Siemens?

1. Karle, – z Prahy? – 2. Pane Hrone, – od firmy Siemens? – 3. Pane Horáku, – tu autem? – 4. Karle, – Čech? – 5. Pane Kleine, – Rakušan? – 6. Paní Králová, – sekretářka? –

■ **6.** *On je pan Barták. – Ona je paní Bartáková.*

1. pan Barták	–	3. pan König –
2. pan Král	–	4. pan Novák –

LEKTION 1

5. pan Neumann –
6. pan Bergman –
7. pan Horák –
8. pan Musil –

■ **7.** *Was sagen Sie in dieser Situation?*

BEISPIEL: Der Gast steht an der Tür. – Vítám vás.

1. Der Gast steht an der Tür. – 2. Der Gast steht im Mantel im Vorzimmer. – 3. Der Gast steht in Ihrem Büro. – 4. Der Gast hat sich Ihnen vorgestellt. – 5. Sie wollen sich bedanken. – 6. Der Gast dankt Ihnen für die Hilfe. –

■ **8.** *Prägen Sie sich noch andere Höflichkeitsausdrücke ein. Wiederholen Sie das tschechische Wort oder die ganze Wendung.*

1-7

1. Prosím? (= Bitte?) –
2. Pardon! Promiňte. (= Entschuldigung!) –
3. Dobrý večer! (= Guten Abend!) –
4. Dobrou noc! (= Gute Nacht!) –

5. Na shledanou! (= Auf Wiedersehen!) –
6. Dovolte. (= Gestatten Sie.) –
7. Je tu volno? (= Ist hier frei?) –

■ **9.** *Ergänzen Sie bitte nach dem Lehrbuchtext.*

1. Jakou jste měl – ? 2. Moment, – vás. 3. – vás v Praze, pane Königu. 4. Odložte si a – . 5. To jsem rád, že – .

■ **10.** *Prägen Sie sich bitte einige Fragewörter ein. Wiederholen Sie das tschechische Wort und dann die ganze Wendung.*

kdo? (= wer?)
Kdo je to? (= Wer ist das?)

kde? (= wo?)
Kde je to? (= Wo ist das?)

co? (= was?)
Co je to? (= Was ist das?)
čí? (= wessen?)
Čí je to? (= Wessen ist das?)

kdy? (= wann?)
Kdy je to? (= Wann ist das?)

■ **11.** *Bilden Sie jetzt bitte mündlich und dann schriftlich die Frage zur gegebenen Antwort.*

Frage:	1…?	Antwort:	1. To je paní Králová.
	2…?		2. To je naše dokumentace.
	3…?		3. Šéf je v Hannoveru.
	4…?		4. To auto je naše.
	5…?		5. To je Inge Suková.
	6…?		6. Je to dnes večer. (= heute Abend)
	7…?		7. Firma Bona je v Brně.

LEKTION 2
BYDLENÍ

Ahoj, Kurte, už máš byt?
(Osoby: A – Pavel, B – Kurt)

A Ahoj, Kurte[1], už máš byt?
B Pořád ještě ne. Už jsem nervózní,
  mám jen ten[2] malý pokoj
  u Rudolfa. A Simona je
  u kamarádky.

A Představ si, Martin a Ilona mají
  malý domek!
B Ti mají štěstí. Jsem moc[3] rád, že
  už bydlí.

A Možná, že pro vás[4] taky něco mám.
  Je to ale dost daleko a ten[2] byt není moc[3] velký.
B To nevadí. Snad je tam dobrý vzduch.
  Simona má teď často kašel a angínu.
  To je asi ten[2] pražský smog. A kde to je, Pavle[1]?
A Konečná stanice metra B. Máš dnes čas?
  Nemáš?[5] A zítra večer v šest?
B V šest už čas mám.
A Tak platí. V šest v metru.
B Děkuju ti mockrát.
A Není zač. Snad to vyjde. Ahoj!

WORTSCHATZ

a *kon.*	und	• **anglický**	englisch
• **adresa** *f.*	e Adresse	**asi** *par.*	wahrscheinlich
Ahoj!	Hallo! Tschüss!	• **bohužel**	leider
angína *f.*	e Angina	**bydlet** *ip.*	wohnen

WOHNEN 2

Hallo, Kurt, hast du schon eine Wohnung?

(Personen: A – Paul, B – Kurt)

A Hallo, Kurt, hast du schon eine Wohnung?
B Immer noch nicht. Ich bin schon nervös, ich habe nur das kleine Zimmer bei Rudolf. Und Simona wohnt bei der Freundin.
A Stell dir vor, Martin und Ilona haben ein kleines Haus.
B Die haben Glück. Ich bin sehr froh, dass sie schon eine Wohnung haben.

A Möglich, dass ich für euch auch etwas habe. Es ist aber ziemlich weit und die Wohnung ist nicht zu groß.
B Das macht nichts. Hoffentlich ist dort gute Luft. Simona hat jetzt oft Husten und Angina. Das ist wahrscheinlich der Prager Smog. Und wo ist es, Paul?
A An der Endstation der U-Bahn, Linie B. Hast du heute Zeit? Du hast keine? Und morgen Abend um sechs?
B Um sechs habe ich schon Zeit.
A Also abgemacht. Um sechs in der Metro.
B Danke vielmals.
A Nichts zu danken. Hoffentlich klappt es. Tschüss!

byt *m.*	e Wohnung	**domek**, -mku *m.*	s kleine Haus
čas *m.*	e Zeit	**dost** / **dosti** *par.*	ziemlich, genug
často *adv.*	oft	• **dům**, domu *m.*	s Haus
daleko *adv.*	weit	• **francouzský**	französisch

LEKTION 2

• **garáž**, -e *f.*	e Garage	**pokoj** *m.*	s Zimmer, e Stube
• **hledat** *ip.*	suchen	**pořád** *adv.*	immer, seit jeher
• **hodně** *adv.*	sehr	**pražský**	Prager-
• **japonský**	japanisch	**pro** + Akk. *präp.*	für
jen, jenom *par.*	nur	**představit si** *pf.*	sich vorstellen
ještě *par.*	noch	**Představ si, ...**	Stell dir vor, ...
• **kamarád** *m.*	r Freund	• **sestra** *f.*	e Schwester
kamarádka *f.*	e Freundin	• **slyšet** *ip.*	hören
kašel, -šle *m.*	r Husten	**snad** *par.*	hoffentlich, wohl
malý	klein	**stanice** *f.*	e Station
metro *n.*	e Metro	**konečná s.**	e Endstation
mít, mám, máš,	haben	**šest** *num.*	sechs
má, máme,		**štěstí** *n.*	s Glück
máte, mají *ip.*		**Tak platí.**	Also abgemacht.
		tam *adv.*	dort; dorthin
		teď *adv.*	jetzt, nun
		• **televizor** *m.*	r Fernseher
		To nevadí.	Das macht nichts.
		u + G. *präp.*	bei
		už *par.*	schon

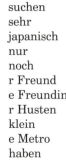

MÁME GARÁŽ A NEMÁME AUTO!

moc *adv.*	sehr, viel, zu viel		
mockrát	vielmals		
Děkuju mockrát.	Danke vielmals.		
• **motocykl** *m.*	s Motorrad		
možná *par.*	möglich, vielleicht		
• **na** + L. / Akk. *präp.*	an, auf		
		večer *adv.*	abends
ne *par.*	nein, nicht	**velký**	groß
něco *pnm.*	etwas	**Vyjde to.**	Es klappt.
• **německý**	deutsch	**vzduch** *m.*	e Luft
• **piano** *n.*	s Piano, s Klavier	**zítra** *adv.*	morgen
• **počítač** *m.*	r Computer		

ERLÄUTERUNGEN ZUM TEXT

1. Der Vokativ (Ruffall), der die Funktion der **Anrede** hat, hat spezielle Endungen:
   Maskulina:
   1) **-e** (nach hartem Kons.): Kurte!, Václave!, pane doktore!, pane Knape!
   2) **-u** (nach **-k**, **-ch**, **-g**): Pepíku!, Vašku!, pane Bartáku!, pane Machu!, Olegu!
   3) **-i** (nach weichem Kons. und nach **-l**): Miloši!, Ondřeji!, Danieli!, pane Králi!
   Das bewegliche **-e-** (im Nom.) fällt bei der Deklination aus: Kar**e**l – Karle!, Vaš**e**k – Vašku!, pan Čap**e**k – pane Čapku!
   In der Umgangssprache gleicht der Familienname dem Nominativ, z. B.: pane Barták!, pane Král!, pane Čapek!
   Feminina:
   1) **-o** (Nom. **-a**): Marto!, Evo!, Olgo!
   2) **-e** = Nom.: Inge!, Marie!, Julie!
   3) die Familiennamen (-ová) = Nom.: paní Králová!
   (Die Endung **-o** haben auch männliche Kosenamen auf **-a**, z. B.: Jan = Honza: Honz**o**!, František = Franta: Frant**o**!, Vladimír = Vláďa: Vláď**o**!, Jiří = Jirka: Jirk**o**! und die Familiennamen der Männer auf -a, z. B.: pan Bárta – pane Bárt**o**!)
   Bei den Familiennamen der Frauen gleicht der Vokativ dem Nominativ, z. B.: paní Králová!, paní Bicanová!
2. Das Tschechische gehört zu den artikellosen Sprachen. Das Geschlecht ist meistens durch Adjektive und Pronomina ausgedrückt. Dem bestimmten Artikel im Deutschen entspricht häufig das Demonstrativpronomen **ten** (der), **ta** (die), **to** (das), **ti** (die – Pl. M. bel.), **ty** (die – Pl. M. unb. + F.), **ta** (die – Pl. N.). Beispiele: Mám jen ten malý pokoj u Rudolfa. Máme jen to staré auto. Ti mají štěstí! (Deklination der Demonstrativpronomina siehe L. 6, S. 92.)
3. Das Quantitativum **moc**:
   a) sehr, z. B.: moc starý (= sehr alt)

b) zu, z. B.: moc velký (= zu groß)
c) viel, z. B.: moc peněz (= viel Geld)
Stilistische Varianten von „moc" (= sehr): hodně, velmi (schriftspr., nur mit Adjektiven und Adverbien), z. B.: moc starý, hodně starý, velmi starý.
4. pro vás = für euch (2. P. Pl.)
pro vás = für Sie (eine Person, höflich). In Briefen: pro **Vás**.
5. Der deutschen Verneinungskonstruktion mit *kein* entspricht die Verbform mit **ne-**. Beispiele: Ich habe keine Zeit. – **Nemám** čas. Wir haben keine Wohnung. – **Nemáme** byt. Sie hat keinen Fernseher. – **Nemá** televizor.

GRAMMATIK

DAS PRÄSENS mít (= haben)

Sg.		Pl.	
(já) **mám**	ich habe	(my) **máme**	wir haben
(ty) **máš**	du hast	(vy) **máte**	ihr habt, Sie haben
(on, ona, ono) **má**	er, sie, es hat	(oni, ony, ona) **mají**	sie haben

SUBSTANTIVE
haben

a) 7 Fälle – gegenüber den 4 Fällen im Deutschen: Nominativ, Genitiv, Dativ, Akkusativ entsprechen in der Regel den betreffenden deutschen Fällen. Der fünfte Fall, Vokativ = der Ruffall. Sechster Fall, Lokativ, steht immer nach einer Präposition, z. B. o (= von). Dem siebenten Fall, Instrumental, entspricht im Deutschen meist die Konstruktion mit *durch* und Konstruktionen mit anderen Präpositionen.
b) zwei Zahlen – Singular und Plural. (Manche Substantive haben nur Singular oder nur Plural.)

c) drei Geschlechter – Maskulinum, Femininum, Neutrum.
Die **Deklination** der Substantive hängt vom letzten **Mitlaut** (**hart** / **weich**) oder vom letzten **Selbstlaut** ab. Bei den Maskulina unterscheidet man in einigen Fällen noch **belebte** und **unbelebte** Substantive: bei den belebten (bel.) gleicht im Sg. der Akkusativ dem Genitiv, bei den unbelebten (unb.) gleicht der Akkusativ dem Nominativ. (Unterschiede im Dativ und Lokativ Sg. siehe L. 3, S. 55 und L. 7, S. 115.)

DER NOMINATIV SG.

MASKULINA			
auf Konsonant hart (ohne Häkchen)		auf Kons. weich (mit Häkchen + j + c + -tel)	
bel.	unb.	bel.	unb.
pá**n** (r Herr)	hra**d** (e Burg)	mu**ž** (r Mann)	stro**j** (e Maschine)

ANMERKUNG:

Einige Maskulina haben die Endung **-a**: starosta (= r Bürgermeister), auch die Eigennamen, z. B.: Smetana, Mucha, Honza, Vláďa, und haben eine gemischte Deklination (siehe L. 11, S. 168).

FEMINA			
auf Vokal		auf Konsonant	
-a	-e	hart (ohne Häkchen)	weich (mit Häkchen)
žen-**a** (e Frau)	růž-**e** (e Rose)	kos**t** (r Knochen)	píse**ň** (s Lied)

ANMERKUNGEN:
1. Nach dem Muster *kost* deklinieren Feminina auf einen **harten** Konsonant, oder aber auch einige auf **-c** (věc = e Sache, noc = e Nacht, nemoc = e Nacht, pomoc = e Hilfe), **-ť** (Budapešť,

LEKTION 2

Bukurešť), **-ď** (odpověď = e Antwort), **-č** (řeč = e Sprache; e Rede), **-š** (myš = e Maus), **-ž** (lež = e Lüge).

2. Nach dem Muster *píseň* deklinieren Feminina auf einen **weichen** Konsonant, aber auch einige auf **-l** (postel = s Bett) und **-v** (láhev = e Flasche).

Alle strittigen Fälle sind im Wortregister durch die Genitivendung (*-i* oder *-e*) gekennzeichnet.

NEUTRA		
auf -o	auf -e	auf -í
slov-**o** (s Wort)	pol-**e** (s Feld)	nádraž-**í** (r Bahnhof)

DER AKKUSATIV SG.

	bel. (= G.)	unb. (= Nom.)	Nom. Sg.	
vidím (= ich sehe) slyším (= ich höre)	pán-**a** muž-**e**	hrad stroj	auf Kons. hart auf Kons. weich, -j, -c, -tel	MASKULINA

		Nom. Sg.	
vidím (= ich sehe) slyším (= ich höre)	žen-**u** růž-**i** píseň (= Nom.) kost (= Nom.)	auf -a auf -e auf Kons. weich auf Kons. hart	FEMININA

		Nom. Sg.	
slyším (= ich höre) vidím (= ich sehe)	slov-**o** (= Nom.) pol-**e** (= Nom.) nádraž-**í** (= Nom.)	auf -o auf -e auf -í	NEUTRA

Präpositionen mit dem Akkusativ: **pro** (= für), **přes** (= über). Auf die Frage *wohin?*: **mezi** (= zwischen), **na** (= auf, an), **nad** (= über), **pod** (= unter), **před** (= vor), **za** (= hinter).

ÜBUNGEN

■ **1.** *Üben Sie die Aussprache. Wiederholen Sie das Wort oder die Wortverbindung.*

Děkuju mockrát – , ještě ne – , něco mám – , u kamarádky – , štěstí – , ti mají štěstí – , to nevadí – , máš dnes čas? – , tak platí – , je to daleko – , v šest v metru – .

■ **2.** *Ergänzen Sie das Präsens von* **mít**. *Nach dem Vornamen duzen Sie sich, nach dem Nachnamen siezen Sie sich.*

BEISPIEL: Kurte, už – byt? – Kurte, už máš byt?

1. Kurte, už – byt? 2. Paní Valová, kdy – čas? 3. Martin a Ilona – malý dům. 4. Karle, kde – auto? 5. Petr – štěstí, – velký byt. 6. Irena a Věra – pokoj u kamarádky. 7. Simono, – ještě angínu? 8. Pane Nováku, kde – tu dokumentaci? 9. Olga – kamaráda v Bernu.

■ **3.** *Beantworten Sie die Frage nach dem Muster.*

MUSTER: Karle, máš tu auto? – Bohužel, nemám.

1. Karle, máš tu auto? – 2. Má Petr telefon? – 3. Paní Hánová, máte teď čas? – 4. Mají Marie a Jiří dobrý vzduch? – 5. Má tu Jana ten projekt? – 6. Evo a Honzo, máte piano? – 7. Pane Balcare, máte tady ženu? –

■ **4.** *Beantworten Sie die Fragen nach dem Lehrbuchtext zuerst mündlich, dann schriftlich.*

BEISPIEL: Má už Kurt byt? – Ne, Kurt ještě nemá byt.

1. Má už Kurt byt? – 2. A kde je Simona? – 3. Co mají Martin a Ilona? – 4. Kde je ten byt pro Kurta a Simonu? – 5. Je ten byt velký? – 6. Kdy má Kurt čas? –
Und jetzt bilden Sie entsprechende Fragen zu den geschriebenen Antworten.

LEKTION 2

■ **5.** *Reden Sie folgende Personen an.*

MUSTER: Kurt – Kurte!

Kurt – , Vladimír – , pan inženýr – , paní sekretářka – , Pavel – , Ota – , Dana – , Alice – , František – , Franta – , pan profesor – , Martin – , Miluše – , Vašek – , Milan – , Miloš – , Tomáš – , Zuzana –, pan kapitán – , pan doktor – , paní doktorka – , sestra – , Mirek – , pan ředitel – .

■ **6.** *Zu welchem Geschlecht gehören folgende Substantive? (Wo der Wortauslaut nicht eindeutig ist, suchen Sie bitte das Wort im Wortschatz heraus.)*

byt, kamarádka, kamarád, metro, stanice, pokoj, štěstí, auto, cesta, žena, vzduch, angína, kašel, firma, dům, domek, dokumentace, počasí, pole.

■ **7.** *Fragen Sie nach dem Muster. Verbinden Sie das Hauptwort mit **ten** (M.), **ta** (F.), **to** (N.).*

MUSTER: Auto je staré. – Máte pořád to staré auto?

1. Auto je staré. – 2. Byt je velký. – 3. Pokoj je malý. – 4. Počítač je francouzský. – 5. Televizor je japonský. – 6. Piano je anglické. – 7. Motocykl je německý. –

■ **8.** *Übersetzen Sie.*

1. Ich habe keine Zeit. 2. Wir haben kein Auto. 3. Erik hat keine Wohnung. 4. Sie haben kein Haus. 5. Sonja hat kein Haus. 6. Ich habe keinen Computer. 7. Martin hat keine Firma.

■ **9.** *Prägen Sie sich ein:* **Jak se máte?** (= Wie geht es euch/Ihnen?)
Jak se máš? (= Wie geht es dir?)

Verwenden Sie diese Phrase mit dem Vokativ und dem Gruß **Ahoj!** *oder* **Dobrý den**! *je nach der Anrede.*

BEISPIEL: Franta – Ahoj, Franto, jak se máš?
Pan Horák – Dobrý den, pane Horáku, jak se máte?

Franta – , paní Berková – , Lucie – , Martina – , pan Novák – , Miloš – , Patrik – , Jirka – , pan Kolár – , pan Kolář – , Táňa – , Pepík – , paní Málková – , pan inženýr – , Honza – .

■ **10.** *Bilden Sie Konstruktionen mit dem Akkusativ Sg.*

a) Máte (kamarád, byt, auto, kamarádka, čas, sestra, sekretářka, dokumentace)?
b) Hledám (pokoj, adresa, hotel, Josef, Tomáš, Milena, pan Novák, doktor Sušil, Viktorie, kino, Stanislav).
c) Nemáme (dům, garáž, sekretářka, telefon, dokumentace, počítač, šéf).

■ **11.** *Reagiert B richtig? Was sollte er sagen? Vergleichen Sie Ihre Antworten mit dem Lösungsschlüssel.*

A 1. Byt není velký.   B 1. Není zač.
A 2. Děkuji mockrát.   B 2. To nevadí.
A 3. Na shledanou zítra.   B 3. Cesta byla dobrá.
A 4. Jak se máte?   B 4. Těší mě.
A 5. Já jsem Evžen Falk.   B 5. Děkuju, dobře.
A 6. Jaká byla cesta?   B 6. Pořád ještě ne.
A 7. Už máš byt?   B 7. Tak platí, zítra v šest.

■ **12.** *Übersetzen Sie.*

1. Georg hat Glück. 2. Stell dir vor, wir haben eine Wohnung! 3. Die Wohnung ist nicht zu groß, aber das macht nichts. 4. Das Haus ist leider zu weit. 5. Das Auto ist schon sehr alt. 6. Hoffentlich klappt es. 7. Hoffentlich ist dort gute Luft. 8. Möglich, dass ich für euch auch etwas habe. 9. Möglich, dass ich für Sie auch etwas habe. 10. Also abgemacht, morgen um sechs. Tschüss!

LEKTION 3

TELEFONOVÁNÍ
KORESPONDENCE

Zavoláme Milanovi?

1-15

(Osoby: A – 1. chlapec, B – 2. chlapec, C – Jana, D – ženský hlas)

A Zavoláme Milanovi do Berlína?
B To je nápad! Máš jeho telefon?
A Moment, podívám se[1]. Tady je to.
   Předvolba je třicet?
B Ano. Hlásí se[1] někdo[2]?
A Je obsazeno. Počkáme?
B Jistě. Zkusíme to za pět minut.
A Teď je tam volno, ale nikdo[3] se[1] nehlásí[4].
B Jak je to možné?
A To nevím.

C Haló, tady Jana, prosím Petra.
D Máte špatné číslo, tady je Komospol.
   Jaké číslo voláte?
C Dva dva jedna šest dva dva a šest šest šest.
D Ale tady je dva tři jedna.
C Promiňte, to je moje chyba.
D Nic se nestalo[4].

E Vezmu si[1] nějaký pohled, prosím.
F Pohledy jsou tady vpravo.
E Líbí se[1] mi tenhle[5]. Kolik stojí?
F Pět korun. Známku také?
E Ano, do USA. Kolik platím?
F Dvacet korun dohromady.

G To je náhoda! Ahoj, Martine,
   komu posíláš pohled?
E Bratrovi, bydlí teď v New Jersey.

TELEFONIEREN
KORRESPONDENZ

3

Rufen wir Milan an?

(Personen: A – 1. Junge, B – 2. Junge, C – Jana, D – Frauenstimme)

A Rufen wir Milan in Berlin an?
B Eine gute Idee! Hast du seine Telefonnummer?
A Einen Moment, ich schaue nach. Hier ist sie. Die Vorwahlnummer ist dreißig?
B Ja. Meldet sich jemand?
A Es ist besetzt. Warten wir?
B Gewiss. Wir versuchen es nach fünf Minuten.
A Jetzt ist dort frei, aber niemand meldet sich.
B Wie ist das möglich?
A Das weiß ich nicht.

C Hallo, hier ist Jana. Ist dort Peter, bitte?
D Sie haben eine falsche Nummer. Hier ist Komospol. Welche Nummer rufen Sie an?
C Zwei zwei eins sechs zwei zwei und sechs sechs sechs.
D Aber hier ist zwei drei eins.
C Entschuldigen Sie, das ist mein Fehler.
D Macht nichts.

E Ich nehme eine Ansichtskarte, bitte.
F Ansichtskarten sind da rechts.
E Mir gefällt diese. Wie viel kostet sie?
F Fünf Kronen. Auch eine Briefmarke?
E Ja, in die USA. Wieviel zahle ich?
F Zwanzig Kronen zusammen.

G Das ist aber ein Zufall! Grüß dich, Martin, wem schickst du die Ansichtskarte?
E Meinem Bruder, er wohnt jetzt in New Jersey.

LEKTION 3

G A co tam dělá?
E Učí Američany němčinu.
G Jak se[1] tam má?
E Asi prima, žení se[1] tam. A jak se máš ty?
G Děkuju, dobře. Chodím do práce a na víkend jezdím
 k tatínkovi.
 Tak ahoj, promiň, spěchám.
E Šťastnou cestu!

H Prosím vás[6], já hledám
 směnárnu.
I Vidíte ten velký dům?
 To je směnárna.
H Děkuji mockrát.
I Není zač.

H Měním eura.
 Jaký je dnes kurs?
K Třicet šedesát.
H A poplatek?
K Tři procenta.
H To je moc. Jdu ke konkurenci.

WORTSCHATZ

bratr *m.*	r Bruder	**chodit** *ip.*	gehen
číslo *n.*	e Nummer	**chodit do**	zur Arbeit
číslo telefonu	s Telefon-	**práce**	gehen
	nummer	**chyba** *f.*	r Fehler
do + G. *präp.*	in, nach	**jaký** *pnm.*	welcher, was
(wohin?)			für ein
dobře *adv.*	gut	**jeden, jedna,**	ein, eine, ein
dohromady *adv.*	zusammen	**jedno** *num.*	
dvacet *num.*	zwanzig	**jeho** *pnm.*	sein, seine, sein
e-mail, -u *m*	E-mail	**jezdit** *ip.*	fahren
euro, -a, *pl.* eura *n.*	r Euro	**jít**, jdu *ip.*	gehen
hlásit se *pf.*	sich melden	**k, ke** + D. *präp.*	zu
• **hotel** *m.*	s Hotel	• **kniha** *f.*	s Buch

G Und was macht er dort?
E Er lehrt die Amerikaner Deutsch.
G Wie geht es ihm dort?
E Vielleicht prima, er heiratet dort. Und wie geht es dir?
G Danke, gut. Ich gehe zur Arbeit und am Wochenende fahre ich zum Vater.
   Also tschüss, verzeih, ich bin in Eile.
E Glückliche Reise!

H Entschuldigen Sie, ich suche eine Wechselstube.
I Sehen Sie das große Haus? Das ist die Wechselstube.
H Vielen Dank.
I Nichts zu danken.

H Ich möchte Euro umtauschen. Wie ist heute der Kurs?
K Dreißig sechzig.
H Und die Gebühr?
K Drei Prozent.
H Das ist zu viel. Ich gehe zur Konkurrenz.

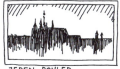
JEDEN POHLED

JEDEN MOBILNÍ TELEFON

JEDEN HOTEL

JEDNA POŠTA

JEDNA KORUNA

JEDNA ZNÁMKA

1 %
JEDNO PROCENTO

231
JEDNO ČÍSLO

JEDNO EURO

LEKTION 3

kolik *pnm.*	wie viel
koruna *f.*	e Krone
• koupit *pf.*	kaufen
• kvůli + D. *präp.*	wegen
líbit se *ip.*	gefallen
měnit *ip.*	umtauschen
minuta *f.*	e Minute
• mobil *m. umgspr.*	s Handy
• mobilní telefon	s Mobiltelefon, s Handy
možný	möglich
Jak je to možné?	Wie ist das möglich?
můj, moje / má, moje / mé *pnm.*	mein, meine, mein
náhoda *f.*	r Zufall
nápad *m.*	e Idee, r Einfall
To je nápad!	Eine gute Idee!
němčina *f.*	s Deutsche
obsazeno	besetzt
pět *num.*	fünf
počkat *pf.*	warten
pohled *m.* / pohlednice *f.*	e Ansichtskarte
• politika *f.*	e Politik
poplatek, -tku *m.*	e Gebühr
posílat *ip.*	schicken, senden
• pošta *f.*	e Post, s Postamt
práce *f.*	e Arbeit
procento *n.*	s Prozent
• proti / naproti + D. *präp.*	gegen, gegenüber
Prosím vás ...	Entschuldigen Sie ... Bitte schön ...
předvolba *f.*	e Vorwahlnummer
• restaurace *f.*	s Restaurant
směnárna *f.*	e Wechselstube
spěchat *ip.*	eilen, in Eile sein
stát *ip.*	kosten
Kolik stojí ...?	Wie viel kostet ...?
stát se *pf.*	geschehen, vorkommen, passieren
Nic se nestalo.	Macht nichts.
šest *num.*	sechs
špatný	schlecht; falsch
šťastný	glücklich
Šťastnou cestu!	Glückliche Reise!
tam *adv.*	dort, dorthin
tatínek, -nka *m.*	r Vater
tenhle, tahle, tohle *pnm. umgspr.*	dieser, diese, dieses (da)
tři *num.*	drei
třicet *num.*	dreißig
učit *ip.*	lehren
• učit se *ip.*	lernen
• učitel *m.*	r Lehrer
v, ve + L. (wo?) *präp.*	in
vědět, vím, víš, ví, víme, víte, vědí *ip.*	wissen
vidět *ip.*	sehen
víkend *m.*	s Wochenende
volat + D. *ip.*	anrufen, telefonieren
volno *adv.*	frei
• vpravo *adv.*	rechts
• východ *m.*	r Ausgang
• vyměnit *pf.*	umtauschen
vzít (si), vezmu (si) *pf.*	nehmen
za + Akk. *präp.*	nach
za pět minut	nach fünf Minuten
zavolat + D. *pf.*	anrufen, telefonieren
zkusit *pf.*	versuchen
známka *f.*	e Briefmarke

ERLÄUTERUNGEN ZUM TEXT

1. Die Reflexivpartikel **se** / **si** (sich) hat die Tendenz an zweiter Position im Satz zu stehen. Beispiele: Podívám **se**. (= Ich schaue nach.) Nikdo **se** nehlásí. (= Niemand meldet sich.) Líbí **se** mi tahle. (= Mir gefällt diese.) Jak **se** tam má? (= Wie geht es ihm dort?) Žení **se** tam. (= Er heiratet dort.) Představ **si**, že mám byt! (= Stell dir vor, ich habe eine Wohnung!)
Die Reflexivpartikel **se** / **si** ist in allen Personen **dieselbe**! Z. B.:

	Sg.	Pl.
1.	hlásím **se** – ich melde mich	hlásíme **se** – wir melden uns
2.	hlásíš **se** – du meldest dich	hlásíte **se** – ihr meldet euch
3.	hlásí **se** – er, sie, es meldet sich	hlásí **se** – sie melden sich

2. Indefinitpronomina und -adverbien werden durch **ně-** + das entsprechende Fragewort gebildet: **někdo** (= jemand), **něco** (= etwas), **někde** (= irgendwo), **někam** (= irgendwohin), **někdy** (= manchmal, irgendeinmal), **něčí** (= irgend jemandes), **nějaký** (= ein, irgendein), **některý** (= irgendwelcher). Beispiel: Hlásí se někdo? (= Meldet sich jemand?)
3. Negativpronomina und -adverbien werden durch **ni-** + das entsprechende Fragewort gebildet: **nikdo** (= niemand), **nic** (= nichts), **nikde** (= nirgends), **nikam** (= nirgendhin), **nikdy** (= nie), **ničí** (= niemands). Beispiel: Nikdo se nehlásí. (= Es meldet sich niemand.)
(Deklination **někdo, nikdo, něco, nic** siehe L. 13, S. 198, **něčí, nějaký, některý** L. 6, S. 95, Anmerk. 4.)
4. Für die Verneinungssätze gilt die Sprachregel der mehrfachen Negation: in der Verneinungsform stehen nicht nur das Fürwort (mit **ni-**), sondern auch die Verbformen mit **ne-**. Beispiele: Nemám nic. (= Ich habe nichts.) Nikdo se nehlásí. (= Niemand meldet sich.) Nikde to není. (= Nirgendwo ist es.)
5. Das Demonstrativpronomen **ten** (dieser), **ta** (diese), **to** (dieses) endet in der Umgangssprache auf **-hle**: **tenhle** (= der da),

tahle (= die da), **tohle** (= das da). Beispiel: Tenhle pohled se mi líbí.
6. Die häufigste Form bei der Anrede der unbekannten Person ist **Prosím vás** (= Bitte schön, Entschuldigen Sie). Beispiel: Prosím vás, kde je tu směnárna?

GRAMMATIK

VERBEN I
DAS PRÄSENS

Die überwiegende Mehrheit der Verben wird im Präsens nach einem der 5 Muster konjugiert. Jede der fünf regelmäßigen Gruppen hat vor -**t** (im Infinitiv) einen **anderen** Laut / Laute. (Manche Verben werden unregelmäßig konjugiert. Siehe Verzeichnis S. 303–5.)

Gruppe			
I.	**-at**	dělat	(machen, tun)
II.	**-it**	platit	(zahlen)
	-et	myslet	(denken, glauben, meinen)
III.	**-ovat**	pracovat	(arbeiten)
IV.	**-nout**	prominout	(verzeihen)
V.	**Konst. + t**	nést	(tragen)

DIE KONJUGATION

Gruppe I			
děl**at**			
děl**ám**	(ich mache)	děl**áme**	(wir machen)
děl**áš**	(du machst)	děl**áte**	(ihr macht, Sie machen)
děl**á**	(er, sie, es macht)	děl**ají**	(sie machen)

Gruppe II			
plat**it** mysl**et**			
plat**ím**	mysl**ím**	plat**íme**	mysl**íme**
(ich zahle)	(ich meine)	(wir zahlen)	(wir meinen)
plat**íš**	mysl**íš**	plat**íte**	mysl**íte**
(du zahlst)	(du meinst)	(ihr zahlt, Sie zahlen)	(ihr meint, Sie meinen)
plat**í**	mysl**í**	plat**í**	mysl**í**
(er/sie zahlt)	(er/sie meint)	(sie zahlen)	(sie meinen)

(Konjugation der III., IV. und V. Gruppen s. L. 4, S. 65–6.)

SUBSTANTIVE
DER DATIV SG.

	bel.	unb.	Nom. Sg.	MASKULINA
k / ke (= zu)	pán-**u** / pán-**ovi**	hrad-**u**	auf Kons. hart	
	muž-**i** / muž-**ovi**	stroj-**i**	auf Kons. weich	

		Nom. Sg.	FEMININA
	žen-**ě**, škol-**e**	auf -a	
k / ke (= zu)	růž-**i**	auf -e	
	kost-**i**	auf Kons. hart	
	písn-**i**	auf Kons. weich	

		Nom. Sg.	NEUTRA
	slov-**u**	auf -o	
k / ke (= zu)	pol-**i**	auf -e	
	nádraž-**í** (= Nom.)	auf -í	

LEKTION 3

ANMERKUNGEN:

1. Präpositionen mit dem Dativ: **k / ke** (= zu), **proti** (= gegen, gegenüber), **kvůli** (= wegen).
2. Variante **ke** benützt man vor dem Wort auf -k/-g oder vor Konsonantengruppe: **ke** konkurenci, **ke** směnárně
3. Die Endung **-ovi** stehlt bei den M. viel häufiger: ke kamarádovi, kvůli Milanovi. Bei den Einsilbigen steht **-ovi** immer: k Rusovi, kvůli Kurtovi.
In der mehrgliedigen Konstruktion hat die Endung **-u/-i** nur das erste Wort. Beispiele: k pan**u** Horák**ovi**, k řediteli Bárt**ovi**, k pan**u** doktor**ovi**, k prezident**u** Klaus**ovi**, kvůli Tomáš**i** Fišer**ovi**
4. Der Dativ Sg. F. auf -a (Muster **žena**) hat vor der Endung **-ě/-e** viele Veränderungen des Stammkonsonanten. (Siehe L. 7, S. 116.)

ÜBUNGEN

■ **1.** *Üben Sie die Aussprache. Wiederholen Sie das Wort oder die Wortverbindung.*

Podívám se – , tady je to – , někdo – , nikdo – , to nevím – , kde je to? – , tady je to – , nikdo se nehlásí – , měním eura – , promiňte – , pohled – , pět korun – , směnárna – , co tam dělá? – , učí němčinu – , šťastnou cestu – , tři koruny – , mám se dobře – , dvě známky – .

■ **2.** *Konjugieren Sie im Präsens.*

Zavolat Tomášovi; zkusit to za pět minut; hledat hotel; bydlet v centru; prosit; podívat se; platit za byt.

■ **3.** *Ergänzen Sie den Dativ Sg. Wiederholen Sie den ganzen Satz.*

MUSTER: Zavolám (Milan) – Zavolám Milanovi.

1. Zavolám (Milan, Jan, Marie, Rudolf, šéf, muž, Dana, kamarád, Lucie, pan Novák, Martin, pan König, Nataša).

2. Koupíme knihu (tatínek, Hana, pan Ort, bratr, Libuše, šéfredaktor, Mirek, profesor Gut).
3. Spěchají k (Václav, Ludmila, doktor, Sylvie, Milan, učitel Dvořák, trenér Váchal, inženýr Kohout).

■ **4.** *Transformieren Sie die Frage.*

MUSTER: Kdo je tu? – Je tu někdo?

1. Kdo je tu? – 2. Co hledáš? – 3. Kdy zavoláš? – 4. Co vidíte? – 5. Kam spěcháte? – 6. Co koupíš? – 7. Kdy to zkusíš? – 8. Kdo se hlásí? – 9. Kde to máte? – 10. Kdy tam jezdíš? –

■ **5.** *Beantworten Sie die Frage verneinend.*

MUSTER: Je tam někdo? – Ne, není tam nikdo.

1. Je tam někdo? – 2. Hledáte něco? – 3. Spěcháte někam? – 4. Vidíš něco? – 5. Zkusíš to někdy? – 6. Koupíte tam něco? – 7. Jezdíš tam někdy? – 8. Hlásí se někdo? – 9. Máte to číslo někde? – 10. Platí se tam něco? – 9. Jedeš na víkend někam? –

■ **6.** *Sie kennen schon einige tsch. Reflexivverben mit* **se**: *podívat se, líbit se, mít se, ženit se. Prägen Sie sich noch andere ein. Wiederholen Sie das tschechisch Verb.* **Učit se** (= lernen) –, **zeptat se + G.** (= fragen) –, **zajímat se o + Akk.** (= sich interessieren für) – **vrátit se** (= zurückkommen) –, **těšit se na + Akk.** (= sich freuen auf) –, **omluvit se** (= sich entschuldigen) – .

učit se			
učím se	(ich lerne)	učíme se	(wir lernen)
učíš se	(du lernst)	učíte se	(ihr lernt, Sie lernen)
učí se	(er, sie, es lernt)	učí se	(sie lernen)

Beantworten Sie die Frage bejahend.

MUSTER: Kdy se vrátíš, zítra? – Ano, vrátím se zítra.

1. Kdy se vrátíš, zítra? – 2. Co se učíte, češtinu? – 3. Na co se těšíš, na víkend? – 4. Koho se na to zeptáte, Vladimíra? – 5. Jak se máš,

dobře? – 6. O co se zajímáš, o sport? – 7. Kde se bratr žení, v Americe? – 8. Kam se ještě podíváte, do Bernu? – 9. Kdy se Olga omluví, ráno? – 10. Co se učíš, němčinu? –

 ■ **7.** *Gehen Sie vom Lehrbuchdialog aus. Ergänzen Sie die passende Replik.*

BEISPIEL: Zavoláme Milanovi? – To je nápad!

1. Zavoláme Milanovi? – 2. Je tam obsazeno, počkáme? – 3. Pořád obsazeno. Jak je to možné? – 4. Máte špatné číslo. – 5. Jak se máš? – 6. Děkuju mockrát. – 7. Poplatek dělá tři procenta. –

 ■ **8.** *Gebrauchen Sie die umgangssprachliche Variante des Demonstrativpronomens (mit **-hle**.)*

MUSTER: Jak se ti líbí ten pohled? – Tenhle pohled? Moc ne.

1. Jak se ti líbí ten pohled? – 2. Jak se vám líbí ten pokoj? – 3. Jak se ti líbí to auto? – 4. Jak se ti líbí ta práce? – 5. Jak se vám líbí ten program? – 6. Jak se ti líbí ten film? – 7. Jak se vám líbí ten hotel? – 8. Jak se ti líbí ta restaurace? –

 ■ **9.** *Verbinden Sie folgende Präpositionen mit dem Dativ:* **k / ke** (= zu), **proti** (= gegen, gegenüber), **kvůli** (= wegen).

Setzen Sie die in Klammern stehenden Substantive in der richtigen Form ein. Wiederholen Sie den ganzen Satz.

1. Na víkend jezdím k (tatínek, Marie, bratr, Irena, kamarád, Alice, Václav, Soňa, Miloš). 2. Pošta je hned proti (hotel, směnárna, nádraží, restaurace, východ z metra, kino). 3. Karel to dělá kvůli (šéf, žena, firma, Petr, Lucie, Ivana, pan Hanák, paní Marta, tatínek, Tomáš).

 ■ **10. Ještě někdo**, **ještě něco** – noch jemand, noch etwas. **Už nikdo, už nic** – niemand mehr, nichts mehr. *Verneinen Sie bitte die Frage.*

MUSTER: Je tam ještě někdo? – Ne, není tam už nikdo.

1. Je tam ještě někdo? – 2. Máte tu ještě něco? – 3. Jezdíš tam ještě někdy? – 4. Koupíte si ještě něco? – 5. Zavoláš ještě někam? –

6. Zeptáte se ještě někde? – 7. Podíváme se ještě někam? – 8. Spěcháš ještě někam? – 9. Platíme ještě něco? –

■ **11.** *Beantworten Sie die Fragen auf Tschechisch.*

1. Máte telefonní kartu? 2. Jak se hlásíte do telefonu? 3. Jaké máte telefonní číslo? 4. Máte mobilní telefon? 5. Jak se omluvíte, když zavoláte špatné číslo? 6. Jakou předvolbu má Česko? A Praha? 7. Víte, kolik stojí známka na pohled z Česka do Německa? 8. Kde měníte eura? 9. Posíláte často e-mail nebo SMS?

■ **12.** *Übersetzen Sie.*

a) 1. Suchen Sie noch etwas? 2. Wohnt hier noch jemand? 3. Habt ihr noch etwas? 4. Sie zahlen nichts mehr. 5. Es meldet sich niemand. 6. Ist hier irgendwo eine Wechselstube? 7. Entschuldigen Sie, ich sehe hier nichts. 8. Es ist dort nichts mehr. 9. Markus macht jetzt nichts. 10. Das macht hier niemand mehr.
b) 1. Wann kommen Sie zurück? 2. Thomas fragt, wo es ist. 3. Interessieren Sie sich für Politik? 4. Sie macht es wegen des Vaters. 5. Wann heiratet Otto? 6. Das Hotel „Union" ist gegenüber dem Postamt.

LEKTION 4
NÁKUPY

Aleno, kde nakupuješ?
(Osoby: A – Kristýna, B – Alena)

A Aleno, kde teď nakupuješ[1]?
B Obvykle u Meinla, obchod je hned vedle domu, kde teď bydlím. Kupuju tu všechno. Kávu, pečivo, maso i uzeniny, ovoce, máslo i mléčné výrobky[2]. Někdy taky chodím[3] do tržnice.
A Víš, Kristýno, já mám v sobotu návštěvu, a tak potřebuju v pátek udělat velký nákup.
B A co pro hosty připravuješ[1]?
A Nabídnu jim švédskou mísu[2] – asi půl kila šunky[4], trochu salámu[4], kousek sýra[4], vejce a hodně zeleniny[4]. K pití láhev červeného vína[2] a na závěr šálek kávy[4].

B A co ke kávě?
A Tvarohový koláč[2] od maminky a pro každého ještě kousek čokoládového dortu[2] z cukrárny.
B Opravdu si myslíš, že to bez dortu nejde? Pozor, po sladkém se tloustne! Místo dortu uděláš[1] mísu ovocného salátu[4]. Mám dobrý recept od Vlasty. A bez šlehačky!
A To je dobrý nápad, děkuju. Já už teď vystupuju[1]. Ahoj! Večer ti zavolám[1].

EINKÄUFE

Alena, wo kaufst du ein?

(Personen: A – Kristýna, B – Alena)

A Alena, wo kaufst du jetzt ein?
B Gewöhnlich bei Meinl, das Geschäft ist gleich neben dem Haus, wo ich jetzt wohne. Ich kaufe da alles. Kaffee, Gebäck, Fleisch und Wurst, Obst, Butter und Milchprodukte. Manchmal gehe ich auch in die Markthalle.
A Weißt du, Kristýna, am Samstag bekomme ich Besuch, und so muss ich am Freitag einen großen Einkauf machen.
B Und was bereitest du für die Gäste vor?
A Ich biete ihnen eine Schwedenplatte an – etwa ein halbes Kilo Schinken, etwas Wurst, ein Stück Käse, Ei und viel Gemüse. Zum Trinken eine Flasche Rotwein und zum Schluss eine Tasse Kaffee.

B Und was zum Kaffee?
A Quarkkuchen von meiner Mutti und für jeden noch ein Stück Schokoladentorte aus der Konditorei.
B Meinst du wirklich, dass es ohne Torte nicht geht? Pass auf, vom Süßen wird man dick! Anstatt Torte machst du eine Schüssel Obstsalat. Ich habe ein gutes Rezept von Vlasta. Und ohne Schlagsahne!
A Gute Idee, danke. Ich steige jetzt schon aus. Tschüss! Am Abend rufe ich dich an.

LEKTION 4

WORTSCHATZ

asi	etwa	• **pes**, psa *m.*	r Hund
• **až** *kon.*	bis, wenn	• **pivo** *n.*	s Bier
bez, **beze** + G. *präp.*	ohne	**po** + L. *präp.*	nach
• **brzy, brzo** *adv.*	bald	**pozor!**	Achtung!, Vorsicht!
cukr *m.*	r Zucker	• **pravidelně** *adv.*	regelmäßig
cukrárna *f.*	e Konditorei	**půl kila**	ein halbes Kilo
čaj *m.*	r Tee	**rozhodnout se** *pf.*	sich entscheiden
• **Čína** *f.*	s China	• **rychle** *adv.*	schnell, rasch
• **Číňan** *m.*	r Chinese	**salám** *m.*	e Wurst
• **čokoláda** *f.*	e Schokolade	**salát** *m.*	r Salat
• **dárek**, -rku *m.*	s Geschenk	**ovocný s.**	r Obstsalat
dort *m.*	e Torte		
hned *adv.*	gleich, sofort		
host *m.*	r Gast		
• **kancelář** *f.*	s Büro		
káva *f.*	r Kaffee		
koláč *m.*	r Kuchen		
• **konec**, -nce *m.*	r Schluss, s Ende		
• **nakonec** *adv.*	zum Schluss, schließlich		
kousek, -sku *m.*	s Stück		
• **kůň**, koně *m.*	s Pferd		
maminka *f.*	e Mutti		
máslo *n.*	e Butter		
maso *n.*	s Fleisch		
mísa *f.*	e Schüssel, e Platte		
místo G. + *präp.*	anstatt, statt		
mléčný	Milch-		
m. **výrobek**, -bku *m.*	s Milchprodukt		
nákup *m.*	r Einkauf		
návštěva *f.*	r Besuch		
obchod *m.*	s Geschäft		
obvykle *adv.*	gewöhnlich		
opravdu *adv.*	wirklich		
ovoce *n.*	s Obst		
pečivo *n.*	s Gebäck		

sladký	süß	tržnice *f.*	e Markthalle
sobota *f.*	r Sonnabend	tvarohový	Quark-
• stihnout *pf.*	schaffen	týden, -dne *m.*	e Woche
• stůl, stolu *m.*	r Tisch	uzenina *f.*	e Wurst,
sýr, -a *m.*	r Käse		e Räucherware
šálek, -lku *m.*	e Tasse	vedle G. + *präp.*	neben, nebenan
šlehačka *f.*	e Schlagsahne	vejce *n.*	s Ei
šunka *f.*	r Schinken	víno *n.*	r Wein
tloustnout *ip.*	dick werden	červené v.	r Rotwein
• tramvaj *f.*	e Straßenbahn	všechno	alles
trochu *adv.*	ein wenig, ein bisschen, etwas	závěr *m.*	r Schluss
		zelenina *f.*	s Gemüse

ERLÄUTERUNGEN ZUM TEXT

1. Alle Vorsilben sind untrennbar und werden mit dem Verbstamm zusammen geschrieben: **na**kupuju (= ich kaufe ein), **při**pravuješ (= du bereitest vor), **za**voláme (= wir rufen an), **vy**stupujete (= Sie steigen aus / ihr steigt aus), **u**dělám (= ich mache).
2. Im Vergleich mit dem Deutschen gibt es im Tschechischen weniger Wortzusammensetzungen. Vgl.: Rotwein – červené víno, Milchprodukte – mléčné výrobky, Quarkkuchen – tvarohový koláč, Schokoladentorte – čokoládový dort, Schwedenplatte – švédská mísa. (Siehe auch L. 8, S. 126, Erl. 2.)
3. Dem deutschen Verb *gehen* entsprechen im Tschechischen **zwei** Verben: **chodit** (chodím) und **jít** (jdu, jdeš, jde, jdeme, jdete, jdou). Beispiel: zur Schule gehen – chodit / jít do školy. **Chodit** ist ein frequentatives Verb, es hat die Bedeutung „regelmäßig, wiederholend, oft, immer, dauernd". **Jít** ist kein frequentatives Verb, es bedeutet „einmal, aktuell, in einem konkreten Moment". Beide sind imperfektiv. Vergleiche: Chodím do tržnice. = Ich pflege in die Markthalle zu gehen. Jdu teď do tržnice. = Ich gehe jetzt in die Markthalle.
Denselben Unterschied drücken auch andere Verbpaare der Bewegung aus: fahren = **jezdit**, freq. (jezdím) und **jet**, nichtfreq. (jedu, jedeš, jede, jedeme, jedete, jedou). Zum Beispiel:

LEKTION 4

V sobotu **jezdím** k tatínkovi. (= Sonnabends pflege ich zum Vater zu fahren.) Dnes **jedu** do knihovny. (= Heute fahre ich in die Bibliothek.) Siehe auch L. 8, S. 131.

4. Nach der Mengenangabe steht der **Genitiv**: kilo cukru, půl kila šunky, láhev piva, litr vína, kousek dortu, hodně zeleniny, mísa salátu, trochu salámu.

ZEITANGABE I
Namen der Wochentage   *Wann?* = v + Akk.

pondělí (= Montag)	**v pondělí**
úterý (= Dienstag)	**v úterý**
středa (= Mittwoch)	**ve středu**
čtvrtek (= Donnerstag)	**ve čtvrtek**
pátek (= Freitag)	**v pátek**
sobota (= Sonnabend)	**v sobotu**
neděle (= Sonntag)	**v neděli**

ANMERKUNG: pondělí, úterý sind **Neutra**, středa, sobota, neděle sind **Feminina**, čtvrtek, pátek sind **Maskulina**.

Monatsnamen. Wann? = v + L.

leden, -dna *m.*
 (= Januar) – v led**u**
únor, -a *m.*
 (= Februar) – v únor**u**
březen, -zna *m.*
 (= März) – v březn**u**
duben, -bna *m.*
 (= April) – v dubn**u**
květen, -tna *m.*
 (= Mai) – v květn**u**
červen, -vna *m.*
 (= Juni) – v červn**u**

červenec, -nce *m.*
 (= Juli) – v červenc**i**
srpen, -pna *m.*
 (= August) – v srpn**u**
září *n.*
 (= September) – v září
říjen, -jna *m.*
 (= Oktober) – v říjn**u**
listopad, -u *m.*
 (= November) – v listopad**u**
prosinec, -nce *m.*
 (= Dezember) – v prosinc**i**

Die tschechischen Monatsnamen sind von den Naturerscheinungen abgeleitet.

Jahreszeiten:
jaro *n.* (= Frühling)
léto *n.* (= Sommer)
podzim *m.* (= Herbst)
zima *f.* (= Winter)

Wann?
na jaře
v létě
na podzim
v zimě

Temporaladverbien
ráno (= morgens, am Morgen)
dopoledne (= am Vormittag)
odpoledne (= am Nachmittag)
v poledne (= zu Mittag)
večer (= am Abend)
v noci (= in der Nacht)

dnes/dneska (= heute)
zítra (= morgen)
včera (= gestern)
předevčírem (= vorgestern)
pozítří (= übermorgen)
letos (= dieses Jahr)
vloni/loni (= voriges Jahr)

GRAMMATIK

VERBEN II – DAS PRÄSENS
DIE KONJUGATION

Gruppe III			
prac**ovat**			
prac**uji** / prac**uju**	(ich arbeite)	prac**ujeme**	(wir arbeiten)
prac**uješ**	(du arbeitest)	prac**ujete**	(ihr arbeitet, Sie arbeiten)
prac**uje**	(er, sie, es arbeitet)	prac**ují** / prac**ujou**	(sie arbeiten)

Gruppe IV			
promi**nout**			
promi**nu**	(ich verzeihe)	promi**neme**	(wir verzeihen)
promi**neš**	(du verzeihst)	promi**nete**	(ihr vezeiht, Sie verzeihen)
promi**ne**	(er, sie, es verzeiht)	promi**nou**	(sie verzeihen)

LEKTION 4

Gruppe V			
nést			
nesu	(ich trage)	neseme	(wir tragen)
neseš	(du trägst)	nesete	(ihr tragt, Sie tragen)
nese	(er, sie es trägt)	nesou	sie tragen

 ANMERKUNG:

1) Die Verben der III. Gruppe (**-ovat**) fungieren in der 1. P. Sg. und der 3. P. Pl. in zwei Varianten: die erste (já pracuj**i**, oni pracuj**í**) wird in den offiziellen Sprachsituationen gebraucht, wo es sich um soziales Prestige handelt. Die zweite Variante (já pracuj**u**, oni pracuj**ou**) ist für die inoffiziellen Sprachsituationen der Umgangssprache typisch. Die zweite Variante der Endungen (**-u**, **-eš**, **-e**, **-eme**, **-ete**, **-ou**) gleicht also dem Muster der IV. Gruppe (promi**nout**) und der V. Gruppe (né**st**). Manche unregelmäßige Verben werden nach diesem Muster konjugiert. (Siehe Verzeichnis der unregelmäßigen Verben, S. 303–5.)

SUBSTANTIVE
DER GENITIV SG.

Der Genitiv tritt im tschechischen Text häufig auf. Er steht auch nach vielen Präpositionen: **bez** / **beze** (= ohne), **do** (= in + Akk., nach), **kolem** / **okolo** (= um, herum, vorbei), **mimo** (= ausser), **místo** (= anstatt, statt), **od** / **ode** (= von), **podél** (= vorbei), **podle** (= nach, laut), **u** (= bei), **vedle** (= neben, nebenan), **z** / **ze** (= aus) und auch nach der Mengenangabe: kilo cukru, hodně ovoce (= Obst), málo masa (= wenig Fleisch), trochu vody (= ein bisschen Wasser). In der Possessivfunktion kommt der Genitiv nur begrenzt vor. (Siehe L. 7, S. 112, Erl. 2.)

			Nom. Sg.	
	bel.	unb.		MASKULINA
vedle (= neben)	pán-**a**	hrad-**u**	auf Konst. hart	
	muž-**e**	stroj-**e**	auf Kons. weich	

		Nom. Sg.	
	žen-**y**	auf -a	FEMININA
vedle (= neben)	růž-**e** (= Nom.)	auf -e	
	kost-**i**	auf Kons. hart	
	písn-**ě**, věž-**e**	auf Kons. weich	

		Nom. Sg.	
	slov-**o**	auf -o	NEUTRA
vedle (= neben)	pol-**e** (= Nom.)	auf -e	
	nádraž-**í** (= Nom.)	auf -í	

ANMERKUNGEN:

1) Maskulina, die im Stamm im Nominativ Sg. ein „**ů**" haben, verwandeln dieses in allen anderen Fällen in ein „**o**", z. B.: dům (= Haus) – domu, stůl (= Tisch) – stolu, kůň (= Pferd) – koně, dvůr (= Hof) – dvora.
2) Ein bewegliches „**e**" im Nominativ Sg. M. fällt in allen anderen Fällen weg, z. B. : p**e**s (= Hund) – (bez) psa, Haš**e**k – (od) Haška, Mir**e**k – (k) Mirkovi, Něm**e**c – (pro) Němce, kon**e**c (= Ende) – (ke) konci, d**e**n – (ze) dne, led**e**n – (od) ledna.
3) In manchen **harten unbelebten Maskulina** steht anstatt -**u** die Endung -**a**, (d. h. die Endung der belebten Substantive). Beispiel: kousek chleb**a**, sýr**a**. Auch in **den Monatsnamen**: (= am ersten

LEKTION 4

Januar…): prvního ledn**a**, únor**a**, březn**a**, dubn**a**, květn**a**, červn**a**, srpn**a**, říjn**a**. (Monatsnamen siehe L. 4, S. 64.) Auch in den **Ortsnamen** auf **-ín/-ýn** und **-ov/-ev**: z/do Berlín**a**, z/do Londýn**a**, z/do Kolín**a**, z/do Mnichov**a**, z/do Kyjov**a**. Die Endung **-a** haben auch: z/ze les**a** (= r Wald), dvor**a** (= r Hof), potok**a** (= r Bach), rybník**a** (= r Teich), kostel**a** (= e Kirche), klášter**a** (= s Kloster), hřbitov**a** (= r Kirchhof), mlýn**a** (= e Mühle), svět**a** (= e Welt), život**a** (= s Leben), zákon**a** (= s Gesetz), jazyk**a** (= e Sprache).

ÜBUNGEN

■ **1.** *Üben Sie die Aussprache. Wiederholen Sie das Wort oder die Wortverbindung:*

obchod – , pečivo – , uzeniny – , tržnice – , návštěva – , mám návštěvu – , potřebuju – , dobrý nápad! – , hodně zeleniny – , šálek kávy – , koláč – , tvarohový koláč – , mísa salátu – , už vystupuju – .

■ **2.** *Prägen Sie sich einige häufige Verben der III. Gruppe ein:*

a) *Wiederholen Sie das tschechische Wort:* **cestovat** (= reisen) – , **(na)kupovat** (= kaufen, einkaufen) – , **lyžovat** (= Ski laufen) – , **nastupovat** (= einsteigen) – , **obchodovat** (= handeln) – , **potřebovat** (= brauchen) – , **přestupovat** (= umsteigen) – , **připravovat** (= vorbereiten) – , **sportovat** (= Sport treiben) – , **studovat** (= studieren) – , **telefonovat** (= telefonieren) – , **vystupovat** (= aussteigen) – .

b) *Aus den gegebenen Wortverbindungen bilden Sie bitte Fragen.*

MUSTER: cestovat – často (= oft) – Cestujete často?

cestovat často – , pracovat i večer – , studovat ekonomii – , potřebovat něco – , sportovat pravidelně – , obchodovat ve velkém – , přestupovat u Muzea – , kupovat nové auto – , připravovat referát – , vystupovat u pošty – , nastupovat u nádraží – .

■ **3.** *Beantworten Sie die Frage, ob Sie etwas gern tun.*

MUSTER: Karle, cestuješ rád? – Ano, cestuju rád. (Mask.) oder:
Mileno, cestuješ ráda? – Ano, cestuju ráda. (Fem.)

1. Věro, lyžuješ ráda? – 2. Tomáši, cestuješ rád? – 3. Pavle, telefonuješ rád? – 4. Zdeno, nakupuješ ráda? – 5. Michale, pracuješ tam rád? – 6. Mileno, studuješ češtinu ráda? –

■ **4.** *Verneinen Sie die Frage.*

MUSTER: Potřebujete něco? – Ne, nepotřebuji nic.

1. Potřebujete něco? – 2. Pracujete někde? – 3. Cestujete někam? – 4. Studujete něco? – 5. Nakupujete něco? – 6. Sportujete někdy? – 7. Připravujete něco? – 8. Přestupujete někde? –

■ **5.** *Formen Sie die gegebenen Sätze in verneinende Sätze um.* (Všichni = alle.)

MUSTER: Všichni tam pracují. – Nikdo tam nepracuje. –

1. Všichni tam pracují. – 2. Všichni tam nakupují. – 3. Všichni tam nastupují. – 4. Všichni tam cestují. – 5. Všichni tam studují. – 6. Všichni tam vystupují. – 7. Všichni tam lyžují. –

■ **6.** *Formen Sie die Sätze mit der 3. P. Sg. zu Sätzen mit der 3. P. Pl. um.*

MUSTER: Milan dobře lyžuje. – Milan a Hana dobře lyžují.

1. Milan dobře lyžuje. – 2. Marta dobře studuje. – 3. Karel často cestuje. – 4. Ivana špatně pracuje. – 5. Petr nic nepotřebuje. – 6. Renata tu přestupuje. – 7. Ilona tu vystupuje. –

LEKTION 4

■ **7.** *Beantworten Sie die Frage nach dem Muster. Am Anfang Ihrer Frage steht eine „Echo-Frage", auf die Sie dann kurz und bündig antworten.*

BEISPIEL: Kde nakupujete? – Kde nakupujeme? U Meinla.

1. Kde nakupujete? – 2. Kde vystupujete? – 3. Kam cestujete? – 4. Co studujete? – 5. Kde pracujete? – 6. Kdy sportujete? – 7. Kde lyžujete? –

■ **8.** *Ergänzen Sie die in Klammern stehenden Substantive mit der Mengenangabe in der entsprechenden Form:*

1. *kilo* – cukr, maso, mouka *f.* (= Mehl), chléb *m.* (= Brot)
2. *půl kila* – káva, salám, rýže *f.* (= Reis), sýr
3. *láhev* – pivo, víno, sekt *m.*, limonáda
4. *šálek* – káva, čaj, čokoláda
5. *sklenice* (= Glas) – voda *f.* (= Wasser), mléko *n.* (= Milch), kakao
6. *kousek* – dort, koláč, máslo, chléb, sýr
7. *trochu* – smetana *f.* (= Sahne), olej *m.* (= Öl), mléko
8. *hodně* – zelenina, ovoce, tvaroh *m.* (= Quark), maso

■ **9.** *Bilden Sie einen Minidialog aus den angegeben Substantiven. Arbeiten Sie zu zweit. (Siehe S. 291–2.)*

MUSTER: Varšava – Praha – Jedete do Varšavy? – Ne, jedu do Prahy.

Varšava – Praha – , Francie – Německo – , Amerika – Anglie – , Berlín – Moskva – , Belgie – Itálie – , Rusko – Čína – , Paříž – Mnichov – , Rakousko – Maďarsko – , Londýn – New York – , Stuttgart – Hannover – , Plzeň (*f.*) – Brno – .

10. *Folgende Aufgabe machen Sie bitte auch schriftlich.*

MUSTER: divadlo – kino – Jdeš do divadla? – Ne, jdu do kina.

divadlo (= Theater) – kino, knihovna (= Bibliothek) – práce, hotel *m.* – lékárna (= Apotheke), továrna (= Fabrik) – kavárna (= Café), klub *m.* – restaurace *f.* (= Restaurant), nemocnice *f.* (= Krankenhaus) – hospoda (= Gasthaus).

11. *Setzen Sie das Substantiv in die richtige Form (Genitiv Sg.).*
1. Kino je hned vedle (hotel). 2. Bydlíme u (stadion). 3. Byt je bohužel bez (telefon). 4. Zítra jdeme všichni do (restaurace). 5. Často chodíme do (divadlo) a pak do (kavárna). 6. To není recept od (Helena), ale od (Lucie). 7. Ty jdeš dnes do (hospoda) bez (Tomáš)? 8. Pane Hanáku, máte tu telefon z (Kolín). 9. Kdy jedete do (Polsko)? 10. Stanice metra je hned u (dům), kde bydlíme. 11. Je to daleko od (tramvaj)? 12. To je dárek od (muž). 13. Jdu teď do (kancelář). 14. Ve středu chodím z (práce) až večer. 15. Telefon je hned vedle (stůl). 16. To je dort od (Věra)? – Ne, z (cukrárna). 17. Do (práce) chodím kolem (hotel) Globus.

12. a) *Prägen Sie sich einige Verben der IV. Gruppe ein.*
a) *Wiederholen Sie das tschechische Wort:*
nabídnout (= anbieten) – , **obléknout se** (= sich anziehen) – , **prohlédnout si** (= sich ansehen) – , **rozhodnout se** (= sich entscheiden) – , **sednout si** (= sich setzen) – , **stihnout** (= schaffen) –, **usnout** (= einschlafen) – , **všimnout si** (= bemerken) – , **vzpomenout si** (= sich erinnern) – , **zamknout** (= absperren) – , **zhasnout** (= ablöschen) – , **zvyknout si** (= sich gewöhnen) – .

prohlédnout si			
prohlédnu si	(ich sehe mir an)	prohlédneme si	(wir sehen uns an)
prohlédneš si	(du siehst dir an)	prohlédnete si	(ihr seht euch an, Sie sehen sich an)
prohlédne si	(er, sie, es siehlt sich an)	prohlédnou si	(sie sehen sich an)

LEKTION 4

nestihnout			
nestihnu	(ich schaffe nicht)	nestihneme	(wir schaffen nicht)
nestihneš	(du schaffst nicht)	nestihnete	(ihr schafft nicht, Sie schaffen nicht)
nestihne	(er, sie, es schafft nicht)	nestihnou	(sie schaffen nicht)

b) *Und jetzt reagieren Sie, zuerst bejahend, dann verneinend.*

MUSTER: Zhasneš? – Jistě, zhasnu.

1. Zhasneš? – 2. Zamkneš? – 3. Usneš? – 4. Stihneš to? – 5. Rozhodneš se brzy? – 6. Vzpomenete si? – 7. Prominete mu (= ihm) to? – 8. Sedneš si? – 9. Prohlédneš si to? – 10. Všimneš si toho? – 11. Oblékneš se rychle? –

c) MUSTER: Stihnete to? – Bohužel, nestihneme to.

1. Stihnete to? – 2. Prohlédnete si to? – 3. Vzpomenete si? – 4. Nabídnete mu to? – 5. Zvyknete si? – 6. Rozhodnete se brzy? – 7. Prominete mu to? –

1-31

■ **13.** *Formen Sie die Frage mit der 2. P. Sg. zur Frage mit der 2. P. Pl. um.*

MUSTER: Kam si sedneš? – Kam si sednete?

1. Kam si sedneš? – 2. Co mu nabídneš? – 3. Kdy se rozhodneš? – 4. Co si oblékneš? – 5. Proč nezhasneš? – 6. Proč nezamkneš? – 7. Proč to nestihneš? – 8. Kdy si to prohlédneš? – 9. Kdy si na to zvykneš? –

■ **14.** *Wählen Sie eines der beiden Verben aus.*

1. Do kavárny obvykle (jdeme, chodíme) v sobotu. 2. Dnes večer (jdeme, chodíme) do divadla. 3. Zítra (jdu, chodím) do kanceláře až odpoledne. 4. Do kina (jdeme, chodíme) často. 5. Kam (jdeš, chodíš) v pátek nakupovat? 6. Alena často (jde, chodí) nakupovat do tržnice. 7. Milan (jede, jezdí) každý den do práce autem. 8. Zítra (jedeme, jezdíme) do Německa. 9. Jana často (jde, chodí) do školy i odpoledne. 10. V sobotu do kanceláře nikdy (nejdu, nechodím).

15. *Beantworten Sie die Frage. Sagen Sie, dass Sie etwas erst am nächsten Tag machen.*

MUSTER: Jdeš k Mirkovi v neděli? – Ne, až v pondělí.

1. Jdeš k Mirkovi v neděli? – 2. Jdete do kina ve středu? – 3. Jedete do Itálie v pátek? – 4. Jdeš do knihovny ve čtvrtek? – 5. Jdete do restaurace v úterý? – 6. Chodíte obvykle nakupovat ve středu? – 7. Jdeš do divadla v sobotu? – 8. Jedete k Ireně v pondělí? –

LEKTION 5
ZÁBAVA A POVINNOSTI

Proč nechceš jet s námi na hory?

1-33 *(Osoby: A – Ivan, B – Michal)*

A Michale, proč nechceš jet s námi na hory[1]?
B Já bych, Ivane, chtěl, ale nemůžu. Mám moc práce, musím o víkendu připravovat referát[1].
A Můžeš to přece udělat příští týden[1].
  Nemusíš to psát právě v sobotu a v neděli[1].

B To bohužel nejde, opravdu to není možné.
  Máme ten projekt projednávat ve[2] středu a já s tím nejsem hotový.
A Smím se zeptat, o co jde?
B Zeptat se smíš, ale stejně si[3] to sotva umíš představit.
  Jde o dost složitý program.
  Můj šéf říká, že všechno musí být perfektní.
A A nemůžeš to udělat už dnes?
B To nejde tak rychle. Navíc musím taky udělat rozpočet.
  A v úterý mám jet do Brna na veletrh, chceme tam vystavovat náš software. Pro samou práci nevím, kde mi hlava stojí.
A Do Brna přece může jet Eva.
B Asi bude muset.
  Ale nechce se jí tam jet[4], její muž má právě narozeniny a chtějí to slavit s celou rodinou.
A To se nedá[5] nic dělat, můžou přece tu oslavu odložit.
B Máš pravdu.
  Když se chce[5], jde všechno.

VERGNÜGUNGEN UND PFLICHTEN

Warum willst du nicht mit uns ins Gebirge fahren?

(Personen: A – Ivan, B – Michal)

A Michal, warum willst du nicht mit uns ins Gebirge fahren?
B Ivan, ich möchte fahren, aber ich kann nicht. Ich habe viel zu tun, ich muss am Wochenende ein Referat vorbereiten.
A Das kannst du doch kommende Woche vorbereiten.
  Du brauchst es nicht gerade am Sonnabend und Sonntag zu schreiben.
B Leider geht es nicht, es ist wirklich unmöglich.
  Wir sollen das Projekt am Mittwoch verhandeln, und ich bin nicht fertig damit.
A Darf ich fragen, worum es sich handelt?
B Fragen darfst du, aber du kannst es dir sowieso kaum vorstellen. Es handelt sich um ein ziemlich kompliziertes Programm.
  Mein Chef sagt, dass alles perfekt sein muss.
A Und kannst du es nicht schon heute machen?
B Das geht nicht so schnell. Überdies muss ich auch den Kostenvoranschlag machen. Und am Dienstag soll ich nach Brno zur Messe fahren, wir wollen dort unsere Software ausstellen. Vor lauter Arbeit weiß ich nicht, wo mir der Kopf steht.
A Nach Brno kann ja Eva fahren.
B Wahrscheinlich muss sie.
  Sie hat aber keine Lust hinzufahren, ihr Mann hat gerade Geburtstag
  und sie wollen ihn mit der ganzen Familie feiern.
A Da kann man nichts machen, sie können ja die Feier verlegen.
B Du hast Recht.
  Wenn man will, geht alles.

LEKTION 5

WORTSCHATZ

• **banka** *f.*	e Bank	**mít moc práce**	viel zu tun haben
• **bota** *f.*	r Schuh	**moci,** mohu /	können,
celý	ganz	můžu, můžeš,	vermöogen
dát, dám, dáš, dá,	geben,	může, můžeme,	
dáme, dáte,	schenken,	můžete, mohou /	
dají *pf.*	stellen u.a.	můžou, mohl *ip.*	
	(Siehe Erl. 4. zur	**muset**, musím,	müssen
	L. 12, S. 184.)	musíš, musí,	
Nedá se nic	Da kann man	musíme, musíte,	
dělat.	nichts machen.	musí / musejí *ip.*	
hlava *f.*	r Kopf	• **nad / nade**	über
hory *f. pl.*	s Gebirge	+ Akk. / Inst.	
		präp.	
		• **náměstí** *n.*	r Platz, r Ring
		narozeniny *f. pl.*	r Geburtstag
		navíc	überdies
		odložit *pf.*	verlegen
		opravdu *adv.*	wirklich
		• **opravit** *pf.*	reparieren, richten

		oslava *f.*	e Feier
		• **pod / pode**	unter
		+ Akk. / Inst.	
		präp.	

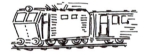

		právě *par.*	gerade
hotový	fertig	**proč**	warum
chtít, chci, chceš,	wollen, mögen	**projednávat** *ip.*	verhandeln
chce, chceme,		• **přát (si)**, přeju	wünschen
chcete, chtějí *ip.*		si / přeji si *ip.*	
• **jet**, jedu *ip.*	fahren	**přece** *par.*	doch, ja
jde o + Akk.	es handelt sich um	• **před / přede**	vor
		+ Akk. / Inst.	
když *kon.*	wenn, als	*präp.*	
• **kufr** *m.*	r Koffer	**příští**	kommend,
• **les**, -a *m.*	r Wald		r, e, s nächste
• **mezi** + Akk. /	zwischen	**rodina** *f.*	e Familie
Inst. *präp.*		• **roh** *m.*	e Ecke
• **mít** + inf.	sollen	**rozpočet,**	r Kostenvoran-
• **lyže** *f. pl.*	e Skier	rozpočtu *m.*	schlag

• **rozumět** *ip.*	verstehen	**stejně** *par.*	sowieso
říct / říci, řeknu *pf.*	sagen	• **škola** *f.*	e Schule
říkat *ip.*	sagen	• **stihnout** *pf.*	schaffen
s / se + Inst. *präp.*	mit	**umět**, umím,	können, wissen,
slavit *ip.*	feiern	umíš, umí,	im Stande sein
složitý	kompliziert	umíme, umíte,	
smět, smím, smíš,	dürfen	umí / umějí *ip.*	
smí, smíme, smíte,		• **vařit** *ip.*	kochen
smí / smějí *ip.*		**veletrh** *m.*	e Messe
sotva *adv.*	kaum	• **věřit** *ip.*	glauben, trauen,
• **souhlasit** s	zustimmen,		vertrauen
+ Inst. *ip.*	stimmen	• **vlak** *m.*	r Zug
stát, stojím,	stehen	**vystavovat** *ip.*	ausstellen
stojíš *ip.*			

ERLÄUTERUNGEN ZUM TEXT

1. Sicher haben Sie schon beachtet, dass die Wortfolge im Tsch. im Allgemeinen freier ist als im Deutschen. In der Frage oder im Nebensatz muss das Verb nicht unbedingt am Ende stehen. Beispiel: Proč s námi **nechceš** jet zítra na hory? – Můj šéf říká, že všechno **musí** být perfektní. (Siehe auch L. 16, S. 243.)
2. Wenn die Präposition auf einen **Konsonanten** ausgeht (**s, z, k, v, od, nad, pod, před**) und das folgende Wort auf **denselben Konsonanten** oder auf eine **Konsonantengruppe** anlautet, nimmt oft die Präposition – wegen der Aussprache – ein **-e** hinzu: (**se š**kolou, **ze st**olu, **ke Zd**eňkovi, **ve v**odě, **ve st**ředu, **přede mn**ou, **ode mn**e).
3. Die Reflexivverben haben entweder **se** (= Akk., mich), oder **si** (= Dat., mir). Beispiele: koupím si (= ich kaufe mir), objednáš si (= du bestellst dir), připravím si (= ich bereite mir vor), připravím se (= ich bereite mich vor), oblékneme se (= wir ziehen uns an). **Se** und **si** ändern sich beim Konjugieren nicht! (Siehe auch L. 3, S. 53, Erl. 1.)
4. Der deutschen Modalkonstruktion „ich habe (keine) Lust + zu + Inf." entspricht im Tsch. **(ne)chce se mi + Inf**. Beispiele:

LEKTION 5

Nechce se mi tam jet. (= Ich habe keine Lust hinzufahren). – Chce se ti dneska jít do kina? (= Hast du Lust heute ins Kino zu gehen?) – Nechce se jí vařit. (= Sie hat keine Lust zu kochen.)

5. Den deutschen man-Sätzen entspricht im Tsch. die Konstruktion mit **3. P. Sg.** + **se**. Beispiele: Das weiß man noch nicht. – To **se** ještě **neví**. Wenn man will, geht alles. – Když **se chce**, jde všechno.

GRAMMATIK

DIE MODALVERBEN

Modalverben: **chtít** (= wollen), **moci / moct** (= können, vermögen), **mít** + Inf. (= sollen), **smět** (= dürfen), **muset** (= müssen).

In der deutschen Grammatik gehören zu den Modalverben noch können (= **umět**) und in gewissen Fällen wissen (= **vědět**).

DAS PRÄSENS

Inf.	chtít	moct/ moci	mít + Inf.	smět	muset	vědět	umět
Singular							
1.	chci	můžu/ mohu	mám	smím	musím	vím	umím
2.	chceš	můžeš	máš	smíš	musíš	víš	umíš
3.	chce	může	má	smí	musí	ví	umí
Plural							
1.	chceme	můžeme	máme	smíme	musíme	víme	umíme
2.	chcete	můžete	máte	smíte	musíte	víte	umíte
3.	chtějí	můžou/ mohou	mají	smí/ smějí	musí/ musejí	vědí	umí/ umějí

Die Vergangenheitsformen siehe L. 8, Grammatik, Anmerkung 7, S. 128.

SUBSTANTIVE
DER INSTRUMENTAL SG.

bezeichnet ein Werkzeug, z. B. krájet nožem (= mit dem Messer schneiden), ein Verkehrsmittel, z. B. jet vlakem (= mit dem Zug fahren), auch: jít lesem (= durch den Wald gehen), dívat se oknem (= durch das Fenster schauen).

Der Inst. steht nach vielen Präpositionen: **s / se** (= mit) und nach den Lokalpräpositionen (**wo**?): **mezi** (= zwischen), **nad / nade** (= über), **pod / pode** (= unter), **před / přede** (= vor), **za** (= hinter). Beispiele: s Robertem, být mezi školou a poštou, nad obchodem, pod stolem, před parkem, za autem.

Nach den letzten steht aber auf die Frage **wohin** der Akkusativ!
Vergleiche: **Wo?** – Auto stojí za domem. (= Inst.)
Wohin? – Postavte (= stellen Sie) auto za dům. (= Akk.). (Siehe L.2, S. 44.)

		Nom. Sg.	
s / se (= mit)	pán-**em**, hrad-**em**	auf Kons. hart	MASKULINA
	muž-**em**, stroj-**em**	auf Kons. weich	

		Nom. Sg.	
s / se (= mit)	žen-**ou**	auf -a	FEMININA
	růž-**í**	auf -e	
	kost-**í**	auf Kons. hart	
	písn-**í**	auf Kons. weich	

		Nom. Sg.	
s / se (= mit)	slov-**em**	auf -o	NEUTRA
	pol-**em**	auf -e	
	nádraž-**ím**	auf -í	

LEKTION 5

DIE PERSONALPRONOMINA

DIE DEKLINATION

Sg.	**já** – *ich*	**ty** – *du*	**on** – *er*	**ono** – *es*	**ona** – *sie*
Pl.	**my** – *wir*	**vy** – *ihr, Sie*	**oni** (M. bel.),	**ony** (M. unb., F.),	**ona** (N.) – *sie*

	Singular		Plural	
Nom.	já	ty	my	vy
G.	mne / mě	tebe / tě	nás	vás
D.	mně / mi	tobě / ti	nám	vám
Akk.	mne / mě	tebe / tě	nás	vás
L.	o mně	o tobě	o nás	o vás
Inst.	mnou	tebou	námi	vámi

	Singular			Plural		
				M. bel.	M. unb., F.	N.
Nom.	on	ono	ona	oni	ony	ona
G.	jeho, jej (bez něho, něj)		jí (bez ní)	jich (bez nich)		
D.	jemu (k němu)		jí (k ní)	jim (k nim)		
Akk.	jeho, jej, ho (pro něho, pro něj)	jeho, jej, ho, je (pro ně, pro něho, pro něj)	ji (pro ni)	je (pro ně)		
L.	o něm		o ní	o nich		
Inst.	jím (s ním)		jí (s ní)	jimi (s nimi)		

ANMERKUNGEN

1) Die Pronomina **já, ty, on** haben im Genitiv, Dativ und Akkusativ zwei Formen:
   a/ die längere Form (G.: mne, tebe, jeho, D.: mně, tobě, jemu, Akk.: mne, tebe, jeho) steht nach den Präpositionen (z. B. ode mne, od tebe, od něho, ke mně, k tobě, k němu, pro mne,

pro tebe, pro něho) und oder bei der **Hervorhebung**, z. B. bei dem **Gegensatz**, **betont**. Beispiel: **Tobě** to řeknu, ale **jemu** ne. (Dir sage ich das, aber ihm nicht.)

aa) anstatt der Form **mne** (G., Akk.) steht oft auch die Form **mě**, z. B. beze mě, pro mě. Mě se nikdo neptá.

b/ die kürzere Form (G. mě, tě, ho, D.: mi, ti, mu, Akk.: mě, tě, ho) ist **unbetont** und steht **nie** am Satzanfang. Beispiel: Ptají se mě/tě/ho. Koupí mi/ti/mu knihu. – Vidí mě/tě/ho.

2) Die Formen **jeho/pro něho** im Akk. sind nur für M./N. bel.

3) WORTFOLGE. Zum Unterschied vom Deutschen steht der Dativ **vor** dem Akkusativ des Demonstrativpronomens N. Sg. **to**:

Deutsch:	Ich kaufe es dir/ihm.	Akk. – D.
Tschechisch:	Koupím ti/mu to.	D. – Akk.

4) Steht das Pronomen der 3. P. (on, ona, ono, oni, ony, ona) nach einer Präposition, hat das Pronomen im Anlaut kein **j-**, sondern ein **n-**: bez něho/ní/nich, k němu/ní/nim, na něho/ni/ně, mluvím o něm/ní/nich, pracuju s ním/ní/nimi.

ÜBUNGEN

■ **1.** *Üben Sie die Aussprache. Wiederholen Sie das Wort oder die Wortverbindung.*

v sobotu – , v neděli – , jedu na hory – , příští týden – , bohužel – , veletrh – , mám moc práce – , narozeniny – , máš pravdu – , nedá se nic dělat – , to nejde rychle – .

■ **2.** *Beantworten Sie die Fragen auf Tschechisch.*

1. Chce jet Michal na hory? 2. Proč nemůže jet Michal na hory? 3. Kam a proč má Michal jet v úterý? 4. Proč se Evě nechce jet do Brna? 5. Co musíte dělat každý den? 6. Musíte někdy pracovat i v neděli? 7. Co chcete dělat v sobotu? 8. Ví vaše žena / váš muž o každé vaší koruně? 9. Umíte vařit? 10. Smíte dělat, co chcete?

LEKTION 5

■ **3.** *Gebrauchen Sie die in Klammern stehenden Substantive in der richtigen Form (Inst. Sg.). Wiederholen Sie den ganzen Satz.*

1. Jedeme tam (metro, auto, vlak, tramvaj – *f.*, autobus).
2. Chcete mluvit s (Artur, Radka, pan Jonák, Lydie, pan doktor)?
3. Musím souhlasit s (Karel, Hedvika, šéf, Marie).
4. Auto stojí před (hotel, garáž – *f.*, dům, banka, nádraží, stanice autobusu).
5. Ten dům je hned za (roh, klinika, náměstí, park).
6. Směnárna je mezi (nádraží a stanice metra, pošta a supermarket, policie a kino, hotel a škola, galerie a synagoga, restaurace a banka).

1-35

■ **4.** *Statt zu duzen gebrauchen Sie bitte die Höflichkeitsform.*

MUSTER: Prosím tě. – Prosím vás.

1. Prosím tě. – 2. Děkuju ti. – 3. Nerozumím ti. – 4. Ohlásím tě hned. – 5. Mohu ti nabídnout kávu? – 6. Vítám tě u nás. – 7. Chci se tě na něco zeptat. – 8. Zavolám ti zítra dopoledne. –

1-36

■ **5.** *Bejahen Sie die Frage.*

MUSTER: Co mi koupíš, čokoládu? – Když chceš, koupím ti čokoládu.

1. Co mi koupíš, čokoládu? – 2. Kdy mě navštívíš, zítra odpoledne? – 3. Kdy mi zavoláš, v neděli večer? – 4. Koho mi představíš, Zuzanu? – 5. Co mi nabídneš, whisky? –

1-37

■ **6.** *Formen Sie die neutrale Replik so um, dass Sie das Pronomen hervorheben.*

MUSTER: Věřím ti. – Tobě věřím, ale Pavlovi ne.

1. Věřím ti. – 2. Vidím tě. – 3. Slyším tě. – 4. Koupím ti knihu. – 5. Rozumím ti. – 6. Navštívím tě. – 7. Zavolám ti. –

■ **7.** *Bilden Sie von den in Klammern stehenden Pronomen die richtige Form. Wiederholen Sie den ganzen Satz.*

1. Jedeš v sobotu s (my, on, já) na hory? 2. Čekáte tu na (my, on, oni)? 3. Dělám to kvůli (ty, vy, ona). 4. Víme to od (on, oni, vy).

5. Platíš i za (já, my, oni)? 6. Koupíte to i pro (oni, on, já)? 7. Těším se na (ty, Vy, on). 8. Můžete tam jít bez (my, on, já).

■ **8.** *Wiederholen Sie zuerst die Replik, dann ergänzen Sie sie bitte nach dem Muster.*

MUSTER: Chci to vidět. – Chci to vidět. Chceš to taky vidět?

1. Chci to vidět. – 2. Musím ještě pracovat. – 3. Můžu tam jít. – 4. Smím si to koupit. – 5. Vím to od pana Macha. – 6. Mám tam zítra jet. – 7. Umím to udělat. – 8. Umím anglicky. –

■ **9.** *Beantworten Sie bitte die Frage.*

MUSTER: Ví to někdo? – Všichni to vědí, i já to vím.

1. Ví to někdo? – 2. Chce tam někdo jet? – 3. Může to někdo zkusit? – 4. Umí to někdo opravit? – 5. Smí tam někdo jít? – 6. Musí to někdo připravit? – 7. Může tam někdo zavolat? – 8. Ví o tom někdo něco? – 9. Chce tam někdo něco koupit? –

■ **10.** *Beantworten Sie die Frage. In der Antwort gebrauchen Sie das Verb aus den Klammern.*

BEISPIEL: Proč Pavel nechce jet s námi? (moci) – On chce, ale nemůže.

1. Proč Pavel nechce jet s námi? (moci) – 2. Proč Irena nemůže jít s námi do kina? (smět) – 3. Proč Vláďa a Pepík nechtějí jet na lyže? (moci) – 4. Proč pan Jonák nemůže jet do Brna? (chtít) – 5. Proč to Marta nechce udělat? (umět to) – 6. Proč nám to Hana s Helenou nechtějí říct? (vědět to) – 7. Proč Eva nechce lyžovat? (umět to) – .

■ **11.** *Sie haben nicht verstanden. Fragen Sie lieber nach.*

MUSTER: Vrátíme se zítra. – Prosím? Kdy se vrátíte?

1. Vrátíme se zítra. – 2. Cítíme se tam prima. – 3. Učím se gramatiku. – 4. Žením se v sobotu. – 5. Podívám se na internet. – 6. Koupíme si byt. – 7. Objednám si kávu s koňakem. – 8. Zavoláme do kanceláře. – 9. Připravíme si to v knihovně. –

LEKTION 5

■ **12.** *Antworten Sie bejahend. Das Substantiv ersetzen Sie bitte durch ein Pronomen.*

a) MUSTER: Přejete si ten kufr? – Ano, dejte (= geben Sie) mi ho.
1. Přejete si ten kufr? – 2. Přejete si tu knihu? – 3. Chcete tu tašku? – 4. Přejete si ty boty? – 5. Chcete ten salám? – 6. Přejete si to víno? – 7. Chcete tu zeleninu? – 8. Přejete si ten dort? – 9. Chcete ten pohled? – 10. Přejete si tu kávu? –

b) MUSTER: Víte to od Roberta? – Ano, víme to od něho.

1. Víte to od Roberta? – 2. Zavoláte Petrovi? – 3. Musíte jít k šéfovi? – 4. Jdete k Vaškovi a Světlaně? – 5. Uděláte to bez Karla? – 6. Jedete tam s Milošem a Jarkou? – 7. Napíšete Miladě? – 8. To je dárek pro Veroniku? – 9. Bydlíš teď u Ireny? – 10. Chodíte k Janě a Pavlovi?

■ **13.** *Übersetzen Sie ins Tschechische. (Siehe Lektion 5, Erläuterung 2.)*

1. In dieser Firma darf man nicht rauchen. 2. Man weiß nicht, wo Martin jetzt arbeitet. 3. Hier kann man das kaufen. 4. Das muss man sehen! 5. Das weiß man noch nicht. 6. Ich weiß nicht, wie man es verhandelt. 7. Heute kann man es nicht schaffen. 8. Wie sagt man es auf Englisch?

■ **14.** *Übersetzen Sie.*

1. Der Patient darf schon gehen. 2. Ich weiß nicht, wo Kurt wohnt. 3. Wir haben keine Lust hinzufahren. 4. Das kannst du heute nicht schaffen. 5. Ich tue alles, was ich tun kann. 6. Können Sie Englisch? 7. Warum wollt ihr nicht mit dem Auto fahren? 8. Was sollen wir jetzt tun? 9. Frau Volfová macht nur das, was sie machen muss. 10. Können Sie Ski laufen? 11. Wer will, der kann. 12. Da kann man nichts machen. 13. Man weiß nicht, wie es ist. 14. Wer soll das wissen? Ich weiß es auch nicht.

15. *Hören Sie sich die Melodie des Liedes Bejvávalo, bejvávalo dobře an und versuchen Sie dann, das Lied zu singen.*

Bejvávalo, bejvávalo dobře

bejvávalo dobře einst war es (auf der Welt) gut

[: Bejvávalo, bejvávalo, bejvávalo dobře. :]
[: Za našich mladých let
bejval svět jako květ,   *květ* e Blüte
bejvávalo, bejvávalo, bejvávalo dobře. :]

[: Teď už není, teď už není, teď už není dobře. :]
[: Zlé časy nastaly,   *nastat* beginnen
dobré nám přestaly,   *přestat* aufhören
teď už není, teď už není, teď už není dobře. :]

LEKTION 6
RODINA

Žádný spěch se svatbou

(Osoby: A – Pavel, B – Michal)

A Co dělají, Michale, tvoji rodiče? Nikdy o nich nemluvíš.
B Rodiče bydlí v jednom[1] malém městě v jižních Čechách. Maminka je ještě mladá, je jí[2] teprve čtyřicet dva let, ale tatínkovi[2] je už skoro šedesát.
A A co dělá tvůj bratr? Je už ženatý[3]?
B Ne, vždyť je mu[2] teprve sedmnáct, ještě chodí do gymnázia.
A A tvoje sestra, Pavle?
B Je jí[2] dvacet a je už vdaná[3], na podzim čeká dítě.
A Tak to tvoje matka bude brzy babičkou a otec dědečkem.
B A já budu strýček! Musím říct, že se na to jejich mimino docela těším[4]. Snad to bude kluk!
A Tak to se musíš taky brzy oženit[3].
B To rozhodně ne! Chci zůstat svobodný aspoň do třiceti. Užít si života, vydělat nějaké peníze a teprve pak si založit svou[5] rodinu.
A A co na to[6] říká tvá partnerka?
B Totéž co já. Chce v klidu dostudovat[7], najít si nějaké dobré místo, trochu cestovat. Žádný spěch se svatbou!

WORTSCHATZ

aspoň *par.*	mindestens	• **brát si** + Akk. *ip.*	heiraten
babička *f.*	e Großmutter, e Oma	• **brouk** *m.*	r Käfer
		• **cestovní**	Reise-
• **baterka** *f.*	e Taschenlampe	• **časopis** *m.*	e Zeitschrift

FAMILIE

Keine Eile mit der Hochzeit

(Personen: A – Paul, B – Michal)

A Michal, was machen deine Eltern? Du sprichst nie von ihnen.
B Die Eltern wohnen in einer kleinen Stadt in Südböhmen. Meine Mutter ist noch jung, sie ist erst zweiundvierzig Jahre alt, aber der Vater ist schon fast sechzig.
A Und was macht dein Bruder? Ist er schon verheiratet?
B Nein, er ist doch erst siebzehn, er ist noch Gymnasiast.
A Und deine Schwester, Paul?
B Sie ist zwanzig und ist schon verheiratet, im Herbst bekommt sie ein Kind.
A Deine Mutter wird also bald Oma und dein Vater Opa.
B Und ich Onkel! Ich muss sagen, dass ich mich auf ihr Baby freue. Hoffentlich wird es ein Junge sein!
A So solltest du auch bald heiraten.
B Auf keinen Fall! Ich möchte mindestens bis dreißig ledig bleiben. Das Leben genießen, etwas Geld verdienen und erst dann meine eigene Familie gründen.
A Und was sagt deine Partnerin dazu?
B Dasselbe wie ich. Sie möchte das Studium in Ruhe zu Ende bringen, eine gute Stelle finden, ein wenig reisen. Keine Eile mit der Hochzeit!

• **Čechy** *pl. f.*	s Böhmen	**dítě**, dítěte,	s Kind
• **Česko** *n.*	s Tschechien	*pl.* děti, *n.*	
čtyřicet *num.*	vierzig	**čekat d.**	ein Kind
dědeček, -čka *m.*	r Großvater, r Opa		bekommen

LEKTION 6

• **dívka** *f.*	s Mädchen
docela *adv.*	sehr, ganz
dostudovat *pf.*	s Studium zu Ende bringen
dvacet *num.*	zwanzig
gymnázium, -zia *n.*	s Gymnasium
jižní	Süd-
klid *m.*	e Ruhe
kluk *m.*	r Junge
• **kostel**, -a *m.*	e Kirche
• **křižovatka** *f.*	e Kreuzung
• **málokdy** *adv.*	selten
• **mapa** *f.*	e Karte
město *n.*	e Stadt
mimino *n. umgspr.*	s Baby
místo *n.*	e Stelle, r Platz; r Ort
mladý	jung
mluvit *ip.*	sprechen
najít, najdu *pf.*	finden
napadat *ip.*	einfallen
• **nemocný**	krank
• **noviny** *pl. f.*	e Zeitung
• **nový**	neu
• **nůž**, nože *m.*	s Messer
• **otázka** *f.*	e Frage
• **pilný**	fleißig
• **potkat** + Akk. *pf.*	j-m begegnen, treffen
• **prázdniny** *f. pl.*	e Ferien
• **procházka** *f.*	r Spaziergang
• **psát**, píšu, píšeš *ip.*	schreiben
rodiče *pl. m.*	e Eltern
rok *m.*, G. Pl. roků / let	s Jahr
rozhodně ne *adv.*	auf keinen Fall
sedmnáct *num.*	siebzehn
• **soused** *m.*	r Nachbar
skoro *adv.*	fast
spěch *m.*	e Eile
• **starý**	alt
stejný	derselbe
strýček, -čka *m.*	r Onkel
• **střední**	Mittel-, mittlere
svatba *f.*	e Hochzeit
svobodný	ledig
• **syn** *m.*	r Sohn
• **taška** *f.*	e Tasche, e Handtasche
teprve *adv.*	erst
• **teta** *f.*	e Tante
totéž *pnm.*	dasselbe
užít (si) *pf.*	genießen
vdaná, nur *f.*	verheiratet
• **vdávat se** *(nur von einer Frau) ip.*	heiraten
• **voják** *m.*	r Soldat

• **vrátit** *pf.*	zurückgeben	**známý**	bekannt
vydělat (peníze) *pf.*	verdienen	• **zpěvák** *m.*	r Sänger
• **vysoký**	hoch	**zůstat**, zůstanu,	bleiben
• **vzít se**, vezmou se, vzali se *pf.*	heiraten	zůstaneš *pf.*	
vždyť *par.*	ja, doch	**ženatý** *(nur von einem Mann) m.*	verheiratet
založit (si) *pf.*	gründen	**život** *m.*	s Leben
• **zdravý**	gesund		

ERLÄUTERUNGEN ZUM TEXT

1. Dem deutschen unbestimmten Artikel entspricht im Tschechischen oft **jeden, jedna, jedno**. Beispiele: v jednom městě – in einer Stadt, s jednou dívkou – mit einem Mädchen.
2. Nach dem **Alter** fragt und antwortet man:
   Kolik je **mu** (= D.) let?   Je **mu** (= D.) dvacet let.
   – Wie alt ist er?   – Er ist zwanzig.
   Kolik byl**o** Jan**ě**?   Jan**ě** byl**o** sedmnáct
   – Wie alt war Jana?   – Jana war siebzehn.
   In der tschechischen Konstruktion steht der Dativ!
3. Er ist verheiratet.   On je **ženatý**.
   Sie ist verheiratet.   Ona je **vdaná**.
   Egon heiratet. – Egon se žení.
   Ilona heiratet. – Ilona se vdává.
   Egon und Ilona heiraten. – Egon a Ilona se berou.
   Egon und Ilona haben schon geheiratet. – Egon a Ilona se už vzali.
   Egon hat Ilona geheiratet. – Egon se oženil s Ilonou. / Egon si vzal Ilonu.
   Ilona hat Egon geheiratet. – Ilona se vdala za Egona. (Akk.) / Ilona si vzala Egona.
4. Těšit se **na** + Akk. (= sich freuen auf + Akk.), z. B.: Těším se na léto. Aber: sich freuen an / über = mít radost **z** + G., z. B.: mám radost z dárku, z dětí, z práce.

5. Bezieht sich ein Possesivpronomen auf das Subjekt, hat das Tschechische für alle Personen nur **ein** Pronomen, und zwar ein Reflexiv: Sg.: **svůj** (M.), **svá / svoje** (F.), **své / svoje** (N.), Pl.: **sví / svoji** (M. bel.), **své / svoje** (M. unb. + F.), **svá / svoje** (N.) Dieses Pronomen wird wie **můj** dekliniert. (Siehe L. 6, S. 96.) Beispiele: Chci si založit svou rodinu. Veronika bydlí se svými rodiči. Máš svůj pokoj? Pojedu tam se svou dívkou.
6. Soll das Pronomen **to** auf ein unbelebtes Substantiv hinweisen, so steht die Präposition **vor** dem deklinierten Pronomen. (Siehe L. 6, S. 92.) Beispiele: Was sagt deine Partnerin **dazu**? – Co **na to** říká tvá partnerka? Sie spricht nicht **davon**. – Ona **o tom** nemluví. **Damit** kann man nichts machen. – **S tím** se nedá nic dělat. Er war nicht **dabei**. – Nebyl **u toho**.
7. Im Tschechischen werden bei fast allen Verben zwei Aspekte unterschieden: ein **imperfektiver** (unvollendeter – *ip.*) Aspekt bezeichnet ein langdauerndes, mehrmaliges oder nicht abgeschlossenes Geschehen (z. B.: **studovat** medicínu už pět let), ein **perfektiver** (vollendeter – *pf.*) Aspekt gibt ein einmaliges, oft abgeschlossenes Geschehen wieder (z. B. **dostudovat** v roce 2005 – das Studium im Jahre 2005 abschließen). Perfektive Verben verfügen nur über ein Präteritum und Futurum (kein Präsens!). (Über die Bildung des Futurs der imperfektiven Verben siehe L. 9, S. 143, über die Bildung der Aspektpaare siehe ausführlicher L. 8, S. 129.)

GRAMMATIK

DIE KARDINALZAHLEN I
0 – 100

0 nula
1 jeden (+ M.), jedna (+ F.), jedno (+ N.)
2 dva (+ M.), dvě (+ F., N.)
3 tři
4 čtyři
5 pět
6 šest
7 sedm
8 osm
9 devět
10 deset

11 jede**náct** 20 dva**cet**
12 dva**náct** 30 tři**cet**
13 tři**náct** 40 čtyři**cet**
14 čtr**náct** 50 pade**sát**
15 pat**náct** 60 šede**sát**
16 šest**náct** 70 sedmde**sát**
17 sedm**náct** 80 osmde**sát**
18 osm**náct** 90 devade**sát**
19 devate**náct** 100 (jedno) sto

21 dvacet jedna (oder jeden**a**dvacet)
22 dvacet dva (oder dva**a**dvacet)
23 dvacet tři (oder tři**a**dvacet)
55 padesát pět (oder pět**a**padesát)
98 devadesát osm (oder osm**a**devadesát)

DIE DEMONSTRATIVPRONOMINA

haben folgende Grundformen: Sg. **ten** (der, dieser), **ta** (die, diese), **to** (das, dieses). Pl. (die, diese) hat drei Grundformen: **ti** (M. bel.), **ty** (M. unb. + F.), **ta** (N.).

LEKTION 6

DEKLINATION

		Singular			Plural		
		M. bel., unb.	N.	F.	M. bel.	M. unb. + F.	N.
1.		**ten** (muž, stroj)	**to** (nádraží)	**ta** (žena)	**ti** (muži)	**ty** (stroje, ženy)	**ta** (nádraží)
2.	vedle (neben)	**toho** (muže, stroje)	(nádraží)	**té** (ženy)	**těch** (mužů)	(strojů, žen)	(nádraží)
3.	k (zu)	**tomu** (muži, stroji)	(nádraží)	**té** (ženě)	**těm** (mužům)	(strojům, ženám)	(nádražím)
4.	pro (für)	**toho** (muže) **ten** (stroj)	**to** (nádraží)	**tu** (ženu)	**ty** (muže)	**ty** (stroje, ženy)	**ta** (nádraží)
6.	o (von)	**tom** (muži, stroji)	(nádraží)	**té** (ženě)	**těch** (mužích)	(strojích, ženách)	(nádražích)
7.	s (mit)	**tím** (mužem, strojem)	(nádražím)	**tou** (ženou)	**těmi** (muži)	(stroji, ženami)	(nádražími)

Demonstrativpronomen sind im tschechischen Text – besonders in der gesprochenen Sprache – ziemlich häufig und stehen in hinweisender Funktion an der Stelle des deutschen **bestimmten Artikels**. Beispiele: Koupím lístky na ten italský film. Ty lístky na ten italský film už nejsou. Já v ten čtvrtek do toho kina s vámi nemůžu jít.

ADJEKTIVE

gehören zu 2 Deklinationstypen:

I. **Harte** Adjektive – der Stamm geht auf harten Kons. aus, was mit **-ý** (Nom. Sg. M.) bezeichnet wird. Z. B.: mlad**ý** (= jung), bohat**ý** (= reich), levn**ý** (= billig), star**ý** (= alt). Nom. Sg. F. **-á**: mlad**á**, bohat**á**, levn**á**, star**á**, Nom. Sg. N. **-é**: mlad**é**, bohat**é**, levn**é**, star**é**. Das Geschlecht wird bei den harten Adjektiven **immer ausgedrückt!**

DIE HARTE DEKLINATION

		Singular					
		M. bel., unb.		N.		F.	
1.		mlad**ý**	(muž, strom)	mlad**é**	(město)	mlad**á**	(žena)
2.	vedle (neben)	mlad**ého**	(muže, stromu)		(města)	mlad**é**	(ženy)
3.	k (zu)	mlad**ému**	(muži, stromu)		(městu)	mlad**é**	(ženě)
4.	pro (für)	mlad**ého** (bel.) (muže) mlad**ý** (unb.) (strom)		mlad**é**	(město)	mlad**ou**	(ženu)
6.	o (von)	mlad**ém**	(muži, stromu)		(městě)	mlad**é**	(ženě)
7.	s (mit)	mlad**ým**	(mužem, stromem)		(městem)	mlad**ou**	(ženou)

		Plural		
		M.	F.	N.
1.		mlad**í** (bel.) (muži) mlad**é** (unb.) (stromy)	(ženy)	mlad**á** (děvčata)
2.	vedle	mlad**ých** (mužů, stromů)	(žen)	(děvčat)
3.	k	mlad**ým** (mužům, stromům)	(ženám)	(děvčatům)
4.	pro	mlad**é** (muže, stromy)	(ženy)	mlad**á** (děvčata)
6.	o	mlad**ých** (mužích, stromech)	(ženách)	(děvčatech)
7.	s	mlad**ými** (muži, stromy)	(ženami)	(děvčaty)

II. **Weiche** Adjektive – der Stamm geht auf den weichen Konsonant aus, was mit **-í** bezeichnet wird. Diese Endung bleibt im Nom. bei allen Geschlechtern dieselbe, d. h. das Geschlecht **kommt** im Nom. Sg. in den weichen Adjektiven **nicht zum Ausdruck**!

LEKTION 6

DIE WEICHE DEKLINATION

	Singular				Plural	
		M. bel., unb., N.		F.		M. bel., unb., N., F.
1.	jarní	(brouk, měsíc, pole)	jarní (procházka)		jarní	(brouci, měsíce, pole, procházky)
2.	(vedle) jarního	(brouka, měsíce, pole)	jarní (procházky)		jarních	(brouků, měsíců, polí, procházek)
3.	(k) jarnímu	(broukovi/u, měsíci, poli)	jarní (procházce)		jarním	(broukům, měsícům, polím, procházkám)
4.	(pro) jarního jarní	(brouka) (měsíc, pole)	jarní (procházku)		jarní	(brouky, měsíce, pole, procházky)
6.	(o) jarním	(broukovi/u, měsíci, poli)	jarní (procházce)		jarních	(broucích, měsících, polích, procházkách)
7.	(s) jarním	(broukem, měsícem, polem)	jarní (procházkou)		jarními	(brouky, měsíci, poli, procházkami)

ANMERKUNGEN

1) Im **Nom. Pl. M. bel.** der **harten** Deklination wird vor der Endung -í der Stammkonsonant **erweicht**! Z. B.: dob**ř**í, krát**c**í, dlou**z**í. (Die Erweichung der Stammkonsonanten siehe L. 7, S. 116.)
In der Gruppe -**cký** > -**čtí** (německý – němečtí), in der Gruppe -**ský** > -**ští** (český – čeští).

2) Häufiger sind die harten Adjektive. Die weichen haben oft eine **temporale** Bedeutung (und die Nachsilbe -**ní**): jarní, letní, podzimní, zimní, denní, noční, večerní, ranní, dopolední, odpolední, dnešní, letošní (aber: loňský!), pondělní, úterní, středeční, čtvrteční, páteční, sobotní, nedělní.

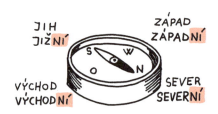

Ebenso auch eine **lokale** Bedeutung: horní (= r, e, s obere), dolní (= r, e, s untere), přední (= r, e, s vordere), zadní (= r, e, s hintere), střední (= r, e, s mittlere), severní (= nord-), jižní (= süd-), západní (= west-), východní (= ost-)

Auch viele **internationale** Adjektive haben -**ní**, z. B. autonomní, detektivní, fyzikální, kriminální, kulturní, liberální, moderní, policejní, produktivní, revoluční,  senzační und gehören in die Gruppe der weichen Adjektive.

3) **Weibliche Nachnamen** auf -**ová** (Nováková, Králová) und die mit adjektivischem Charakter auf -**á** (Malá, Stará) werden wie harte Adjektive dekliniert, z. B.: od paní Novákové, se slečnou Královou, k paní Malé, o slečně Staré.

Weibliche Nachnamen auf -**í** haben auch adjektivischen Charakter und werden wie weiche Adjektive dekliniert, z. B. paní Hořejší – od paní Hořejší, k paní Hořejší, s paní Hořejší.

4) **Pronomina** každý (= jeder), žádný (= kein), který (= welcher), jaký (= wie, was für ein), některý (= mancher), nějaký (= ein, irgend ein), takový (= ein solcher, so ein) haben auch adjektivischen Charakter und werden wie harte Adjektive dekliniert. Čí (= wessen) und něčí (= irgend jemandes) werden wie weiche Adjektive dekliniert.

DIE POSSESSIVPRONOMINA

werden nach dem Muster der harten Adjektive dekliniert. In manchen Formen Sg. und Pl. der 1. u 2. Person kommen einige gleichberechtige Varianten vor. 1. P. Sg. *(mein, meine, mein)* – **můj, moje / má, moje / mé**. 2. P. Sg. *(dein, deine, dein)* **tvůj, tvoje / tvá, tvoje / tvé**. 1. P. Pl. *(meine)* M. bel. **moji / mí**, M. unb. + F. **moje / mé**, N. **moje / má**. 2. P. Pl. *(deine)* M. bel. **tvoji / tví**, M. unb.+ F. **tvoje / tvé**, N. **tvoje / tvá** u.a.

LEKTION 6

DEKLINATION

Singular

	M. bel., unb.			N.			F.		
1.	můj	tvůj	(pes, dům)	moje/mé	tvoje/tvé	(slovo)	moje/má	tvoje/tvá	(kniha)
2.	mého	tvého	(psa, domu)			(slova)	mé	tvé	(knihy)
3.	mému	tvému	(psovi, domu)			(slovu)	mé	tvé	(knize)
4.	mého můj	tvého tvůj	(psa) (dům)	moje/mé	tvoje/tvé	(slovo)	moji/mou	tvoji/tvou	(knihu)
6.	mém	tvém	(psovi, domu)			(slovu)	mé	tvé	(knize)
7.	mým	tvým	(psem, domem)			(slovem)	mou	tvou	(knihou)

Plural

	M. bel., unb.			N.			F.		
1.	moji/mí moje/mé	tvoji/tví tvoje/tvé	(psi) (domy)	moje/má	tvoje/tvá	(slova)	moje/mé	tvoje/tvé	(knihy)
2.	mých	tvých	(psů, domů)			(slov)			(knih)
3.	mým	tvým	(psům, domům)			(slovům)			(knihám)
4.	moje/mé	tvoje/tvé	(psy, domy)	moje/má	tvoje/tvá	(slova)	moje/mé	tvoje/tvé	(knihy)
6.	mých	tvých	(psech, domech)			(slovech)			(knihách)
7.	mými	tvými	(psy, domy)			(slovy)			(knihami)

TA KRÁSNÁ DÍVKA JE MOJE/MÁ

TO KRÁSNÉ DĚVČE JE MOJE/MÉ

1. P. Pl. *(unser, unsere, unser)* – náš, naše, naše
2. P. Pl. *(euer, euere, euer / Ihr, Ihre, Ihr)* – váš, vaše, vaše

Singular								
M. bel., unb.			N.			F.		
1.	náš	váš (pes, dům)	naše	vaše	(slovo)	naše	vaše	(kniha)
2.	našeho	vašeho (psa, domu)			(slova)	naší	vaší	(knihy)
3.	našemu	vašemu (psovi, domu)			(slovu)	naší	vaší	(knize)
4.	našeho náš	vašeho váš (psa) (dům)	naše	vaše	(slovo)	naši	vaši	(knihu)
6.	našem	vašem (psovi, domu)			(slovu)	naší	vaší	(knize)
7.	naším	vaším (psem, domem)			(slovem)	naší	vaší	(knihou)

Plural								
M. bel., unb.			N.			F.		
1.	naši naše	vaši vaše (psi) (domy)	naše	vaše	(slova)	naše	vaše	(knihy)
2.	našich	vašich (psů, domů)			(slov)			(knih)
3.	našim	vašim (psům, domům)			(slovům)			(knihám)
4.	naše	vaše (psy, domy)			(slova)			(knihy)
6.	našich	vašich (psech, domech)			(slovech)			(knihách)
7.	našimi	vašimi (psy, domy)			(slovy)			(knihami)

Das Possessivpronomen der 3. P. Sg. M. + N. (*sein, seine…*) **jeho** bleibt undekliniert.

Das Possessivpronomen der 3. P. Sg. F. (*ihr, ihre…*) **její** wird nach dem Muster der weichen Adjektive (jarní) **dekliniert**..

Das Possessivpronomen der 3. P. Pl. (= *ihr, ihre…*) **jejich** bleibt **undekliniert**.

LEKTION 6

	M. + N. Sg.	F. Sg.	Pl.	Substantiv im Singular	M. + N. Sg.	F. Sg.	Pl.	Substantiv im Plural
Nom.	jeho	její	jejich	(pes, dům, slovo, kniha)	jeho	její	jejich	(psi, domy, slova, knihy)
G. bez (ohne)	jeho	jejího její	jejich	(psa, domu, slova) (knihy)	jeho	jejích	jejich	(psů, domů, slov, knih)
D. k (zu)	jeho	jejím její	jejich	(psovi, domu, slovu) (knize)	jeho	jejím	jejich	(psům, domům, slovům, knihám)
Akk. pro (für)	jeho	jejího její její	jejich	(psa) (dům, slovo) (knihu)	jeho	její	jejich	(psy, domy, slova, knihy)
L. o (von)	jeho	jejím její	jejich	(psovi, domu, slovu) (knize)	jeho	jejích	jejich	(psech, domech, slovech, knihách)
Inst. s (mit)	jeho	jejím její	jejich	(psem, domem, slovem) (knihou)	jeho	jejími	jejich	(psy, domy, slovy, knihami)

ÜBUNGEN

■ **1.** *Üben Sie die Aussprache. Wiederholen Sie das Wort oder die Wortverbindung.*

rodiče – , co dělají rodiče? – , maminka – , maminka je mladá – , čtyřicet dva let – , bratr – , bratrovi je sedmnáct – , žádný spěch – , svatba – , žádný spěch se svatbou – , sestra – , sestra čeká dítě – , město – , v jednom malém městě – .

■ **2.** *Beantworten Sie die Fragen auf Tschechisch.*

1. Jste ještě svobodný / svobodná? 2. Kde bydlí vaši rodiče? 3. Máte bratra / sestru? Kolik je mu / jí let? 4. Máte dítě / děti? 5. Kolik let je vašemu tatínkovi / vaší mamince? 6. Spěcháte se svatbou? 7. Kolik chcete mít dětí? Jedno dítě, dvě děti, tři děti? 8. Chcete

mít kluka nebo holčičku (= Mädchen)? 9. V kolika letech jste se ženil / vdala? 10. Kolik je vám let?

■ **3.** *In der verneinenden Antwort gebrauchen Sie ein Antonym. Wenn nötig, suchen Sie das Wort im Wörterbuch auf.*

MUSTER: Je Karel svobodný? – Ne, Karel je ženatý.

1. Je Karel svobodný? – 2. Je Eva svobodná? – 3. Je tvůj otec mladý? – 4. Je tvá matka stará? – 5. Je tvůj bratr velký? – 6. Je váš byt malý? – 7. Je počasí dobré? – 8. Je tam špatný vzduch? – 9. Je Anna vdaná? – 10. Je ten román dlouhý? – 11. Jsou ty dorty drahé? – 12. Jsou ty boty levné? – 13. Je ten dům starý? –

■ **4.** *Fragen Sie bitte nach dem Alter. Ihr Kollege beantwortet die Frage. Bilden Sie Sätze aus den gegebenen Elementen. Arbeiten Sie zu zweit.*

MUSTER: (Libuše – 20 – 25)

– A: Kolik je Libuši let, dvacet?
– B: Ne, je jí už dvacet pět.

1. (Libuše – 20 – 25). – 2. (Strýček – 60 – 70). – 3. (Hana – 50 – 58). – 4. (Tatínek – 40 – 47). – 5. (Dědeček – 80 – 90). – 6. (Marta – 30 – 36). 7. (Teta Julie – 60 – 66). –

■ **5.** *Ergänzen Sie die Endung des Adjektivs.*

1. Maminka je ještě mlad- . 2. Strýček je už star- a nemocn- . 3. Máš nějak- dobr- kamaráda? 4. Potřebuju nov- lyže. 5. Pracuju pro jednu francouzsk- firmu. 6. Teď si prohlédneme jeden gotick- hrad s barokn- kostelem. 7. Syn už tři roky studuje na vysok- škole. 8. Vím to od jednoho znám- politika. 9. Mají ty noviny kulturn- rubriku? 10. Kdy jsou u vás letn- prázdniny? 11. Chci vidět ten star- americk- detektivn- film. 12. Musíte jít zadn- vchodem, ne předn- .

LEKTION 6

■ **6.** *Gebrauchen Sie die in Klammern stehende Wortverbindung in der richtigen Form.*

1. Vím to od (ten váš mladý) profesora. 2. Vladimír se zítra žení s (ta svá senzační) dívkou. 3. Každou středu chodíme do (ta naše stará) kavárny. 4. Čekáme tu na (ten tvůj dobrý) kamaráda. 5. Olga si bere (ten svůj elegantní) medika. 6. Chodíš ještě s (ta svá hezká mladá) kolegyní? 7. Jezdí večerní vlak z (naše staré), nebo už z (to nové) nádraží? 8. Jdu do kina s (ten váš sympatický) sousedem. 9. Chci se na to zeptat (ta naše známá) doktorky. 10. Jezdí Pavel pořád s (ten svůj starý) Fordem?

2-5

■ **7.** *Verwenden Sie anstatt des Plurals den Singular.*

MUSTER: Těm slovům moc nerozumím. – Tomu slovu moc nerozumím.

1. Těm slovům moc nerozumím. – 2. Potřebujete ještě tyto mapy? – 3. Tyto kapitoly jsou moc dlouhé. – 4. S těmi instrukcemi se nedá pracovat. – 5. Musíte citovat (= zitieren) tyto paragrafy. – 6. Tyhle knihy ještě nemáme. – 7. Máš zavolat tato čísla. – 9. Koupím si jen tyhle časopisy. –

■ **8.** *Übersetzen Sie. In Klammern sind die Präposition und der Fall angegeben. (Siehe Erläuterung 6, S. 90.)*

1. Ich freue mich darauf. (na + Akk.) 2. Oma spricht darüber (o + Lok.) nie. 3. Dazu (k + D.) passt (= se hodí) ein Glas Wein. 4. Dafür (o + Akk.) interessieren wir uns nicht. 5. Ist jemand dagegen (proti + D.)? 6. Daran (na + Lok.) kann etwas sein. 7. Bist du damit (s + Inst.) zufrieden?

■ **9.** *Gebrauchen Sie die in Klammern stehenden Wortverbindungen in der richtigen Form. Bilden Sie bitte den ganzen Satz.*

1. Neznám (ten pán, ta adresa, ten dům, jeho auto, vaše paní). 2. Musíte se zeptat (ta žena, ta mladá sekretářka, ten starý šofér, ten voják.) 3. Na co potřebuješ (ta velká taška, ten malý nůž (= Messer), ta červená baterka, ten starý kufr)? 4. Chci vystoupit před (ten nový supermarket, to malé kino, ta velká křižovatka, to

moderní nádraží, ten bílý dům). 5. Spolupracujeme teď s (ta americká firma, vaše zahraniční filiálka, zajímavá polská galerie, ta reklamní agentura, španělská cestovní kancelář).

■ **10.** *Sie kennen schon viele Antonympaare, z. B.:* velký – malý, dobrý – špatný, nový – starý, mladý – starý u.a. *Prägen Sie sich noch andere ein:*

dlouhý – krátký (= lang – kurz)

levý – pravý (= link- – recht-)

bohatý – chudý
 (= reich, reichlich – arm)

tichý – hlučný (= still – laut)

rychlý – pomalý
 (= schnell – langsam)

čistý – špinavý
 (= sauber / rein – schmutzig)

hezký – ošklivý
 (= hübsch – hässlich)

chytrý – hloupý
 (= gescheit – dumm)

veselý – smutný
 (= lustig – traurig/trüb)

pilný – líný / lenivý
 (= fleißig – faul)

zdravý – nemocný
 (= gesund – krank)

levný / laciný – drahý
 (= billig – teuer)

teplý – studený
 (= warm – kalt)

LEKTION 6

těžký – lehký
(= schwer / schwierig – leicht)

vysoký – nízký
(= hoch – niedrig)

široký – úzký
(= breit – schmal)

 Und jetzt drücken Sie aus, dass das Gegenteil der Fall ist.

MUSTER: Ten kufr je levný. – Levný? Mně se zdá (= ich finde ihn) drahý.

1. Ten kufr je levný. – 2. Strýček je nemocný. – 3. Ta rodina je chudá. – 4. Ta otázka je těžká. – 5. Její plat je vysoký. – 6. Ta ulice je úzká. – 7. Ten hotel je hlučný. – 8. To město je špinavé. – 9. Vaše otázka je lehká. – 10. Lucie je ošklivá. – 11. Jeho žena je chytrá. – 12. Jejich syn je pilný. – 13. To auto je pomalé. –

■ **11.** *Ergänzen Sie zu dem Adjektiv in den Sätzen der Übung 10 ein Quantitativ.*

Quantitative: **moc** (= zu), **hodně** (= recht), **trochu** (= etwas, ein wenig), **velmi / velice** (= sehr), **docela / úplně** (= ganz), **příliš** (= viel zu), **vůbec ne** (= gar nicht).

■ **12.** *Ergänzen Sie bitte in den Sätzen ein passendes Adjektiv.*

1. Ulice našeho města jsou – . 2. Můj pokoj v hotelu není – . 3. Česko není – stát. 4. Alpy jsou – . 5. Jeho bratr je – chirurg. 6. Televizory tam nejsou – . 7. Tenhle gauč je pro babičku – . 8. Náš šéf je – . 9. Mirek je – student. 10. Alena je – , ale – . 11. Restaurace a obchody v centru města jsou – . 12. Jejich dcera je – . 13. Letní prázdniny jsou – , trvají dva měsíce. 14. Naše garáž (F.) je – , vejdou se do ní dvě auta.

■ **13.** *Manche Adjektive bilden ihre Antonyme durch **ne-**, z. B.:*

spokojený (= zufrieden)   – **nespokojený**
šťastný (= glücklich)   – **nešťastný**
příjemný (= angenehm)   – **nepříjemný**
přesný (= pünktlich, genau) – **nepřesný**
vlídný (= freundlich)   – **nevlídný**
opatrný (= vorsichtig)   – **neopatrný**

Beantworten Sie die Frage.
   MUSTER: Proč je dnes Helena tak nespokojená? – Nevím, ona je málokdy spokojená.

1. Proč je dnes Helena tak nespokojená? – 2. Proč je dnes váš šéf tak nepříjemný? – 3. Proč je dnes Viktor tak nevlídný? – 4. Proč je dneska vaše sekretářka tak nešťastná? – 5. Proč je dnes Luboš tak neopatrný? – 6. Proč je dneska paní Nová tak nepraktická? – 7. Proč jsou dnes vaši kolegové tak nepřesní? –

■ **14.** *Verneinen Sie die Frage. Benutzen Sie bitte abwechselnd männliche und weibliche Nachnamen.*

   MUSTER: S kým chcete mluvit, s panem Novým? – Ne, chci mluvit s paní Novou.

1. S kým chcete mluvit, s panem Novým? – 2. Uvidíte dnes pana Holíka? – 3. To víte od pana Malého? – 4. To vám píše (= schreibt) pan Smolák? – 5. Zeptáte se pana Maška? – 6. To máte od pana Vaculíka? – 7. Kdo volá, pan Horák? – 8. Kde jste dnes večer, u pana Frieda? – 9. Kam jdete, k panu Polákovi? – 10. Komu to vrátíte, panu Starému? –

■ **15.** *Übersetzen Sie ins Tschechische.*

1. mein Bruder, meine Schwester, mein Wort, meine Freunde (= kamarádi), meine Wohnungen (= byty), meine Bücher (= knihy)
2. dein Vater, deine Mutter, dein Theater, deine Häuser (= domy), deine Nachbarn (= sousedi), deine Kolleginnen (= kolegyně)
3. sein Chef, ihr Chef, seine Tante, ihre Tante, sein Kind, ihr Wort, seine Autos (= auta), ihre Autos, seine Eltern, ihre Eltern

4. unsere Firma, unser Opa, unser Bahnhof, unsere Freunde
5. euere Bücher, Ihre Bücher, ihre Bücher, ihre Wohnung, sein Mädchen, ihr Mann, Ihr Mann, unsere Hotels (= hotely), unsere Schulen (= školy), euere Sekretärin
6. ihre Kollegin, Ihre Kollegin, sein Onkel, ihr Onkel, Ihr Onkel, euer Onkel, Ihre Nachbarn

■ **16.** *Bejahen Sie die Frage nach dem Muster. Vorsicht beim Wechsel der dialogischen Personen!*

MUSTER: To je tvůj dům? – Ano, to je můj dům.

1. To je tvůj dům? – 2. Čekáte tu na našeho šéfa? – 3. To je dárek od tvé ženy? – 4. To je dárek od vaší ženy? – 5. To je fotka tvého syna? – 6. To je auto vašich rodičů? – 7. To je byt tvých kamarádů? – 8. Už znáš naši babičku? – 9. To víte od naší sekretářky?

■ **17.** *Anstatt* **jeho** *gebrauchen Sie bitte* **její**.

S jeho bratrem – , od jeho matky – , v jeho bytě – , v jeho kanceláři – , pro jeho otce – , k jeho tetě – , před jeho domem – , v jeho garáži – , s jeho autem – , v jeho obchodě – .

■ **18.** *Manche Eigenschaftswörter fungieren im Satz als Substantive, z. B.:* **známý** (= r Bekannte), **příbuzný** (= r Verwandte), **spropitné** (= s Trinkgeld), **vepřová** (= Schweinebraten), **hovězí** (= Rindfleisch), **školné** (= s Schulgeld), **plzeňské** (= Pilsner Bier), **dovolená** (= r Urlaub), **vrchní** (= r Ober) u.a.

Gebrauchen Sie das in Klammern stehende Wort in der richtigen Form.

1. To je dárek od (můj příbuzný). 2. Prosím (vepřová) a láhev (plzeňské). 3. Na výlet pojedu s jedním (známý). 4. Kolik se u vás dává (spropitné)? 5. Prosím půl kila (hovězí) na guláš. 6. Pane (vrchní), prosím jednou espresso. 7. V novinách se diskutuje o (školné).

■ **19.** *Übersetzen Sie.*

1. Ich weiß es von meinen Bekannten. 2. Paula geht mit deinem neuen Nachbarn ins Kino. 3. Ich muss unseren Chef gleich

anrufen. 4. Warum seid ihr immer unzufrieden? 5. Verzeihen Sie, aber wir sind dagegen. 6. Der Ober ist sehr unfreundlich. 7. Ich finde diesen Koffer zu klein und schrecklich teuer. 8. Seine Schwester ist verheiratet, im Herbst bekommt sie ein Kind. 9. Was sagt deine Partnerin dazu? 10. Wir fahren zu Frau Nováková. 11. Unser Opa ist schon 80 Jahre alt. 12. Sein Vater arbeitet für eine bekannte deutsche Firma. 13. Kannst du mir deine alte Karte geben? 14. Seine Adresse kennen wir leider nicht. 15. Die Schuhe sind mir zu klein. 16. Dazu brauchst du einen großen Koffer. 17. Steigen Sie auch am Theater um? 18. Kennst du schon Frau Machová, unsere neue Sekretärin? 19. Ihr Bruder ist gescheit, aber ein wenig faul. 20. Wo ist meine heutige Zeitung?

LEKTION 7
MĚSTO

Poprvé v Praze

(Osoby: A – průvodce, B – Inge, C – Paul)

A Podívejte se teď na plán Prahy, ukážu vám, kudy půjdeme dál.
B Počkejte moment, kde jsme teď? Chci to sama najít. Á, už to mám.
 Stojíme tady, v Celetné ulici.
C Ukaž. Tamhle už je Staroměstské náměstí, vpravo odtud Pařížská třída a kousek dál vlevo je Ovocný trh.
A Správně. Jsme v historickém centru města. Tyhle dvě nádherné gotické věže patří k Týnskému chrámu. Uprostřed náměstí stojí[1] pomník českého reformátora Mistra Jana Husa[2] a ta elegantní barokní stavba je kostel Svatého Mikuláše[2].

B To je skutečně krásné. Pavle, podrž mi na chvíli kabelku. Chci si to vyfotit. Postavte se tamhle, ještě trochu doleva. Hotovo, děkuju.

A A teď pojďme honem ke Staroměstské radnici.
C Tam je ten slavný orloj s apoštoly?
A Ano, za pár minut ho uvidíte. Inge, priprav si fotoaparát. To stojí[1] za fotku.
B Moc hezké. A kam půjdeme teď? Jak se dostaneme ke Karlovu mostu[2]?
A Projdeme Karlovou[2] ulicí a jsme přímo u Karlova[2] mostu. Jdeme po stopách staré královské cesty, která vedla od Prašné

DIE STADT

Zum erstenmal in Prag

(Personen: A – Fremdenführer, B – Inge, C – Paul)

A Seht euch jetzt den Stadtplan von Prag an,
ich zeige euch, wie wir weiter gehen.
B Wartet einen Moment. Wo befinden wir uns jetzt?
Ich möchte das allein finden. Ah, ich habe es schon gefunden.
Wir stehen da, in der Celetná-Gasse.
C Zeig mir mal. Dort drüben ist schon der Altstädter Ring, rechts
davon ist die Pariser Straße und ein Stückchen weiter nach
links ist der Obstmarkt.
A Richtig. Wir befinden
uns in der historischen
Stadtmitte. Diese zwei
prachtvollen gotischen
Türme gehören zur
Teinkirche. In der
Mitte des Ringes steht
das Denkmal
des tschechischen
Reformators Magister Jan Hus
und der elegante Barockbau ist die Sankt Nikolauskirche.

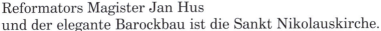

B Das ist wirklich schön. Paul, halte für ein Weilchen meine Handtasche. Ich möchte das aufnehmen. Stellt euch dort drüben hin,
noch ein bisschen nach links. Fertig, danke.
A Und jetzt gehen wir schnell zum Altstädter Rathaus.
C Dort befindet sich die berühmte Turmuhr mit dem Apostelgang?
A Ja, in ein paar Minuten seht ihr sie. Inge, bereite deinen Fotoapparat vor, das lohnt eine Aufnahme.
B Sehr schön! Und wohin gehen wir jetzt? Wie kommen wir zur
Karlsbrücke?
A Wir passieren die Karlsstraße und sind gerade an der Karlsbrücke. Wir folgen der Spur des alten Königsweges, der von

LEKTION 7

brány na Hrad. Kdysi tudy procházel korunovační průvod českých králů.
B Takovou úzkou uličkou[3]?
C Proč ne? Nezapomeň, Inge, že se ve středověku jezdilo jen na koních. To byly zlaté časy!
A A teď je tady pěší zóna. Ale pozor! Tady na Starém Městě se dá i snadno zabloudit.
C To je kouzelné panoráma!
B Opravdu malebný pohled! Jak dlouho už tu vlastně ten most stojí[1]?
A Už více než šest století. Most byl postaven za Karla IV. ve druhé polovině 14. století.
C Ale ty sochy jsou z pozdější doby, ne?
A Přirozeně. Tahle impozantní barokní galerie pod širým nebem vznikla až na přelomu 17. a 18. století.
Sochy jsou od sochařů rodiny Brokofovy, od Matyáše Brauna a dalších mistrů.
B Ale tyhle sochy jsou asi kopie, ne?

A Samozřejmě. Pískovec stárne velmi rychle.
C Ne, na tuhle procházku se opravdu nedá zapomenout. A tady, za Mosteckou věží už začíná Malá Strana s jejími slavnými renesančními paláci?
A Přesně tak. A tady pod námi je ostrov Kampa. I tam je několik malebných zákoutí. My ale půjdeme pořád rovně k Malostranskému náměstí.
C Doufám, že cestou najdeme nějakou dobrou restauraci. Já už totiž umírám žízní a hladem.
B Pavle, nemysli pořád na jídlo.
A Oběd? Proč ne. Půjdeme kolem spousty dobrých lokálů. A takový malý oběd ani moc nestojí.[1]
B A pak vzhůru na Hrad!

dem Pulverturm bis zur Burg führte. Einst bewegte sich hier der Krönungszug der tschechischen Könige.
B Durch so eine schmale Gasse?
C Warum denn nicht? Vergiss nicht, Inge, dass im Mittelalter nur Pferde als Verkehrsmittel dienten. Das waren ja gute Zeiten!
A Und jetzt ist hier eine Fußgängerzone. Aber Vorsicht! Hier in der Altstadt kann man sich leicht verlaufen.
C Was für ein fabelhaftes Panorama!
B Wirklich eine malerische Ansicht. Wie lange steht hier die Brücke eigentlich?
A Seit mehr als sechs Jahrhunderten. Die Brücke wurde unter Karl IV. in der zweiten Hälfte des 14. Jahrhunderts gebaut.
C Die Statuen aber stammen aus einer späteren Zeit, nicht wahr?
A Natürlich. Diese imposante barocke Galerie unter freiem Himmel entstand erst um die Wende des 17. und 18. Jahrhunderts.
Die Standbilder sind von den Bildhauern der Familie Brokof, Mathias Braun und weiteren Meistern.
B Diese Skulpturen sind wahrscheinlich Nachbildungen, nicht wahr?
A Selbstverständlich. Der Sandstein wird sehr schnell alt.
C Nein, diesen Spaziergang kann man wirklich nicht vergessen. Und hier, hinter dem Brückenturm beginnt schon die Kleinseite mit ihren berühmten Renaissancepalais?
A Genau. Und da unterhalb davon liegt die Insel Kampa. Auch dort sind ein paar malerische Winkel. Wir gehen aber immer gerade aus, zum Kleinseitner Ring.
C Hoffentlich finden wir unterwegs ein gutes Restaurant. Offen gesagt, ich sterbe vor Durst und Hunger.
B Paul, sei nicht stets auf das Essen bedacht.
A Ein Mittagessen? Warum denn nicht? Wir gehen an vielen guten Lokalen vorbei. Und ein kleines Mittagessen kostet nicht zu viel.
B Und dann hinauf zur Burg!

LEKTION 7

WORTSCHATZ

brána *f.*	s Tor
centrum, -tra *n.*	s Zentrum
cesta *f.*	r Weg
cestou *adv.*	unterwegs
• **cizinec**, -nce *m.*	r Ausländer
dál / dále *adv.*	weiter
doba *f.*	e Zeit
doleva *adv.*	nach links
dostat se,	kommen,
dostanu se *pf.*	gelangen
fotka *f.*	s Foto,
	e Aufnahme
hlad *m.*	r Hunger
honem *adv.*	schnell, rasch
hrad *m.*	e Burg
chrám *m.*	e Kirche, r Dom
chvíle *f.*	e Weile,
	s Weilchen
• **jmenovat se** *ip.*	heißen
kabelka *f.*	e Handtasche
kdysi *adv.*	einst
kopie *f.*	e Nachbildung
kouzelný	fabelhaft
král, -e *m.*	r König
královský	Königs-, königlich
krásný	schön
• **kreslit** *ip.*	zeichnen
malebný	malerisch
mistr *m.*	*zde:* r Magister
most *m.*	e Brücke
nádherný	prachtvoll
nebe *n.*	r Himmel
oběd, -a *m.*	s Mittagessen
• **ochutnat** *pf.*	kosten, verkosten
• **okno** *n.*	s Fenster
orloj *m.*	e Turmuhr
ostrov *m.*	e Insel
• **ozvat se**,	sich melden
ozvu se *pf.*	

• **památka** *f.*	s Denkmal	• **spát,** spím *ip.*	schlafen
patřit *ip.*	gehören	**správně** *adv.*	richtig
pěší	Fußgänger-	**stárnout** *ip.*	alt werden
podržet *pf.*	halten	**stát: To stojí za**	Das lohnt eine
pohled *m.*	e Ansicht	**fotku.**	Aufnahme.
polovina *f.*	e Hälfte	**stavba** *f.*	r Bau
pomník *m.*	s Denkmal	**století** *n.*	s Jahrhundert
• **pomoct /**	helfen	**stopa** *f.*	e Spur
pomoci,		**svatý**	heilig, Sankt
pomůžu /		**trh** *m.*	r Markt
pomohu,		**třída** *f.*	e Straße
pomoz! *pf.*		**ukázat,** ukážu *pf.*	zeigen
• **poprosit** *pf.*	bitten	**ulice** *f.*	e Gasse
poprvé *adv.*	zum erstenmal	**umírat** *ip.*	sterben
postavit *pf.*	bauen	**uprostřed** *adv.*	in der Mitte
postavit se *pf.*	sich stellen	**vést,** vedu, vedeš *ip.*	führen
pozdější	späterer	**věž** *f.*	r Turm
procházka *f.*	r Spaziergang	**více než** *adv.*	mehr als
projít, projdu,	passieren	**vlastně** *adv.*	eigentlich
projdeš + Inst. *pf.*		**Vltava** *f.*	e Moldau
průvod *m.*	r Zug, r Umzug	**vyfotit** *pf.*	aufnehmen
korunovační p.	r Krönungszug	• **vysvětlit** *pf.*	erklären
• **přechod** *m.*	r Übergang	**vzniknout** *pf.*	entstehen
přelom *m.*	e Wende	**vzhůru** *adv.*	hinauf
připravit (si) *pf.*	vorbereiten	**zabloudit** *pf.*	sich verlaufen
přirozeně *adv.*	natürlich,	• **zahnout** *pf.*	(ab)biegen
	selbstver-	• **zahrada** *f.*	r Garten
	ständlich	**zákoutí** *n.*	r Winkel
radnice *f.*	s Rathaus	• **zapomenout,**	vergessen
rovně *adv.*	gerade aus	zapomněl *pf.*	
samozřejmě *adv.*	selbstverständlich	• **zavřít** *pf.*	zumachen,
• **skutečně** *adv.*	wirklich		schließen
slavný	berühmt	**zlatý**	golden
snadno *adv.*	leicht	**zóna** *f.*	e Zone
socha *f.*	s Standbild,	**žízeň,** -zně *f.*	r Durst
	e Skulptur		

LEKTION 7

ERLÄUTERUNGEN ZUM TEXT

1. Das Verb **stát** (stojím, stojíš, stojí) ist vieldeutig: stát před domem = vor dem Haus stehen, kolik to stojí? = wieviel kostet es?, to nestojí za řeč = das ist nicht der Rede wert, nestojím o to = ich mag es nicht, to stojí za fotku = das lohnt eine Aufnahme.

2. **Die Possessivadjektive** werden nur von **einem** Eigennamen oder Gattungsnamen gebildet (Karlův most, Karlova ulice, Mozartova opera, bratrova žena). Bei mehreren Substantiven steht der Possessivgenitiv, z. B.: opera Wolfganga Amadea Mozarta, písně Antonína Dvořáka, žena mého staršího bratra oder die Präpositionalverbindung mit **od** + G. z. B.: opera od Wolfganga Amadea Mozarta, písně od Antonína Dvořáka.
Suffixe:

   a) bei den Substantiven des männlichen Geschlechtes: **-ův** (+ Nom. Sg. M.), z. B. Karlův most, Husův pomník, **-ova** (+ Nom. Sg. F.), z. B.: Mozartova opera, **-ovo** (+ Nom. Sg. N.), z. B.: Smetanovo muzeum, **-ovi** (+ Nom. Pl. M. bel.), z. B: Pavlovi kamarádi, **-ovy** (+ Nom. Pl. M. unb., + F.), z. B.: Pavlovy domy, Janáčkovy opery, **-ova** (+ Nom. Pl. N.), z. B.: Husova slova.

b) bei den Substantiven des weiblichen Geschlechtes: **-in** (+ Nom. Sg. M.), z. B.: Evin muž, **-ina** (+ Nom. Sg. F.), z. B.: Evina matka, **-ino** (+ Nom. Sg. N.), z. B.: Evino dítě, **-ini** (+ Nom. Pl. M. bel.), z. B.: Evini kamarádi, **-iny** (+ Nom. Pl. M. unb.,+ F.), z. B.: Eviny domy, Janiny kamarádky, **-ina** (+ Nom. Pl. N.), z. B.: Janina slova.

3. Deminutive Substantive (ulička) werden durch verschiedene Suffixe gebildet, z. B.: ulice – uli**čka**, stůl – stol**ek** – stol**eček**, kostel – kostel**ík** – kostel**íček,** obchod – obch**ůdek**, kavárna – kavárn**ička**, náměstí – náměst**íčko**, pivo – piv**ečko**, hospoda – hosp**ůdka**.

GRAMMATIK

DER IMPERATIV

hat 3 Formen:

2. P. Sg.	mluv!	sprich!
1. P. Pl.	mluv**me**!	sprechen wir!
2. P. Pl. (auch höfliche Form)	mluv**te**!	sprecht!, sprechen Sie!

Die Ausgangsform (2. P. Sg.) wird von dem Präsensstamm (= 3. P. Pl. ohne die Endung) gebildet.
Lautet der Präsensstamm
A) auf **einen** Konsonanten aus, so **gleicht** die Imperativform dem Präsensstamm: oni mluv-í – mluv!, oni pracuj-í – pracuj! oni nes-ou – nes!

LEKTION 7

In den Verben der I. Gruppe (Muster **dělat**) wird -aj- zu -ej- verändert: oni děl**aj**-í – děl**ej**!, oni nespěch**aj**-í – nespěch**ej**!
Die Imperativendungen der 1. P. Pl. **-me** und der 2. P. Pl. **-te** werden regelmäßig an die Imperativform der 2. P. Sg. angefügt: mluv**me**! mluv**te**!, pracuj**me**! pracuj**te**!, nes**me**! nes**te**!, dělej**me**! dělej**te**!, nespěchej**me**! nespěchej**te**!
Die Konsonanten **d, t, n** werden zu **ď, ť, ň** erweicht: jed-ou – je**ď**!, je**ď**me!, je**ď**te!, vrát-í se – vra**ť** se!, vra**ť**me se!, vra**ť**te se!, promin-ou – promi**ň**!, promi**ň**me!, promi**ň**te!
Der lange Stammvokal wird oft verkürzt: uk**á**ž-ou – uk**a**ž!, uk**a**žte!, vr**á**t-í se – vr**a**ť se!, vra**ť**me se!, vra**ť**te se!, p**í**š-ou – p**i**š!, p**i**šme!, p**i**šte!

B) auf eine **Konsonantengruppe** aus, so stehen nach ihr die Endungen **-i** (2. P. Sg.), **-eme** (1. P. Pl.), **-ete** (2. P. Pl.): oni my**sl**-í – my**sl**i! my**sl**eme! my**sl**ete!, oni za**vř**-ou – za**vř**i! za**vř**eme! za**vř**ete!, oni kre**sl**-í – kre**sl**i! kre**sl**eme! kre**sl**ete!
Die Konsonanten **d, t, n** werden erweicht: oni **jd**-ou – **jd**i! **jdě**me! **jdě**te!, se**dn**-ou si – se**dn**i si! se**dně**me si! se**dně**te si!
Nach **b, p, m, v** steht im Pl. **-ěme, -ěte**, z. B.: spěme! (= schlafen wir!) spěte!, vezměme! (= nehmen wir!) vezměte!, ozvěme se! (= melden wir uns!) ozvěte se!

In einigen Verben gibt es **Ausnahmen**, z. B.:

mlčet *ip.* (= schweigen) – **ml**čí – ml**č**!, ml**č**me!, ml**č**te!
držet *ip.* (= halten) – d**rž**í – d**rž**!, d**rž**me!, d**rž**te!
vyplnit *pf.* (= ausfüllen) – vy**pl**ní – vy**pl**ň!, vy**pl**ňme!, vy**pl**ňte!
přijít *pf.* (= kommen) – př**ijd**ou – přij**ď**!, přij**ď**me!, přij**ď**te!
jít *ip.* (= gehen – Futur) – p**ůjd**ou – p**oj**ď!, p**oj**ďme!, p**oj**ďte!
koupit *pf.* (= kaufen) – k**ou**pí – k**u**p!, k**u**pme!, k**u**pte!
nekouřit *ip.* (= nicht rauchen) – nek**ou**ří – nek**u**ř!, nek**u**řme!, nek**u**řte!
odpovědět *pf.* (= antworten) – odpov**ěd**í – odpov**ěz**!, odpov**ěz**me!, odpov**ěz**te!
jíst *ip.* (= essen) – j**ed**í – j**ez**!, j**ez**me!, j**ez**te!
pomoci *pf.* (= helfen) – pomo**h**ou – pomo**z**!, pomo**z**me!, pomo**z**te!
stát *ip.* (= stehen) – st**ojí** – st**ůj**!, st**ůj**me!, st**ůj**te!

(Imperativ in der Negativform siehe L. 9, S. 144.)

Die Imperativform für die 3. P. Sg. und Pl. wird durch die Partikel **ať + Ind. Präs. pf.** zum Ausdruck gebracht. Z. B.: Ať na nás Petr počká. (= Peter soll auf uns warten.) Ať mi Alena zavolá. (= Alena soll mich anrufen.) Ať kluci přijdou už v pět hodin. (= Die Jungen sollen schon um fünf Uhr kommen.)

SUBSTANTIVE
DER LOKATIV SG.
steht nur nach den Präpositionen **v/ve** (wo? = in), **na** (wo? = auf, an), **o** (= von / über), **po** (= nach, entlang), **při** (= bei, an).

			Nom. Sg.	MASKULINA
	bel. (= D)	unb.		
o (= von)	pán-**u** / pán-**ovi**	hrad-**u** / hrad-**ě**	auf Kons. hart	
	muž-**i** / muž-**ovi**	stroj-**i** (= D.)	auf Kons. weich	

			Nom. Sg.	FEMININA
	žen-**ě**, škol-**e**	(= D.)	auf -a	
o (= von)	růž-**i**	(= D.)	auf -e	
	kost-**i**	(= D.)	auf Kons. hart	
	písn-**i**	(= D.)	auf Kons. weich	

			Nom. Sg.	NEUTRA
	slov-**u**/-**ě**		auf -o	
o (= von)	pol-**i**	(= D.)	auf -e	
	nádraž-**í**	(= Nom.)	auf -í	

ANMERKUNGEN

1) Belebte Maskulina (besonders harte) ziehen gewöhnlich die Endung **-ovi** vor, z. B.: o pánovi, bratrovi, šéfovi, profesorovi. **Aber:** o pan**u** Královi, o pan**u** doktorovi, o pan**u** profesorovi Bartošovi. (Vergleichen Sie mit denselben Endungen im Dativ Sg., siehe L. 3, S. 56.)

2) In den unbelebten harten Maskulina überwiegt die Endung **-u** besonders nach -k, -h, -ch, -r: ve vlaku, na jihu, v Curychu, na severu. Nur einige Maskulina haben immer **-ě** (nach **-l, -z, -s** steht **-e**): po obědě, na světě, v domě, v obchodě, v kostele, ve voze, v lese. Die Ortsnamen auf **-ov/-ev**, **-ín/-ýn** haben die Endung **-ě**, z. B.: v Benešově, v Mnichově, v Kyjevě, v Berlíně, v Londýně, na Žižkově, v Jičíně.
3) Das bewegliche **-e-** fällt aus: stolek (= s Tischlein) – na stolku, domek – v domku, cizinec – o cizinci.
4) In den hart. F. und N. steht – wie auch im D. Sg. – die Endung **-e/-ě**. Vor dieser Endung werden viele Stammkonsonanten erweicht. Diese Erweichung gilt prinzipiell in der ganzen tschechischen Deklination und ist für die ganze Flexion (und Wortbildung) von großer Bedeutung.

ÜBERSICHT DER STAMMKONSONANTENERWEICHUNG DER SUBSTANTIVE

k > **c**: banka – v bance, mléko – v mléce
h > **z**: kniha – v knize, Praha – v Praze
g > **z**: Olga – o Olze
ch > **š**: socha – na soše
r > **ř**: sestra – o sestře, jaro – na jaře
d > /**dě**/: voda – ve vodě
t > /**tě**/: pošta – na poště, město – ve městě
n > /**ně**/: Čína – v Číně, okno – v okně
b > /**bě**/: houba (= Pilz) – o houbě
p > /**pě**/: lípa (= Linde) – na lípě
v > /**vě**/: tráva (= Gras) – v trávě, slovo – o slově
m > /**mě**/: zima – v zimě [zimně]
Ohne Erweichung (und mit der Endung **-e**) bleiben nur:
l: škola – ve škole, divadlo – v divadle
s: adresa – na adrese, maso – v mase
z: blůza – v blůze

ÜBUNGEN

■ **1.** *Üben Sie die Aussprache. Wiederholen Sie das Wort oder die Wortverbindung.*

poprvé – , poprvé v Praze – , počkejte moment – , stojíme tady – , dál vlevo – , kousek – , kousek dál vlevo – , správně – , kam půjdeme teď? – , přímo – , přímo u Karlova mostu – , pořád rovně – , pěší zóna – , skutečně – , přirozeně – , samozřejmě – .

■ **2.** *Beantworten Sie die Fragen auf Tschechisch.*

1. Máte plán Prahy? 2. Kde stojí Karlův most? Jak je starý? 3. Jaké památky jsou na Staroměstském náměstí? 4. Kdo je Mistr Jan Hus? 5. Víte, kde je staroměstský orloj? 6. Kudy vede stará královská cesta? Proč se tak jmenuje? 7. Jsou barokní sochy na Karlově mostě originál nebo kopie? 8. Jaké památky má hlavní město u vás? 9. Máte v Praze rád / ráda nějaké místo? 10. Jaké památky má Paříž (= Paris), Londýn (= London), Řím (= Rom), Madrid, Vídeň, Curych (= Zürich), Benátky (= Venedig)?

■ **3.** *Bilden Sie einen Satz mit dem Possessivadjektiv aus den gegebenen Elementen.*

MUSTER: (Karel – most) – To je Karlův most.

1. (Karel – most) – 2. (Hus – pomník) – 3. (Masaryk – nádraží) – 4. (Hana – bratr) – 5. (žena – tatínek) – 6. (Neruda – ulice) – 7. (Rašín – nábřeží) – 8. (Marta – dcera) – 9. (Palach – náměstí) – 10. (Hrabal – romány) – 11. (Dvořák – symfonie) – 12. (Smetana – opera) – 13. (Máša – kamarádi) – 14. (Forman – filmy) – 15. (Čapek – knihy) – 16. (Karel – univerzita) – .

■ **4.** *Ergänzen Sie das entsprechende Wort. Wenn möglich, gehen Sie vom Dialog aus.*

MUSTER: Prosím vás, jak se dostaneme na Staroměstské –? – Prosím vás, jak se dostaneme na Staroměstské náměstí?

LEKTION 7

1. Prosím vás, jak se dostaneme na Staroměstské –? 2. Promiňte, jak se dostanu do Celetné –? 3. Nevíte prosím, kde stojí Husův –? 4. Kudy vedla stará královská –? Hned od Prašné –? 5. Jsou tohle – Týnského chrámu? 6. Kde je ten známý – s apoštoly? Na Staroměstské –? 7. Prosím vás, jak se jede na Pražský –? 8. Chceme vidět – paláce Malé Strany. 9. Patří Václavské náměstí k historickému –? 10. Je to k Vltavě ještě –? 11. Je tohle Kafkův dům? Chci si ho –. 12. Vy už máte hlad? Můžeme jít na oběd do nějaké dobré –. 13. Prosím vás, jdu dobře na Pařížskou –? 14. To je – panorama!

■ **5.** *Wiederholen Sie folgende tschechische Redewendungen. Sie können zugleich die deutsche Übersetzung im Lehrbuch verfolgen.*

1. Jděte pořád rovně. – (Gehen Sie immer geradeaus.)
2. Příští ulici zahněte doprava. – (Die nächste Straße biegen Sie rechts ab.)
3. Je to blízko, jen deset minut pěšky. – (Es ist in der Nähe, nur zehn Minuten zu Fuß.)
4. Jedete špatně, musíte jet opačným směrem. – (Sie fahren falsch, Sie müssen die entgegengesetzte Richtung nehmen.)
5. Metro je hned na rohu. – (Die U-Bahn ist gleich an der Ecke.)
6. Autobus tu nestaví. – (Der Bus hält hier nicht an.)
7. Koleje se opravují, je tu objížďka. – (Das Gleis ist in Reparatur, hier ist eine Umleitung.)
8. Jde se tam podchodem. – (Man geht dort durch die Unterführung.)
9. Nic tam nejezdí. – (Dorthin fährt nichts.)
10. Promiňte, jsem cizinec. – (Verzeihen Sie, ich bin Ausländer.)
11. Promiňte, nevím, jsem tu cizí. – (Verzeihen Sie, ich weiß es nicht, ich bin fremd hier.)

■ **6.** *Und jetzt gebrauchen Sie eine der oben erwähnten Redewendungen, die zur A-Replik passt.*

BEISPIEL: A/1. Je tu někde stanice autobusu? – B/7 Autobus tu nestaví.

1. Je tu někde stanice autobusu? – 2. Kde je prosím vás metro? – 3. Proč se tady nedá jet? – 4. Vy nerozumíte česky? – 5. Jak se dosta-

nu k divadlu „Gong"? – 6. Jezdí tam tramvaj nebo autobus? – 7. Jak se dostaneme ke směnárně, není tu přechod. – 8. Kdy mám zahnout na náměstí Míru, hned teď? – 9. Je to daleko? Musím jet tramvají? – 10. Jedu dobře do Podolí? – 11. Kde je prosím vás Karlovo náměstí?

■ **7.** *Aus der 3. P. Pl. Präs. bilden Sie bitte die Imperativformen.*

MUSTER: poděkují – poděkuj!, poděkujme!, poděkujte!

Poděkují, poprosí, připraví se, nezapomenou, koupí si, napíšou, podrží, podívají se, udělají, zavřou, přijdou, zavolají, vrátí se, zaplatí, ukážou, najdou, půjdou, pojedou, myslí, zeptají se, odpovědí, prominou.

■ **8.** *Formen Sie die Imperativform der 2. P. Sg. in die 2. P. Pl. um.*

MUSTER: Zavolej mi! – Zavolejte mi!

1. Zavolej mi! – 2. Poděkuj mu! – 3. Popros ho! – 4. Zapomeň na to! – 5. Pojď dál! – 6. Zeptej se jich! – 7. Oblékni se rychle! – 8. Kup si lístek! – 9. Posaď se u nás! – 10. Měj se dobře! – 11. Podrž mi tašku! – 12. Zavři dveře! – 13. Ukaž jim to! – 14. Pojď s námi! – 15. Vysvětli mi to! –

■ **9.** *Wiederholen Sie zuerst die Frage, fügen Sie dann die Aufforderung (= 2. P. Pl.) hinzu.*

MUSTER: Proč se nezeptáte? – Proč se nezeptáte? Zeptejte se!

1. Proč se nezeptáte? – 2. Proč ho nepoprosíte? – 3. Proč se nevrátíte? – 4. Proč na to nezapomenete? – 5. Proč mi nevěříte? – 6. Proč jí to nevysvětlíte? – 7. Proč tam nezavoláte? – 8. Proč si nesednete? – 9. Proč si to nekoupíte? – 10. Proč nejedete s námi? – 11. Proč si to neprohlédnete? –

■ **10.** *Fordern Sie die genannte Person auf, die angegebene Tätigkeit auszuführen.*

MUSTER: Kdo se zeptá, Pavel? – Pavle, zeptej se!

1. Kdo se zeptá, Pavel? – 2. Kdo zavře okno, Martin? – 3. Kdo mi podrží kufr, Karel? – 4. Kdo tam zavolá, Jana? – 5. Kdo to zaplatí,

LEKTION 7

Michal? – 6. Kdo tu počká, Olga? – 7. Kdo mi pomůže, Vašek? – 8. Kdo tu zůstane, Irena? – 9. Kdo půjde se mnou na oběd, Mirek? – 10. Kdo koupí známky, Robert? – 11. Kdo pojede s námi na výlet, Radka? – 12. Kdo mi poradí, Tomáš? – 13. Kdo nás vyfotí, Alena? – 14. Kdo mi udělá kávu, Marie? –

■ **11.** *Wiederholen Sie zuerst die Mitteilung, bilden Sie dann die Aufforderung in der 1. P. Pl.*

MUSTER: Všichni už dávno spí. – Všichni už dávno spí. Spěme také.

1. Všichni už dávno spí. – 2. Všichni půjdou na Karlův most. – 3. Všichni pojedou na hory. – 4. Všichni už dávno pracují. – 5. Všichni se v neděli vrátí. – 6. Všichni na to zapomenou. – 7. Všichni si prohlédnou orloj. –

■ **12.** *Reagieren Sie. Ergänzen Sie eine passende Sehenswürdigkeit der genannten Stadt. (Einige Städte der deutschsprachigen Länder haben einen tschechischen Namen!)*

BEISPIEL: Všichni chtějí vidět Karlův most. – A u nás ve Vídni (= Wien) – A u nás ve Vídni chrám svatého Štěpána.

1. Všichni chtějí vidět Karlův most. – A u nás ve Vídni – . 2. Každý si chce prohlédnout Pražský hrad. – A u nás v Curychu (= Zürich) – . 3. Všichni chtějí navštívit Národní galerii. – A u nás v Berlíně – . 4. Každý chce vidět orloj. – A u nás v Mnichově (= München) – . 5. Všem se líbí secesní architektura. – A u nás v Kolíně (= Köln) – . 6. Každý chce vidět sochu Jana Husa. – A u nás v Lipsku (= Leipzig) – . 7. Všichni chtějí jet na Strahovský stadion. – A u nás ve Frankfurtu – . 8. Každý se zajímá o gotickou synagogu. – A u nás v Míšni (= Meißen) – . 9. Všichni chtějí navštívit Národní divadlo. – A u nás v Drážďanech (= Dresden) – . 10. Všichni chtějí ochutnat české pivo. – A u nás v Ženevě (= Genf) – .

■ **13.** *Verbinden Sie das Substantiv mit der Präposition.*

a) MUSTER: **v/ve:** škola – ve škole

škola – , Praha – , hospoda – , kniha – , Ostrava – , Plzeň – , kancelář – , auto – , Hannover – , kino – , metro – , vlak – , tramvaj – , opera – , Německo – , Amerika – , Francie – , Polsko – , Varšava – , lékárna (= Apotheke) – , dům – , kuchyně (= Küche) – , pokoj – , restaurace – , hotel – .

b) MUSTER: **na:** zahrada (= Garten) – na zahradě

zahrada – , radnice – , toaleta – , náměstí – , ulice – , jih – , sever – , stadion – , Slovensko – , Šumava (= Böhmerwald) – , policie – , Morava – , Sicílie – , Korsika – , Kréta – , Sněžka (= Schneekoppe) – , Matterhorn – , stanice – .

c) MUSTER: **o:** autor – o autorovi

autor – , film – , obchod – , orchestr – , Lucie – , Martin – , doktor – , Angličan – , ministr – , Němec – , Japonec – , Číňan – , Rus – , Američanka – , studentka – , politik – , učitelka – , pan Holub – , paní Holubová – , pan Starý – , paní Stará – , Jitka Veselá – , Karel Gott – , Antonín Dvořák – .

■ **14.** *Bilden Sie eine aus zwei Sätzen bestehende Replik.*

MUSTER: kabelka – stůl – Hledáte kabelku? Je na stole.

2-17

1. kabelka – stůl – 2. mobil – stolek – 3. ovoce – mísa – 6. noviny – okno – 7. cigarety – televizor – 8. časopisy – knihovna – 9. Zuzana s Martou – oběd – 10. Zdena s Láďou – koncert – 11. Tomáš s Klárou – večeře – 12. banka – náměstí – 13. orloj – radnice –

■ **15.** *Übersetzen Sie ins Deutsche.*

1. Kolik stojí známka do USA? 2. Stojíme před pomníkem Mistra Jana Husa. 3. To stojí za fotku! 4. Vstup (= Eintritt) na věž stojí deset korun. 5. Káva tam stojí třicet korun. 6. To nestojí za řeč. 7. Ať Bára přijde taky!

■ **16.** *Von welchen Substantiven sind folgende Deminutive gebildet?*

stolek –, dortík –, kavárnička –, kostelík –, věžička –, byteček –, městečko –, divadélko –, bratříček –, sestřička –, Janička –, tatíček –, mamička –, Věruška –, soška –, ulička –

LEKTION 8

DOVOLENÁ
CESTOVÁNÍ

O dovolené byli všichni spokojeni

(Osoby: A – 1. muž, B – 2. muž)

A Poslyš, Oto, kde jste byli v létě na dovolené[1]?
B Jeli jsme zase po dvou letech do Francie, na Riviéru. Nejdříve jsme se, jako obvykle, nemohli dohodnout. Já jsem chtěl rybařit někde v norských fjordech, děti si přály trávit prázdniny jako loni na venkově a žena –

A – a žena toužila po teplém moři, že?
B Ano, však to znáš. Ale nakonec byli všichni spokojeni. Žena a dcera chodily denně na pláž, já jsem mohl chytat ryby v jedné zátoce a Marko měl každý večer možnost pozorovat domácí zvířata. Ubytování jsme totiž měli v penziónu blízko jedné farmy. A kde jste vlastně byli vy?

A My? V Itálii, u moře, severně od Neapole. Dříve jsme vždycky jezdili vlastním autem, ale tentokrát jsme jeli s cestovní kanceláří[2]. Do Neapole jsme letěli letadlem a odtud autobusem do jednoho přímořského letoviska. Je docela příjemné nechat[3] jednou auto stát v garáži.
B Máš pravdu, bez volantu si člověk[4] může alespoň pořádně odpočinout. Na druhé straně je ale závislý na hromadné dopravě.

URLAUB REISEN 8

Im Urlaub waren alle zufrieden
(Personen: A – 1. Mann, B – 2. Mann)

A Hör mal, Otto, wo wart ihr im Sommer im Urlaub?
B Nach zwei Jahren sind wir wieder nach Frankreich gefahren, an die Riviera. Zuerst konnten wir uns, wie gewöhnlich, nicht einigen. Ich möchte irgendwo in den norwegischen Fjorden fischen, die Kinder wünschten die Ferien wie im vorigen Jahr auf dem Lande zu verbringen und meine Frau –
A – und deine Frau sehnte sich nach dem warmen Meer, nicht wahr?
B Ja, du weißt Bescheid. Aber schließlich waren alle zufrieden: meine Frau und Tochter sind täglich an den Strand gegangen, ich konnte in einer Bucht fischen und Marko hatte die Möglichkeit, jeden Abend die Haustiere zu beobachten. Wir hatten nämlich eine Unterkunft in einer Pension in der Nähe einer Farm. Und wo wart ihr eigentlich?
A Wir? In Italien, am Meer, nördlich von Neapel. Früher sind wir immer mit dem eigenen Wagen gefahren, aber diesmal fuhren wir mit einem Reisebüro. Nach Neapel sind wir geflogen und von dort aus mit dem Bus in ein Seebad. Es ist ganz angenehm, sein eigenes Auto mal in der Garage stehen zu lassen.
B Da hast du Recht. Ohne Lenkrad kann man wenigstens tüchtig ausruhen. Andererseits ist man aber abhängig von den öffentlichen Verkehrsmitteln.

TENTOKRÁT JSME JELI S CESTOVNÍ KANCELÁŘÍ.

JÍDELNÍČEK BYL OPRAVDU PESTRÝ. V ITÁLII SE VAŘÍ VÝBORNĚ.

NEAPOLSKÝ CHAOS JSEM NEZAPOMNĚL DODNES. KAŽDÝ ŘIDIČ TAM JEZDÍ JAK CHCE.

LEKTION 8

A Ale to nám vůbec nevadilo. Jednou jsme si na vlastní pěst udělali výlet do Říma. Tam i zpět jsme jeli pohodlně rychlíkem. A jindy zase po dálnici autobusem až do Pompejí. A na Capri jsme cestovali ze Sorrenta parníkem. Tam jsme mikrobusem objeli celý ostrov a poznali jsme všechny jeskyně.

B A jak vám chutnala italská kuchyně?
A Stravování bylo báječné, v hotelu jsme měli polopenzi a jídelníček byl opravdu bohatý a pestrý. V Itálii se vaří⁴ výborně.

B V Neapoli jsem byl před rokem služebně. A na neapolský dopravní chaos jsem nezapomněl dodnes. Každý řidič tam jezdí jak chce, dopravní pravidla žádná, všechny ulice totálně ucpané. Hrůza!
A To víš, to dělá ten italský temperament.

WORTSCHATZ

báječný	fabelhaft		
dohodnout se,	sich einigen		
dohodl se *pf.*			
domácí	Haus-		
doprava *f.*	r Verkehr	• **minulý**	vergangen, vorig
hromadná d.	öffentliche Verkehrsmittel	**moře** *n.*	s Meer, e See
		• **nechat** *pf.*	lassen
dopravní	Verkehrs-	**objet**, objedu *pf.*	umfahren
d. pravidla	e Verkehrsregeln	**odpočinout si** *pf.*	ausruhen
		odtud *adv.*	von dort aus
dříve *adv.*	früher	**pestrý**	bunt
nejdříve *adv.*	zuerst	• **pěšky** *adv.*	zu Fuß
chutnat *ip.*	schmecken	• **plakat** *ip.*	weinen
chytat ryby *ip.*	fischen	**pláž** *f.*	r Strand
jako *kon.*	wie; als	**pohodlně** *adv.*	bequem
jednou *adv.*	einmal, mal	**polopenze** *f.*	e Halbpension
jídelníček, -čku *m.*	e Speisekarte	• **pomalu** *adv.*	langsam
jindy *adv.*	ein anderes Mal	**pořádně** *adv.*	tüchtig
letadlo *n.*	s Flugzeug	**poznat** *pf.*	kennen lernen
letět *ip.*	fliegen	**pozorovat** *ip.*	beobachten

124

A Das hat uns gar nichts ausgemacht. Mal machten wir auf eigene Faust einen Ausflug nach Rom. Hin und zurück sind wir bequem mit dem Schnellzug gefahren. Und ein anderes Mal – mit dem Bus auf der Autobahn bis nach Pompeji. Auf Capri sind wir von Sorrento aus mit dem Dampfer gereist. Mit einem Kleinbus haben wir die ganze Insel umfahren und alle Grotten kennen gelernt.
B Und wie hat euch die italienische Küche geschmeckt?
A Die Verpflegung war fabelhaft. Im Hotel hatten wir Halbpension und die Speisekarte war wirklich reichhaltig und bunt. In Italien kocht man ausgezeichnet.
B Ich war vor einem Jahr dienstlich in Neapel. Und das Verkehrschaos in Neapel habe ich bis heute nicht vergessen. Jeder Fahrer fährt da, wie er will, keine Verkehrsregeln, alle Straßen total verstopft. Schrecklich!
A Na ja, das macht das italienische Temperament.

přímořský	Küsten-, See-		zusammen
ryba *f.*	r Fisch	• **sraz** *m.*	s Zusammen-
rybařit *ip.*	fischen		treffen
		• **stonat**, stůňu,	krank sein
		stůněš *ip.*	
		strana *f.*	e Seite
		na druhé	andererseits
		straně	
		stravování *n.*	e Verpflegung
		• **tancovat** *ip.*	tanzen
		tentokrát *adv.*	diesmal
		teplý	warm
		totiž *par.*	nämlich
rychlík *m.*	r Schnellzug	**trávit** *ip.*	verbringen
řidič *m.*	r Fahrer	**ubytování** *n.*	e Unterkunft
severně *adv.*	nördlich	**ucpaný**	verstopft
služebně *adv.*	dienstlich	• **účet**, účtu *m.*	e Rechnung
• **smůla** *f.*	s Pech	**vadit** *ip.***: To nám**	Das hat uns
mít smůlu	Pech haben	**nevadilo.**	nichts ausge-
• **společně** *adv.*	gemeinsam,		macht.

LEKTION 8

venkov, -a *m.*	s Land	**výlet** *m.*	r Ausflug
na venkově	auf dem Lande	• **vyprávět** *ip.*	erzählen
vlastní	eigen	**závislý**	abhängig
volant *m.*	s Lenkrad	• **zjistit** *pf.*	feststellen
• **volat** *ip.*	rufen	**zpět** *adv.*	zurück
výborně *adv.*	ausgezeichnet	**tam i z.**	hin und zurück
• **vyhrát**, vyhraju, vyhraješ *pf.*	gewinnen	**zvíře**, -ete *n.*	s Tier

ERLÄUTERUNGEN ZUM TEXT

1. Die substantivierte Adjektive (z. B. *dovolená* = Urlaub, *školné* = Schulgeld, *příbuzný* = r Verwandte, *známý* = r Bekannte) werden wie die Adjektive dekliniert. (Siehe L. 6, S. 92–4.)
2. Im Tschechischen gibt es nicht so viele Wortzusammensetzungen wie im Deutschen. Die Wortbedeutung wird oft entweder „zerlegt" (cestovní kancelář = Reisebüro, domácí zvíře = Haustier, dopravní pravidla = Verkehrsregeln), oder – am häufigstens – durch ein Suffix ausgedrückt (jídelníč**ek** = Speisekarte, dáln**ice** = Autobahn, rychl**ík** = Schnellzug). Siehe auch L. 4, Erl. 2, S. 63.
3. Im Tschechischen gibt es keine Konstruktion **zu + Infinitiv**, der Infinitiv ist ein selbstständiges Satzglied. Vergleiche: Má možnost pozorovat zvířata. (= Er hat die Möglichkeit, Tiere zu beobachten.) Je příjemné nechat auto stát v garáži. (= Es ist angenehm, das Auto in der Garage stehen zu lassen.)
4. Sie wissen schon, dass die **man**-Bedeutung im Tschechischen durch die reflexive Verbkonstruktion mit **se** zum Ausdruck gebracht wird, siehe L. 5, Erl. 5., S. 78. Außerdem kann man dieselbe Bedeutung auch mit dem Wort **člověk** (= Mensch) ausdrücken. Vergleiche: Bez volantu si člověk dobře odpočine. (= Ohne Lenkrad ruht man gut aus.) Člověk není závislý na hromadné dopravě. (= Man ist nicht abhängig von dem öffentlichen Verkehr.)

GRAMMATIK

DIE VERGANGENHEIT

hat nur eine, und zwar eine **zusammengesetzt**e Form. Sie besteht aus der **-l-Form** des Verbs und dem Präsens des Hilfsverbs **být**.

a) Die -l-Form: Die Endung **-t** des Infinitivs wird gestrichen und durch ein **-l** ersetzt. Beispiele: děla-t – dělal, plati-t – platil, bydle-t – bydlel. In dieser Form müssen **das Geschlecht** und **die Zahl** immer beachtet werden: im Sg. M. steht -l (Pavel dělal), F. **-la** (Marie dělala), N. **-lo** (dítě dělalo). Im Pl. M. bel. **-li** (kluci dělali), M. unb. + F. **-ly** (domy stály, ženy dělaly), N. **-la** (zvířata dělala).

b) Das Hilfsverb steht **nur** in der 1. und 2. P. Sg. und Pl.

KONJUGATION IN DER VERGANGENHEIT

	Singular		Plural	
1.	dělal/a jsem	(ich machte, ich habe gemacht)	dělali/y/a jsme	(wir machten, wir haben gemacht)
2.	dělal/a jsi	(du machtest, du hast gemacht)	dělali/y/a jste	dělali jste (ihr machtet, ihr habt gemacht)
3.	dělal	(er machte, er hat gemacht)	dělali/y/a	(sie machten, sie haben gemacht)
	dělala	(sie machte, sie hat gemacht)		
	dělalo	(es machte, es hat gemacht)		

ANMERKUNGEN

1) Der Unterschied zwischen -li und -ly im Pl. ist orthografischer Natur und in der **Aussprache** spielt er keine Rolle.
2) In der gesprochenen Sprache wird das Hilfsverb ohne **j-** ausgesprochen: dělal [sem], dělal [si], dělali [sme], dělali [ste]. Die Aussprache mit **j-** (dělal **j**sem usw.) ist hyperkorrekt.

LEKTION 8

3) In der Höflichkeitsform steht das Hilfsverb in der **2. P. Pl. (jste)**, aber die -l-Form steht in der **3. P. Sg.** und drückt das Geschlecht aus.
   Beispiel: Pane Malý, kde jste by**l**?
   Paní Malá, kde jste by**la**?
4) Die Länge des Stammvokals wird bei einigen Verben in der -l-Form verkürzt, z. B.: ps**á**t > ps**a**l, d**á**t > d**a**l, sp**á**t > sp**a**l, b**ý**t > b**y**l.
5) Einige Verben mit **-nou-** im Infinitiv verändern dieses Suffix in der -l-Form zu **-nu-**, z. B.: prominout – prominul, usnout (= einschlafen) – usnul, zahynout (= untergehen) – zahynul, odpočinout si (= ausruhen) – odpočinul si. Bei den anderen fällt **-nou-** weg, z. B.: upadnout (= hinfallen) – upadl, dohodnout se (= sich einigen) – dohodl se, uschnout (= trocken werden) – uschl, ukradnout (= stehlen) – ukradl, zapomenout (= vergessen) – zapomněl. (Siehe auch L. 9, Erl. 4, S. 142.)
6) Vergangenheit von **jít** – **šel** jsem (Pl.: šli jsme…), von **mít** – **měl** jsem.
7) Vergangenheit der **Modalverben**: moci – **mohl** jsem, chtít – **chtěl** jsem, mít – **měl** jsem. Regelmäßig: smět – **směl** jsem, muset – **musel** jsem, vědět – **věděl** jsem, umět – **uměl** jsem.
8) **Wortfolge im Satz:**
   a) das Hilfsverb ist unbetont und steht niemals am Satzanfang, sondern **nach** der -l-Form. Beispiele: Jeli jsme do Francie. Byl jsem v Itálii. Letěl jsem tam letadlem.
   b) Wenn aber der Satz nicht mit einem Prädikat beginnt, so steht das Hilfsverb **vor** der -l- Form. Beispiele: Zase **jsme** jeli do Francie. Kdy **jste** byl v Itálii? Tentokrát **jsem** letěla letadlem. Když **jsme** navštívili Prahu, šli jsme na Hrad. Já **jsem** o tom nevěděl. Nikoho **jsme** už nečekali. Kdy **jste** se vrátila?
   c) Das reflexive **se**, **si** steht immer **nach** dem Hilfsverb. Beispiele: Ptal jsem **se** na policii. Co jste **si** koupila v Itálii? Vrátili jsme **se** v neděli. Kdy jste **se** vrátili? Nikoho jsme **se** na to neptali.
9) In der **2. P. Sg.** der reflexiven Verben steht anstatt **jsi se** / **jsi si** die verkürzte Form **ses** / **sis**. Beispiele: Kdy **ses** vrátil? Co **sis** koupila?

DER VERBALASPEKT II.

Jedes tschechische Verb gehört zu einem der zwei Verbalaspekte: entweder zum unvollendeten, **imperfektiven** Aspekt (*ip.*), oder zum vollendeten, **perfektiven** (*pf.*) Aspekt. Siehe auch L. 6, Erl. 7, S. 90.

Die meisten Verben bilden ein Aspektpaar, z. B.:

dělat (*ip.*) – udělat (*pf.*)
platit (*ip.*) – zaplatit (*pf.*)
děkovat (*ip.*) – poděkovat (*pf.*)
ptát se (*ip.*) – zeptat se (*pf.*)

Nur selten sind Verben immer perfektiv, z. B. spasit (= retten) oder immer imperfektiv, z. B. vyprávět (= erzählen).

Die **imperfektive** Handlung kann man nach der Frage *wie lange?, wie oft?, ständig?* näher bestimmen. Diese Frage ist in einem Satz mit perfektiver, abgeschlossener Handlung ausgeschlossen.

Die **imperfektiven** Verben werden durch verschiedene **Vorsilben** perfektivisiert. Alle Vorsilben sind untrennbar!

Die **perfektiven** Verben werden durch die **Suffixe -a-, -va-, -ova-** und manchmal auch durch **Übertragung** in eine andere **Konjugationsgruppe** (siehe L. 3, S. 54–5 und 4, S. 65–7) imperfektiviert.

Beispiele:

chytit *pf.* – 2. Konjugationsgruppe – chyt**a**t *ip.* – 1. Konjugationsgruppe (= fassen, ergreifen),

odpovědět *pf.* – 2. Konjugationsgruppe – odpov*í*dat *ip.* – 1. Konjugationsgruppe (= antworten),

dát *pf.* – dá**va**t *ip.* (= geben), koup**i**t *pf.* – 2. Konjugationsgruppe – kup**ova**t *ip.* – 3. Konjugationsgruppe (= kaufen).

Die Imperfektivierung ist oft auch mit den **Veränderungen** im **Stamm** verbunden, z. B.: vrátit se *pf.* – 2. Konjugationsgruppe – vracet se *ip.* – 2. Konjugationsgruppe (= zurückgehen, zurückkommen), h**odi**t – h**áze**t (= werfen), odpov**ědě**t – odpov**ída**t

(= antworten), odp**usti**t – odp**ouště**t (= verzeihen), **říc**t – **říka**t (= sagen).

Gute Wörterbücher sollten den Aspekt des Verbs, bzw. das entsprechende Aspektpaar angeben. Auch das Wortregister in unserem Lehrbuch gibt das entsprechende Aspektpaar an.

ANMERKUNGEN

Außer der Perfektivierung kann die **Vorsilbe**

a) ein Verb im Sinne der **Handlungsphase** (Anfang, Ende) oder der **Handlungsintensität** (wenig, viel, lange, kurz) **modifizieren**. Z. B.:

plakat (= weinen) – **roz**plakat **se** (= in Tränen ausbrechen)
 – **po**plakat **si** (= eine stille Träne weinen)
studovat (= studieren) – **do**studovat (= das Studium zu Ende bringen)
stonat (= krank sein) – **pro**stonat celou zimu (= den ganzen Winter hindurch krank sein)

b) dem Verb eine **neue Wortbedeutung** verleihen, z. B.:

dělat (= machen, tun) – **vz**dělat (= ausbilden)
 – **vy**dělat peníze (= Geld verdienen)
hrát (= spielen) – **pro**hrát válku (= den Krieg verlieren)
 – **vy**hrát válku (= den Krieg gewinnen)
bít (= schlagen) – **při**bít (= annageln)
 – **za**bít (= totschlagen)
kázat (= predigen) – **u**kázat (= zeigen)
 – **za**kázat (= verbieten)

Im Falle b) entsteht ein neues Aspektpaar:
vzdělat (*pf.*) – vzděl**áva**t (*ip.*) – (aus)bilden
vydělat (*pf.* – vyděl**áva**t (*ip.*) – verdienen
prohrát (*pf.*) – prohr**áva**t (*ip.*) – verlieren
vyhrát (*pf.*) – vyhr**áva**t (*ip.*) – gewinnen
zabít (*pf.*) – zab**íje**t (*ip.*) – totschlagen
zakázat (*pf.*) – zakaz**ova**t (*ip.*) – verbieten

Der für die Praxis wichtigste Unterschied zwischen beiden Aspekten liegt im Ausdruck der **Zukunft**:

Bei den **perfektiven** Verben wird sie durch die **Präsensform** bezeichnet (= das perfektive Futur). Beispiele:
hodím (= ich werde werfen)
napíšu (= ich werde schreiben)
udělám (= ich werde machen)
zaplatím (= ich werde zahlen)
poděkuji (= ich werde danken)
zeptám se (= ich werde fragen)

Bei den **imperfektiven** Verben wird sie durch die **zusammengesetzte Futurform** (**budu, budeš, bude, budeme, budete, budou + Inf**.) bezeichnet (= das imperfektive Futur). Z. B.: budu házet, budeš psát, bude dělat, budeme platit, budete děkovat, budou se ptát.

(Siehe auch L. 9, S. 143.)

DER ASPEKT UND DIE VERBEN DER BEWEGUNG

Eine besondere Situation ist bei den **Verben der Bewegung** zu beobachten: **jít / chodit, jet / jezdit, letět / létat** sind keine Aspektpaare – beide sind **imperfektiv!**

Jít, jet, letět sind nicht-frequentativ und bezeichnen die Bewegung in **einer** Richtung zum Ziel:

  jít do školy = zur Schule gehen
  jet do Prahy = nach Prag fahren
  letět do Itálie = nach Italien fliegen

Chodit, jezdit, létat sind frequentativ und bezeichnen

a) die Bewegung in **verschiedenen** Richtungen:
  chodit po lese = im Wald herumgehen
  jezdit po Evropě = in Europa herumfahren
  létat po světě = in der Welt herumfliegen

b) die unterstrichene regelmäßige **Wiederholung** der Handlung:
denně chodit do kavárny = täglich ins Café zu gehen pflegen
každý rok jezdit k moři = jedes Jahr ans Meer zu fahren pflegen
často létat do Berlína = oft nach Berlin zu fliegen pflegen
(Siehe auch L. 4, Erl. 3, S. 63.)

c) Nur die nicht-frequentativen Verben der Bewegung (**jít, jet, letět**) werden durch die Vorsilben perfektiviert. Zum Beispiel:

jít: **při**jít – přijdu, přijď!, přišel (= nur zu Fuß kommen)
       odejít – odejdu, odejdi!, odešel (= nur zu Fuß weggehen, fortgehen)
jet: **při**jet – přijedu, přijeď!, přijel (= ein Verkehrsmittel / mit einem Verkehrsmittel kommen / ankommen)
       odjet – odjedu, odjeď!, odjel (= wegfahren / fortfahren / abfahren)
letět: **při**letět (= anfliegen / angeflogen kommen)
       odletět (= wegfliegen / fortfliegen / abfliegen)

d) Diese perfektiven Verben bilden ihr „eigenes" Aspektpaar, z. B.:
přijít *pf.* – **přicházet** *ip.*, odejít *pf.* – **odcházet** *ip.*, přijet *pf.* – **přijíždět** *ip.*, odejet *pf.* – **odjíždět** *ip.*, odletět *pf.* – **odlétat** *ip.*

e) Die Verben **jít** und **jet** haben in der Zukunft und in dem Imperativ die Vorsilbe **po-/pů-**: **jít**- půjdu, půjdeš; pojď!, pojďme!, pojďte!; **jet** – pojedu, pojedeš; pojeď!, pojeďme!, pojeďte! Andere Formen (der Infinitiv, die Vergangenheit, der Konditional) haben keine Vorsilbe: jít – šel, šla, šlo; jet – jel, jela, jelo.

ÜBUNGEN

1. *Üben Sie die Aussprache. Wiederholen Sie das Wort oder die Wortverbindung.*

dovolená – , o dovolené – , nejdříve – , obvykle – , jako obvykle – , teplé moře – , zvířata – , domácí zvířata – , doprava – , hromadná doprava – , stravování – , ucpané ulice – .

2. *Beantworten Sie die Fragen auf Tschechisch.*

1. Kde byl Oto s rodinou na dovolené? 2. Proč byli všichni spokojení? 3. Kde měli ubytování? 4. Kde byl na dovolené jeho kamarád s rodinou? Jak tam jeli? 5. Jaké výlety dělali v Itálii? 6. Kde jste byl / byla letos na dovolené vy? 7. Byl / byla jste tam sám / sama? 8. Cestoval / cestovala jste s cestovní kanceláří? 9. Byl / byla jste spokojený / spokojená s ubytováním a stravováním? 10. Kam a s kým chcete jet na dovolenou letos?

3. *Ergänzen Sie aufgrund des Lehrbuchdialogs ein Verb in der Vergangenheit.*

1. Kde – (2. Pl.) na dovolené? 2. My – v Itálii, u moře. 3. Tam – (1. Pl.) letadlem a zpátky – (1. Pl.) autobusem. 4. Ota u moře v jedné zátoce –. 5. Žena a dcera – každý den na pláž. 6. Jak vám – italská kuchyně? 7. Na dopravní chaos v Neapoli – (1. Sg.) dodnes. 8. Mikrobusem – (1. Pl.) celý ostrov. 9. Dcera často – prázdniny na venkově.

LEKTION 8

  4. *Setzen Sie folgende Wortverbindungen in die Vergangenheit. (Zuerst in der 1. P. Sg. M. oder F. und dann in der 1. P. Pl. M. bel. oder F.)*

MUSTER: Pracovat od rána do večera – Pracoval/a jsem od rána do večera. Pracovali/y jsme od rána do večera.

1. Pracovat od rána do večera. – 2. Bydlet v hotelu. – 3. Dlouho hledat tu ulici. – 4. Konečně uvidět ten dům. – 5. Mít málo času. – 6. Být nakupovat. – 7. Nemít s sebou dost peněz. – 8. Sedět u stolu. – 9. Objednat si jedno pivo. – 10. Jet s autem do servisu. – 11. Koupit si nové auto. – 12. Zaplatit účet. – 13. Zeptat se policisty na cestu. – 14. Jít odpoledne do kina. – 15. Vrátit se pozdě večer. –

 5. *Bejahen Sie folgende Fragen.*

2-20   MUSTER: Kde jsi byl, v knihovně? – Ano, byl jsem v knihovně.

1. Kde jsi byl, v knihovně? – 2. Kde jsi bydlela, v hotelu? – 3. Pane Veselý, co jste měl k obědu, špagety? – 4. Kam jste ráno spěchala, paní Veselá, na autobus? – 5. Kdy jste se všichni vrátili, v neděli? – 6. Aleno, kdy jsi přišla domů, v jedenáct? – 7. Pane Svobodo, kam jste chodili po práci, do kavárny? – 8. Paní Svobodová, kam jste chodila večer, tancovat? –

 6. *Erzählen Sie, was Sie gestern am Abend machten. (Gebrauchen Sie die 1. P. Sg. M./F.).*

Včera (vrátit se) z práce brzy, už v pět hodin. (Jít) pěšky, (být) teplo. Až před bytem (zjistit), že (zapomenout si) v kanceláři klíče. (Mít) smůlu, (muset) se vrátit. Pak už (jet) domů tramvají. Doma (chtít si) uvařit si kávu, ale (být) už sedm hodin. (Vzít si) tedy jen chléb se sýrem a (spěchat) do sportovní haly. V osm (mít) sraz s kamarády. Nejdříve (hrát) s nimi asi hodinu volejbal a pak (jít) do bazénu. V deset už (být) doma, (připravit si) všechno na ráno a v jedenáct (jít) spát.

■ **7.** *In einer einfachen Antwort braucht man das Hilfsverb der Vergangenheit nicht auszudrücken. Beantworten Sie die Frage, zuerst bejahend, dann verneinend.*

2-21

MUSTER: Už jsi viděla ten film? – Ano, viděla. / Ne, neviděla.

1. Už jsi viděla ten film? – 2. Volali jste lékaře? – 3. Už jste byli na obědě? – 4. Měli jste dost času? – 5. Chodili jste na pláž? – 6. Jeli jste tam parníkem? – 7. Platili jste účet? – 8. Šla jsi domů pěšky? – 9. Chytal jste ryby? – 10. Chutnal vám ten španělský koňak? –

■ **8.** *Bilden Sie die Frage in der 2. P. Sg. mit Refl.* **ses / sis.**

MUSTER: Koho – ptal? – Koho ses ptal?

1. Koho – ptal? 2. Co – koupil? 3. Kam – sedla? 4. Kdy – ženil? 5. V kolika letech – vdávala? 6. Zeptal – tatínka? 7. Připravila – na cestu? 8. Proč – vrátil? 9. Odpočinul – po práci? 10. Co – o tom myslela?

■ **9.** *Übersetzen Sie.*

1. Peter ist zu uns aus der Slowakei gekommen. 2. Ins Café kommt bitte pünktlich um acht Uhr. 3. Die S-Bahn fährt hier nicht, gehen wir zu Fuß. 4. Komm her! 5. Der Zug kommt in fünf Minuten. 6. Warum ist Anna nicht gekommen? 7. Doktor Fischer ist schon weggegangen. 8. Kommt ihr mit dem Auto oder mit dem Zug? 9. Komm morgen in die Bibliothek! 10. Wo ist Margit geblieben? – Ah, dort kommt sie schon. 11. Von welchem Bahnhof fährt unser Zug ab? 12. Kommst du heute Abend auch ins Theater? 13. Gehen wir schnell, unser Bus kommt schon. 14. Auf welchem Bahnhof kommen Sie an? 15. Kommen Sie wieder zu uns.

■ **10.** *Wählen Sie aus dem in Klammern stehenden Paar das richtige Verb aus und setzen Sie es bitte in der Vergangenheit in die Sätze ein.*

1. (koupit – kupovat): Paní Hálková, kde – ten malý kufr? – Já – jogurt vždycky v tržnici, ale včera – chléb i jogurt v Bille. 2. (psát – napsat): Kurt – ten dopis dlouho, celý týden. – Ale nakonec ho přece jen – . 3. (učit se – naučit se): Monika – německá slovíčka

LEKTION 8

celý večer. – Ale vždycky se je – perfektně. 4. (zakázat – zakazovat): Lékař mu často – kouřit. – Nevíš, proč mi maminka včera – o tom mluvit? 5. (navštívit – navštěvovat): Mirku, kdy – Pavla? Syn – otce každou středu. 6. (odpovědět – odpovídat): Věro, proč – na můj minulý dopis tak pozdě? – Studentka často – profesorovi pomalu a špatně. 7. (čekat – počkat): Já – na Janu, ale ona nepřišla. – A proč jsi – ještě chvíli? 8. (platit – zaplatit): Vždycky – účet v restauraci Mirek. – Ale včera – já. 9. (jít – chodit): Naše parta – každý víkend na výlety, ale v sobotu – všichni na disko. 10. (jet – jezdit): My – do Francie často autem, ale tentokrát – vlakem. – Pane Havlíku, proč – v pátek do Brna autobusem? Vždyť dříve – vlastním autem.

 ■ **11.** *Übersetzen Sie.*

1. Im Sommer waren wir in London. 2. Ich hatte wenig Zeit. 3. Wie hat es Ihnen in Köln gefallen? 4. Wir wohnten bei unseren Bekannten. 5. Sie hatte deine Adresse nicht. 6. Wo studierte er? 7. Wo studierte sie? 8. Herr Altmann, wo studierten Sie? 9. Sonja, wo hast du das Buch gekauft? 10. Warum habt ihr mich nicht gleich angerufen? 11. Das konnten wir nicht wissen. 12. Niemand wollte davon sprechen. 13. Hast du nicht zu lange gewartet? 14. Wer hat die Rechnung bezahlt? 15. Frau Simon, waren Sie schon mal in Prag? 16. Warum habt ihr es getan? 17. Karl, wann bist du aus Österreich zurückgekommen? 18. Gestern haben wir lange geschlafen.

Symbole der staatlichen Souveränität

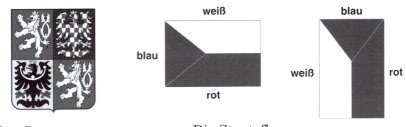

Das Staatswappen   Die Staatsflagge

Die Staatshymne S. 277

LEKTION 9
POČASÍ

Rozmary dubnového počasí

(Osoby: A – Ivana, B – Zuzka, C – mužský hlas)

(Časový signál rozhlasu oznamuje:
Je 7 hodin 30 minut.)
A Zuzko, proč si bereš deštník?
  Neber si ho. Snad si nemyslíš,
  že dneska bude pršet? Podívej se
  ven, jak je tam krásně[1]. Obloha je
  modrá, bez jediného mraku.
B Ale podle předpovědi má být
  odpoledne zataženo, na západě déšť a ochladí se.
A A pak přijde krupobití a bude padat sníh, ne? Tak si vezmi
  kozačky, kabát a šálu! Ne, tomu nevěřím. Venku je 18 stupňů,
  není vítr a svítí slunce. Dnes budeme mít krásný jarní den, uvidíš.
B Jen aby. Kabát snad opravdu potřebovat nebudu, ale deštník si
  vezmu.
A Jsi ty ale pesimistka!
(Časový signál rozhlasu oznamuje: Je 15 hodin.)
C To se najednou setmělo[2] - je tu úplná tma a zima[3].
  Musíme rozsvítit. Zuzko, zavři honem okno, už začíná pršet[2].
  Celá obloha je zamračená. A ten vítr! Podívejte se, tamhleté
  paní odnesl klobouk.

B Teď už leje[2] jako z konve. To je liják! A ráno bylo tak hezky
  a teplo[1]. Teď tam bude chladno[1] a sychravo[1]. Podívejte se, teploměr už klesl[4] o pět stupňů.

C Neměj strach, mrznout dneska nebude[2]. Je to jen přeháňka.
  Vidíš, déšť už pomalu přestává.
B Že přestává? Podívej se, tamhle se blýská[2]. A teď hřmí[2]. Žene se
  bouřka.

9

WETTER

Die Launen des Aprilwetters

(Personen: A – Ivana, B – Susi, C – Männerstimme)

(Zeitsignal: 7,30 Uhr.)
A Susi, warum nimmst du den Schirm mit?
  Nimm keinen Schirm mit. Hoffentlich glaubst du nicht, dass es heute regnet? Schau mal aus dem Fenster,
  wie schön es draußen ist.
  Der Himmel ist blau und wolkenlos.

B Aber nach der Wettervorhersage soll es heute Nachmittag bewölkt sein, im Westen soll es regnen und es wird kalt.
A Und dann kommen Hagel und Schneefall. Nimm also die Winterstiefel, den Mantel und den Schal. Nein, das glaube ich nicht. Draußen ist es 18 Grad, kein Wind, die Sonne scheint. Heute haben wir einen schönen Frühlingstag.
B Wollen wir hoffen. Den Mantel brauche ich tatsächlich nicht, aber den Schirm nehme ich mit.
A Bist du aber ein Pessimist!
(Zeitsignal: 15 Uhr.)
C Wie dunkel es plötzlich geworden ist! Ein völliger Einbruch der Dunkelheit und der Kälte. Wir müssen Licht machen. Susi, mach schnell das Fenster zu, es fängt an zu regnen. Der ganze Himmel ist trüb. So ein Wind! Schaut mal, der Wind hat der Frau dort den Hut weggeblasen.
B Und jetzt gießt es schon wie aus Kannen. So ein Platzregen! Und am Morgen war es so schön und warm. Jetzt wird es kühl und nass. Schaut mal, das Thermometer ist schon um fünf Grad gesunken.
C Keine Angst. Heute wird es nicht frieren. Es handelt sich nur um einen Regenschauer. Siehst du? Der Regen hört schon langsam auf.
B Der Regen soll aufhören? Schau mal, dort blitzt es. Und jetzt donnert es! Ein Gewitter zieht auf.

LEKTION 9

C Uklidni se, ten hrom byl daleko.
A vítr fouká jiným směrem, z bouřky nebude nic.
No prosím, a je po dešti.

B Tak já zase otevřu okno. Á, to je vzdoušek[5]. Sluníčko[5] už zase vysvitlo a trochu se oteplilo[2].

C Louže za chvíli vyschnou.
B Rychle, pojď sem! Vidíš duhu?
C To víš, to jsou rozmary dubnového počasí.

WORTSCHATZ

blýskat se *ip.*	blitzen
brát si (s sebou),	(mit)nehmen
beru si, bral si *ip.*	
bouřka *f.*	s Gewitter
• **cena** *f.*	r Preis
• **dcera**, D., L. Sg.	e Tochter
dceři *f.*	
deštník *m.*	r Schirm
déšť, deště *m.*	r Regen
• **doufat** *ip.*	hoffen
duha *f.*	r Regenbogen
foukat *ip.*	wehen
hnát se, ženu se,	aufziehen
ženeš se *ip.*	
hrom *m.*	r Donner
hřmět, hřmí *ip.*	donnern, es donnert
jiný	r, e, s andere
kabát *m.*	r Mantel
klesnout, klesl *pf.*	sinken
klobouk *m.*	r Hut
kozačky *f. pl.*	e Winterstiefel
krupobití *n.*	r Hagel
liják *m.*	r Platzregen
lít, liju / leju, lil *ip.*	gießen
leje jako z konve	es gießt wie aus Kannen
louže *f.*	e Pfütze
• **mlha** *f.*	r Nebel
modrý	blau
mrak *m.*	e Wolke
mrznout, mrzlo *ip.*	frieren
najednou *adv.*	plötzlich
obloha *f.*	r Himmel
ochladit se *pf.*	kalt werden
oteplit se *pf.*	warm werden
otevřít, otevřu, otevřel *pf.*	aufmachen, öffnen
padat *ip.*	fallen
• **pětka** *f.*	e Fünf

C Beruhige dich. Der Donner war ja fern. Und der Wind weht in anderer Richtung. Aus dem Gewitter wird nichts. Na bitte, der Regen ist vorbei.
B Ich mache also das Fenster wieder auf. Ah, was für frische Luft! Die Sonne leuchtet wieder hervor, und es ist ein wenig warm geworden.
C Die Pfützen werden bald wieder trocken sein.
B Rasch, komm her, siehst du den Regenbogen?
C Na ja, das sind halt die Launen des Aprilwetters.

• **pohnout se** *pf.*	sich bewegen, sich rühren	• **už někdy**	schon mal
		• **vedro** *n.*	e glühende Hitze
pryč *adv.*	vorbei	**ven** *adv.* (wohin?)	hinaus, heraus
předpověď *f.*	e Vorhersage	**venku** *adv.* (wo?)	draußen
přeháňka *f.*	r Regenschauer	**vítr**, větru *m.*	r Wind
• **překládat** *ip.*	übersetzen	**vyschnout**, vyschl *pf.*	trocken werden
přestat *pf.*	aufhören		
• **přestávka** *f.*	e Pause	**vysvitnout**, vysvitl *pf.*	hervorleuchten
rozmar *m.*	e Laune		
rozsvítit *pf.*	Licht machen	**začínat** *ip.*	anfangen, beginnen
• **roztát** *pf.*	tauen		
setmět se *pf.*	dunkel werden	**západ** *m.*	r Westen
slunce *n.*	e Sonne	**zataženo** *adv.*	bewölkt
• **sněžit** *ip.*	schneien	**zima** *adv.*	kalt
sníh, sněhu *m.*	r Schnee	• **zkouška** *f.*	e Prüfung
• **stěhovat se** *ip.*	umziehen		
strach *m.*	e Angst		
stupeň, -pně *m.*	r Grad		
svítit *ip.*	scheinen		
šála *f.*	r Schal		
teploměr *m.*	s Thermometer		
• **tisíc** *m.*	tausend		
tma *f.*	e Dunkelheit		
• **ukazovat** *ip.*	zeigen		
uklidnit se *pf.*	sich beruhigen		

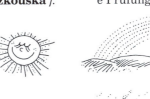

LEKTION 9

ERLÄUTERUNGEN ZUM TEXT

1. Im Tschechischen ist die Form der Adjektive und der von ihnen derivierten Adverbien **verschieden**. (Verg. auch: lang = Adj., lang**e** / lang = Adv.).

Adj.	Adv.
hork**ý**	– hork**o** (= heiß)
tepl**ý**	– tepl**o** (= warm)
chladn**ý**	– chladn**o** (= kühl)
jasn**ý**	– jasn**o** (= klar, heiter)
zamračen**ý**	– zamračen**o** (= trüb)
sychrav**ý**	– sychrav**o** (= nasskalt)
určit**ý**	– určit**ě** (= bestimmt)
krásn**ý**	– krásn**ě** (= schön)
hezk**ý**	– hezk**y** (= schön, hübsch)

   (Bildung der Adverbien siehe L. 13, S. 200.)

2. Viele Witterungsverben sind von impersonaler (imp.) Natur, d. h. sie haben nur die 3. P. Sg., in der Vergangenheit dann die Endung **-lo**. Z. B.: prší – pršelo, mrzne – mrzlo, blýská se – blýskalo se, hřmí – hřmělo, lije – lilo, ochladí se – ochladilo se.

3. Das Wort **zima** wird entweder als ein Substantiv (z. B.: Přiš**la** zima. = Es kam der Winter) oder als ein Adverb gebraucht. (Z. B.: Venku byl**o**/**-a** zima. = Draußen war es kalt. Byl**o**/**-a** mi zima. = Es war mir kalt.)

4. Die Verben der IV. Gruppe mit dem Suffix **-nou-**, vor welchem mehrere Konsonanten stehen, bilden die -l-Form **ohne** -nou-, z. B.: Mrznout (= frieren) – Celý leden mrzlo. Vyschnout (= austrocknen) – Louže rychle vyschly.

5. Viele Substantive, die mit der Witterung verbunden sind, haben im Sprachgebrauch eine deminutive Form. Z. B.: slunce – sluníčko, vítr – větřík, mrak – mráček, déšť – deštík / deštíček, vzduch – vzdoušek. Sie drücken eine positive Wertung aus. (Vgl. auch L. 7, Erl. 3., S. 113.)

GRAMMATIK

DAS FUTUR UND DER ASPEKT

Das Futur hat **zwei** Formen, deren Wahl mit dem Aspekt verbunden ist. (S. auch L. 8, S. 131.)

1) **Die imperfektiven Verben** haben die **zusammengesetzte Form**, die aus den konjugierten Futurformen des Hilfszeitwortes **být (budu, budeš, bude, budeme, budete, budou)** + **Infinitiv** besteht:

	Singular	Plural
1.	budu dělat	budeme dělat
2.	budeš dělat	budete dělat
3.	bude dělat	budou dělat

2) **Die perfektiven Verben** drücken die Zukunft durch die **Präsensform** aus:

	Singular	Plural
1.	udělám	uděláme
2.	uděláš	uděláte
3.	udělá	udělají

Die Gegenwart wird also **nur** durch die Präsensform der **imperfektiven** Verben ausgedrückt, während die Präsensform der **perfektiven** Verben die **Zukunft** ausdrückt.

	Gegenwart	Zukunft
1.	dělám	udělám
2.	platím	zaplatím
3.	učím se	naučím se
4.	ptám se	zeptám se

LEKTION 9

DER IMPERATIV UND DER ASPEKT

Der bejahende Imperativ (Befehl) wird durch ein perfektives Verb, der verneinende Imperativ (Verbot) durch ein imperfektives Verb ausgedrückt:

pf.	Befehl	ip.	Verbot
koupit	Kupte to!	kupovat	Nekupujte to!
dát	Dej mu to!	dávat	Nedávej mu to!
odpovědět	Odpověz jí!	odpovídat	Neodpovídej jí!
vzít si	Vezmi si to!	brát si	Neber si to!
udělat	Udělejte to!	dělat	Nedělejte to!

DIE KARDINALZAHLEN II
SYNTAGMATIK

Der gezählte Gegenstand (wie auch das Adjektiv und das Pronomen, die sich auf den gezählten Gegenstand beziehen), steht bei den Zahlwörtern **dva / dvě, oba / obě, tři, čtyři** im **Nominativ Plural** (d. h. wie im Deutschen). Zum Beispiel: dva moji dobří kamarádi, všechny tři tvoje kamarádky, ta poslední čtyři cvičení. (Die Substantivformen Nom. Pl. siehe L. 10, S. 158.)

Nach **allen anderen Zahlwörtern,** d. h. von 5 ab, steht der gezählte Gegenstand (+ Adjektiv und Pronomen) im **Genitiv Plural.** Zum Beispiel: pět mužů, těch třicet sedm soch, devět set devadesát českých korun, všech tisíc pět set nových aut. (Die Substantivformen G. Pl. siehe L. 12, S. 184.)

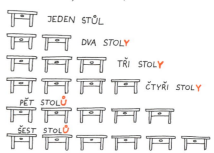

DEKLINATION

Die Grundzahlwörter werden verschieden dekliniert.

1. **Jeden** (+ M.), **jedna** (+ F.), **jedno** (+ N.) – nach dem Muster **ten, ta, to**.

1.		ten	**jeden**	kamarád	stůl	to	**jedno**	slovo	ta	**jedna**	kamarádka
2.	vedle (neben)	toho	**jednoho**	kamaráda	stolu			slova	té	**jedné**	kamarádky
3.	k (zu)	tomu	**jednomu**	kamarádovi	stolu			slovu	té	**jedné**	kamarádce
4.	pro (für)	toho ten	**jednoho jeden**	kamaráda	stůl	to	**jedno**	slovo	tu	**jednu**	kamarádku
6.	o (von)	tom	**jednom**	kamarádovi	stolu			slovu	té	**jedné**	kamarádce
7.	s (mit)	tím	**jedním**	kamarádem	stolem			slovem	tou	**jednou**	kamarádkou

2. **Dva** (+ M.), **dvě** (+ F., N.) und **oba** (+ M.), **obě** (+ F., N.) haben in allen anderen Fällen dieselben Endungen.

1.		**oba**	**dva**	kamarádi	stoly	**obě**	**dvě**	kamarádky	cvičení
2.	vedle (neben)	**obou**	**dvou**	kamarádů	stolů			kamarádek	cvičení
3.	k (zu)	**oběma**	**dvěma**	kamarádům	stolům			kamarádkám	cvičením
4.	pro (für)	**oba**	**dva**	kamarády	stoly	**obě**	**dvě**	kamarádky	cvičení
6.	o (von)	**obou**	**dvou**	kamarádech	stolech			kamarádkách	cvičeních
7.	s (mit)	**oběma**	**dvěma**	kamarády	stoly			kamarádkami	cvičeními

3. Unterschied zwischen **tři** und **čtyři** ist nur im G. und Inst.

1.		**tři**	**čtyři**	kamarádi	stoly	kamarádky	cvičení
2.	vedle (neben)	**tří/třech**	**čtyř/čtyřech**	kamarádů	stolů	kamarádek	cvičení
3.	k (zu)	**třem**	**čtyřem**	kamarádům	stolům	kamarádkám	cvičením
4.	pro (für)	**tři**	**čtyři**	kamarády	stoly	kamarádky	cvičení
6.	o (von)	**třech**	**čtyřech**	kamarádech	stolech	kamarádkách	cvičeních
7.	s (mit)	**třemi**	**čtyřmi**	kamarády	stoly	kamarádkami	cvičeními

4. Die Zahlwörter *pět* bis *devadesát devět* haben in allen Fällen die Endung **-i**: bez pěti (stolů), k sedmi (kamarádům), o dvanácti (domech), s osmnácti (cvičeními). Der Akkusativ gleicht dem Nominativ: vidím sedm, dvacet, čtyřicet (stromů). (Vorsicht: devět – devíti!)

LEKTION 9

Neben der Form *dvacet pět* (getrennt geschrieben) wird auch die zusammengeschriebene Form *pětadvacet* benutzt (wie im Deutschen). Nur der zweite Teil, der die Zehner bezeichnet, wird dekliniert.

1.	dvacet pět stolů	oder	pětadvacet stolů
2.	dvaceti pěti stolů		pětadvaceti stolů
3.	dvaceti pěti stolům		pětadvaceti stolům
4.	= Nominativ		= Nominativ
6.	dvaceti pěti stolech		pětadvaceti stolech
7.	dvaceti pěti stoly		pětadvaceti stoly

5. Bei den Zahlwörtern, die Hunderter bezeichnen (*jedno sto, dvě stě, tři sta, čtyři sta, pět – devět set*), werden alle Bestandteile dekliniert (100 = *sto, n.*).

	200	300 / 400	500 – 900	
1.	dvě stě	tři / čtyři sta	pět – devět set	knih
2.	dvou set	tří / čtyř set	pěti – devíti set	knih
3.	dvěma stům	třem / čtyřem stům	pěti – devíti stům	knihám
4.	= Nominativ			
6.	dvou stech	třech / čtyřech	pěti – devíti stech	knihách
7.	dvěma sty	třemi / čtyřmi	pěti – devíti sty	knihami

6. Bei den Zahlwörtern, die Tausende bezeichnen, werden auch alle Bestandteile dekliniert. 1 000 = *tisíc, m.*

	1 000	2 000 / 3 000 / 4 000	5 000 …	
1.	jeden tisíc	dva / tři / čtyři tisíce	pět tisíc	knih
2.	jednoho tisíce	dvou / tří / čtyř tisíc	pěti tisíc	knih
3.	jednomu tisíci	dvěma / třem / čtyřem tisícům	pěti tisícům	knihám
4.	= Nominativ			
6.	jednom tisíci	dvou / třech / čtyřech tisících	pěti tisíci	knihách
7.	jedním tisícem	dvěma / třemi / čtyřmi tisíci	pěti tisíci	knihami

7. Die Zahlwörter *milion, bilion* werden nach dem Muster *hrad* dekliniert. Das Zahlwort *miliarda* wird nach dem Muster *žena* dekliniert. Beispiele: tři miliony, pět bilionů, deset miliard, bez tří milionů, o pěti bilionech, s deseti miliardami.

ÜBUNGEN

■ **1.** *Üben Sie die Aussprache. Wiederholen Sie das Wort oder die Wortverbindung.*

2-23

počasí – , dubnové počasí – , prší – , bude pršet – , deštník – , slunce – , svítí slunce – , zavři okno – , otevři dveře – , mrzne – , bude mrznout – , přeháňka – , bouřka – , hřmí – .

■ **2.** *Beantworten Sie die Fragen auf Tschechisch.*

1. Jaké počasí bylo v 7,30 hodin? 2. Co si chce Zuzka s sebou brát? Proč? 3. Byla předpověď počasí na odpoledne dobrá? 4. Jak bylo v 15 hodin? 5. Jak je dnes venku? 6. Obloha je zatažená – bude pršet? 7. Jaké počasí je v listopadu? A v lednu? A v červenci? 8. Jaké počasí máte raději, v létě, nebo v zimě? 9. Máte rád / ráda déšť? A sníh? A vedro? Proč?

■ **3.** *Sagen Sie, wie das Wetter ist. Das richtige Wort wählen Sie aus dem gegebenen Verzeichnis aus.*

Verzeichnis: chladno, teplo, vedro, zima, mráz (= r Frost), horko, dusno (= schwül), sychravo (= nasskalt).

MUSTER: Venku je 25 stupňů. – Venku je teplo.

1. Venku je 25 stupňů. – 2. Venku je minus 15 stupňů. – 3. Fouká chladný vítr, prší a teploměr ukazuje jen 1 stupeň nad nulou. – 4. Dnes je venku 35 stupňů. – 5. Venku je 29 stupňů, vítr se ani nepohne, asi přijde bouřka. – 6. Svítí slunce, je už 27 stupňů. – 7. Venku je 5 stupňů pod nulou, vezmi si šálu. – 8. Fouká severní vítr a je jen 5 stupňů nad nulou. –

LEKTION 9

■ **4.** *Bilden Sie die Replik, in der Sie sagen, wie das Wetter bestimmt (= určitě) wird. Das Stichwort ist in Klammern angeführt.*

MUSTER: Obloha je zatažená. (pršet) – Určitě bude pršet.

1. Obloha je zatažená. (pršet) – 2. Blýská se a hřmí. (bouřka) – 3. Teploměr je na nule a obloha je jasná. (mráz / mrznout). – 4. Od rána je tropické vedro. (krupobití) – 5. Je po dešti a znovu vysvitlo slunce. (duha) – 6. Obloha je celá bílá. (sněžit / padat sníh) –

■ **5.** *Bilden Sie eine zustimmende Replik.*

MUSTER: Přestalo pršet. – Máte pravdu, už je **po dešti**.

1. Přestalo pršet. – 2. Přestalo hřmít a blýskat se. – 3. Sníh už roztál (= tauen). – 4. Mrznout už nebude. – 5. Ráno je už chladno, brzy přijde podzim. – 6. Zima je pryč. –

■ **6.** *Sagen Sie das Wetter vorher. Ergänzen Sie das richtige Wort.*

MUSTER: Vezmi si deštník, bude – . Vezmi si deštník, bude pršet.

1. Vezmi si deštník, bude – . 2. Neberte si kabát, bude – . 3. Vezměte si šálu, bude – . 4. Nechoďte teď ven, blýská se, bude – . 5. Vezmi si kozačky, bude – . 6. Do Afriky si svetry neberte, tam bude – . 7. Na Island si vezmi kabát, tam bude – .

■ **7.** *Sagen Sie, was für Wetter für Frühling, Sommer, Herbst, Winter typisch ist.*

BEISPIEL: Na jaře je hezky, teplo, svítí slunce, někdy prší usw.

1. Na jaře je – . 2. V létě bylo – . 3. Na podzim je obvykle – . 4. V zimě bude – .

■ **8.** *Arbeiten Sie zu zweit. A bildet die erste Replik um, B reagiert.*

MUSTER: Včera mrzlo. – A: I (auch) dneska mrzne.
                        B: Co myslíš, bude i zítra mrznout?

1. Včera mrzlo. – 2. Včera sněžilo. – 3. Včera pršelo. – 4. Včera foukal vítr. – 5. Včera bylo zataženo. – 6. Včera bylo vedro. – 7. Včera byla mlha. –

■ **9.** *Die angegebenen Sätze sind mit der Zukunft verbunden. Gebrauchen Sie die richtige Futurform, wählen Sie zwischen dem imperfektiven und dem perfektiven Verb.*

1. hrát – zahrát (= spielen, aufspielen)
   a) Ladislav pojede do Španělska, celou sezónu – za Real Madrid.
   b) Líbila se vám ta píseň? Já vám ji – ještě jednou, chcete?
2. psát – napsat (= schreiben, aufschreiben)
   a) Až přijedu do Stuttgartu, hned vám – .
   b) Doufáme, Tomáši, že nám – často a pravidelně.
3. dělat – udělat (= machen, aufmachen)
   a) Budeš ve Francii celý rok? A co tam –? Studovat?
   b) Až – zkoušky, vrátím se domů.
4. překládat – přeložit (= übersetzen)
   a) Moniko, jak dlouho ještě – ten text?
   b) Ukaž, já ti ho – hned.
5. dívat se – podívat se (= schauen, anschauen)
   a) Počkej, já se hned – , co bude dneska v televizi.
   b) Ty se zase celý večer – na televizi?
6. stěhovat se – přestěhovat se (= umziehen)
   a) Bratr se zítra – do Ostravy.
   b) Až se tam – , budeme bydlet blízko sebe.

■ **10.** *Formen Sie den Befehl in ein Verbot um und umgekehrt.*

Aspektpaare: vrátit – vracet, zavřít – zavírat, dát – dávat, prodat – prodávat, vzít – brát, napsat – psát, koupit – kupovat, jít – chodit, počkat – čekat, zavolat – volat.

BEISPIEL: Vrať mu tu knihu zítra. – Nevracej mu tu knihu zítra.

1. Vrať mu tu knihu zítra. – 2. Nezavírejte, prosím vás, okno. – 3. Dej jim ty noviny. – 4. Prodejte to auto. – 5. Vezměte si deštník. – 6. Nepišme jim o tom. – 7. Nekupujte si tu kazetu. – 8. Jdi na ten film. – 9. Počkejte na nás. – 10. Večer mi nevolej. –

■ **11**. *Wiederholen Sie und dann lesen Sie die Zahlwörter vor.*
5, 15, 50, 55, 18, 80, 82, 816, 1 989, 30, 13, 45, 999, 1 999, 250 000, 257, 77, 128, 12, 11, 110, 414, 1 449, 736, 90, 19, 9 163

LEKTION 9

■ **12.** *Der Lehrer diktiert, schreiben Sie bitte die Ziffern auf, dann lesen Sie sie laut vor.*

84, 118, 841, 223, 322, 451, 715, 611, 1 116, 14 000, 40 000, 505, 515, 550, 771, 717, 777, 945, 954, 666, 2 800, 9 490, 3 000 000

■ **13.** *Gebrauchen Sie die in Klammern stehenden Zahlwörter in der richtigen Form. Wiederholen Sie jedesmal den ganzen Satz.*

1. Slyšel jsem to už od (2, 3, 4) kolegů. 2. Stalo se to před (2, 3, 4, 10) dny. 3. Šéf se vrátí za (2, 3, 4) dny. 4. Kvůli (3, 4, 6) chybám v diktátu jsem dostala pětku. 5. To je jisté (= sicher) ne na (100), ale na (200) procent. 6. Dcera se vdala ve (24) letech, syn se oženil až v (36). A já jsem se vdala už v (19) letech. 7. Po (2, 3, 18, 25) letech v Americe se Petr vrátil do Prahy. 8. Přijela k matce se (2, 3, 5) dětmi. 9. Děti chodí do školy od (6) let. 10. Supermarket je otevřený od (6, 7, 8) do (19, 21, 22) hodin. 11. Ceny automobilů jsou mezi (250, 180, 320) až (450, 380, 690) tisíci. 12. Boty stály (685, 939, 1 890) korun.

■ **14.** *Übersetzen Sie.*

1. Heute war es kalt. 2. Der Regen ist vorbei. 3. Bald schreibe ich dir einen langen Brief. 4. Darüber werde ich jetzt nicht sprechen. 5. Jeden Freitag geht sie ins Café, heute geht sie auch. 6. Kommen Sie her! 7. Eva kommt bald zurück. 8. Seit September wird Lars in Prag arbeiten. 9. Wo wird er dort wohnen? 10. Gib es mir bitte. 11. Geben Sie es ihm nicht! 12. Im Sommer haben wir hier schönes Wetter. 13. Wirst du am Sonntag wieder so lange schlafen? 14. Im Herbst geht unser Sohn in die Schule. 15. Bald fahren wir nach London. 16. Von zwölf bis vierzehn haben wir frei.

15. *Hören Sie sich das tschechische Volkslied Sil jsem proso an und lernen Sie es.*

Sil jsem proso

sít / síti säen, *proso* e Hirse

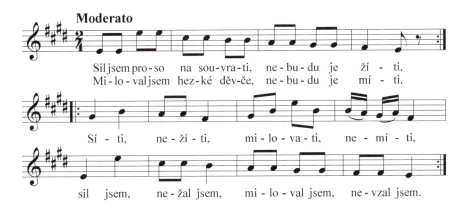

Sil jsem proso na souvrati
nebudu je žíti.
Miloval jsem hezké děvče,
nebudu je míti.
Síti – nežíti,
milovati – nemíti,
sil jsem – nežal jsem,
miloval jsem – nevzal jsem

souvrať e Pflugwende
žít / žíti ernten
milovat lieben, *děvče* s Mädchen

LEKTION 10

KONÍČKY

Máme doma želvu

(Osoby: A – 1. muž, B – 2. muž, C – babička)

A Máte překrásnou zahradu. A těch květin[1]!
B To je koníček mé ženy.
  Všechen svůj volný čas tráví na zahradě.
A A kdo jí tu pomáhá?
B Nikdo. Děti mají jiné zájmy.
A A ty?
B Proč já? Víš, já hrozně rád sportuju. V létě hraju denně tenis a v zimě jezdím každý víkend na hory lyžovat.

A A kdo se stará o dům?
B O dům? Dědeček. On je nadšený domácí kutil, umí opravit úplně všechno. A babička zase sbírá exotické recepty, ale vaří podle staročeské kuchyně. *(Smích)*

C Mluví se tu o mně? Já že ráda vařím? To není pravda. Často se mi do vaření vůbec nechce. Jsem vášnivá čtenářka a taky moc ráda fotografuju a natáčím video. Taky ráda hraju šachy, jenže nemám s kým. Děti jsou pořád pryč.

B Ale, babi, dneska mají mladí lidé jiná hobby. Víš, náš Tomáš je nadšený muzikant – to má po ženě. Táňa totiž už třicet let zpívá ve sboru. Tomáš hraje v jedné skupině na trubku[2], ale umí hrát i na housle[2] a na basu[2], je skutečně hudební talent. Jen škola ho moc nebaví.

HOBBYS

Wir haben eine Schildkröte zu Hause

(Personen: A – 1. Mann, B – 2. Mann, C – Oma)

A Ihr habt einen wunderschönen Garten. So viele Blumen!
B Das ist das Hobby von meiner Frau. Ihre ganze Freizeit verbringt sie im Garten.
A Und wer hilft ihr dabei?
B Niemand. Die Kinder haben andere Interessen.
A Und du?
B Warum ich? Weißt du, ich treibe schrecklich gern Sport. Im Sommer spiele ich täglich Tennis und im Winter fahre ich jedes Wochenende ins Gebirge zum Skilaufen.
A Und wer kümmert sich um das Haus?
B Um das Haus? Unser Opa, er ist ein passionierter Bastler. Er kann total alles reparieren. Und Oma sammelt exotische Rezepte, kocht aber nach der altböhmischen Küche. *(Lachen)*

C Wird da von mir gesprochen? Ich – und gern kochen? Das ist nicht wahr. Oft habe ich gar keine Lust zu kochen. Ich bin eine leidenschaftliche Leserin, außerdem fotografiere ich sehr gern, mache Videoaufnahmen und spiele Schach. Nur mit wem soll ich spielen? Die Kinder sind immer weg.

B Aber Oma, junge Menschen haben heute andere Hobbys. Weißt du, unser Thomas ist ein begeisterter Musiker – das hat er von meiner Frau geerbt. Tanja singt nämlich seit dreißig Jahren in einem Chor. Thomas spielt in einer Musikgruppe Trompete, er kann aber auch Geige und Kontrabass spielen. Er ist wirklich ein musikalisches Talent. Nur die Schule bereitet ihm keinen großen Spaß.

LEKTION 10

A A co Lenka? Taky ji přitahuje hudba?

C Ne. Lenka se zajímá jen o zvířata[3]. Máme dva psy, Lenka je chodí denně cvičit. A ještě má rybičky, andulky a dokonce i želvu!

B A teď chce Lenka ještě koně! To ale nepřichází v úvahu. Proboha, kam s koněm? Když chce, ať chodí jezdit do oddílu.

A Moje starší dcera je zase nadaná na keramiku. Dokonce jsme jí pořídili pec. Nejraději dělá figurky zvířat. Po celém bytě u nás stojí barevní psi, červené kočky, sloni, tygři, žirafy. A na lustru dokonce visí dvě modré opice. *(Smích)*

B Keramika je krásná a užitečná záliba. A chce dcera jít na uměleckoprůmyslovou školu?
A To nevím. Láká ji medicína.
B Medicína je těžké a dlouhé studium a potom náročné povolání. Na koníčky pak nezbývá čas.
A No právě. Nejlepší je, když člověk má takové povolání, které je zároveň koníčkem.
C To máte pravdu. Ale něco takového se nestává často.
A Ach jo, máme my ale problémy a starosti se svými geniálními dětmi[4]! *(Smích)*

WORTSCHATZ

barevný	farbig, bunt
basa *f.*	r Kontrabass
bavit *ip.*	Spaß bereiten
čtenářka *f.*	e Leserin
dokonce par.	sogar
• **dopis** *m.*	r Brief
• **hobby** *n.*	s Hobby
housle *pl. f.*	e Geige
hrát, hraju/-ji	spielen
hudba *f.*	e Musik
• **hudebník** *m.*	r Musiker
keramika *f.*	e Keramik, e Keramikarbeit
• **knedlík** *m.*	r Knödel
koníček, -čka *m.*	s Hobby

A Und wie ist es mit Lenka? Fühlt sie sich auch von der Musik angezogen?
C Nein. Sie interessiert sich nur für die Tiere. Wir haben zwei Hunde, Lenka geht sie täglich abrichten. Außerdem hat sie auch Fische, Wellensittiche und sogar auch eine Schildkröte.
B Und jetzt möchte sie noch ein Pferd! So was kommt aber nicht in Betracht. Mein lieber Gott, wohin denn mit einem Pferd? Wenn sie will, kann sie auf einem Reiterhof reiten.
A Meine ältere Tochter hat Talent für Keramikarbeiten. Wir haben ihr sogar einen Brennofen angeschafft. Am liebsten macht sie Tierfiguren. In der ganzen Wohnung stehen bei uns bunte Hunde, rote Katzen, Elefanten, Tiger und Giraffen. Und auf dem Kronleuchter schweben zwei blaue Affen. *(Lachen)*.
C Die Keramik ist eine schöne und nützliche Vorliebe. Hat Ihre Tochter vor, die Kunstgewerbeschule zu besuchen?
A Das weiß ich nicht. Sie fühlt sich von der Medizin angezogen.
B Das Medizinstudium ist schwer und lang und Mediziner ein anspruchsvoller Beruf. Für Hobbys bleibt dann keine Zeit übrig.
A Na eben. Das Beste ist, wenn man einen solchen Beruf hat, der zugleich auch Hobby ist.
C Da haben Sie Recht. Aber so etwas kommt nicht zu oft vor.
A Ach ja, haben wir aber Probleme und Sorgen mit unseren genialen Kindern! *(Lachen)*

• **krást**, kradu, kradl *ip.*	stehlen	• **medvěd** *m.*	r Bär
• **kuře**, -řete *n.*	s Küken, s Hühnchen	**nadaný**	begabt
		nadšený	passioniert, begeistert
kutil *m.*	r Bastler	**náročný**	anspruchsvoll
• **kutilství** n	e Bastelarbeit	**natáčet** *ip.*	drehen
květina *f.*	e Blume	**n. video**	Videoaufnahmen machen
lákat *ip.*	anziehen		
• **láska** *f.*	e Liebe	• **novinář** *m.*	r Journalist
• **lev**, lva *m.*	r Löwe	• **obchodník** *m.*	r Geschäftsmann, r Kaufmann
lustr *m.*	r Kronleuchter		

LEKTION 10

	sbírat *ip.*	sammeln
	• sbírka *f.*	e Sammlung
	sbor *m.*	r Chor
	skupina *f.*	e Gruppe
	slon *m.*	r Elefant
	starat se o + Akk. *ip.*	sich kümmern
	starost *f.*	e Sorge
	stávat se *ip.*	vorkommen
	trubka *f.*	e Trompete
	tygr *m.*	r Tiger
	umělecko- průmyslový	Kunstgewerbe-
	úplně *adv.*	völlig, ganz, total
	úvaha *f.*	r Betracht
	přicházet v úvahu	in Betracht kommen
• obraz *m.*	s Bild	užitečný	nützlich
oddíl *m.*	e Gemeinschaft	vášnivý	leidenschaftlich
jezdecký o.	r Reiterhof	• vrah *m.*	r Mörder
opatřit *pf.*	anschaffen	všechen,	all, ganz
opice *f.*	r Affe	všechna,	(im Attribut)
pec, -e *f.*	r Brennofen	všechno *pnm.*	
pomáhat *ip.*	helfen	záliba *f.*	e Vorliebe
povolání *n.*	r Beruf	zároveň *adv.*	zugleich
• Pražan *m.*	r Prager	zbývat *ip.*	übrig bleiben
pryč *adv.*	weg	zpívat *ip.*	singen
překrásný	wunderschön	želva *f.*	e Schildkröte
přitahovat *ip.*	anziehen, locken	žirafa *f.*	e Giraffe
• řeka *f.*	r Fluss		

ERLÄUTERUNGEN ZUM TEXT

1. Emphatische Sätze, die Staunen über eine große Menge ausdrücken, haben das Satzmodell **ten** + **Substantiv** im **G. Sg. / Pl.** Beispiele: Těch květin! (= So viele Blumen!) Těch lidí! (So viele Menschen!) Toho hluku! (= So viel Lärm!) In der lautlichen Realisierung haben sie die Intonation des Ausrufs.

2. Ein Musikinstrument spielen = hrát **na** + **Akk**., z. B.: Hrát na trubku, hrát na housle, hrát na klavír. **Aber:** Děti **si** hrají na zahradě. (= Die Kinder spielen im Garten.)

3. Die Substantive, die junge Tiere benennen und auch **zvíře** (= s Tier), **děvče** (= s Mädchen), in Sg. auch **dítě** – s Kind), gehören zum sächlichen Geschlecht (z. B.: **tele** = s Kalb, **kuře** = s Küken / s Hähnchen, **štěně** = s Hündchen) und werden nach dem Muster **kotě** (= s Kätzchen) dekliniert.

Sg. 1. kotě dítě Pl. koť**ata** (wie *slova*)
  2. kotě**te** dítě**te**   koť**at**
  3. kotě**ti** dítě**ti**   koťat**ům**
  4. = 1. = 1.   = 1.
  5. = 1. = 1.   = 1.
  6. kotě**ti** dítě**ti**   koťat**ech**
  7. kotě**tem** dítě**tem** koťat**y**

4. Plural von **člověk** = **lidé** / **lidi**, von **dítě** = **děti**. Beide Substantive werden im Pl. nach dem weiblichen Muster *kost* dekliniert:
1. lid**é** / lid**i** děti
2. lid**í**   dět**í**
3. lid**em**   dět**em**
4. lidi   = 1.
5. = 1.   = 1.
6. lid**ech** dět**ech**
7. lid**mi**   dět**mi**

LEKTION 10

GRAMMATIK

SUBSTANTIVE
DER NOMINATIV PL.

		Nom. Sg.	
To jsou (Das sind)	bel.		MASKULINA
	pán-**i**/pán-**ové**	auf Kons. hart	
	muž-**i**/muž-**ové**	auf Kons. weich	
	unb.		
	hrad-**y**	auf Kons. hart	
	stroj-**e**	auf Kons. weich	

		Nom. Sg.	
To jsou (Das sind)	žen-**y**	auf -a	FEMININA
	růž-**e**	auf -e	
	kost-**i**	auf Kons. hart	
	písn-**ě**, věž-**e**	auf Kons. weich	

		Nom. Sg.	
To jsou (Das sind)	slov-**a**	auf -o	NEUTRA
	pol-**e**	auf -e	
	nádraž-**í**	auf -í	

ANMERKUNGEN

Alle Anmerkungen betreffen nur **harte belebte Maskulina.**

1) Bei denen, die auf **k, h, ch, r** auslauten, wird vor der Endung **-i** der Stammkonsonant verändert. Die Veränderung ist die gleiche wie vor der Endung **-e, -ě** (in D. und L. Sg. F., siehe L. 7, S. 116).
   k > c: kluk (= Bub) – kluci
   h > z: vrah (= Mörder) – vrazi

ch > š: Čech – Češi
r > ř: autor – autoři

2) Soll das Wort auf **d, t, n** auslauten, so werden diese Konsonanten weich ausgesprochen. Also:
  d – [**ď**]: kamarád – kamarádi
  t – [**ť**]: student – studenti
  n – [**ň**]: pán – páni

3) Bei allen anderen Stammkonsonanten gibt es keine Veränderungen.

4) Die meisten einsilbigen Nationalitätsnamen, so wie auch viele nicht-heimische Berufsnamen fügen die Endung **-ové** an, z. B.: Rus – Rusové, Nor – Norové, Fin – Finové, Dán – Dánové, Švéd – Švédové, (auch Ital – Italové), ekonom – ekonomové, chirurg – chirurgové, filozof – filozofové, psycholog – psychologové. Auch pán – pánové, besonders in der offiziellen Anrede „dámy a pánové!" Auch král – králové, car (= r Zar) – carové, princ – princové. Aber : Čech – Češi!

5) Weiche belebte Maskulina auf **-tel** (z. B. učitel) haben im Nom. Pl. die Endung -**é**: učitelé, spisovatelé (= e Schriftsteller).

6) Harte belebte Maskulina auf **-an** (z. B. občan = r Bürger, Pražan = r Prager) haben im Nom. Pl. die Endung -**é**: občané, Pražané.

DER AKKUSATIV PL.

			Nom. Sg.	
	bel.			
	pán-**y**		auf Kons. hart	
	muž-**e**		auf Kons. weich	MASKULINA
Vidím (= ich sehe)		unb.		
		hrad-**y** (= Nom. pl.)	auf Kons. hart	
		stroj-**e** (= Nom. pl.)	auf Kons. weich	

LEKTION 10

		Nom. Sg.	
Vidím (= ich sehe)	žen-**y** (= Nom. Pl.)	auf -a	FEMININA
	růž-**e** (= Nom. Pl.)	auf -e	
Slyším (= ich höre)	kost-**i** (= Nom. Pl.)	auf Kons. hart	
	písn-**ě**, věž-**e** (= Nom. Pl.)	auf Kons. weich	

		Nom. Sg.	
Vidím (= ich sehe)	slov-**a** (= Nom. Pl.)	auf -o	NEUTRA
	pol-**e** (= Nom. Pl.)	auf -e	
Slyším (= ich höre)	nádraž-**í** (= Nom. Pl.)	auf -í	

Bei allen Feminina und Neutra **gleicht** der **Akk. Pl.** dem **Nom. Pl.**

Bei den Maskulina gibt es keinen Unterschied zwischen den belebten und unbelebten. Es bleibt nur der Unterschied zwischen den harten und weichen Maskulina.

ÜBUNGEN

■ **1.** *Üben Sie die Aussprache. Wiederholen Sie das Wort oder die Wortverbindung.*

zahrada – , překrásná zahrada – , koníček – , koníček mé ženy – , nadšený – , hrozně rád – , jiné zájmy – , housle – , hraje na housle – , vášnivá čtenářka – , nejraději dělá – , těžké studium – , rybičky a želva – .

■ **2.** *Aus den gegebenen Wörtern bilden Sie einen Satz. (Wiederholen Sie das Thema „Possessivadjektiv", L. 7, S. 112, Er. 2.)*

MUSTER: Zahrada – žena – koníček. – Zahrada je ženin koníček.

1. Zahrada – žena – koníček. – 2. Kutilství – dědeček – hobby. – 3. Sport – bratr – záliba. 4. Hudba – syn – zájem. 5. Tenis – muž – koníček. 6. Pes – Milan – láska. 7. Keramika – Jana – záliba.

■ **3.** *Beantworten Sie die Frage verneinend.*

MUSTER: Lyžuješ? – Ne, nelyžuju, lyže mě nebaví.

1. Lyžuješ? – 2. Chodíš na tenis? – 3. Hraješ na kytaru? – 4. Hraješ fotbal? – 5. Studuješ angličtinu? – 6. Sbíráš známky? – 7. Sportuješ? – 9. Hraješ bridž? –

■ **4.** *Bilden Sie den Plural der Wortverbindungen. Anstatt* **jeden, jedna** *(ein, eine) benutzen Sie* **všichni** *(M. bel.),* **všechny** *(M. unb. + F.),* **všechna** *(N.). (Wiederholen Sie das Thema Kongruenz der Adjektive und Pronomen mit den Substantiven, L. 6, S. 91–8.)*

Muster: kamarád – kamarádi
         můj kamarád – moji kamarádi
         jeden můj kamarád – všichni moji kamarádi
         jeden můj dobrý kamarád – všichni moji dobří kamarádi

1. Kamarád – , můj kamarád – , jeden můj kamarád – , jeden můj dobrý kamarád – . 2. Hrad – , náš hrad – , jeden náš hrad – , jeden náš starý hrad – . 3. Kavárna – , jedna kavárna – , jedna vaše kavárna – , jedna vaše vídeňská kavárna – . 4. Dopis – , tvůj dopis – , jeden tvůj dopis – , jeden tvůj starý dopis – . 5. Obchodník – , váš obchodník – , jeden váš obchodník – , jeden váš mladý obchodník – . 6. Řeka – , ruská řeka – , jedna velká ruská řeka – . 7. Město – , jedno město – , jedno německé město – , jedno známé německé město – .

Versuchen Sie nach Lust und Laune, die jeweils letzte Wortverbindung in einen Satz einzusetzen.

■ **5.** *Nach den Zahlwörtern* **dva / dvě, oba / obě, tři, čtyři** *steht der* **Nom. Pl.** *Beantworten Sie die Frage verneinend. In der Antwort gebrauchen Sie das in Klammern stehende Zahlwort.*

MUSTER: Přijel jen jeden Rus? (2) – Ne, přijeli dva Rusové.

1. Přijel jen jeden Rus? (2) – 2. Byl tam jen jeden Švéd? (4) – 3. Přišel jen jeden Nor? (3) – 4. Studoval s vámi jen jeden Dán? (2) – 5. Pracoval u vás jen jeden Fin? (3) – 6. Referát na konferenci měl jen jeden ekonom? (4) – 7. Pracoval s vámi jen jeden psycholog? (2) – 8. Přiletěl jen jeden Ital? (4) – 9. Čekal na vás jen jeden pán? (2) –

LEKTION 10

■ **6.** *Wiederholen Sie das Thema „Kongruenz des Prädikats in der Vergangenheit", (siehe L. 8, S. 127). Setzen Sie folgende Sätze in den Plural. Dann machen Sie diese Aufgabe schriftlich.*

MUSTER: Ten muž byl starý. – Ti muži byli staří.

1. Ten muž byl starý. – 2. Ten hotel byl starý. – 3. Ta žena byla stará. – 4. To auto bylo staré. – 5. Ta ulice byla tichá. – 6. Ten autor byl u nás známý. – 7. Ten Nor byl dobrý lyžař. – 8. Ten Ital byl dobrý režisér. – 9. Ten film byl dobrý. – 10. Tvůj dopis nebyl dlouhý. – 11. Ta dívka byla velmi hezká. – 12. Ten jeho obraz nebyl zajímavý. – 13. To kotě bylo ještě malé. 14. To děvče bylo příliš mladé.

■ **7.** *Formen Sie folgende Sätze um.*

MUSTER: Přijdou ještě dva klienti. – Čekám tu ještě na dva klienty.

1. Přijdou ještě dva klienti. – 2. Přijedou ještě dva Slováci. – 3. Přiletí ještě dva Američani a tři Japonci. – 4. Mají přijít ještě dva novináři. – 5. Za chvíli tu budou ještě dvě Polky a dva Češi. – 6. Přiletí ještě dva Švédové a tři Číňani. – 7. Přijedou ještě čtyři Němci a dva Švýcaři. –

■ **8.** *Setzen Sie folgende Sätze in den Plural, zuerst mündlich, dann schriftlich.*

MUSTER: Řidič stál u auta a kouřil. – Řidiči stáli u auta a kouřili.

1. Řidič stál u auta a kouřil. – 2. Byl tam i náš kluk. – 3. Čekali jsme tam na známého kluka. – 4. Dítě má rybičku, ptáka, želvu a teď chce koně. – 5. Malé děvče stále dělá z keramiky nějaké zvíře: psa, kočku, opici, slona, tygra nebo žirafu. – 6. Jeho film byl známý. – 7. Sklenice se rozbila. – 8. Ten člověk má hezký koníček. – 9. Chlapec cvičil (= abrichten) psa. – 10. Investice nebyla malá. –

■ **9.** *Formen Sie folgende Sätze in das Satzmodell* **Inf. + Akk.** *um.*

a) MUSTER: Ptáci zpívali. – **Slyšeli jsme** zpívat ptáky.

1. Ptáci zpívali. – 2. Hudebníci hráli. – 3. Dva muži mluvili. – 4. Nějaké ženy volaly o pomoc. – 5. Politici o tom diskutovali. –

b) MUSTER: Dva kluci tam kouřili. – **Viděl jsem** tam kouřit dva kluky.

1. Dva kluci tam kouřili. – 2. Tři vojáci tam běželi. – 3. Čtyři Italové tady pracovali. – 4. Dva muži tam kradli auto. – 5. Tři Angličani seděli u stolu. – 6. Dva Slováci hráli fotbal. – 7. Tři Rusové tam pomáhali. –

■ **10.** *Beantworten Sie die Frage verneinend. In der Antwort steht der Plural!*

MUSTER: Chcete koláč? – Ne, děkuju, já koláče nerad.

1. Chcete koláč? – 2. Chcete kuře? – 3. Chceš jogurt? – 4. Chceš bonbon? – 5. Chceš knedlík? – 6. Chcete rybu? – 7. Chcete dort? –

■ **11.** *Übersetzen Sie.*

1. Martin fährt gern Schi und spielt Tennis. 2. Paula interessiert sich für Musik, sie spielt gut Geige. 3. Heute hat meine Frau keine Lust zu kochen. 4. Die Kinder sind immer weg. 5. Für Hobbys bleibt mir keine Zeit übrig. 6. Mein Beruf ist sehr anspruchsvoll. 7. Alle meine Bekannten treiben Sport. 8. In unserer Firma arbeiten als Psychologen zwei Schweden. 9. Seine Eltern waren noch nicht alt. 10. Ich warte auf zwei Amerikaner. 11. Die Musiker haben wir dort nicht gesehen. 12. Es waren dort drei Schweizer. 13. Hörtest du die Hunde? 14. Ich mag Fische nicht. 15. In unserem Zoo leben Tiger, Bären, Löwen und Affen. 16. Die Kinder wollen Giraffen und Affen beobachten. 17. Spielen Sie Klavier? 18. Seit dreißig Jahren singt sie in einem Chor. 19. Die Kinder lieben die Kätzchen und die Hündchen. 20. Von den Tieren kann man viel lernen. 21. So viele Menschen!

12. *Beantworten Sie die Fragen auf Tschechisch.*

1. Máte nějakého koníčka? Jakého? 2. Sbíral jste někdy něco? Jak velká byla vaše sbírka? 3. Co děláte ve svém volném čase nejraději? 4. Má váš kamarád, vaše kamarádka, váš otec, váš kolega nějakou zálibu? Vyprávějte o tom. 5. Říká se, že muži mají často nějaké hobby, ale ženy ne. Je to pravda? Proč? 6. Máte nějaká domácí zvířata? Jaká? 7. Co si myslíte o lidech, kteří nemají žádného koníčka? 8. Kdo je ve vaší rodině domácí kutil?

LEKTION 11
ČLOVĚK A JEHO VLASTNOSTI

Co tomu říká horoskop?

(Osoby: A – Aneta, B – Blanka)

A Blanko, podej mi, prosím tě, časopis Hvězdy a život, je pod televizorem.
B Pořád ještě čteš horoskopy, Aneto?
   Ty jsi ale pověrčivá!
A Proč pověrčivá? Jsem jenom zvědavá. Ráda bych totiž změnila místo a nejsem schopna se rozhodnout. Počkej, tady je to – Lev. Poslouchej: „Buďte opatrní při svém rozhodování, jinak se zklamete."
   Tak vidíš, to není tak špatná rada.
B Ukaž, chci se taky podívat, co radí hvězdy mně.
A Tumáš[1]. Ty ale přece nemáš žádné předsudky, ne?
   Možná, že jsi jen zbabělá a máš strach číst něco nepříjemného.
B No poslyš, to je zajímavé!
   „Podniknete kratší cestu do zahraničí s milovanou osobou."
   To souhlasí. Skutečně chci jet s Milanem na pět dnů do Francie. Zamilovaný je ale on, ne já.

A Ty nejedeš s Frantou[2]?
   To je mi novinka!
B Víš, Franta se ukázal jako sobec.
   Říká, že prý může jet na dovolenou až příští měsíc.
   Má přísného šéfa a jak víš, Franta není energický, je až moc poslušný.
   A mně se to příští měsíc nehodí, takže jedu s Milanem.
A A co tomu říká Franta?
B Samozřejmě je na mě rozzlobený. Nevěděla jsem, že je tak žárlivý.

DER MENSCH UND SEINE EIGENSCHAFTEN

Was sagt das Horoskop dazu?
(Personen: A – Anetta, B – Blanka)

A Blanka, reich mir bitte die Zeitschrift „Sterne und Leben", sie liegt unter dem Fernseher.
B Du liest immer noch Horoskope, Anetta?
Bist du aber abergläubisch.
A Warum abergläubisch? Ich bin nur neugierig. Ich möchte nämlich die Stelle wechseln und bin nicht im Stande mich zu entscheiden. Warte mal, hier ist es. Löwe. Hör mal: „Seien Sie vorsichtig in Ihrer Entscheidung, sonst sind Sie enttäuscht."
Na siehst du, das ist doch kein schlechter Rat.
B Zeig mal, ich sehe mir an, was mir die Sterne raten.
A Da hast du sie. Aber du hast doch keine Vorurteile, oder?
Kann es sein, dass du nur feige bist und Angst hast, etwas Unangenehmes zu lesen?
B Na hör mal, das ist ja interessant.
„Sie unternehmen eine kurze Auslandsreise mit einer geliebten Person." Das stimmt. Ich möchte wirklich für fünf Tage mit Milan nach Frankreich verreisen. Nur verliebt ist er, nicht ich.
A Du fährst nicht mit Franzl?
Das ist für mich eine Neuigkeit.
B Weißt du, Franzl hat sich als Egoist erwiesen.
Er sagt, er kann Urlaub erst im kommenden Monat nehmen. Er hat einen strengen Chef und wie du weißt, ist Franzl nicht energisch, er ist zu gehorsam.
Der nächste Monat passt mir nicht. So fahre ich also mit Milan.
A Und was sagt Franzl dazu?
B Natürlich ist er böse. Ich habe nicht gewusst, dass er so eifersüchtig ist.

LEKTION 11

Ale já jsem přece svobodná a samostatná zaměstnaná žena a můžu si dělat, co chci.
Ať si Franta myslí[3], že je mi lhostejný.

A Nevím, jestli[4] děláš dobře. Franta je sice tichý a až moc skromný, ale jinak se mi zdá charakterní, spolehlivý, pilný, chytrý a slušný.

B No, hloupý Franta není. A jaká se ti zdám já?

A Ty jsi vždycky byla lehkomyslná a trochu líná a rozmazlená. Kdo ví, jestli[4] se k sobě vůbec hodíte. A co je dál v tom tvém horoskopu?

B Počkej. „Tato osoba se však ukáže jako vypočítavá."
To je lež!
Vždyť říkám, že horoskopy jsou nesmysl. Milan je veselý, hodný a upřímný člověk, pokud vím.

A Vždyť ho znáš jen málo. Mimochodem, proč jsi mi ho ještě nepředstavila?
Není to ten velký opálený modrooký muž, se kterým jsem tě viděla v bistru Korso?

B Myslíš toho blonďáka s bradkou? Ne, to byl Ludvík. Někdy vypadá domýšlivě, ale to je proto, že ví, jak je hezký a přitažlivý. Je ale hodně lakomý, představ si, že tenkrát nezaplatil moje kafe. A to není žádný student, ale policista[2].

A A proč by měl platit za nezávislou ženu?

B Ty jsi ale drzá! A k tomu ještě závistivá a zlomyslná. A tomu se říká nejlepší kamarádka! Tady máš ten svůj hloupý plátek. Jdu domů. A už mi nevolej.

WORTSCHATZ

domýšlivě *adv.*	eingebildet	**lakomý**	geizig
drzý	frech	**lehkomyslný**	leichtsinnig
hodit se k sobě *ip.*	zusammenpassen	**lež**, lži *f.*	e Lüge
hodný	gut, brav	**lhostejný**	gleichgültig
hvězda *f.*	r Stern	• **malíř** *m.*	r Maler
charakterní	ehrenhaft	**málo** *adv.*	(ein) wenig,
jinak *kon.*	sonst		wenige

Ich bin ja eine ledige und selbstständige berufstätige Frau und kann tun, was ich will.
Franzl soll nur meinen, dass er mir gleichgültig ist.
A Ich weiß nicht, ob du richtig handelst. Franzl ist zwar ein stiller und viel zu bescheidener Mann, aber sonst finde ich ihn ehrenhaft, fleißig, zuverlässig, gescheit und anständig.
B Na, dumm ist Franzl nicht. Und wie findest du mich?
A Du warst immer leichtsinnig und ein bisschen faul und verwöhnt. Wer weiß, ob ihr eigentlich zusammenpasst. Und was steht weiter in deinem Horoskop?
B Warte mal. „Diese Person zeigt sich aber listig und berechnend." Das ist eine Lüge!
Ich sage dir ja, dass die Horoskope ein Unsinn sind. Milan ist ein lustiger, guter und aufrichtiger Mensch, soviel ich weiß.
A Du kennst ihn ja nur wenig. Nebenbei gesagt, warum hast du ihn mir noch nicht vorgestellt?
Ist er nicht der große braungebrannte Mann mit den blauen Augen, mit dem ich dich im Bistro „Korso" gesehen habe?
B Meinst du den Blonden mit dem Spitzbart? Oh nein, das war Ludwig. Manchmal sieht er eingebildet aus, aber das ist nur deshalb, weil er weiß, dass er hübsch und attraktiv ist. Er ist aber zu geizig. Stell dir vor, damals hat er meine Tasse Kaffee nicht bezahlt. Und dabei ist er kein Student, sondern Polizist.
A Und warum sollte er für eine unabhängige Frau zahlen?
B Du bist aber frech. Und dazu noch neidisch und boshaft. Und das nennt sich beste Freundin. Da hast du deine Schundzeitschrift. Ich gehe heim. Und ruf mich nie mehr an.

milovaný	geliebt	• **nos** *m.*	e Nase
mimochodem *adv.*	nebenbei gesagt	**novinka** *f.*	e Neuigkeit
• **mnohem** + Komp.	viel + Komp.	• **odpouštět** *ip.*	verzeihen
		opálený	braungebrannt
nesmysl *m.*	r Unsinn	**osoba** *f.*	e Person
nezávislý	unabhängig	**plátek**, -tku *m.*	e Schundzeit-
než *kon.* (bei Komp.)	als	*umgspr.*	schrift

LEKTION 11

podat *pf.*	reichen	• **štědrý**	freigebig
podniknout *pf.*	unternehmen	• **štíhlý**	schlank
pokud *kon.*	soviel	**takže** *kon.*	so dass
poslouchat *ip.*	hören	**tenkrát** *adv.*	damals
poslušný	gehorsam	• **tlustý**	dick
• **povaha** *f.*	e Natur, s Naturell	**ukázat se** *pf.*	sich erweisen
		upřímný	aufrichtig
pověrčivý	abergläubisch	• **útulný**	gemütlich
představit *pf.*	vorstellen	• **vážný**	ernst
předsudek, -dku *m.*	s Vorurteil	• **veselý**	lustig
		vypočítavý	berechnend
• **příroda** *f.*	e Natur	**zahraničí** *n.*	s Ausland
do přírody	ins Freie	**zaměstnaný**	berufstätig
přísný	streng	**zamilovaný**	verliebt
přitažlivý	attraktiv	• **závidět** *ip.*	beneiden
rada *f.*	r Rat	**závistivý**	neidisch
radit *ip.*	einen Rat geben	**zbabělý**	feige
rozmazlený	verwöhnt	**zdá se mi pilný**	ich finde ihn fleißig
rozzlobený	böse		
samostatný	selbstständig	**zklamat se** *pf.*	enttäuscht sein
sice *par.*	zwar	**zlomyslný**	boshaft
skromný	bescheiden	**změnit** *pf.*	wechseln
slušný	anständig	• **znamení** *n.*	s Zeichen
sobec, -bce *m.*	r Egoist	**znát**, znám, znal *ip.*	kennen
spolehlivý	zuverlässig	**žárlivý**	eifersüchtig

ERLÄUTERUNGEN ZUM TEXT

1. **Tumáš (tumáte)** *umgspr.* = da hast du (da haben Sie, da habt ihr).

2. Ty nejedeš s **Frantou?** Ludvík je **policista.** – Einige Maskulina haben im Nominativ Sg. die Endung **-a**, z. B. Kosenamen wie Franta, Honza (= Hans), Vláďa, Pepa (= Sepp) und auch Gattungsnamen, z. B. **kolega, předseda** (= r Vorsitzende), **přednosta** (= Vorsteher), **starosta** (= Bürgermeister) u. a., ebenso nicht-heimische Maskulina auf **-ista**, z. B.: **policista, žurnalista, turista, pianista, pesimista, optimista** u. a. Im Sg. haben

sie gemischte (d. h. männlich – weibliche) Deklination, im Pl. werden sie nach dem Muster **pán** dekliniert.

Sg. 1. starost**a**   Pl. 1. starost**ové** (auf **-ista**: policist**i**/-st**é**)
    2. starost**y**   2. starost**ů**
    3. starost**ovi**   3. starost**ům**
    4. starost**u**   4. starost**y**
    5. starost**o**!   5. starost**ové**! (policist**i**!/-**é**!)
    6. starost**ovi**   6. starost**ech**
    7. starost**ou**   7. starost**y**

3. Nach dem Verb **myslet** (= glauben, meinen, denken, der Meinung sein) steht im Nebensatz immer das Bindewort **že** (= dass). Z. B.: Myslím, že máš pravdu. (= Ich meine, du hast Recht. / Ich meine, dass du Recht hast.)

4. Die Konjunktion **jestli** kommt in folgenden Nebensätzen vor:
   a) Kdo ví, **jestli** se k sobě hodíte. (*Objektsatz* – Wer weiß, **ob** ihr zusammenpasst.)
   b) **Jestli** (auch **když**) to víš, tak to řekni. (*Bedingungssatz* – **Wenn** du es weißt, so sag das.)

GRAMMATIK

DIE STEIGERUNG DER ADJEKTIVE
1. Der **Komparativ** hat folgende Suffixe, die zum Stamm hinzugefügt werden:
   a) **-ější**, z. B.: hloupější, lakomější, levnější, přísnější. Nach **-l, -z, -s** steht **-ejší**, z. B.: drzejší, veselejší, rychlejší;
   b) **-ší,** bei einigen wenigen Adjektiven, die aber zum Grundwortschatz gehören, z. B.: starší, mladší, bohatší, chudší, čistší. Lautet der Stamm auf **-h, -ch** aus, so verändert sich dieser Mitlaut: drahý – dražší, tichý – tišší.
   Die Laute **-k** und **-ok** im Stamm fallen in einigen Adjektiven weg, (z. B.: těž**k**ý – těžší, krát**k**ý – kratší, šir**ok**ý – širší, hlub**ok**ý – hlubší), in den anderen hat der Komparativ die Endung **-čí**, z. B.: lehký – lehčí, hezký – hezčí.

LEKTION 11

Eine **unregelmäßige** Form haben 6 Adjektive: dobrý – **lepší**, špatný – **horší**, velký – **větší**, malý – **menší**, dlouhý – **delší**, die vergleichende Konjunktion *als* = **než**. Z. B.: Otec je starší než matka. – Der Vater ist älter als die Mutter.

2. Der **Superlativ** = **nej-** + **Komparativ**, z. B.: nejpřísnější, nejrychlejší, nejdražší, nejkratší, nejhezčí, nejlepší, největší, nejmenší, nejdelší.

KOMPARATIVFORMEN DER HÄUFIGSTEN ADJEKTIVE

bohatý	bohat**ší**	reich
čistý	čist**ší**	sauber
dlouhý	del**ší**	lang
dobrý	lep**ší**	gut
drahý	dra**žší**	teuer
drzý	drz**ejší**	frech
hezký	hez**čí**	hübsch
hloupý	hloup**ější**	dumm
hluboký	hlub**ší**	tief
chudý	chud**ší**	arm
chytrý	chytř**ejší**	gescheit
klidný	klidn**ější**	ruhig
krátký	krat**ší**	kurz
lakomý	lakom**ější**	geizig
lehkomyslný	lehkomysln**ější**	leichtsinnig
lehký	leh**čí**	leicht
levný	levn**ější**	billig
líný	lín**ější**	faul
malý	men**ší**	klein
mladý	mlad**ší**	jung
nízký	niž**ší**	niedrig
nový	nov**ější**	neu
opatrný	opatrn**ější**	vorsichtig
ošklivý	oškliv**ější**	hässlich
pilný	piln**ější**	fleißig

pomalý	pomal**ejší**	langsam
příjemný	příjemn**ější**	angenehm
přísný	přísn**ější**	streng
rozmazlený	rozmazlen**ější**	verwöhnt
rychlý	rychl**ejší**	schnell, rasch
skromný	skromn**ější**	bescheiden
slavný	slavn**ější**	berühmt
slušný	slušn**ější**	anständig
spokojený	spokojen**ější**	zufrieden
spolehlivý	spolehliv**ější**	zuverlässig
starý	star**ší**	alt
široký	šir**ší**	breit
špatný	hor**ší**	schlecht
štíhlý	štíhl**ejší**	schlank
teplý	tepl**ejší**	warm
těžký	těž**ší**	schwer
tichý	tiš**ší**	still, leise
tmavý	tmav**ší**	dunkel
upřímný	upřímn**ější**	aufrichtig
úzký	už**ší**	schmal, eng
velký	vět**ší**	groß
veselý	vesel**ejší**	lustig, heiter
vysoký	vyš**ší**	hoch
zajímavý	zajímav**ější**	interessant
zdravý	zdrav**ější**	gesund
zvědavý	zvědav**ější**	neugierig

DIE DEKLINATION
Der Komparativ und der Superlativ werden nach dem weichen Adjektivmuster *(jarní)* dekliniert. (Siehe L. 6, S. 94.)

LEKTION 11

ÜBUNGEN

1. *Üben Sie die Aussprache. Wiederholen Sie das Wort oder die Wortverbindung.*

časopis – , podej mi časopis – , pověrčivá – , opatrný – , předsudky – , nemá předsudky – , přísný šéf – , zaměstnaná žena – , žárlivý – , spolehlivý – , spolehlivý partner – , lehkomyslná – , to je nesmysl – .

2. *Lesen Sie noch einmal den Dialog und sagen Sie:*

1. Co si myslí Blanka o Anetě? – Že Aneta je – . 2. Co si myslí Aneta o Blance? – Že Blanka je – . 3. Co si myslí Aneta o Frantovi? – Že Franta je – . 4. A co si o Frantovi myslí Blanka? – Že Franta je – . 5. Co říká horoskop o Milanovi? – Že Milan je – . 6. A co říká o Milanovi Blanka? Že Milan je – . 7. A co říká Blanka o Ludvíkovi? – Že Ludvík je – , ale – . 8. A co říká Blanka o časopisu Hvězdy a život? – Že je to – .

3. *Beantworten Sie die Fragen auf Tschechisch.*

1. Jaký časopis čte Aneta? 2. Proč si chce číst svůj horoskop? 3. Kam chce brzy jet Blanka? 4. Proč Blanka nesouhlasí s horoskopem? 5. Proč si Blanka o Ludvíkovi myslí, že je lakomý? 6. A co si vy myslíte o horoskopech? 7. Víte, v jakém znamení jste narozený / narozená? 8. Odpovídá (= entspricht) váš horoskop vaší povaze?

4. *Verwenden Sie im zweiten Teil der Replik ein Antonym.*
BEISPIEL: Syn je veselý, dcera je – . – Syn je veselý, dcera je vážná.

1. Syn je veselý, dcera je – . 2. Syn je líný, dcera je – . 3. Syn je spolehlivý, dcera je – . 4. Syn má blond vlasy, dcera má – vlasy. 5. Syn je velký, dcera je – . 6. Dcera je dobrá studentka, syn je – student. 7. Dcera je vdaná, syn je – . 8. Dcera je rychlá, syn je až moc – . 9. Dcera je chytrá, syn je – . 10. Dcera má malý nos, syn má – nos. 11. Dcera je domýšlivá, syn je – .

■ **5. Jaký / jaká jste?** *Sprechen Sie über sich selbst.*

BEISPIEL: Mladý nebo starý: – Myslím, že jsem docela mladý. –
oder: – Myslím, že nejsem moc starý. –

1. Mladý nebo starý – 2. Velký nebo malý – 3. Štíhlý nebo tlustý – 4. Pilný nebo líný – 5. Energický nebo laxní – 6. Veselý nebo vážný – 7. Skromný nebo domýšlivý – 8. Spolehlivý nebo lehkomyslný – 9. Chytrý nebo hloupý –

■ **6. Co si myslíte o svém sousedovi?** *Und jetzt sprechen Sie bitte über Ihren Nachbarn. Die Antwort beginnen Sie mit:*

Myslím, že je hodně – , oder že není moc – .
BEISPIEL: Bohatý nebo chudý? – Myslím, že je hodně bohatý.
– Myslím, že není moc chudý.

1. Bohatý nebo chudý? – 2. Upřímný nebo falešný? – 3. Žárlivý nebo tolerantní? – 4. Lakomý nebo štědrý? – 5. Zlomyslný nebo hodný? – 6. Opatrný nebo hazardér? – 7. Hloupý nebo chytrý? – 8. Nadaný nebo bez talentu? – 9. Hezký nebo ošklivý? –

■ **7.** *Übersetzen Sie.*

1. Anton ist enttäuscht. 2. Meine Eltern waren nicht zu streng. 3. Meine Tante war eine berufstätige, selbstständige Frau. 4. Man sagt, dass Paul verwöhnt und egoistisch ist. 5. Ich habe gehört, dass Hanna leichtsinnig und berechnend ist. 6. Das ist nicht wahr, sie war immer gut und aufrichtig. 7. Bist du aber geizig! 8. Herr Hornhof ist gescheit, aber seine Frau ist ein bisschen dumm. 9. Das stimmt, sie ist aber sehr hübsch und gut. 10. Ist ihre Schwester wirklich so abergläubisch? 11. Aber nein, sie ist nur zu neugierig. 12. Ich finde seine Tochter zu frech. 13. I wo! Sie ist nur zu jung. 14. Mein Chef war heute wieder sehr unangenehm. 15. Wahrscheinlich war er nur böse. 16. Meine Nachbarn sind schrecklich neidisch und boshaft. 17. Markus ist hübsch, aber seine Schwester ist hässlich. 18. Du hast nicht Recht, Beata ist ein hübsches und liebes Mädchen.

LEKTION 11

■ **8.** *Bilden Sie den Komparativ von folgenden Adjektiven. (Zuerst schriftlich, dann ohne tschechischen Text mündlich.)*

pilný, líný, chladný, teplý, mladý, starý, hezký, ošklivý, krátký, dlouhý, dobrý, špatný, malý, velký, těžký, lehký, pomalý, rychlý, hloupý, chytrý, bohatý, chudý, drzý, lakomý, veselý, upřímný, hezký.

■ **9.** *Setzen Sie den Komparativ der angegebenen Adjektive in den Modellsatz ein.*

a) MUSTER: starý – Bratr je starší než já.

starý, mladý, pilný, malý, velký, bohatý, chudý, chytrý

b) Muster: veselá – Maminka byla vždycky veselejší než teta.

veselá, přísná, zvědavá, štíhlá, skromná, upřímná

c) MUSTER: dobré – Dnes je počasí lepší než včera.

dobré, špatné, teplé, chladné, příjemné, hezké

2-38

■ **10.** *Sagen Sie, was viel teurer / billiger, viel höher / niedriger, viel länger / kürzer ist.*

BEISPIEL: Auto – kniha; Auto je **mnohem** dražší než kniha.

1. Auto – kniha. – 2. Tokio – Praha. – 3. Dánsko – Francie. –

4. Alpy – Šumava. – 5. Šumava – Kavkaz. 6. Volha – Labe (= Elbe). – 7. Vltava – Dunaj (= Donau). – 8. Bern – Berlín. – 9. Asie – Austrálie. – 10. Himaláje (Pl.) – Krkonoše (= Riesengebirge). – 11. Nil – Rýn (= Rhein). – 12. Vídeň – Plzeň (= Pilsen). –

■ **11**. *Wiederholen Sie den ersten Satzteil, im zweiten Satzteil verwenden Sie den Komparativ anstatt des Positivs.*

MUSTER: Přestaňte kouřit a budete zdraví. – Přestaňte kouřit a budete zdravější.

1. Přestaňte kouřit a budete zdraví. – 2. Naučte se odpouštět a budete spokojení. – 3. Choďte do přírody a budete klidní. – 4. Mluvte často s hodnými lidmi a budete veselí. – 5. Přestaňte závidět a budete šťastní – 6. Nepijte tolik piva a budete štíhlí. – 7. Choďte často na procházky a budete zdraví. –

■ **12**. *Marta und Pavel haben verschiedene Eigenschaften. Vergleichen Sie die beiden. Formen Sie die Sätze um, gebrauchen Sie dabei den Komparativ.*

BEISPIEL: Marta je rychlá, ale lehkomyslná. – Marta je rychlejší **než Pavel**, ale lehkomyslnější.
Pavel je pomalý, ale spolehlivý. – Pavel je pomalejší než Marta, ale spolehlivější.

1. Marta je rychlá, ale lehkomyslná. – 2. Pavel je pomalý, ale spolehlivý. – 3. Marta je nadaná, ale líná. – 4. Pavel je hloupý, ale pilný. – 5. Marta je chytrá, ale drzá. – 6. Pavel je veselý, ale lakomý. – 7. Marta je hezká, ale zbabělá. – 8. Pavel je zvědavý, ale hodný –

■ **13**. *Vergleichen Sie die gegebenen Daten. Bilden Sie dann zwei mögliche Vergleichssätze.*

MUSTER: Otci je 50 let, matce 48. – Otec je o dva roky starší.
– Matka je o dva roky mladší.

1. Otci je 50 let, matce 48. – 2. Lyže stojí 6000 Kč, boty stojí 3000 Kč. – 3. Sestře je 28 let, bratrovi 25 let. – 4. Kostel je vysoký 50 metrů, věž 120 metrů. – 5. Sál je široký 50 metrů, pokoj jen 5 metrů. – 6. Bajkal je hluboký 1500 metrů, Viktoria 800 metrů. –

LEKTION 11

 ■ **14.** *Wiederholen Sie den ersten Satzteil, im zweiten setzen Sie den Superlativ ein.*

MUSTER: Eva je hezká, ale Ivana je – Eva je hezká, ale Ivana je ze všech nejhezčí.

1. Eva je hezká, ale Ivana je – . 2. Mirek je chytrý, ale Honza je – . 3. Karel je skromný, ale Franta je – . 4. Věra je veselá, ale Martin je – . 5. Jarmila je zvědavá, ale Ludvík je – . 6. Dana je pilná, ale Zuzana je – . 7. Tomášek je rozmazlený, ale Evička je – . 8. Maminka byla přísná, ale babička byla – . 9. Anička je nadaná, ale Lenka je – . 10. Ota je skromný, ale Pepa je – . 11. Vláďa je hodný, ale Renata je – .

 ■ **15.** *Ordnen Sie zu. Formulieren Sie die Sätze mit dem Superlativ.*

MUSTER: Luciano Pavarotti je jeden z nejpopulárnějších zpěváků.

1. Luciano Pavarotti   velký tragikomik
2. W. A. Mozart   populární zpěvák
3. Charlie Chaplin   slavný sochař
4. Vincent van Gogh   nadaný skladatel (= Komponist)
5. Lawrence Olivier   známý malíř (= Maler)
6. A. P. Čechov   dobrý herec
7. August Rodin   populární hokejista
8. Jaromír Jágr   známý dramatik (= Dramatiker)

■ **16.** *Setzen Sie das in Klammern stehende Wort / die Wortverbindung in der richtigen Form ein.*

1. Proč nejedeš s (Franta)? 2. Včera jsem mluvila s (Vláďa). 3. Byli jsme na pivu se (Standa). 4. Zítra půjdeme k (Jarda). 5. Večer jdu na disko s (Honza). 6. Mluvila jsem o tom s (jeden kolega). 7. Koupím tu knihu od (váš Pepa). 8. Víme to od (váš předseda). 9. Dejte to, prosím, (náš starosta). 10. Raději se zeptejte (policista). 11. Musím mluvit s panem (Mácha). 12. To je román od Franze (Kafka). 13. Po Karlově mostě se procházeli japonští (turista). 14. O této otázce budou psát (náš filozof). 15. Je těžké žít s (pesimista). 16. Všichni (fotbalista) musí denně trénovat.

■ **17.** *Übersetzen Sie ins Deutsche und dann aus dem Deutschen zurück ins Tschechische.*

1. Nevím ještě, jestli přijdu. 2. Jestli bude pršet, zůstaneme doma. 3. Napište mi, jestli přijedete už v pátek večer. 4. Jestli mi zavoláte včas, budu na vás čekat na nádraží. 5. Musím se jich zeptat, jestli mají naše nové telefonní číslo. 6. Kdo ví, jestli se Marie a Pavel k sobě hodí. 7. Jestli budu mít příští měsíc dovolenou, ještě nevím. 8. Jestli ho, Blanko, málo znáš, buď opatrná.

■ **18.** *Übersetzen Sie.*

1. Ich weiß nicht, ob er nicht geizig ist. 2. Sie ist zwei Jahre älter als ihr Mann. 3. Wirklich? Ich glaubte, sie ist jünger als er. 4. Mein Freund ist nicht so faul wie ich, er ist fleißiger. 5. Heute haben wir besseres Wetter als gestern. 6. Am Samstag habe ich dich mit einem jungen Mann gesehen. 7. Sie haben nicht Recht, er ist ein anständiger Mann. 8. Olga ist nicht zu gescheit und dabei ist sie eingebildet. 9. Nadja ist meine beste Freundin. 10. Rufen Sie ihn an, ob er am Freitag Zeit hat. 11. Schönste Grüße aus München sendet dir dein Robert. 12. Das ist der schlechteste Brief in der letzten Woche. 13. Wir haben jetzt eine größere Wohnung. 14. Meinst du, dass er berechnend ist? 15. Oh nein, er ist sehr ehrenhaft. 16. Unsere Nachbarn sind reicher als wir. 17. Das stimmt, aber euere Kinder sind viel gescheiter.

■ **19.** *Wollen Sie noch mehr wissen? – Eine höhere Stufe kann auch durch verschiedene Suffixe, Präfixe und Vergleiche ausgedrückt werden. Können Sie folgende Sätze gut verstehen?*

1. Měli jsme *velikánský* hlad. 2. Mám hlad *jako vlk*. 3. To byl *překrásný* film. 4. Byt je *maličký*, ale útulný. 4. Koupil si nějaké *prastaré* auto. 5. Jitka je *hezoučká* jako obrázek. 6. Do vily vedlo *širokánské* schodiště (= e Treppe). 7. Byla tam *hrozitánská* tma.

LEKTION 12

V RESTAURACI

Co si dáme k večeři?

I. (Osoby: A – Milan, B – Marek)

A Marku, slyšel jsem, že ses před rokem oženil. Gratuluju.
B Ano, je to tak. Děkuju za gratulaci, Milane.
A A jak vám to doma klape?
B Docela dobře. Ale jednu chybu to přece jen má. Markéta vůbec neumí vařit.
A Neříkej mi, že chodíte každý den do restaurace. To musí stát spoustu peněz[1,2].
B No právě. Nezbývá mi než vařit sám.
A A jak to zvládáš?
B Ujde to. Jako hodně lidí[2] využívám polotovarů. Vařím polévky ze sáčku, špagety se sýrem, umím upéct kuře nebo usmažit řízky a dělám i dobrý guláš.

A A Markéta přijde, sedne si ke stolu –
B Ne tak docela, ráda připravuje zeleninové saláty. Jednou dokonce zkusila upéct palačinky. Byly sice trochu přesolené, ale jíst se to dalo.
A Tak hodně úspěchů[2] v kuchyni. Ahoj!

II. (Osoby: C – pan Houdek, D – paní Houdková)

C Co dobrého dnes máme k večeři, miláčku? Á, vidím, že plotna je ještě studená.
D To vidíš správně. Dneska se u nás nevaří. Rezervovala jsem nám stůl v restauraci U zlaté hrušky[3]. Doufám, že jsi nezapomněl, že mám zítra narozeniny.
C Ale ne! Všechno nejlepší, miláčku, a tady jsou pro tebe růže a šampaňské.

IM RESTAURANT

Was bestellen wir zum Abendessen?

I. (Personen: A – Milan, B – Markus)

A Markus, ich habe gehört, dass du vor einem Jahr geheiratet hast. Gratuliere!
B Ja, so ist es. Danke für deine Gratulation, Milan.
A Und wie klappt es bei euch zu Hause?
B Ganz gut. Einen Fehler hat es doch. Margareta kann gar nicht kochen.
A Sag mir nicht, dass ihr täglich im Restaurant esst. Das muss ja eine schreckliche Stange Geld kosten.
B Na eben. Es bleibt mir nichts anderes übrig, als selbst zu kochen.
A Und gelingt es dir?
B Ja, es geht. Wie so viele Menschen nutze ich Fertiggerichte aus. Ich koche Tütensuppen, Spaghetti mit Käse, kann auch ein Hähnchen oder Wiener Schnitzel braten und mache auch gutes Gulasch.
A Und Margareta kommt, setzt sich an den Tisch –
B Nicht ganz so, sie bereitet gern Gemüsesalate zu. Einmal versuchte sie sogar Eierkuchen zu backen. Sie waren zwar ein bisschen versalzen, aber man konnte sie essen.
A Also viel Erfolg in der Küche! Tschüss!

II. (Personen: C – Herr Houdek, D – Frau Houdková)

C Was gibt es heute Gutes zum Abendessen, mein Schatz? Ah, ich sehe, der Herd ist noch kalt.
D Das siehst du richtig. Heute wird bei uns nicht gekocht. Ich habe für uns einen Tisch im Restaurant Zur goldenen Birne reserviert. Ich hoffe, dass du nicht vergessen hast – morgen habe ich Geburtstag.
C I wo! Alles Gute, Schätzchen, und da sind die Rosen für dich und Champagner.

LEKTION 12

D Děkuju mockrát. A ještě pusu! Sekt dám hned do ledničky. A teď jdeme do restaurace.

III. (Osoby: E – vrchní)

C Pane vrchní, budeme večeřet.
E Prosím, tady je jídelní lístek.
D Tak co si dáme[4]? Chceš předkrm? Já si dám humrový salát. A ty?
C Humrový salát nemám rád. Dám přednost[4] něčemu pikantnějšímu, dám si toast Mexiko. A pak hovězí polévku.
D Ale jdi, věčně ta tvá oblíbená hovězí polévka. Já si dám želví polévku.
C No prosím, když ti želvy chutnají, proč ne? Jakápak tu mají hlavní jídla? Výběr je opravdu velký!

D Já si dám kachnu s oblohou a pomfrity.
C Kachna? To zní dobře. Ale pomfrity nemůžu ani vidět. Á, tady to máme – vepřová pečeně, knedlík, zelí.
D Proč něco tak triviálního? Co říkáš krůtě s rýží?
C Krůta je na mě moc suchá a rýže mě škrabe v krku. Zůstanu u té vepřové.
E Přejete si aperitiv?
C Ano, prosím dvakrát Campari. A po jídle Prazdroj, taky dvakrát. Prozatím.
E Prosím. Jídlo přinesu hned.
C Tak si připijeme. Na zdraví!
D Na zdraví! Á, předkrm už je tu. Dobrou chuť, miláčku.
E Máme velký výběr moučníků. Karlovarské řezy, Sachrův dort, různé poháry –
D Děkuji, dezert si objednáme později.
C Ty toasty jsou pořádně ostré, ochutnej.
D Děkuju, ne. Už se těším na svou kachničku.
C A já na své vepřo – knedlo – zelo.

D Vielen Dank. Und noch einen Kuss! Den Sekt stelle ich gleich in den Kühlschrank. Und jetzt gehen wir ins Restaurant.

III. *(Personen: E: Ober)*

C Herr Ober, wir möchten zu Abend essen.
E Bitte, da ist die Speisekarte.
D Also, was essen wir? Möchtest du eine Vorspeise? Ich bestelle Hummersalat. Und du?
C Hummersalat mag ich nicht. Ich ziehe etwas Pikanteres vor. Ich bestelle Toast Mexiko. Und dann Rindfleischsuppe.
D Aber geh, ewig deine Lieblingsrindfleischsuppe. Ich bestelle Schildkrötensuppe.
C Na bitte, wenn dir die Schildkröten schmecken, warum denn nicht? Und was gibt es hier für Hauptgerichte? Die Auswahl ist wirklich groß!
D Ich bestelle garnierte Ente und Pommes frites.
C Ente? Das klingt gut. Nur Pommes frites kann ich nicht ausstehen. Ah, da haben wir es – Schweinebraten, Knödel, Kraut.
D Warum denn so was Triviales! Was sagst du zu Pute mit Reis?
C Pute ist mir zu trocken und Reis kratzt mich im Hals. Ich bleibe bei dem Schweinebraten.
E Wünschen Sie einen Aperitif?
C Ja, bitte, zweimal Campari. Und nach dem Essen Urquell, auch zweimal. Vorläufig.
E Bitte. Das Essen bringe ich gleich.
C Also, stoßen wir an. Prost!
D Zum Wohl! Ah, die Vorspeise ist schon da. Guten Appetit, Liebling.
E Wir haben auch eine große Auswahl an Nachspeisen. Karlsbader Schnitte, Sachertorte, verschiedene Becher –
D Vielen Dank, das Dessert bestellen wir später.
C Die Toasts sind tüchtig scharf. Koste mal.
D Danke, nein. Ich freue mich schon auf meine Ente.
C Und ich auf meinen Schweinebraten mit Knödeln und Kraut.

LEKTION 12

WORTSCHATZ

- **čtvrt** *f.* — s Viertel
- **dát přednost + D.** *pf.* — vorziehen + Akk.
- **dát si** *(k jídlu, pití) pf.* — bestellen (zu essen, trinken)
- **hlavní** — Haupt-
  - **h. jídlo** *n.* — s Hauptgericht
- **hodina** *f.* — e Stunde; e Uhr
- **hruška** *f.* — e Birne
- **chuť** *f.* — r Appetit
- **jídelní lístek** — e Speisekarte
- **jídlo** *n.* — s Essen
- **kachna** *f.* — e Ente
- **klapat** *umgspr. ip.* — klappen
- **kolej** *f.* — s Studentenheim
- **krk** *m.* — r Hals
- **krůta** *f.* — e Pute

- **miláček**, -čka *m.* — s Schätzchen, zärtliche Anrede r Schatz
- **mít rád** *ip.* — mögen
- **moučník** *m.* — e Nachspeise
- **objednat (si)** *pf.* — bestellen
- **oblíbený** — Lieblings-
- **obloha** *f.* — e Garnierung
- **ostrý** — scharf
- **palačinka** *f.* — r Eierkuchen
- **panelák** *m. umgspr.* — s Großplattenhaus
- **péct / péci**, peču, pekl *ip.* — braten, backen
- **pečeně** *f.* — r Braten
  - **vepřová p.** — r Schweinebraten
- **plotna** *f.* — r Herd
- **pohár** *m.* — r Becher
- **polévka** *f.* — e Suppe
  - **hovězí p.** — e Rindfleischsuppe
  - **p. ze sáčku** — e Tütensuppe
- **polotovary** *pl. m.* — e Fertiggerichte
- **pomeranč** *m.* — e Orange
- **poschodí** *n.* — r Stock, e Etage
- **prozatím** *adv.* — vorläufig
- **předkrm** *m.* — e Vorspeise
- **přesolený** — versalzen
- **připít si** *pf.* — anstoßen
- **připravovat** *ip.* — zubereiten
- **půl** — halb
- **pusa** *f. umgspr.* — r Kuss
- **řez** *m.* — e Schnitte
- **řízek**, -zku *m.* — s Schnitzel
- **sáček**, -čku *m.* — e Tüte
- **silnice** *f.* — r Fahrweg, e Straße
- **slečna** *f.* — s Fräulein
- **snídat** *ip.* — frühstücken

• **studený**	kalt	• **úředník** *m.*	r Beamte
suchý	trocken, dürr	**úspěch** *m.*	r Erfolg
šampaňské, -ého *n.*	r Champagner	**večeřet** *ip.*	zu Abend essen
• **šatna** *f.*	e Garderobe, e Kleiderablage	**věčně** *adv.*	ewig
• **škodlivý**	schädlich, gesundheitsschädlich	• **Velikonoce** *f. pl.*	s Ostern
		vrchní, -ího *m.*	r Ober
škrabat *ip.*	kratzen	**výběr** *m.*	e Auswahl
trvat *ip.*	dauern	**využívat** *ip.*	ausnutzen
• **třída** *f.*	e Klasse	**zdraví** *n.*	e Gesundheit
• **učitelka** *f.*	e Lehrerin	**na z.!**	zum Wohl! Prosit!
ujít: Ujde to.	Ganz gut. Es geht.	**zelí** *n.*	r Kohl, s Kraut
		• **zleva** *adv.*	von links
• **úředník** *m.*	r Beamte	**znít** *ip.*	klingen
upéct / upéci, upeču, upekl *pf.*	braten, rösten	**zvládat** + Akk. *ip.*	gelingen

ERLÄUTERUNGEN ZUM TEXT

1. Das Wort **peníze** steht im Tschechischen meistens nur im Plural und wird nach dem Muster *stroj* dekliniert. Deklination: 1. peníz**e**, 2. pen**ě**z (!), 3. pen**ě**z**ům**, 4., 5. = 1., 6. pen**ě**z**ích**, 7. pen**ě**zi.

2. Nach den quantitativen Adverbien **mnoho** (= viel, zu viel, viele, allerhand), **hodně** (= viel, viele), **moc** (= umgspr. viel, viele), **málo** (= wenig), **dost** (= genug), **spousta** (= e Menge), **několik** (= einige, mehrere), **trochu** (= ein bisschen, etwas), **pár** (= umgspr. ein paar) steht **der Genitiv**. Beispiele: mnoho studentů, moc práce, hodně peněz, málo domů, dost času, spousta lidí, několik žen, trochu vody, pár hrušek. **Das Prädikativverb** steht bei diesen Ausdrücken (und auch nach den Kardinalzahlen ab 5) in der **3. P. Sg.**, in der **Vergangenheit** steht das **Neutrum**! Beispiele: **Je** / byl**o** tam mnoho studentů.

LEKTION 12

Čeká / čekalo nás moc práce. Stojí / stálo to hodně peněz. **Přijde** / přišlo tam spousta dětí. **Sedí** / sedělo tam jen několik žen. V restauraci **obědvá** / obědvalo asi dvacet turistů.

3. Die Namen der Häuser haben **U + Genitiv**, z. B.: restaurace „U zlaté hrušky" (= Restaurant „Zur goldenen Birne"), dům „U zvonu" (= Haus „Zur Glocke").

4. Der Anwendungsbereich von **dát / dát si / dát se** ist sehr breit. Neben der Hauptbedeutung „geben" ersetzt **dát** viele konkrete deutsche Verben und hat auch eine reiche Phraseologie. Beispiele:

Dej to sem! (= Gib es her!)
dát slovo (= das Wort geben)
dát k narozeninám (= zum Geburtstag schenken)
dát si do šatny (= an der Garderobe ablegen)
dát do ledničky (= in den Kühlschrank stellen)
dát do kapsy (= in die Tasche stecken)
dát dobrou noc (= gute Nacht sagen)
dát na stůl (= auftischen)
dát přednost + Dat. (= vorziehen)
Dej pozor! (= Pass auf!)
To dá moc práce. (= Das kostet viel Arbeit.)
dát se do práce (= sich ans Werk machen)
dát se oholit (= sich rasieren lassen)
Nedá se nic dělat. (= Da lässt sich nichts machen.)
Dej mi pokoj! (= Lass mich in Ruhe!)
Co si dáme? (= Was bestellen wir?)
Co si dáme k jídlu / k pití? (= Was essen / trinken wir?).

GRAMMATIK

DER GENITIV PL.

		Nom. Sg.	
vedle (= neben)	pán-**ů**, hrad-**ů**	auf Kons. hart	MASKULINA
	muž-**ů**, stroj-**ů**	auf Kons. weich	

		Nom. Sg.	
vedle (= neben)	žen	auf -a	FEMININA
	růž-í	auf -e	
	kost-í	auf Kons. hart	
	písn-í	auf Kons. weich	

		Nom. Sg.	
vedle (= neben)	slov	auf -o	NEUTRA
	pol-í	auf -e	
	nádraž-í	auf -í	

ANMERKUNGEN

1) Alle Feminina auf **-ice** (Muster *růže*, z. B.: ulice, vesnice, sklenice, stanice) sind im G. Pl. endungslos: několik ulic, vesnic, stanic.
2) Der Genitiv Plural der F. auf **-a** und N. auf **-o** ist endungslos; in den Substantiven dieser Gruppe, die im Stamm eine Konsonantengruppe haben, gibt es ein **bewegliches -e-**. Zum Beispiel: sle*č*na – sle**e**n, ka*ch*na – kach**e**n, hruš*k*a – hruš**e**k, kavá*r*na – kavár**e**n, jí*d*lo – jíd**e**l, o*k*no – ok**e**n.

DIE ORDINALZAHLEN
Der wievielte? – Kolikátý?

1. **první**
2. **druhý**
3. **třetí**
4. **čtvrtý**
5. **pátý**
6. šestý
7. sedmý
8. osmý
9. devátý
10. desátý
11. jedenáctý
12. dvanáctý
13. třináctý
14. čtrnáctý
15. patnáctý
16. šestnáctý
17. sedmnáctý
18. osmnáctý
19. devatenáctý
20. dvacátý
30. třicátý
40. čtyřicátý
50. padesátý
60. šedesátý
70. sedmdesátý
80. osmdesátý
90. devadesátý
100. stý
200. **dvoustý**
300. **třístý**
400. **čtyřstý**
500. **pětistý**
600. **šestistý**
700. **sedmistý**
800. **osmistý**
900. **devítistý**
1000. tisící

LEKTION 12

21. dvacátý první (jeden**a**dvacátý)
35. třicátý pátý (pět**a**třicátý)
163. stý šedesátý třetí (sto třiašedesátý)
272. dvoustý sedmdesátý druhý (dvě stě dv**a**asemdesátý)
1 848. tisící osmistý čtyřicátý osmý (tisíc osm set osm**a**čtyřicátý) …

DIE DEKLINATION:

Alle Ordnungszahlwörter werden nach den Adjektivmustern dekliniert. **První, třetí, tisící** werden nach dem weichen Muster (*jarní*), alle anderen nach dem harten Muster (*mladý*) dekliniert.

DIE ZEITANGABE II.

Kolikátého je dnes? Den wie vielten haben wir heute?
Dnes je **šestého**. – **Der Tag** wird durch **den Genitiv** ausgedrückt.
Dnes je šestého **čtvrtý**. / Dnes je šestého **dubna**. – **Der Monat** wird durch **den Nominativ eines Zahlworts** oder durch **den Genitiv eines Monatsnamens** ausgedrückt.
Dnes je šestého dubna **tisíc devět set devadesát devět**. – **Das Jahr** wird gewöhnlich durch ein Grundzahlwort ausgedrückt.

Kolik je hodin? Wie viel Uhr ist es?

	Im Rundfunk, auf dem Bahnhof	In der Umgangssprache	
1.00	jedna hodina	jedna	
1.05	jedna hodina, pět minut	**za** deset minut **čtvrt na dvě** *oder* jedna pět	
1.10	jedna hodina, deset minut	**za** pět minut **čtvrt na dvě** *oder* jedna deset	
1.15	jedna hodina, patnáct minut	**čtvrt na dvě** *oder* jedna patnáct	
1.20	jedna hodina, dvacet minut	**za** deset minut **půl druhé** (= Ordnungszahlwort) *oder* jedna dvacet	
1.25	jedna hodina, dvacet pět minut	**za** pět minut **půl druhé** *oder* jedna dvacet pět	
1.30	jedna hodina, třicet minut	**půl druhé** *oder* jedna třicet	
1.35	jedna hodina, třicet pět minut	**půl druhé a** pět minut *oder* **za** deset minut **tři čtvrtě na dvě** *oder* jedna třicet pět	
1.45	jedna hodina, čtyřicet pět minut	**tři čtvrtě na dvě** *oder* jedna čtyřicet pět	
1.50	jedna hodina, padesát minut	**za** pět minut **dvě** *oder* jedna padesát	

LEKTION 12

Die Ausdrucksweise in der Umgangssprache ist sehr üblich, aber ziemlich kompliziert. Verwenden Sie lieber die zweite Variante: jedna pět, jedna deset…).

1.00	**Je** / By**la** / Bu**de** jedna **hodina.**
2 (3, 4)	**Jsou** / By**ly** / Bud**ou** dvě (tři, čtyři) **hodiny.**(= Nom. Pl.)
5 (6, 7, 8…24)	**Je** / By**lo** / Bu**de** pět (šest, sedm, osm… dvacet čtyři / čtyřiadvacet) **hodin.**(= G. Pl.)
21	Je / By**lo** dvacet jedna hodin. (*oder*: Je / Bylo jedenadvacet hodin.)
22	Je / By**lo** dvacet dvě hodin. (*oder*: Je / Bylo dvaadvacet hodin.)
23	Je / By**lo** dvacet tři hodin. (*oder*: Je / Bylo třiadvacet hodin.)
23.15	Je / By**lo** dvacet tři hodin patnáct minut. (*oder*: Je / By**lo** třiadvacet hodin patnáct minut. *oder umgspr.*: Je / By**lo** čtvrt na dvanáct.)

ÜBUNGEN

■ **1.** *Üben Sie die Aussprache. Wiederholen Sie das Wort oder die Wortverbindung.*

gratuluju – , před rokem – , spousta peněz – , upéct kuře – , přesolené jídlo – , v kuchyni – , dneska se nevaří – , všechno nejlepší – , na zdraví – , pane vrchní – , vepřová pečeně – , vepřo – knedlo – zelo – .

■ **2.** *Beantworten Sie die Fragen (nach dem Lehrbuchtext).*

1. Je Marek ještě svobodný? 2. Umí Markéta vařit? 3. Co vaří Markétin muž? 4. Jak oslovuje (= ansprechen) svou ženu pan Houdek? 5. Co dal pan Houdek své paní k narozeninám? 6. Kam jdou oba na večeři? 7. Proč si pan Houdek nechce dát krůtu? A chutná mu rýže? 8. Jaký předkrm si dala paní Houdková? A pan Houdek? 9. Jaká jídla má pan Houdek rád? 10. Je paní Houdková spokojena s jeho výběrem? Proč?

■ **3**. *Beantworten Sie die Fragen.*

MUSTER: Co snídáte, kávu, nebo čaj? – Někdy snídám kávu, někdy čaj.

1. Co snídáte, kávu, nebo čaj? – 2. Kde obědváte, doma, nebo v restauraci? – 3. Máte doma teplou, nebo studenou večeři? – 4. Jíte třikrát, nebo pětkrát denně? – 5. Co máte raději, maso, nebo zeleninu? – 6. Kdo u vás vaří, vy, nebo vaše žena? – 7. Kdo chodí nakupovat, babička, nebo dcera? – 8. Co sladkého máte rád/a, dorty, nebo čokoládu? – 9. Co jíte rád, kuře, nebo guláš? –

■ **4**. *Rekonstruieren Sie die erste Replik (nach dem Lehrbuchdialog).*

1. A – B To ale musí stát hodně peněz.
2. A – B Děkuju mockrát.
3. A – B Humrový salát nemám rád.
4. A – B No prosím, když ti želvy chutnají, proč ne?
5. A – B Proč něco tak triviálního?
6. A – B Na zdraví!

■ **5**. *Vergleichen Sie. Verwenden Sie die Konstruktion mit dem Komparativ* **je zdravější než** *oder* **je škodlivější než**.

MUSTER: (salám – zelenina) – Zelenina je zdravější než salám.
       Oder: Salám je škodlivější než zelenina.

1. (salám – zelenina) –
2. (ovoce – čokoláda) –
3. (kuře – kachna) –
4. (vodka – voda) –
5. (bílé pečivo – černý chléb) –
6. (káva – ovocný čaj) –
7. (pivo – mléko) –

LEKTION 12

 ■ **6.** *Bejahen Sie bitte die Frage mit dem in Klammern stehenden Stichwort.*

MUSTER: Už přijeli Poláci? (několik) – Přijelo už několik Poláků.

1. Už přijeli Poláci? (několik) – 2. Byli tam i Angličani? (pár) – 3. Přáli si to Němci? (hodně) – 4. Večeřeli tam Američani? (jen málo) – 5. Studují tam taky Rusové? (spousta) – 6. Už přiletěli Norové? (několik) – 7. Kupují to i Japonci? (moc) – 8. Chtěli to i Slováci? (hodně) – 9. Byli tam Češi? (jen málo) – 10. Přišli tam Francouzi i Číňani? (dost) –

 ■ **7**. *Verbinden Sie die angegebenen Wörter mit den in Klammern stehenden Zahlwörtern.*

MUSTER: Kniha (2, 6) – dvě knihy, šest knih

1. Kniha (2, 6) – 2. Město (4, 5) – 3. Dolar (10, 120) – 4. Koruna (2, 20, 200) – 5. Nová škola (4, 6) – 6. Pražská stanice metra (2, 8) – 7. Známá italská píseň (3, 35) – 8. Náš pes (2, 5) – 9. Můj nový kolega (3, 5) – 10. Malé kotě (4, 8) – 11. Zahraniční časopis (5, 28) – 12. Mladý spisovatel (4, 12) – 13. Exotické zvíře (3, 29) – 14. Pečené kuře (4, 6) – 15. Euro (4, 90) –

 ■ **8.** *Vereinfachen Sie bitte die Sätze.*

MUSTER: Penzion je tam, co jsou ty nové domy. – Penzion je hned **vedle** těch nových domů.

1. Penzion je tam, co jsou ty nové domy. – 2. Ta stanice je tam, co jsou ty továrny. – 3. Pošta je tam, co jsou ty vysoké paneláky. – 4. Náměstí je tam, co jsou ty hezké domky. – 5. Vinárna je tam, co jsou ty krásné vily. – 6. Autoservis je tam, co jsou ty staré garáže. – 7. Kavárna je tam, co jsou ty moderní obchody. –

 ■ **9.** *Reagieren Sie bejahend.*

MUSTER: To vám řekli novináři? – Ano, víme to od novinářů.

1. To vám řekli novináři? – 2. To vám řekly ty dvě mladé ženy? – 3. To vám řekli ti Švýcaři? – 4. To vám řekli vaši advokáti? – 5. To vám řekli ti dva staří policisti? – 6. To vám řekli ti tři malí kluci? –

7. To vám řekly ty čtyři hezké slečny? – 8. To vám řekli ti dva páni? – 9. To vám řekly ty dívky? – 10. To vám řekli všichni učitelé? –

■ **10.** *Reagieren Sie mit einem Rat.*

MUSTER: Máme věřit těm lékařům? – Zeptejte se raději i jiných lékařů.

1. Máme věřit těm lékařům? – 2. Máme věřit těm úředníkům? – 3. Máme věřit těm učitelkám? – 4. Máme věřit těm studentkám? – 5. Máme věřit těm advokátům? –

■ **11.** *Verbinden Sie die in Klammern stehenden Wortverbindungen mit den Präpositionen (mit G. Pl.).*

Ze / z (tři vysoké školy, dvě solidní banky, čtyři pražská nádraží, dvacet starých domů)
Od (pět německých firem, sedm italských továren, čtyři belgické supermarkety)
Bez (dva naši známí herci, tři mladí němečtí obchodníci, čtyři sta kanadských dolarů)
Vedle (čtyři secesní domy, pět malostranských paláců, dva pařížské kostely)

■ **12.** *Übersetzen Sie.*

1. Leona war meine erste Liebe. 2. Wir wohnen in dem zweiten und unsere Kinder in dem dritten Stock. 3. Die Wechselstube ist in dem fünften Haus von links. 4. Wo steigen wir um? An der siebenten oder an der achten Station? 5. Heute haben wir den 15. Februar. 6. Sie ist am 24. Mai geboren. 7. Ihr Sohn geht schon in die 5. Klasse. 8. Meine Mutter hat am 16. März Geburtstag. 9. Ostern beginnt in diesem Jahr am 2. April. 10. Die Schule beginnt bei uns am 1. September. 11. Die Ferien dauern vom 1. Juli bis 31. August. 12. Die Tante ist am 18. November 1996 gestorben. 13. Wie spät ist es? 14. Ich komme um eins (um 2, 4, 6 Uhr). 15. In Köln komme ich um 16,25 Uhr an. 16. Die Kasse ist von 9,30 bis 19,45 geöffnet. 17. Das Konzert beginnt schon um 18,15 Uhr. 18. Die Nachrichten sind um 7 und dann um 9 Uhr. 19. Ich arbeite von 8 bis 17 Uhr.

LEKTION 13

VZDĚLÁNÍ
POVOLÁNÍ

Čím[1] chceš být?

(Osoby: A – otec, B – syn Mirek, C – matka)

A Mirku, je už nejvyšší čas rozhodnout se, co chceš dělat po deváté třídě. Chceš studovat, nebo chceš jít raději[2] někam do učení?

B Tati, já opravdu nevím. Mně je to jedno. Musím si to ještě rozmyslet.

A Mirku, jde přece o tvou budoucnost. Čím[1] chceš být? Rozhodni se sám podle svých zájmů.

B To je těžké. Nejvíc mě baví auta. Ale taky se mi líbí hudba – třeba hrát na kytaru v nějaké známé skupině.

A Jó, auta já mám taky rád[2]! A chceš být automechanikem[1], nebo konstruktérem[1]? Pak je nejlepší hlásit se buď na učiliště, nebo na průmyslovku. Když budeš mít maturitu, můžeš studovat na vysoké škole, třeba na strojní fakultě.

C Hudbu pusť z hlavy. Na konzervatoř se dostane[3] jen málokdo. Přijímací zkoušky udělají jen ti nejnadanější. Ne, myslím, že pro tebe se hodí průmyslovka.

B Mami, škola je nuda. To se zase mám učit, co mě vůbec nebaví? Podívej se na naši Gábinu a to její gymnázium! Samé zkoušení, testy, referáty. Nemám chuť se každý večer jen šprtat a šprtat.

BILDUNG UND BERUF

Was willst du werden?
(Personen: A – Vater, B – Sohn Mirek, C – Mutter)

A Mirek, es ist schon höchste Zeit, dass du dich entscheidest, was du nach der neunten Klasse machen willst. Möchtest du eine Mittelschule besuchen oder lieber eine Lehre machen?

B Vati, ich weiß wirklich nicht. Mir ist es egal. Ich muss es mir noch überlegen.

A Mirek, es handelt sich doch um deine Zukunft! Was willst du werden? Entscheide dich selbst, nach deinen Interessen.

B Das ist schwer. Großen Spaß machen mir Autos. Aber auch die Musik gefällt mir gut – ich möchte zum Beispiel in einer bekannten Musikgruppe Gitarre spielen.

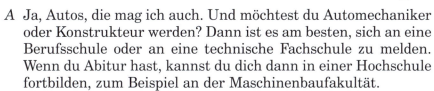

A Ja, Autos, die mag ich auch. Und möchtest du Automechaniker oder Konstrukteur werden? Dann ist es am besten, sich an eine Berufsschule oder an eine technische Fachschule zu melden. Wenn du Abitur hast, kannst du dich dann in einer Hochschule fortbilden, zum Beispiel an der Maschinenbaufakultät.

C Musik schlag dir aus dem Kopf. Kaum jemand gelingt es, ans Konservatorium zu kommen. Nur die Begabtesten bestehen bei den Aufnahmeprüfungen. Nein, meiner Meinung nach eignet sich für dich eine technische Fachschule.

B Mutti, die Schule ist so langweilig. Soll ich wieder mal lernen, was mir keinen Spaß macht? Schau dir unsere Gabina und ihr Gymnasium an. Lauter Leistungskontrollen, Tests, Vorträge. Ich habe keine Lust, abends nur zu büffeln und immer nur zu büffeln.

LEKTION 13

A Naše Gábina je svědomitá a ctižádostivá žákyně, chce to někam dotáhnout. A když chce studovat na univerzitě, musí mít výborné vysvědčení.

B No dobře. A jak dlouho trvá ta průmyslovka?

C Čtyři roky. A vyučují se tam hlavně technické předměty. Ty jsi přece měl z fyziky a matematiky vždycky dobré známky, většinou jedničky a dvojky.

A A doma pořád sedíš u počítače. Ve škole se můžeš v informatice dál zdokonalovat. Bez ní se dneska člověk v žádném povolání neobejde.

C A co vlastně bude po devítce dělat tvůj kamarád Vašek?

B Taky se ještě nerozhodl. Stejně nevím, proč si o něm všichni myslí, že je lajdák. Němčinářka mu dokonce hrozí, že ho nechá z němčiny propadnout. To není spravedlivé. Vašek sice tu a tam chodí za školu, ale je chytrý. Chytřejší než já.

A Učitelé vám přece nemohou trpět takovou nekázeň, rozumíš? Musí vás nejen vzdělávat, ale i vychovávat.

B Jistě, otče. „Každý svého štěstí strůjcem", to od tebe slyším desetkrát denně.

C Nebuď na otce drzý!

B Promiň, tati, já jsem to tak nemyslel. Tak dobře, já to tedy zkusím s tou průmyslovkou.

A, C Výborně!

WORTSCHATZ

automechanik *m.*	r Automechaniker	**devátá třída**)	
budoucnost *f.*	e Zukunft	**dotáhnout**,	bringen
• **cítit se** *ip.*	fühlen sich	dotáhl *pf.*	
• **cizí**	fremd	**d. to daleko**	weit bringen
c. **jazyk**, -a *m.*	e Fremdsprache	**dvojka** *f.*	e Zwei
ctižádostivý	ehrgeizig	**hodit se** pro	eignen für
čeština *f.*	s Tschechisch(e)	+ Akk. *ip.*	
devítka *f.* (*umgspr.*)	e neunte Klasse	**hrozit** *ip.*	drohen

A Unsere Gabina ist eine pflichtbewusste und ehrgeizige Schülerin, sie will es weit bringen. Und wenn sie an der Universität studieren will, muss sie ein ausgezeichnetes Zeugnis haben.
B Na gut. Und wie lange dauert die Fachschule?
C Vier Jahre. Und es werden dort vor allem technische Fächer unterrichtet. Du hattest ja in Physik und Mathematik immer gute Zensuren, meistens Einsen und Zweien.
A Und zu Hause sitzt du stets am Computer. In der Schule kannst du dich in Informatik vervollkommnen. Darauf kann man heute in keinem Beruf verzichten.
C Apropos, was wird eigentlich dein Freund Vašek nach der neunten Klasse unternehmen?
B Er hat sich auch noch nicht entschieden. Ich weiß sowieso nicht, warum ihn alle für einen Faulpelz halten. Die Deutschlehrerin droht ihm damit, dass sie ihn in Deutsch durchfallen lässt. Das ist ungerecht. Ab und zu schwänzt er die Schule, aber er ist gescheit. Gescheiter als ich.
A Die Lehrer dürfen doch eine solche Disziplinlosigkeit nicht durchgehen lassen, verstehst du? Sie müssen euch nicht nur bilden, sondern auch erziehen.
B Sicher, mein lieber Vater. „Jeder ist seines Glückes Schmied" – das höre ich von dir zehnmal am Tage.
C Sei nicht so frech zum Vater!
B Verzeih, Vati, ich habe es nicht so gemeint. Richtig, ich versuche also mein Glück an der Fachschule.
A, C Ausgezeichnet!

• **chodba** *f.*	r Gang	**málokdo** *pnm.*	kaum jemand
chodit za školu *ip.*	die Schule schwänzen	**maturita** *f.*	s Abitur
• **chovat se** *ip.*	sich benehmen	• **nahlas** *adv.*	laut
jednička *f.*	e Eins	**nedávno** *adv.*	vor kurzem
jedno *adv.*	egal, gleich	**nekázeň**, -zně *f.*	e Disziplinlosigkeit
Mně je to jedno.	Mir ist es egal.	• **nápoj** *m.*	s Getränk
lajdák *m.*	r Faulpelz	**němčinářka** *f.*	e Deutschlehrerin

LEKTION 13

nuda *f.*	e Langeweile	**ukrást**, ukradnu,	stehlen
obejít se, obejdu	etwas entbehren	ukradl *pf.*	
se, obejdeš se	können	• **unavený**	müde
bez + G. *pf.*		• **včas** *adv.*	rechtzeitig, zur
• **obchodní**	Handels-		rechten Zeit
• **plno** *adv.*	voll	**většinou** *adv.*	meistens
• **plynně** *adv.*	fließend	**výborný**	ausgezeichnet
podle + G. *präp.*	nach	**vychovávat** *ip.*	erziehen
• **pozdě** *adv.*	spät	• **vypadat** *ip.*	aussehen
propadnout,	durchfallen	**vysvědčení** *n.*	s Zeugnis
propadl z + G. *pf.*			
průmyslovka *f.*	e Technische		
	Fachschule		
předmět *m.*	r Gegenstand,		
	s Fach		
přijímací	Aufnahme-		
pustit z hlavy *pf.*	sich aus dem		
umgspr.	Kopf schlagen		
• **ročník** *m.*	s Studienjahr		
rozmyslet si *pf.*	sich überlegen		
• **slabý**	schwach	**vyučovat** *ip.*	unterrichten
• **slíbit** *pf.*	versprechen	• **vzdělání** *n.*	e Bildung,
• **spolužák** *m.*	r Mitschüler		e Schulbildung
spravedlivý	gerecht	**základní v.**	e Grundbildung
strojní	Maschinen-	**střední, středo-**	e Mittelschul- /
s. **fakulta** *f.*	Maschinenbau-	**školské v.**	Oberschulbildung
	fakultät	**vzdělávat** *ip.*	bilden
• **strom** *m.*	r Bau	**vždy, vždycky** *adv.*	jedes Mal, immer
svědomitý	pflichtbewusst	• **zadarmo** *adv.*	kostenlos, gratis
škola *f.*	e Schule	• **zákazník** *m.*	r Klient, r Kunde
• **mateřská š.**	r Kindergarten	**zdokonalovat (se)**	(sich) vervoll-
• **jazyková š.**	e Sprach(en)-	v + L. *ip.*	kommnen
	schule	• **zeměpis** *m.*	e Erdkunde
šprtat *ip.*	büffeln	**zkoušení** *n.*	e Leistungs-
tu a tam *adv.*	ab und zu		kontrolle
trpět + D. + Akk.	durchgehen	• **zkušenost** *f.*	e Erfahrung
ip.	lassen	**známka** *f.*	e Zensur, e Note
. **třída** *f.* §	e Klasse	**žák** *m.*	r Schüler
učení *n.*	e Lehre	**žákyně** *f.*	e Schülerin
učiliště *n.*	e Berufsschule		

ERLÄUTERUNGEN ZUM TEXT

1. **Čím** (Inst.) chceš být? **Čím** jste? **Čím** je váš otec? Die Berufsbezeichnung steht nach **být** im Instrumental. Beispiel: Otec je redaktor**em**, matka je manažerk**ou**, syn chce být učitel**em**. In der Umgangssprache ist aber auch der Nominativ ziemlich häufig. Z. B.: Otec je redaktor, matka manažérka.

2. Bei **rád** werden immer das Geschlecht und die Zahl ausgedrückt: rád (M. Sg.), rád**a** (F. Sg.), rád**o** (N. Sg.), rád**i** (M. Pl. bel.), rád**y** (M. Pl. unb. + F. Pl.), rád**a** (N. Pl.). **Rád** wird in verschiedenen Satzverbindungen gebraucht:

   a) **Mít rád** (= gern haben, lieb haben, mögen), z. B.: Jana **má ráda** Mirka. (= Jana hat Mirek gern. / Jana hat Mirek lieb./ Jana mag Mirek.) Auch: **Máš rád** polévku? (= Magst du die Suppe?)

   JANA MÁ RÁDA MIRKA

   b) **Dělat (něco) rád** (= etwas gern tun), z. B.: Karel **rád tancuje.** (= Karl tanzt gern.) Eva **ráda vařila**. (= Eva kochte gern.)

   c) **Být rád,** že… (= froh sein, dass…), z. B.: **Jsme rádi,** že se vám náš dárek líbí. (= Wir sind froh, dass euch unser Geschenk gefällt.)

   JANA MÁ RÁDA POLÉVKU

   Im Komparativ **(raději / radši)** und Superlativ **(nejraději / nejradši)** werden das Geschlecht und die Zahl nicht ausgedrückt. Z. B.: **Raději** zůstaneme tady. (= Lieber bleiben wir hier.) Mám **radši** čaj než kávu. (= Ich mag lieber Tee als Kaffee.) **Nejraději** hrála tenis. (= Am liebsten spielte sie Tennis.)

   JANA RÁDA TANCUJE

LEKTION 13

3. Das Verb **dostat** (dostanu, dostaneš,...dostanou) / **dostat se** ist mehrdeutig:

dostat dopis (= einen Brief *erhalten, bekommen*)
dostat knihu (= ein Buch *geschenkt bekommen*)
dostat klíč ze zámku (= den Schlüssel aus dem Schloss *herausziehen*)
dostat se k penězům (= zu Geld *kommen*)
Jak se dostaneme na nádraží? (= Wie *kommen* wir zum Bahnhof?)
Sotva se dostanu na konzervatoř. (= Ich *komme* kaum ans Konservatorium.)

GRAMMATIK

DIE FRAGEPRONOMINA KDO? (= wer?) und **CO?** (= was?)

werden nach dem Muster des Demonstrativpronomens **ten** dekliniert. (Siehe L. 6, S. 92.)

Deklination:

1.	kdo?	co?	(ten)
2.	ko**ho**?	če**ho**?	(toho)
3.	ko**mu**?	če**mu**?	(tomu)
4.	ko**ho**?	co?	(toho), (to)
5.	ko**m**?	če**m**?	(tom)
6.	k**ým**?	čí**m**?	(tím)

Die Indefinitpronomina **někdo** (= jemand), **něco** (= etwas) und die Negativpronomina **nikdo** (= niemand), **nic** (nichts) werden auch nach diesem Muster dekliniert.

SUBSTANTIVE
DER DATIV PL.

		Nom. Sg.	
k/ke (= zu)	pán-**ům**, hrad-**ům**	auf Kons. hart	MASKULINA
	muž-**ům**, stroj-**ům**	auf Kons. weich	

		Nom. Sg.	
k/ke (= zu)	žen-**ám**	auf -a	FEMININA
	růž-**ím**	auf -e	
	kost-**em**	auf Kons. hart	
	písn-**ím**	auf Kons. weich	

		Nom. Sg.	
k/ke (= zu)	slov-**ům**	auf -o	NEUTRA
	pol-**ím**	auf -e	
	nádraž-**ím**	auf -í	

DER LOKATIV PL.

		Nom. Sg.	
o (= von)	pán-**ech**, hrad-**ech**	auf Kons. hart	MASKULINA
	muž-**ích**, stroj-**ích**	auf Kons. weich	

		Nom. Sg.	
o (= von)	žen-**ách**	auf -a	FEMININA
	růž-**ích**	auf -e	
	kost-**ech**	auf Kons. hart	
	písn-**ích**	auf Kons. weich	

		Nom. Sg.	
o (= von)	slov-**ech**	auf -o	NEUTRA
	pol-**ích**	auf -e	
	nádraž-**ích**	auf -í	

LEKTION 13

ADVERBIEN I

Viele Adverbien werden von Adjektiven durch folgende Nachsilben gebildet:

a) **-e** nach den Stammkonsonanten **l, z, s:** veselý – vesele, rychlý – rychle, cizí – cize, drzý – drze. Die Stammkonsonanten **h, ch, k, r** werden verändert, (siehe L. 7, S. 116): dra**h**ý – dra**z**e, ti**ch**ý – ti**š**e, krát**k**ý – krát**c**e, těž**k**ý – těž**c**e, dob**r**ý – dob**ř**e.

b) **-ě**, wenn der Stamm auf alle anderen Konsonanten auslautet, z. B.: chudý – chudě, bohatý – bohatě, čistý – čistě, špatný – špatně, hloupý – hloupě, zajímavý – zajímavě.

c) **-o:** častý – často, dávný – dávno, přímý – přímo, snadný – snadno.

d) **-y**, wenn das Adjektiv auf **-cký, -ský, -zký** ausgeht, z. B.: německý – německy, český – česky, hezký – hezky.

ANMERKUNG

Die Adverbien, die einen Zustand der Atmosphäre (siehe L. 9, Erl. 1, S. 142) oder einen **psychischen Zustand** ausdrücken, haben die Nachsilbe **-o**. Die Adverbien **der Art und Weise** haben aber die Nachsilben **-e/-ě**.

Vergleichen Sie:

Venku je such**o**. – Profesor mluvil su**š**e.
Včera bylo chladn**o**. – Dívala se na mě chladn**ě**.
V lese je tich**o**. – Učitel mluvil ti**š**e.
U Kláry bylo vesel**o**. – Všichni se vesel**e** smáli.
Bylo mi tam smutn**o** – Dívala se na nás smutn**ě** (= traurig).
(= bange).

ÜBUNGEN

■ **1.** *Üben Sie die Aussprache. Wiederholen Sie das Wort oder die Wortverbindung.*

Čím jste? – , opravdu nevím – , nejvyšší čas – , budoucnost – , průmyslovka – , trvá čtyři roky – , přijímací zkoušky – , ctižádostivá – , vysvědčení – , dobré vysvědčení – , zdokonalovat – , spravedlivé – , nebuď drzý – , mně je to jedno – .

■ **2.** *Beantworten Sie die Fragen auf Tschechisch. Verwenden Sie möglichst die Redewendungen aus dem Lehrbuchdialog.*

1. Co baví Mirka nejvíc? 2. Dostane se na konzervatoř každý? 3. Chce Mirek studovat na gymnáziu? 4. Co říkají učitelé o Vaškovi? 5. Které předměty jste měl/-a ve škole nejraději? 6. A které předměty vás nebavily? 7. Čím chtěl být váš bratr, když byl malý? A vy? 8. Čím je váš otec? A čím je váš bratr / vaše sestra? 9. Učil/-a jste se dobře, nebo špatně? 10. Umíte nějaký cizí jazyk? 11. Kde jste se ho učil/-a? 12. Chodil/-a jste do mateřské školy? 13. Jaké máte vzdělání, základní, nebo středoškolské? 14. Jaké vzdělání chcete dát svým dětem? 15. Co jste měl/-a ve škole raději, fyziku, nebo cizí jazyky?

■ **3. a)** *Prägen Sie sich wichtige Redewendungen ein.*

Wichtige Redewendungen:

Studovat na + L.: na gymnáziu, na průmyslovce, na obchodní akademii (= e Handelsakademie), na univerzitě, na technice (= e Technische Hochschule), na filozofické fakultě, na konzervatoři, na Vysoké škole ekonomické (= e Hochschule für Ökonomie).

Studovat + Akk.: medicínu, chemii, biologii, informatiku, balet, práva (= Jura, e Rechte).

Chodit (= být žákem / studentem), **jít** (= chtít být žákem / studentem) **na + Akk.:** na průmyslovku, obchodní akademii, na gymnázium, na univerzitu, na elektrofakultu, na práva. Auch: na němčinu, na angličtinu (= s Englisch).

LEKTION 13

Chodit (= být žákem / studentem třídy, ročníku, typu školy) **do + G.**: do první třídy, do druhého ročníku (= Jahrgang), do základní školy (= Grundschule), do jazykové školy.

Dělat / skládat zkoušky z + G. (= die Prüfungen ablegen in): z fyziky, z chemie, z angličtiny.

Známka z + G. (= e Zensur, e Note in): z matematiky, z češtiny, z biologie, z dějepisu (= e Geschichte).

Propadnout z + G. (= durchfallen in): z fyziky, z češtiny.

b) *Ergänzen Sie die passende Präposition und den in Klammern stehenden Ausdruck in der richtigen Form.*

1. Syn už půjde – (průmyslovka), dcera chodí teprve – (pátá třída).
2. Jarmila chce být učitelkou, studuje – (pedagogická fakulta).
3. Jan se učí německy, bude studovat – (univerzita v Heidelbergu).
4. Pavel má – (škola) dobré známky, jenom – (angličtina) má trojku. 5. Sestra chodí – (jazyková škola) – (francouzština). 6. Příští týden dělám dvě zkoušky: jednu – (informatika), druhou – (logika). 7. Bojím se, že dcera – (fyzika) propadne. 8. Bratr je chirurgem, šest let studoval – (medicína). 9. Lucie měla vždy dobré známky – (dějepis), chodí teď – (třetí ročník) práv. 10. Kam půjde váš syn po maturitě, – (technika), nebo – (Vysoká škola ekonomická)? 11. Jaké známky jste měl – (čeština a dějepis)? 12. Mám rád/a cizí jazyky, půjdu studovat – (němčina a angličtina).

■ **4.** *Verwenden Sie anstatt des D. Sg. den D. Pl.*

MUSTER: Našemu sousedovi ukradli auto. – Našim sousedům ukradli auto.

1. Našemu sousedovi ukradli auto. – 2. Tvému kamarádovi to nikdo nebude věřit. – 3. Mé kamarádce se na policii omluvili. – 4. Tomu cizinci nikdo nerozuměl. – 5. Našemu klukovi dal někdo malého psa. – 6. Vašemu novináři na tu otázku nikdo neodpověděl? – 7. Jejich dítěti to někdo slíbil?

■ **5.** *Wiederholen Sie zuerst den Satz, fügen Sie dann den zweiten Satz hinzu.*

MUSTER: Rodiče si to přejí. – Rodiče si to přejí. Dělám to kvůli rodičům.

1. Rodiče si to přejí. – 2. Bratři to chtějí. – 3. Zákazníci si to přejí. – 4. Kamarádi to chtějí. – 5. Kolegyně si to přejí. – 6. Spolužáci to chtějí. –

■ **6.** *Verbinden Sie die Präpositionen mit den angegebenen Substantiven. (L. Pl.):*

a) **v/ve** : školy, pokoje, kanceláře, obchody, restaurace, tramvaje, kina , banky, noviny, města
b) **na** : ulice, náměstí, stoly, židle, stromy, nádraží, koncerty, schody, vesnice, lyže, hory
c) **o** : knihy, filmy, lidi, děti, zvířata, psi, kočky, programy, auta

■ **7.** *Bilden Sie die Sätze um.*

MUSTER: Zajímaly nás jejich zkušenosti. – Mluvili jsme o jejich zkušenostech.

1. Zajímaly nás jejich zkušenosti. – 2. Zajímaly nás nové německé dálnice. – 3. Zajímaly nás všechny otázky. – 4. Zajímaly nás jen některé předměty. – 5. Zajímaly nás pražské radnice a restaurace. – 6. Zajímaly nás české univerzity. –

■ **8.** *Verwenden Sie die in Klammern stehenden Ausdrücke in der richtigen Form.*

O (prázdniny) jsme jeli do Itálie k moři. Bydleli jsme v (hotely, bungalovy a penzióny), jedli jsme v (restaurace a hospůdky). Ve (všechny pokoje) byl televizor. Na (chodby) byl klid. Na (ulice) však bylo hodně lidí. Nápoje se prodávaly v (kavárny a bary) přímo na (pláže). Jednou jsme chodili i po (památky), jen paní Hanzalová běhala po (obchody). Pan Hanzal byl každý večer na (ryby). Kluci chtěli chodit po (hory), ale v (ta vedra) to nebylo možné.

LEKTION 13

 ■ 9. *Wiederholen Sie den unvollendeten Satz und beenden Sie ihn.*

MUSTER: Gábina je dobrá žákyně, učí se – . – Gábina je dobrá žákyně, učí se dobře.

1. Gábina je dobrá žákyně, učí se – . 2. Lukáš studoval v Německu, umí perfektně – . 3. Učitelka má tichý hlas, mluví velmi –. 4. Jirka je dost hloupý, často se ptá úplně – . 5. Ota je špatný student, studuje – . 6. Náš šéf je přátelský, chová se k nám velmi – . 7. Alena má čistý soprán, zpívá – . 8. Mirek je drzý, mluví s otcem – .

 ■ 10. *Beantworten Sie die Fragen. In den Antworten verwenden Sie abwechselnd die Ausdrücke* **trochu**, **plynně**, **dobře**, **velmi málo** + *Adverb.*

BEISPIEL: Studoval jste angličtinu? – Ano, umím plynně anglicky.

1. Studoval jste angličtinu? – 2. Měli jste ve škole němčinu? – 3. Učili jste se ve škole španělštinu? – 4. Už jste někdy studoval češtinu? – 5. Chodil jste do jazykové školy na francouzštinu? – 6. Máte zkoušku z ruštiny? –

 ■ 11. *Bilden Sie die Sätze um.*

MUSTER: Milena je asi spokojená. – Máte pravdu, vypadá spokojeně.

1. Milena je asi spokojená. – 2. Zdeněk je asi unavený. – 3. Romana je asi překvapená. – 4. Daniel je asi zamilovaný. – 5. Klára je asi nespokojená. – 6. Ota je asi zklamaný. – 7. Denisa je asi šťastná. –

 ■ 12. *Beantworten Sie die Frage. Verwenden Sie in der Antwort Adverbien, die von den in Klammern angegebenen Adjektiven gebildet sind.*

MUSTER: Jak se máte? (dobrý) – Mám se dobře.

1. Jak se máte? (dobrý) – 2. Jak se cítíš? (špatný) – 3. Jak se má váš bratr? (výborný) – 4. Jak žijí rodiče? (spokojený) – 5. Jak se mají děti? (normální) – 6. Jak se cítí sestra? (výborný) –

■ **13.** *Ersetzen Sie die fett gedruckten Ausdrücke durch andere Wörter aus dem Verzeichnis:* **blízko** (= in der Nähe), **daleko** (= weit), **dávno** (= lange her), **nedávno** (= vor kurzem), **hluboko** (= tief), **dlouho** (= lange), **často** (= oft).

MUSTER: Rodiče bydlí **300 km** od Prahy. – Rodiče bydlí daleko.

1. Rodiče bydlí **300 km** od Prahy. – 2. Stalo se to **před třiceti lety**. – 3. Pracuju **jednu stanici od centra**. – 4. Potkala jsem ho **před dvěma dny**. – 5. Cesta trvala **patnáct hodin**. – 6. V řece je **pět metrů vody**. – 7. Na disko chodím **každou sobotu**. –

■ **14.** *Übersetzen Sie ins Deutsche, dann aus dem Deutschen zurück ins Tschechische.*

1. Přijdu hned. 2. Vrátíme se brzy. 3. Do divadla chodíme málokdy, do kina ale často. 4. Zase jdeš pozdě! 5. Proč nemůžeš večer přijít včas? 6. Mluv pomalu a nahlas. 7. Pojďte sem honem! 8. První pondělí v měsíci je vstup zadarmo. 9. Jdete také na bál? 10. Bylo už skoro pět hodin. 11. Je to úplně jednoduché. 12. Byla už noc, neviděli jsme nic. 13. Ty už zase kouříš? 14. Zeptejte se raději ještě někoho jiného. 15. Nejraději chodím do kina s Pavlem.

■ **15.** *Prägen Sie sich ein.*

Wo?
1) **v(e)předu** (= vorn)

2) **vzadu** (= hinten)

3) **dole** (= unten)

Wohin?
dopředu / **vpřed** (= vorn, nach vorn)

dozadu (= nach hinten, rückwärts)

dolů (= nach unten)

LEKTION 13

4) **nahoře** (= oben) **nahoru** (= nach oben)
5) **uvnitř** (innen) **dovnitř** (= nach innen, hinein)
6) **tady, tu, zde** (= hier, da) **sem** (= her, herein)
7) **tam** (= dort) **tam** (= dorthin)
8) **venku** (= draußen) **ven** (= hinaus, heraus)
9) **doma** (= zu Hause, daheim) **domů** (nach Hause, heim)

 ■ **16.** *Wählen Sie den passenden Ausdruck.*

1. Pavel není (doma, domů), je někde (venku, ven). 2. Dejte ten kufr raději (nahoru, nahoře). 3. Všichni stáli (venku, ven), nikdo nechtěl jít (uvnitř, dovnitř). 4. Chceme sedět (dopředu, vepředu), protože (vzadu, dozadu) není nic slyšet. 5. Pojď (zde, sem) honem!

 ■ **17.** *Übersetzen Sie ins Deutsche und dann aus dem Deutschen zurück ins Tschechische.*

1. Seděli jsme vepředu. 2. Sedněte si dopředu! 3. Pojďte sem! 4. Jděte tam! 5. Jsme tady nahoře. 6. Pojď k nám nahoru! 7. Všichni chtěli sedět nahoře, nikdo nechtěl sedět dole. 8. Přines mi to sem dolů! 9. Kdy přijdeš zítra domů? 10. Dnes budu celý den doma. 11. Venku bylo chladno, ale uvnitř bylo horko. 12. Nečekejte venku, pojďte dovnitř. 13. Pojď ven, je tu teplo. 14. Tady jsme, úplně vzadu! 15. Přijdu večer do klubu, počkejte tam na mě! 16. Můžeme tam jet tramvají, nebo metrem. 17. Děti jsou pořád pryč. 18. Nechoď pryč, budu potřebovat tvou pomoc. 19. Jak se tam dostaneme?

LEKTION 14
U LÉKAŘE

V čekárně a v ordinaci

I. Zvoní telefon (Osoby: A – pacientka, B – zdravotní sestra)

A Dobrý den, tady Kosíková. Kdy dnes prosím ordinuje doktor Benda?
B Od deseti do dvou.
A Musím se předem objednat?
B Není třeba. Přijďte, kdy se vám to bude hodit.
A Děkuju. Přijdu hned.
B Prosím. Na shledanou.

II. V čekárně u lékaře (Osoby: C – 1. pacient, D – 2. pacient)

A Taky se vám dneska tak špatně dýchá?
C Ano, od rána dýchám hůř než včera. To dělá ta změna počasí. Celou noc jsem nespal. Po večeři se mi udělalo špatně, bolel mě žaludek a po půlnoci jsem zvracel.

A Asi jste něco špatného snědl. Nebo je to žlučník. Musíte držet dietu.
D Prosím vás, žlučník. To nic není. To já už mám aspoň třetí týden nesnesitelné bolesti v zádech a píchá mě na prsou. A vůbec nemám chuť k jídlu.
A Bolesti v zádech jsou často od páteře. Nebo taky od srdce. Už jste byl na rentgenu?
D Ne, ještě jsem nebyl u lékaře. Myslel jsem, že všechno přejde samo[1]. Víte, já se moc bojím nemocnice.

A Tomu nerozumím. Vždyť můžete mít zápal plic! Moderní medicína přece umí vyléčit všechno. Jestli ovšem nejde o něco vážného.

BEIM ARZT

Im Wartezimmer und im Sprechzimmer des Arztes

I. Das Telefon läutet (Personen: A – die Kranke, B – Krankenschwester)

A Guten Tag, hier ist Kosíková. Bitte, wann hat Doktor Benda heute Sprechstunde?
B Von zehn bis zwei.
A Soll ich mich vorher anmelden?
B Das ist unnötig. Kommen Sie, wann es Ihnen passt.
A Danke, ich komme gleich.
B Bitte. Auf Wiedersehen.

II. Im Wartezimmer (Personen: C – der Kranke 1, D – der Kranke 2)

A Haben Sie heute auch Atemnot?
C Ja, seit dem Morgen atme ich schlechter als gestern. Das macht der Wettersturz. Die ganze Nacht habe ich nicht geschlafen. Nach dem Abendbrot wurde mir übel, ich hatte Magenschmerzen und gegen Mitternacht habe ich mich erbrochen.
A Vielleicht haben Sie etwas Unrechtes gegessen. Es kann auch eine Gallenkolik sein. Sie müssen Diät halten.
D Galle, Galle. Das ist ja nicht der Rede wert. Ich habe seit drei Wochen unerträgliche Rückenschmerzen und Stechen in der Brust. Und totale Appetitlosigkeit.
A Die Rückenschmerzen kommen oft von der Wirbelsäule. Oder auch vom Herzen. Haben Sie sich schon röntgen lassen?
D Nein. Ich war noch nicht beim Arzt. Ich glaubte, dass alles von selbst vergeht. Wissen Sie, ich habe große Angst vor dem Krankenhaus.
A Das ist kaum zu begreifen. Sie können ja Lungenentzündung haben! Die moderne Medizin ist doch im Stande, alles auszuheilen, sofern es sich natürlich nicht um etwas Ernstes handelt.

LEKTION 14

D Nemalujte čerta na zeď[2]. Celý život jsem byl zdravý jako ryba[2]. Ne, teď před uzávěrkou si nemůžu dovolit běhat[3] po vyšetřeních a laboratořích. Lékař mi musí předepsat něco proti bolestem. Neschopenku nechci.

A Máte rozum? Žádná nemoc se přece nesmí přecházet, to je hrozně nebezpečné. Já například jdu k lékaři při prvním kýchnutí.

D Poslyšte, nejste vy hypochondr?
Já, když jsem nastydlý, piju ovocný čaj, měřím si teplotu a polykám tabletky proti chřipce, večer se vypotím a ráno jsem zdravý a fit.
A nechodím kašlat do čekárny.
Vždyť tady můžete nakazit ostatní.

A No dovolte! To je neslýchané!
Vy užíváte léky bez doporučení lékaře?
B Další pacient, prosím.

III. V ordinaci (Osoby: E – lékař, F – mladá pacientka)

E Dobrý den, slečno Müllerová. Posaďte se, prosím.
F Dobrý den, pane doktore. Jdu na kontrolu.
E Jak se cítíte? Pomáhají vám ty injekce?

F Ano, je mi trochu líp. Bolesti hlavy jsou slabší než dřív. Jsem i méně unavená.

E A co vaše deprese? Jak spíte?
F Spím už lépe a mohu déle pracovat.
E To jsou dobré zprávy. Injekční kúru opakovat nebudeme. Pro každý případ vás pošlu ještě na jedno vyšetření na neurologii.

D Malen Sie nicht den Teufel an die Wand! Das ganze Leben war ich doch gesund wie ein Fisch im Wasser. Nein, jetzt vor dem Bilanzabschluss kann ich mir nicht leisten, verschiedene Untersuchungen über mich ergehen zu lassen und von Labor zu Labor zu laufen. Der Arzt muss mir etwas gegen die Schmerzen verschreiben. Einen Krankenschein lehne ich ab.

A Wo ist Ihr Verstand geblieben? Eine Krankheit darf doch nicht verschleppt werden, so was ist sehr gefährlich. Ich zum Beispiel laufe gleich beim ersten Nieser zum Arzt.

D Hören Sie mal, sind Sie nicht ein Hypochonder? Wenn ich erkältet bin, so trinke ich Früchtetee, messe meine Temperatur, schlucke Tabletten gegen die Grippe, abends schwitze ich und am nächsten Morgen bin ich gesund und fit. Ich gehe nie ins Wartezimmer husten. Sie können ja hier die anderen anstecken.

A Na erlauben Sie mal! Das ist ja unerhört! Sie nehmen die Arzneien ohne Empfehlung des Arztes ein?

B Der Nächste, bitte.

III. In der Sprechstunde (Personen: E – Arzt, F – junge Kranke)

E Guten Tag, Fräulein Müller. Setzen Sie sich, bitte.
F Guten Tag, Herr Doktor. Ich komme zur Kontrolle.
E Wie fühlen Sie sich? Hoffentlich helfen Ihnen die Spritzen?

F Ja, ich fühle mich etwas besser. Die Kopfschmerzen sind schwächer geworden als früher. Ich fühle mich auch weniger müde.

E Und Ihre Depressionen? Wie schlafen Sie?
F Ich schlafe schon besser und ich kann länger arbeiten.
E Das sind gute Nachrichten. Die Spritzenkur wiederholen wir nicht mehr. Für alle Fälle schicke ich Sie noch zu einer

LEKTION 14

Teď budete chodit na vodoléčbu a tady máte nový recept. Ty tablety vám také prospějí.

F Jak je mám brát?
E Jednu tabletu denně, vždy po snídani. Nekousat, polykat celé a zapít čajem. A samozřejmě žádný alkohol! Za deset dnů přijďte na kontrolu. Kdyby vám bylo hůř, přijďte hned.

F Mnohokrát děkuju, pane doktore. Na shledanou.
E Slečno Müllerová, zapomněla jste si tu ten váš recept. Nejste vy zamilovaná?
F To jsem, ale nešťastně.
(Zavírání dveří)
E Tak tady je ten zakopaný pes[2]!

WORTSCHATZ

bát se + G., bojím se, bojíš se *ip*.	Angst haben, sich fürchten	• **jednoduše** *adv.*	einfach
bolest *f.*	r Schmerz	**kašlat**, kašlu, kašleš *ip*.	husten
bolet *ip*.	wehtun	**kousat**, koušu, koušeš *ip*.	beißen, kauen
Bolí mě v krku / hlava.	Ich habe Halsschmerzen / Kopfschmerzen	**kýchnutí** *n.*	r Nieser
		lék *m.*	e Arznei
brát, beru, bral (*léky*) *ip*.	einnehmen (Arznei)	**lékař** *m.*	r Arzt
čekárna *f.*	s Wartezimmer	• **letiště** *n.*	r Flughafen
čert *m.*	r Teufel	**měřit (si)** *ip*.	messen
další	r nächste	**nakazit** *pf.*	anstecken
denně *adv.*	täglich	**nastydlý**	erkältet
doporučení *n.*	e Empfehlung	**nebezpečný**	gefährlich
dovolit si *pf.*	sich leisten	**nemoc**, -i *f.*	e Krankheit
dýchat *ip*.	atmen	**neschopenka** *f.*	r Krankenschein
• **dýchá se mi špatně**	ich habe Atemnot	**neslýchaný**	unerhört
		nesnesitelný	unerträglich
chřipka *f.*	e Grippe	• **noha** *f.*, G. / L. Pl. nohou, Inst. Pl. nohama	r Fuß, s Bein
injekce *f.*	e Spritze		

212

Untersuchung in die Neurologie. Jetzt werden Sie zur Hydrotherapie gehen und hier haben Sie ein neues Rezept, die Tabletten bekommen Ihnen auch gut.
F Wie soll ich sie einnehmen?
E Eine Tablette täglich, immer nach dem Frühstück. Nicht kauen, sondern im Ganzen schlucken und Tee nachtrinken. Und keinen Alkohol, selbstverständlich! Nach zehn Tagen kommen Sie zur Kontrolle. Sollten Sie sich schlechter fühlen, so kommen Sie sofort.
F Vielen Dank, Herr Doktor. Auf Wiedersehen.
E Fräulein Müller! Sie haben hier Ihr Rezept vergessen. Sie sind wohl verliebt?
F Das bin ich, aber unglücklich.
(Die Tür wird zugemacht)
E Da liegt also der Hund begraben!

objednat se *kde pf.*	sich anmelden
• **odborník** m.	r Fachmann
• **odjíždět** *ip.*	fortfahren, wegreisen
odmítat *ip.*	ablehnen
opakovat *ip.*	wiederholen
ordinace *f.*	s Sprechzimmer
ordinovat *ip.*	Sprechstunde haben
ostatní	e anderen
páteř, -e *f.*	e Wirbelsäule
píchat *ip.*	stechen
plíce *pl. f.*, G. plic	e Lunge
polykat *ip.*	schlucken
poslat, pošlu, pošleš *pf.*	schicken, senden
• **pozvat**, pozvu *pf.*	einladen
• **prodavač** *m.*	r Verkäufer
prospět, prospěji *pf.*	gut bekommen
prsa *pl. n.*, L. prsou	e Brust
prý *par.*	man sagt, angeblich
předem *adv.*	vorher, im Voraus
předepsat, předepíšu *(lék) ip.*	verschreiben *(e Arznei)*
přecházet *(nemoc) ip.*	verschleppen *(e Krankheit)*
přejít *pf.*	vorbeigehen
všechno přejde	alles geht vorbei
případ *m.*	r Fall
půlnoc, -i *f.*	e Mitternacht
• **rozloučit se** *pf.*	sich verabschieden
rozum *m.*	r Verstand
Máte rozum?	Wo ist Ihr Verstand geblieben?

LEKTION 14

ruka *f.*, Nom./Akk. Pl. ruce, G./L. Pl. rukou, Inst. Pl. rukama	e Hand, r Arm	**užívat** *(lék)*	einnehmen (e Arznei)
• **rýma** *f.*	r Schnupfen	• **všude** *adv.*	überall
• (být) **schopen**, -pna, -pni	fähig (sein)	**vyléčit** *pf.*	ausheilen
• **setkat se** *pf.*	sich treffen	**vyšetření** (nemocného) *n.*	e Untersuchung (eines Kranken)
snídaně *f.*	s Frühstück	**vždyť** *par.*	ja, doch
sníst, sním, snědl, sněz! *pf.*	essen	**záda** *pl. n.*	r Rücken
• **spolupráce** *f.*	e Zusammenarbeit	**zápal** *m.*	e Entzündung
		z. plic	e Lungenentzündung
srdce *n.*	s Herz	**zapít** *pf.*	nachtrinken
• **starat se o** + Akk. *ip.*	sich kümmern	**zeď**, zdi *f.*	e Wand
		změna *f.*	e Wendung
špatně *adv.*	übel	z. počasí	r Wettersturz
udělalo se mi š.	mir wurde übel	**zpráva** *f.*	e Nachricht
teplota *f.*	e Temperatur, s Fieber	**zvracet** *ip.*	erbrechen, sich erbrechen
třeba *adv.*	nötig	**žádný**	kein
je / bylo třeba	es ist / war nötig	**žaludek**, -dku *m.*	r Magen
		žlučník *m.*	e Gallenblase

ERLÄUTERUNGEN ZUM TEXT

1. **Sám, sama, samo** (Sg.), **sami, samy, sama** (Pl.) bedeutet:
   a) *selbst*, z. B.: **Sám** trenér to viděl.
   (= Selbst der Trainer hat es gesehen.)
   Ať to Marta udělá **sama**!
   (= Marta soll das selbst tun.)
   Nemoc přešla **sama** od sebe.
   (= Die Krankheit ist von selbst vergangen.)
   Starej se **sám/sama** o sebe.
   (Kümmere dich um dich selbst).

b) *allein*, z. B.: Michal byl večer doma **sám**.
(= Michal war abends allein zu Hause.)
Zůstali jsme v lese úplně **sami**.
(= Wir blieben im Wald ganz allein.)

Andere Bedeutungen haben
samý, samá, samé (Sg.)**, samí, samé, samá** (Pl.).

a) *lauter*, z. B.: Byli tam **samí** cizinci.
(= Es waren dort lauter Ausländer.)
Pro **samé** stromy nevidí les.
(= Er sieht den Wald vor lauter Bäumen nicht.)

b) *eine große Menge*, z. B.: Strom je **samý** květ.
(= Der Baum steht in voller Blüte.)
Diktát byl **samá** chyba.
(= Das Diktat strotzte von Fehlern.)

c) *dicht, knapp,* z. B.: na **samém** okraji (= dicht am Rand),
u **samého** lesa (= knapp am Wald)

2. Ziemlich viele Redewendungen sind im Tschechischen und Deutschen identisch oder ähnlich. Vgl. hier: Nemalujte čerta na zeď. (= Malen Sie den Teufel nicht an die Wand.) Je zdráv jako ryba. (= Er ist gesund wie ein Fisch im Wasser.) Tady je ten zakopaný pes. (= Hier liegt der Hund begraben.)

3. **Běhat** (= laufen, ablaufen *ip.*) drückt den Lauf in verschiedene Richtungen aus, z. B.:
Nemám čas běhat po obchodech. (= Ich habe keine Zeit, von Geschäft zu Geschäft zu laufen.) Od rána jsme běhali po úřadech. (= Von früh an liefen wir verschiedene Ämter ab.)

Běžet (= laufen, holen *ip.*) drückt die Bewegung in einer Richtung zu einem Ziel aus, z. B.: Běžela bratrovi vstříc. (= Sie lief dem Bruder entgegen.) Musíte běžet pro doktora. (= Sie müssen den Arzt holen.) (Siehe auch L. 11, S…)

GRAMMATIK

DER INSTRUMENTAL PL.

		Nom. Sg.	
s/se (= mit)	pán-**y**, hrad-**y**	auf Kons. hart	MASKULINA
	muž-**i**, stroj-**i**	auf Kons. weich	

		Nom. Sg.	
	žen-**ami**	auf -a	
s/se (= mit)	růž-**emi**	auf -e	FEMININA
	kost-**mi**	auf Kons. hart	
	písn-**ěmi**, věž-**emi**	auf Kons. weich	

		Nom. Sg.	
	slov-**y**	auf -o	
s/se (= mit)	pol-**i**	auf -e	NEUTRA
	nádraž-**ími**	auf -í	

ADVERBIEN II

DIE STEIGERUNG

Der Komparativ und Superlativ der Adverbien hat andere Endungen als der der Adjektive.

KOMPARATIV: **-eji** (z. B.: rychleji, pomaleji) / **-ěji** (z. B.: levněji, přesněji).

Unregelmäßige Bildung:

(dobře) – lépe / líp   (špatně) – hůře / hůř
(mnoho, hodně) – více / víc   (málo) – méně / míň
(daleko) – dále / dál   (blízko) – blíže / blíž
(dlouho) – déle   (brzy) – dříve / dřív

SUPERLATIV: **nej** + **Komparativ**, z. B.: nejrychleji, nejpomaleji, nejlevněji, nejlépe / nejlíp, nejhůře / nejhůř, nejvíce / nejvíc, nejméně / nejmíň usw.

 ÜBUNGEN

■ **1.** *Üben Sie die Aussprache. Wiederholen Sie das Wort oder die Wortverbindung.*

hlava – , žaludek – , bolí mě žaludek – , předem objednat – , žlučník – , bylo to od žlučníku – , není třeba – , je to od srdce – , vyšetření – , zdravý jako ryba – , nemoc – , nemocnice – , posaďte se – , nebezpečné – .

3-9

■ **2.** *Ergänzen Sie das fehlende Wort (nach dem Lehrbuchdialog).*

1. Doktor Benda – od deseti do dvou. 2. Musím se předem –? 3. Celý den mě – žaludek. 4. Po večeři se mi udělalo – . 5. Bolesti v zádech bývají často od – , nebo od – . 6. Žádná nemoc nepřejde – . 7. Když mám chřipku, nechodím do práce, nechci – ostatní. 8. Pane doktore, předepište mi prosím něco – chřipce. 9. Žádné léky neužívejte bez – lékaře. 10. Doktor mě posílá ještě na jedno – . 11. Nemalujte – na zeď!

■ **3.** *Wiederholen Sie die erste Replik, fügen Sie dann hinzu, woran Sie wahrscheinlich leiden.*

MUSTER: Bolí mě v krku. – Bolí mě v krku. **Mám asi** angínu.

1. Bolí mě v krku. – 2. Píchá mě na prsou, špatně se mi dýchá a mám teplotu. – 3. Celý týden kašlu a bolí mě ruce i nohy. – 4. Jsem unavená, nemohu spát, bolí mě hlava**,** nic mě nebaví. – 5. Po jídle je mi špatně a zvracím. –

■ **4.** *Übersetzen Sie.*

1. Abends wurde mir übel, in der Nacht kam ein Wettersturz. 2. Ich glaubte, dass alles von selbst vergeht. 3. Mein Vater war das ganze Leben gesund wie ein Fisch im Wasser. 4. Die Rücken-

LEKTION 14

schmerzen kommen oft von der Wirbelsäule oder vom Herzen. 5. Die Schmerzen sind sehr groß. 6. Herr Doktor, verschreiben Sie mir bitte etwas gegen die Kopfschmerzen. 7. Handelt es sich nicht um etwas Gefährliches? 8. Ist es nicht gefährlich? 9. Die Spritzen helfen mir nicht. 10. Wann soll ich zur Kontrolle kommen? 11. Ich brauche einen Krankenschein. 12. Ich fühle mich schon besser.

■ **5.** *Beantworten Sie die Fragen.*

a) MUSTER: Už tu byli Američani? – Ano, s Američany jsem mluvil už ráno.

1. Už tu byli Američani? – 2. Už přiletěli Rusové? – 3. Už přišli Němci? – 4. Už přišli Rakušani? – 5. Už tu byli Švýcaři? – 6. Už přijely Rusky? – 7. Už přišli Maďaři? – 8. Už jsou tu Angličanky? – 9. Už přiletěli Číňani? – 10. Už tu byli Finové? –

b) MUSTER: Pozvali jste také Číňanky? – Jistě. S Číňankami se setkáte dnes večer.

1. Pozvali jste také Číňanky? – 2. Přijedou i Slováci? – 3. Přijdou i Němky? – 4. Pozvali jste i spolužáky? – 5. Přijedou i Češi? – 6. Pozvali jste i Norky? – 7. Přijedou i Poláci? –

■ **6.** *Bilden Sie den Komparativ und Superlativ.*

MUSTER: rychle – rychleji, nejrychleji

rychle – , pomalu – , pozdě – , brzy – , tiše – , špatně – , dobře – , daleko – , často – , dlouho – , mnoho – , teplo – , chladno – , levně – , hodně – .

■ **7.** *Ersetzen Sie den Positiv durch den Komparativ.*

MUSTER: Nemocnému je už dobře. – Nemocnému je už lépe.

1. Nemocnému je už dobře. – 2. Jeďte rychle. – 3. Jeď tady pomalu. – 4. Dneska je venku teplo. – 5. Zítra vstanu brzy. – 6. V neděli se vrátíme pozdě. – 7. Dnes bylo u lékaře málo lidí. – 8. Navštěvuje nás teď často. – 9. Žena má teď hodně času. – 10. Teta se dnes cítí špatně. – 11. Eva se přestěhovala, bydlí teď blízko. –

■ **8.** *Lösen Sie die Rechenaufgabe.*

MUSTER: Sestře je 20 let, bratrovi 15. – Sestře je o 5 let více než bratrovi. – oder: Bratrovi je o 5 let méně než sestře.

1. Sestře je 20 let, bratrovi 15. – 2. Petr vydělává za měsíc 8 000 korun, Veronika 10 000. – 3. Dnes bylo ve škole 18 dětí, včera 21. – 4. Marta zaplatila (= bezahlte) za boty 2 000 korun, Ivana 1 800. – 5. Video stálo 5 000 korun, televizor 10 000. –

■ **9.** *Ersetzen Sie den Positiv durch den Superlativ.*

MUSTER: Hodně turistů k nám jezdí v létě. – Nejvíce turistů k nám jezdí v létě.

3-12

1. Hodně turistů k nám jezdí v létě. – 2. Včera jsem měl málo práce. – 3. Dagmar Málková se učí dobře. – 4. Matematika jde Sabině špatně. – 5. Metrem se tam dostanete rychle. – 6. Jak to udělat jednoduše? – 7. Náš Sáša pracuje pomalu. – 8. Irena zase přišla pozdě. – 9. Šéf chodí do kanceláře brzy. – 10. Ve Švýcarsku je čisto. –

■ **10.** *Verwenden Sie die in Klammern stehenden Substantive im Inst. Pl.*

a) Mluvte o tom se všemi vašimi (spolužák, prodavač, učitel, lékař, sekretářka, novinář, host).
b) Spojte se (= sich verbinden) se všemi našimi (filiálka, obchod, hotel, banka, cestovní kancelář, restaurace).
c) Poraďte se (= sich beraten) s nějakými (dobrý manažer, známý advokát, dobrá lékařka, známý chirurg, známá anglická firma).

■ **11.** *Bilden Sie die Sätze um.*

MUSTER: Spolupráce našich firem je dobrá. – Spolupráce mezi našimi firmami je dobrá.

1. Spolupráce našich firem je dobrá. – 2. Koordinace našich filiálek je špatná. – 3. Kooperace našich ministrů je dobrá. – 4. Spolupráce našich učilišť není vždy optimální. – 5. Kontakty našich knihoven jsou výborné. – 6. Koordinace práce našich policistů není ideální. – 7. Spolupráce našich nemocnic je často málo efektivní. –

LEKTION 14

■ **12.** *Bilden Sie die Sätze um.*

MUSTER: Italové odjíždějí v sobotu. – S Italy jsme se už rozloučili.

1. Italové odjíždějí v sobotu. – 2. Japonky odjíždějí v neděli. – 3. Ukrajinci odjíždějí v pondělí. – 4. Švédové odjíždějí v pátek. – 5. Francouzi odjíždějí v úterý. –

■ **13.** *Übersetzen Sie.*

1. Das Kind blieb in der Wohnung allein. 2. Können Sie es selbst tun? 3. Kümmere dich um dich selbst! 4. Die Lungenentzündung kann gefährlich sein. 5. Heute fühle ich mich besser als gestern. 6. Die Untersuchung kostete mehr als 2 000 Kronen. 7. Ich hatte unerträgliche Kopfschmerzen. 8. Mit den Ärzten haben wir noch nicht gesprochen. 9. Am schnellsten kommt ihr mit dem Bus hinein. 10. Wie soll ich die Tabletten einnehmen? 11. Sprechen Sie bitte langsamer. 12. Ich verdiene 600 Kronen weniger als mein Mann. 13. Es war unser bester Urlaub. 14. Die Zusammenarbeit unten meinen Arbeitskollegen ist nicht gut. 15. In diesem Jahr sind weniger Menschen gekommen als voriges Jahr. 16. In unserer Gruppe waren lauter Japaner. 17. Unsere Tochter hatte lauter Einsen.

■ **14.** *Hören Sie sich das tschechische Volkslied Červený šátečku an und lernen Sie es.*

3-14

Červený šátečku

šáteček s Tüchlein

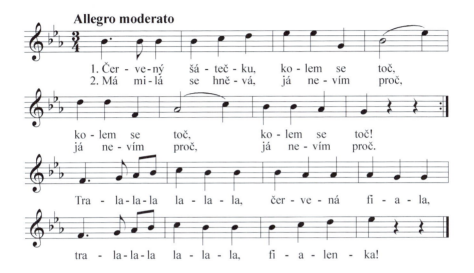

Červený šátečku,
kolem se toč!
Má milá se hněvá,
já nevím proč.

točit se kolem sich herum drehen
hněvat se böse sein

Tra-lalala lalala,
červená fiala,
tra-lalala lalala,
fialenka.

fiala e Levkoje

Když jsem si v potoce
ruce myla,
šátek jsem do vody
upustila.

potok r Bach

upustit fallen lassen

Tra-lalala lalala …

LEKTION 15

ODÍVÁNÍ
MÓDA

3-15

Hnědá kravata? Vyloučeno!

(Osoby: A – matka, B – dcera, C – otec)

A Kláro, pojď sem a poraď mi, co si mám vzít na sebe[1].
   Party začíná už za dvě hodiny a já jsem pořád ještě v županu.
B Ve kterých šatech[2] se cítíš nejlíp?

A Ani v jedněch[3]. Nemám prostě co na sebe[1].
   V černých[4] šatech vypadám usedle, červené[4] jsou zase moc nápadné, zelené[4] mají hrozný výstřih a modrá[4] sukně s bolerkem je už úplně z módy.

B A tvůj kalhotový kostým?
A V žádném případě! Kalhoty[2] mi špatně padnou a šedá[4] barva mi vůbec nesluší.
B To bych neřekla. Tmavě šedá[4] je vždycky elegantní.
C Kláro, pojď sem! Jakou kravatu bys mi doporučila?
B Moment, tati. Teď hledáme nějaké šaty pro mámu. Nemá prý[5] co na sebe, chacha.
C Jak to? Vždyť její šatník je tak plný, že se ani nedá zavřít[6].

A A víte proč? Protože v něm visí samé staré věci.
B Mami, nepovídej! A co tvé nové kožešinové paleto, béžová[4] kožená bunda z Budapešti nebo ten fialový[4] svetřík?

A V paletu by mi bylo dnes moc horko. Maďarská bunda je sice apartní, ale pro večer se nehodí. Kdybych měla nějakou krajkovou blůzu, snad bych mohla přece jen jít v tom kostýmu, co myslíš?

KLEIDUNG
MODE

Der braune Schlips? Ausgeschlossen!
(Personen: A – Mutter, B – Tochter, C – Vater)

A Klara, komm her und gib mir einen Rat. Was soll ich anziehen? Die Party fängt schon in zwei Stunden an, und ich bin noch immer im Morgenmantel.
B In welchem Kleid fühlst du dich am besten?
A In keinem von diesen. Ich habe einfach nichts zum Anziehen.

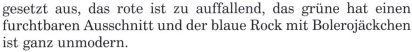

In dem schwarzen Kleid sehe ich gesetzt aus, das rote ist zu auffallend, das grüne hat einen furchtbaren Ausschnitt und der blaue Rock mit Bolerojäckchen ist ganz unmodern.
B Und dein Hosenanzug?
A Auf keinen Fall! Die Hose passt mir nicht gut und das Grau steht mir gar nicht zu Gesicht.
B Das würde ich nicht sagen. Dunkelgrau ist immer elegant.
C Klara, komm her. Welchen Schlips würdest du mir empfehlen?
B Einen Moment, Vati. Wir suchen jetzt ein Kleid für Mutti aus. Sie sagt, sie habe nichts zum Anziehen, haha.
C Wieso? Ihr Kleiderschrank ist doch so voll, dass er sich nicht schließen lässt.
A Und wisst ihr, warum? Weil dort lauter alte Sachen hängen.
B Aber Mutti, sag nicht so etwas. Und wie sieht es zum Beispiel mit deinem neuen kurzen Pelzmantel, der beigefarbigen Lederjacke aus Budapest oder dem lila Pulli aus?
A Im Pelzmantel wäre es mir heute zu warm. Die ungarische Jacke ist zwar apart, aber für den Abend eignet sie sich nicht. Wenn ich eine Spitzenbluse hätte, könnte ich ja doch im Hosenanzug ausgehen, was meinst du?

LEKTION 15

B Tak si vezmi[1] tu mou bílou[4], včera jsem ji vyprala.

A Prima. Ale jaké boty?
Mé lodičky na vysokém podpatku jsou právě v opravě.
No, něco černého se tu najde.
C Tak řeknete mi konečně, jaká kravata by se nejlépe hodila k mé proužkované košili a novému obleku?
A Jenom ne ta křiklavá s velkým vzorem!
B Tati, nejlepší by byla ta hnědá[4].
A Hnědá kravata? Vyloučeno!
C Když se, mé dámy, nemůžete dohodnout, vezmu si[1] svůj rolák.

A A k tomu džíny[2] a tričko, ne? To je ti podobné. Nerozčiluj mě, prosím tě. Uvaž si konečně tu žlutou[4] kravatu a hotovo. Kláro, zapni mi ten řetízek. Teď se ještě trochu nalíčím, pár kapek parfému na kapesník, do kabelky hřeben, rtěnku a můžeme vyrazit. Doufám, že máš s sebou dost peněz, Richarde. Tak ahoj, Kláro.

B Dobře se bavte.

WORTSCHATZ

• **aby** *kon.*	damit, um, dass	**hotovo** *adv.*	fertig
bavit se *ip.*	sich unterhalten	**hřeben** *m.*	r Kamm
Bavte se dobře!	(Recht) viel Spaß!	**kalhotový** **k. kostým** *m.*	Hosen- r Hosenanzug
• **bavlněný**	Baumwoll-, baumwollen	**kalhoty** *f. pl.*	e Hose
		kapesník *m.*	s Taschentuch
blůza *f.*	e Bluse	**kapka** *f.*	r Tropfen
bolerko *n.*	s Bolerojäckchen	• **kdyby** *kon.*	wenn
• **brož** *f.*	e Brosche	**konečně** *adv.*	endlich
bunda *f.*	e Jacke	**košile** *f.*	s Hemd
• **čepice** *m.*	e Mütze	**kožený**	Leder-
doporučit *pf.*	empfehlen	**kožešinový**	Pelz-
doufat *ip.*	hoffen	**krajkový**	Spitzen-
džíny *m./f. pl.*	Jeans	**kravata** *f.*	e Krawatte, r Schlips
hnědý	braun		

B Dann nimm dir die meine, die weiße, ich habe sie gestern gewaschen.
A Prima. Aber welche Schuhe?
Meine hochhackigen Pumps sind gerade in Reparatur.
Na, wir finden hier schon ein Paar schwarze.
C Sagt ihr mir endlich, was für ein Schlips am besten zu meinem gestreiften Hemd und dem neuen Anzug passen würde?
A Nur nicht der grelle mit dem großen Muster!
B Vati, am besten wäre der braune.
A Der braune Schlips? Ausgeschlossen!
C Wenn ihr, meine Damen, euch nicht einigen könnt, ziehe ich meinen Rollkragenpulli an.
A Und dazu Jeans und T-Shirt. Das sieht dir ähnlich. Bitte rege mich nicht auf. Binde dir endlich deinen gelben Schlips um und fertig. Klara, mach mir bitte die Kette zu. Nun mache ich mich noch ein bisschen schön, ein paar Tropfen Parfum aufs Taschentuch, in die Handtasche den Kamm, den Lippenstift und wir können aufbrechen. Hoffentlich hast du genug Geld mit, Richard. Also tschüss, Klara.
B Recht viel Spaß!

křiklavý	grell	**plný**	voll
lodičky *f. pl.*	e Pumps	**podobný**	ähnlich
nalíčit se *pf.*	sich schminken, sich schön machen	**podpatek**, -tku *m.*	r Absatz
		• **na vysokém podpatku**	hochhackig
nápadný	auffallend	• **pohodlný**	bequem
• **nosit** *ip.*	tragen	• **pochopit** *pf.*	begreifen
• **obléct/-ci / obléknout si**, obleču si, oblékl si + Akk. *pf.*	sich anziehen + Akk.	• **ponožka** *f.*	e Socke
		poradit *pf.*	einen Rat geben
		povídat *ip.*	sagen
oblek *m.*	r Anzug	• **pozvat**, pozvu, pozveš *pf.*	einladen
oprava *f.*	e Reparatur		
padnout, padl *pf.*	passen	**prostě** *adv.*	einfach
• **peněženka** *f.*	e Geldbörse	**proužkovaný**	gestreift

LEKTION 15

• **přeložit** z + G. do + G. *pf.*	übersetzen aus...ins...
rozčilovat *ip.*	aufregen
rtěnka *f.*	r Lippenstift
řetízek, -zku, *m.*	e Kette
říct/-ci, řeknu, řekl *pf.*	sagen
• **schůzka** *f.*	s Treffen
slušet *ip.*	passen, (gut)stehen, zu Gesicht gehen
• **smát se**, směju se *ip.*	lachen
sukně *f.*	r Rock
svetřík *m.*	r Pulli
šatník *m.*	r Kleiderschrank
šaty *m. pl.*	s Kleid
šetřit *ip.*	sparen
tričko *n.*	s T-Shirt
• **túra** *f.*	e Tour, e Wanderung
usedle *adv.*	gesetzt
uvázat (si), uvážu/-i *pf.*	umbinden
věc, -i *f.*	e Sache
• **večerní**	Abend-, abendlich
viset *ip.*	hängen
• **vlněný**	Woll-, wollen
vyloučeno	ausgeschlossen
vyprat, vyperu *pf.*	waschen
vyrazit (na cestu) *pf.*	aufbrechen
výstřih *m.*	r Ausschnitt
• **vzít s sebou**, vezmu, vzal *pf.*	mitnehmen
vzít si *(na sebe)*, vezmu si, vzal si *pf.*	sich anziehen
vzít si *(za ženu, za muže)* + Akk. *pf.*	heiraten
vzor *m.*	s Muster
• **zabalit** *pf.*	einpacken
• **zaměstnání** *n.*	e Beschäftigung, r Beruf
zapnout *pf.*	zumachen
• **ztratit** *pf.*	verlieren
župan *m.*	r Morgenmantel

ERLÄUTERUNGEN ZUM TEXT

1. **Vzít si (na sebe)** + Akk. / **mít na sobě** + Akk. / **obléct si** + Akk. = (sich) etwas anziehen). Z. B.: Vzal/a jsem si (na sebe) bundu. / Měl/a jsem na sobě bundu. / Oblékl/a jsem si bundu. = Ich habe (mir) die Jacke angezogen.
   Redewendungen: Nemám co na sebe. = Ich habe nichts zum Anziehen. Večer půjdu v kalhotovém kostýmu. = Abends gehe ich im Hosenanzug aus.

2. **Šaty** (= s Kleid), **kalhoty** (= e Hose) – nur Mehrzahl! **Šaty** wird nach dem Muster *hrad,* **kalhoty** nach dem Muster *žena* dekliniert. Auch: **džíny** *m./f. pl.*, **narozeniny** *f. pl.*, **noviny** *f. pl.* (= e Zeitung), **housle** *f. pl.*, **záda** *n. pl.*

3. Anstatt der Kardinalzahlen (wie viel?) werden in Verbindung mit einem Pluraliatantum und Paarsubstantiven Spezialzahlen verwendet: 1 – **jedny** šaty (im Dialog ist Lok. – v jedněch šatech), 2 – **dvoje** brýle, 3 – **troje** boty, 4 – **čtvery** noviny, 5 – **patery** kozačky, 6 – **šestery** džíny, **sedmery** ..., **osmery** ..., **devatery** ..., **desatery** usw. Dvě boty = zwei Schuhe, ein Paar Schuhe, aber **dvoje** boty = **zwei Paar Schuhe**.

4. **Jakou barvu má...**
   Die Namen der Farben: barva (*f., pl.* **barvy,** G. *pl.* barev): béžová (= beige), bílá (= weiß), černá (= schwarz), červená (= rot), fialová (= violett), hnědá (= braun), modrá (= blau), oranžová (= orange), růžová (= rosa), stříbrná (= silbern), šedá / šedivá (= grau), zelená (= grün), zlatá (= gold), žlutá (= gelb). Tmavě šedá (= dunkelgrau), světle modrá (= hellblau).

5. **Prý** (die Partikel) drückt eine indirekte Informationsquelle aus. Im Deutschen wird diese Bedeutung auf verschiedene Art zum Ausdruck gebracht. Vgl.: Prý je velmi mladá. = a) Angeblich ist sie sehr jung. b) Sie soll sehr jung sein. c) Man sagt, sie sei sehr jung. d) Sie ist wohl sehr jung.

6. Die Redewendung **dá se + Inf.** hat modale Bedeutung: man kann + Inf., lässt sich + Inf., ist zu + Inf. Zum Beispiel: Šatník se nedá zavřít. (= Der Kleiderschrank lässt sich nicht schließen.) To se dá lehko pochopit. (= Das kann man leicht begreifen. / Das ist leicht zu begreifen.) Ta anekdota se nedá přeložit. (= Die Anekdote lässt sich nicht übersetzen. / Die Anekdote ist nicht zu übersetzen.)

GRAMMATIK

DER KONDITIONAL

hat eine zusammengesetzte Form. Sie besteht aus der **-l-Form** des Bedeutungsverbs (siehe L. 8, S. 127) und aus der Form des Hilfsverbs **být**.

DIE KONJUGATION

	Sg.		Pl.	
1.	dělal/-a **bych**	ich würde tun	dělali/-y **bychom**	wir würden tun
2.	dělal/-a **bys**	du würdest tun	dělali/-y **byste**	ihr würdet tun
3.	dělal/-a **by**	er, sie würde tun	dělali/-y **by**	sie würden tun

GEBRAUCH

A. In dem **einfachen** Satz drückt der tschechische Konditional dieselben Bedeutungen aus wie der deutsche:

a) eine **irreale**, nur vorausgesetzte Handlung, z. B.:
   Koupil(a) bych si raději nějaké malé auto.
   – Ich würde lieber einen kleinen Wagen kaufen.
   Prodal(a) bys ten obraz někomu?
   – Würdest du das Bild jemandem verkaufen?
   Robert **by jel** s námi také.
   – Robert würde auch mitfahren.
   My **bychom** jí to **odpustili.**
   – Wir würden es ihr verzeihen.

Napsali byste ten dopis jinak?
– Würdet ihr den Brief anders schreiben?
Rodiče **by bydleli** nejraději na venkově.
– Die Eltern würden am liebsten auf dem Lande wohnen.

b) eine **höfliche** Bitte oder einen höflichen Rat, z. B.:
Vysvětlil(a) bys nám to ještě jednou?
– Würdest du das uns noch einmal erklären?
Měli byste jim s tím pomoci.
– Ihr solltet ihnen dabei helfen.
Otevřel(a) byste okno?
– Würden Sie das Fenster aufmachen?

B. Im **Satzgefüge** steht der Konditional

a) mit dem Bindewort **kdyby: kdybych, kdybys, kdyby, kdybychom, kdybyste, kdyby** in den **Bedingungssätzen**, z. B.:

1. P. Sg. **Kdybych měl(a)** čas, přeložil(a) bych to.
    Wenn **ich** Zeit hätte, würde ich das übersetzen.
2. P. Sg. **Kdybys měl(a)** čas, jel(a) bys s námi?
    Hättest **du** Zeit, würdest du mitfahren?
3. P. Sg. **Kdyby byl** zdravý, sportoval by.
    Wenn **er** gesund wäre, würde er Sport treiben.
1. P. Pl. **Kdybychom** vstali dříve, stihli bychom toho víc.
    Würden **wir** früher aufstehen, würden wir mehr schaffen.
2. P. Pl. **Kdybyste** nám pomohli, budeme s tou prací rychleji hotovi.
    Würdet **ihr** uns helfen, sind wir mit der Arbeit schneller fertig.
3. P. Pl. **Kdyby** mi zítra **zavolali**, vše připravím.
    Wenn **sie** mich morgen anrufen würden, bereite ich alles vor.

b) mit dem Bindewort **aby: abych, abys, aby, abychom, abyste, aby** in den **Finalsätzen**. (Kein Infinitiv!)

LEKTION 15

Beispiele:
Přijel(a) jsem, **abych** ti vše vysvětlil(a).
Ich kam, um dir alles zu erklären.
Musíš si koupit brýle, **abys** lépe viděl(a).
Du musst **dir** eine Brille kaufen, um besser zu sehen.

c) dasselbe Bindewort **aby** steht auch in den **Objektsätzen**, die die **Wunschmodalität** ausdrücken. Beispiele:
Bratr mi píše, **abych** přijel už v pátek.
Der Bruder schreibt mir, dass **ich** schon am Freitag kommen soll.
Chci, **abys** to věděl.
Ich will, dass **du** es weißt.
Přála si, **abychom** o tom nemluvili.
Sie wünschte, dass **wir** nicht darüber sprechen.

ÜBUNGEN

■ **1.** *Üben Sie die Aussprache. Wiederholen Sie das Wort oder die Wortverbindung.*

vyloučeno – , šedá mi nesluší – , hledáme šaty – , kožená bunda – , krajková blůza – , vyprala jsem – , vyprat blůzu –, nerozčiluj mě – , řetízek – , rtěnka – , hřeben – , dobře se bavte – .

■ **2.** V*erwenden Sie die in Klammern stehenden Ausdrücke in der richtigen Form.*

1. Do práce si vezmu (hnědá sukně), (bílá blůza) a (kožená bunda).
2. V divadle měl na sobě (černý oblek), (šedá košile) a (proužkovaná kravata). 3. Chtěl bych si koupit (barevné tričko) a (nová čepice). 4. Ten červený svetr se k (modré kalhoty) nehodí. 5. Jak vypadám v (ty zelené šaty)? 6. Na túru si vezměte (teplá šála) a (bavlněné ponožky). 7. Co bych ti měl dát k Vánocům, chceš (nějaká večerní kabelka) nebo raději (nějaká apartní brož)?

■ **3.** *Sagen Sie, ob es zusammenpasst (oder nicht passt), ob es modern (oder unmodern) ist, was Ihnen gefällt (oder nicht gefällt).*

BEISPIEL: Bílé ponožky a černý oblek – Bílé ponožky a černý oblek se k sobě nehodí.

1. Bílé ponožky a černý oblek – 2. Tričko a džíny – 3. Černé vlněné sako a šortky – 4. Večerní toaleta a svetr – 5. Růžová sukně a červený svetřík – 6. Minisukně a kozačky – 7. Modrá a zelená barva – 8. Večerní make-up a župan – 9. Klobouk a kožená bunda – 10. Frak a bílá košile – 11. Žlutá barva s hnědou –

■ **4.** *Beantworten Sie die Frage. Wählen Sie eine der gegebenen Möglichkeiten.*

BEISPIEL: Čím se holíte (= rasieren), holicím strojkem (= r Rasierapparat), nebo žiletkou (= e Rasierklinge)?
 a) Holím se holicím strojkem.
Oder: b) Holím se žiletkou.

1. Čím se holíte, holicím strojkem, nebo žiletkou? – 2. V čem pracujete na zahradě, v obleku, nebo v džínách? – 3. V čem hrajete volejbal, v dlouhých kalhotách, nebo v šortkách? – 4. Co máte v kabelce, hřeben, nebo rtěnku? – 5. Co nosíte raději, kozačky, nebo lodičky? – 6. Kam chodíte častěji, na party, nebo do divadla? – 7. Co nosíte raději, kostým s blůzou, nebo šaty a kabát? – 8. V čem chodíte doma, v pohodlných kalhotách a tričku, nebo v županu? –

■ **5.** *Beantworten Sie die Fragen.*

1. Máte černý oblek? 2. Co nosíte v létě? A co v zimě? 3. Chodíte často do kosmetického salonu? 4. Co všechno máte v šatníku? 5. Co si oblečete na túru? 6. Jsou všechny vaše boty pohodlné? 7. Jakou barvu má váš župan? 8. Co si na sebe vezmete, až půjdete na bál? A co váš muž / vaše žena? 9. Jaká je vaše oblíbená barva? 10. Víte, co je teď v módě?

LEKTION 15

■ **6.** *Lesen Sie laut die Zahlen in Verbindung mit den Substantiven.*

2 (byt, sestra, brýle, noviny, časopis); 3 (pokoj, židle, housle, lodičky); 4 (bota, boty, kamarád, Velikonoce); 6 (hodiny, pes, šaty, měsíc, džíny); 10 (kalhoty, svetr, sukně)

3-17

■ **7.** *Sagen Sie es höflicher. Reden Sie eine Frau an.*

MUSTER: Ukažte mi to na mapě. – Ukázala byste mi to na mapě?

1. Ukažte mi to na mapě. – 2. Můžeš to opakovat ještě jednou a pomaleji? – 3. Máte pro mě pár minut času? – 4. Podej mi ten černý svetr. – 5. Nechceš jít zítra s námi na oběd? – 6. Zavolejte tam hned. – 7. Můžeš mi to vysvětlit? – 8. Zeptejte se, v kolik hodin jede vlak. – 9. Nechceš jít zítra se mnou na disko? – 10. Nemůžete přijít dřív? – 11. Co od nás potřebujete? – 12. Zavřete prosím okno. –

3-18

■ **8.** *Wiederholen Sie zuerst die Frage, fügen Sie dann hinzu, dass Sie das nicht tun würden.*

MUSTER: Vy jí věříte? – Vy jí věříte? Já bych jí nevěřil/a.

1. Vy jí věříte? – 2. Ty tam jdeš? – 3. Vy to za ty peníze koupíte? – 4. Petr jede do Afriky? – 5. Ty se tomu směješ? – 6. Oni se zase stěhují? – 7. Ty mu to závidíš? – 8. Vy koupíte toho jejich bílého Forda? – 9. Ty na ně čekáš? – 10. Olga to stihne? – 11. Ty s ním souhlasíš? –

3-19

■ **9.** *Bejahen Sie die Frage.*

MUSTER: Chcete jít s námi? – Ano, nejraději bychom šli s vámi.

1. Chcete jít s námi? – 2. Chcete zůstat doma? – 3. Chcete už jet zpět? – 4. Chcete tu počkat? – 5. Chcete si dát grog? – 6. Chcete už jít spát? – 7. Chcete se vrátit? – 8. Chcete už odejít? – 9. Chcete si to ještě jednou prohlédnout? – 10. Chcete si odpočinout? –

3-20

■ **10.** *Bilden Sie bitte aus den gegebenen Elementen Bedingungssätze mit der 1. P. Sg.*

MUSTER: mít peníze – cestovat – Kdybych měl/a peníze, cestoval/a bych.

1. mít peníze – cestovat – 2. být starší – oženit se – 3. mít víc času – sportovat – 4. znát jeho adresu – poslat mu pohled – 5. chtít – jet do Itálie – 6. umět anglicky – pracovat v Americe – 7. být bohatý – koupit si dům – 8. moci – zavolat tam – 9. muset – pracovat i v sobotu – 10. smět jíst sladké – koupit si každý den čokoládu –

■ **11.** *Beantworten Sie die Frage. Verwenden Sie die 1. P. Pl.*

BEISPIEL: Co byste dělali, kdybyste vyhráli milion? – Kdybychom vyhráli milion, koupili bychom si byt.

1. Co byste dělali, kdybyste vyhráli milion? – 2. Co byste dělali, kdybyste měli pět dětí? – 3. Co byste dělali, kdybyste žili na venkově? A ve městě? – 4. Co byste dělali, kdybyste měli staré auto? – 5. Co byste dělali, kdybyste měli malý byt? – 6. Co byste dělali, kdybyste ztratili zaměstnání? – 7. Co byste dělali, kdybyste zůstali bez peněz? –

■ **12.** *Was meinen Sie, wie sollte er/sie sein? Ergänzen Sie ein treffendes Adjektiv.*

BEISPIEL: Jaký by měl být učitel? – Učitel by měl být spravedlivý.

1. Jaký by měl být učitel? – 2. Jaký by měl být politik? – 3. Jaký by měl být novinář? – 4. Jaká by měla být maminka? – . 5. Jaký by měl být dědeček? – 6. Jaká by měla být učitelka mateřské školy? – 7. Jaký by měl být generál? – 8. Jaký by měl být prezident republiky? – 9. Jaká by měla být sestra v nemocnici? – 10. Jaký by měl být šéf? –

■ **13.** *Anstatt* **kdyby** *kann in einem Bedingungssatz auch das Bindewort* **jestliže** / **jestli** *oder* **když** + **Ind. Fut.** *stehen. (Siehe auch L. 16, S. 245.) Bilden Sie bitte die Sätze um.*

BEISPIEL: Kdyby bylo málo sněhu, na hory bych nejel / na hory nepojedu. – Když bude málo sněhu, na hory nepojedu.
Oder: Jestli bude málo sněhu, na hory nepojedu.

1. Kdyby bylo málo sněhu, na hory bych nejel / nepojedu. – 2. Kdyby pršelo, zůstali bychom doma / zůstaneme doma. – 3. Kdybyste mi s tím poradil, byla bych / budu ráda. – 4. Kdyby Alenka

LEKTION 15

měla dobré vysvědčení, rodiče by jí koupili / jí koupí psa. – 5. Kdyby se mi ten film líbil, řekla bych / řeknu ti to. – 6. Kdybys zase přišel pozdě, nikdo by na tebe nečekal / nikdo na tebe čekat nebude. – 7. Kdybyste měli nějaké otázky, lektor by vám na ně rád odpověděl / vám na ně rád odpoví. –

■ **14.** *Verbinden Sie die angegebenen Sätze in ein Satzgefüge mit dem Finalsatz.*

MUSTER: Zavoláme vám brzy. Dohodnout se. – Zavoláme vám brzy, abychom se dohodli.

1. Zavoláme vám brzy. Dohodnout se. – 2. Musíš víc sportovat. Budeš zdravější. – 3. Napište si to datum. Pak na to nezapomenete. – 4. Koupíme si kazetu. Můžeme ten spirituál často poslouchat. – 5. Petr ti to vysvětlí. Pochopíš to rychleji. – 6. Dej si peněženku do kabelky. Neztratíš ji. – 7. Vezměte si plán města. Nezabloudíte. – 8. Gábina se musí hodně učit. Dostane se na univerzitu.

■ **15.** *Welche Teile der Satzreihe passen zusammen? Bilden Sie ein Satzgefüge mit dem Finalsatz. „Aby" wird konjugiert.*

BEISPIEL: 1/C: Jdu na party, abych se pobavil s přáteli.

1 Jdu na party
2 Marta jde do nemocnice
3 Jedeme do Alp
4 Šel jsem na disko
5 Často jezdíme domů
6 Bratr chce jet do Londýna
7 Kolega odjede do Brna
8 V neděli pojedu na venkov
9 V létě jezdíme do Itálie
10 Každý pátek chodím do klubu

A léčit si srdce
B zalyžovat si
C pobavit se s přáteli
D studovat ekonomii
E pracovat v naší filiálce
F odpočinout si od města
G navštívit rodiče
H zatancovat si se svou dívkou
I zahrát si bridž
J užít si tepla

■ **16.** *Wenn nach den Bewegungsverben in beiden Sätzen ein identisches Subjekt steht, so wird auch im Tsch. die Konstruktion durch den Infinitiv verkürzt. Verkürzen Sie die Sätze aus der Übung 15 durch eine Infinitivkonstruktion.*

MUSTER: Jdu **se** na party **pobavit** s přáteli.

■ **17.** *Übersetzen Sie.*

1. Könnten Sie mir einen Rat geben? 2. Was sollte ich heute anziehen? 3. Meine Freundin würde ein neues Sommerkleid brauchen, gelb steht ihr aber nicht. 4. Er sagt, er habe im Kleiderschrank lauter alte Jeans. 5. Passt dieser rote Schlips zu meiner Lederjacke? 6. Hättet ihr gute und bequeme Sportschuhe, könntet ihr die Wanderung mitmachen. 7. Fräulein, würden Sie mir etwas anderes zeigen? Das Rote mag ich nicht. 8. Was würden Sie mir zur weißen Hose empfehlen, ein blaues Hemd oder das grüne T-Shirt dort? 9. Was kostet dieser französische Lippenstift? 10. Würden Sie mir noch eine gute Zahnbürste und eine Tube Thymolin einpacken? 11. In die Disco gehen wir heute nicht. 12. Wärest du jünger und gesünder, möchtest du Alaska besuchen? 13. Ich zeigte ihm das Zitat im Buch, um ihn zu überzeugen. 14. Unsere Tochter möchte in Österreich arbeiten, um besser Deutsch zu sprechen. 15. Mein Sohn hat mir geschrieben, ich soll am Sonnabend nach Hamburg kommen. 16. Mein Mann wünscht nicht, dass ich arbeite. 17. Wenn es morgen nicht regnet, gehen wir Golf spielen. 18. Der Direktor hat mich gebeten, unserem neuen Kollegen zu helfen. Das ist aber ausgeschlossen, ich habe heute viel zu tun. 19. Ich gehe ins Café Zur Glocke, um dort meinen alten Freund zu treffen.

■ **18.** *Bilden Sie die indirekte Rede.*

MUSTER: Soused **mě** poprosil: „Půjčte mi baterku." – Soused mě poprosil, **abych** mu půjčil baterku.

1. Soused **mě** poprosil: „Půjčte mi baterku." – 2. Marie **mi** řekla: „Napiš mi ten recept". – 3. Karel **nás** pozval: „Pojďte také na muzikál." – 4. Prosil jsem **ho**: „Nemluv o tom s nikým." – 5. Otec **jí** radil: „Nespěchej se svatbou." – 6. Šéf **mi** řekl: „Pomozte naší nové praktikantce." – 7. Kamarádi **nám** napsali: „Vezměte s sebou kytaru." –

LEKTION 16
UMĚNÍ

Filmový festival je přede dveřmi
(Osoby: A – Viktor, B – David)

A Davide, nevíš, jestli se už prodávají lístky[1] na filmový festival?

B V novinách právě čtu, že předprodej bude zahájen až[2] příští týden. Chceš, abych ti koupil festivalovou kartu? Je to vstupenka, která platí na všechna festivalová představení.
A To by bylo prima. Ale počkej, kolik vlastně stojí?
B Levná určitě nebude. Když jsem si ji kupoval loni, stála tisíc pět set korun.
A Letos má být program ještě bohatší, takže možná bude stát i víc. Budou se totiž promítat nejen celovečerní filmy, ale i kratší dokumentární snímky. Jestli mě ale něco vůbec neláká, tak to jsou ty dva ohlášené americké výpravné filmy. Umím si to předem představit – drahá produkce, známí herci, scénář s jednoduchou zápletkou, laciným napětím a sentimentálním milostným příběhem. Děkuji, ne. Já dávám přednost nekonvenčnímu umění.

B Já si počkám s hodnocením, až[2] ty filmy uvidím sám. Naše kritika je často až[2] příliš přísná a diváci se dají tak snadno ovlivnit! Vzpomeň si jen, jak nepříznivě kritici psali o poslední inscenaci Shakespearovy hry v Divadle Omega, ale mně se to představení docela líbilo. Představitel hlavní role hrál podle mého názoru výborně, ba přímo skvěle.

A Tobě se to představení líbilo? Jak můžeš něco takového tvrdit? Vždyť režie byla naprosto špatná, herci také hráli špatně a výprava ani[2] hudba nestály za nic. Ne, to nebyl žádný Shakespeare, ale hloupá postmoderní inscenace. V umění jde buď o umělecké dílo, nebo o kýč, nic třetího neexistuje.

KUNST

Das Filmfestival steht vor der Tür
(Personen: A – Viktor, B – David)

A David, weißt du nicht, ob die Eintrittskarten für das Filmfestival schon verkauft werden?

B In der Zeitung lese ich gerade, dass der Vorverkauf erst nächste Woche beginnen wird. Soll ich dir eine Festivalkarte besorgen? Sie gilt für alle Festivalvorstellungen.

A Das wäre prima. Aber warte mal, wie viel kostet sie eigentlich?

B Sie ist wohl kaum billig. Als ich die Festivalkarte voriges Jahr gekauft habe, hat sie eintausendfünfhundert Kronen gekostet.

A In diesem Jahr soll das Programm noch reichhaltiger sein, so dass die Karte noch mehr kosten kann. Es werden nämlich nicht nur abendfüllende Spielfilme, sondern auch kurze Dokumentarfilme gezeigt. Wenn mich etwas gar nicht lockt, dann sind es die zwei angekündigten amerikanischen Ausstattungsfilme. Ich kann es mir im Voraus vorstellen – teuere Vorführung, bekannte Schauspieler, Drehbuch mit einer einfachen Verwicklung, billiger Spannung und einer sentimentalen Liebesgeschichte. Danke, nein. Ich ziehe unkonventionelle Kunst vor.

B Ich warte mit der Einschätzung, bis ich mir die Filme selbst angesehen habe. Unsere Kritik ist oft zu streng, und das Publikum lässt sich dann leicht beeinflussen. Nimm zum Beispiel, wie ungünstig die Kritiker über die letzte Aufführung eines Schauspiels von Shakespeare im Theater Omega geschrieben haben. Aber mir hat die Aufführung ganz gut gefallen. Der Darsteller der Hauptrolle hat meiner Meinung nach ausgezeichnet, sogar fabelhaft gespielt.

A Dir hat die Vorstellung gut gefallen? Wie kannst du so was behaupten? Die Regie war doch ganz und gar schlecht, die Schauspieler spielten erbärmlich und weder die Ausstattung noch die Musik waren etwas wert. Nein, das war kein Shakespeare, sondern eine dumme postmoderne Aufführung. In der

LEKTION 16

B To je věc vkusu. Vidím, že tvůj vkus je hodně konzervativní. Naopak, režie byla podle mě nápaditá a vtipná. Tys nebyl spokojený, protože nemáš smysl pro humor.

A No dovol! Já přece rozumím každé legraci. A když spolu chodíme na výstavy – třeba[2] nedávno na tu výstavu obrazů a ilustrací Adolfa Borna v Galerii G – jsem to vždy já, kdo tě upozorňuje na různé vtipné detaily, kterých by sis ty sám vůbec nevšiml.

B To máš pravdu. Já vím, že ve výtvarném umění jsem ve srovnání s tebou úplný laik. Skutečně nejsem žádný znalec výtvarných slohů. Ale kubismus od realismu a krajinomalbu od zátiší přece jen umím rozeznat.

WORTSCHATZ

ani *kon.*	weder
až *par.*	erst
ba *kon.*	sogar
buď-(a)nebo *kon.*	entweder-oder
celovečerní	abendfüllend
čekat *ip.*	warten
číst, čtu, četl, *ip.*	lesen
dílo, G. pl. děl *n.*	s Werk
divák *m.*	r Zuschauer
• **dokud** *kon.*	solange
dostat, -tanu, -aň! *pf.*	erhalten, bekommen
herec, -rce *m.*	r Schauspieler
hodnocení *n.*	e Einschätzung
hra *(divadelní) f.*	s Schauspiel
hrát, hraji/-ju *ip.*	spielen
i *kon.*	(wie) auch, sogar
• **i – i** *kon.*	sowohl – als auch

inscenace *f.*	e Aufführung
• **jakmile** *kon.*	sobald
• **jistý**	sicher
• **koupelna** *f.*	s Badezimmer
legrace *f.*	r Spaß
naopak *adv.*	im Gegenteil
nápaditý	ideenreich
napětí *n.*	e Spannung
naprosto *adv.*	ganz und gar

Kunst handelt es sich entweder um ein Kunstwerk oder um Kitsch, ein Drittes gibt es nicht.
B Das ist Geschmackssache. Ich meine, dass dein Geschmack zu konservativ ist. Im Gegenteil, die Regie war meiner Meinung nach ideenreich und witzig. Du warst einfach unzufrieden, weil du keinen Sinn für Humor hast.
A Du bist aber frech! Ich verstehe doch jeden Spaß. Wenn wir zusammen in eine Ausstellungen gehen – zum Beispiel vor kurzem in die Ausstellung der Bilder und Illustrationen von Adolf Born in der Galerie G – bin es jedesmal ich, der dich auf verschiedene witzige Details aufmerksam macht. Du selbst würdest sie gar nicht bemerken.
B Da hast du Recht. Ich muss bekennen, dass ich in der bildenden Kunst im Vergleich mit dir ein totaler Laie bin. Ich bin wirklich kein Kenner aller Stile der bildenden Kunst. Aber Kubismus vom Realismus und ein Landschaftsbild von einem Stillleben kann ich doch unterscheiden.

nepříznivě *adv.*	ungünstig	• **probudit se** *pf.*	wach werden
• **obout se**, obuju se, obul se *pf.*	sich Schuhe anziehen	**prodávat** *ip.*	verkaufen
		promítat *ip.*	projizieren, zeigen
• **odejít**, odejdu, odešel *pf.*	weggehen		
		• **příště** *adv.*	s nächste Mal, nächstens
ovlivnit *pf.*	beeinflussen		
platit *ip.*	gelten	• **přečíst** *pf.*	(durch)lesen
podle + G. *präp.*	nach	**předprodej** *m.*	r Vorverkauf
poslední	-r, -e, -s letzte	**představení** *n.*	e Vorstellung

LEKTION 16

představitel *m.*	r Darsteller	**vtipný**	witzig
rozeznat *pf.*	unterscheiden	• **vyjít,** vyjdu,	ausgehen
různý	verschieden	vyšel *pf.*	
sloh *m.*	r Stil	• **vyprodáno**	ausverkauft
smysl *m.*	r Sinn	**výstava** *f.*	e Ausstellung
srovnání *n.*	r Vergleich	**výtvarný**	bildend
tvrdit *ip.*	behaupten	**zahájit** *pf.*	eröffnen,
• **učesat se,**	sich frisieren,		beginnen
učešu se *pf.*	sich kämmen	• **zaplatit** *pf.*	bezahlen
umělecký	künstlerisch,	**zátiší** *n*	s Stillleben
	Kunst-	• **zavěsit**	anhängen,
umění *n.*	e Kunst	(*telefon*) *pf.*	auflegen (*den*
úplný	voll, total		*Hörer*)
upozorňovat *ip.*	aufmerksam	• **zmlknout** *pf.*	verstummen
	machen	**znalec,** -lce *m.*	r Kenner
vkus *m.*	r Geschmack	• **zrcadlo** *n.*	r Spiegel

ERLÄUTERUNGEN ZUM TEXT

1. Das Wort **lístek** (= Blättchen, Karte, Schein) kann in der Umgangssprache verschiedene Karten / Scheine bezeichnen: lístek = e Eintrittskarte (auch **vstupenka**), e Fahrkarte / r Fahrschein (auch **jízdenka**), e Ansichtskarte (auch **pohled / pohlednice**), seltener e Speisekarte (auch **jídelní lístek**).

2. In dieser Lektion kommen – wie auch in den vorhergehenden – viele s. g. **kurze Wörter** vor. (Manche davon sind Ihnen schon bekannt.)
   Einige der kurzen Wörter können in verschiedenen Sätzen als ein Adverb, eine Partikel oder ein Bindewort fungieren – dann entspricht ein und demselben Wort ein anderes deutsches Äquivalent.

   Beispiele:
   až: Počkám, **až** to sám uvidím.
   – *Ich warte, bis ich es selbst sehe.*
   Až přijde, řekni mu, že se ihned vrátím.
   – *Wenn er kommt, sag ihm, dass ich gleich zurückkomme.*

	Přijdu **až** za týden.
	– Ich komme *erst* in einer Woche.
	Sukně je **až moc** krátká.
	– Der Rock ist *viel zu* kurz.
ani:	Teď **ne**smíte **ani** jíst, **ani** pít.
	– Jetzt dürfen Sie *weder* essen *noch* trinken.
	Nebyl jsem tam **ani** jednou.
	– Ich war dort *nicht ein einziges Mal*.
	Ani matka to nevěděla.
	– *Selbst* die Mutter wusste es nicht.
asi:	Vím to **asi** týden.
	– Ich weiß es *ungefähr* eine Woche.
	Otec to **asi** neví.
	– Der Vater weiß es *wahrscheinlich / vielleicht* nicht.
než:	Lístky jsou dražší **než** loni.
	– Die Eintrittskarten sind teurer *als* voriges Jahr.
	Než odjedu, ještě ti zavolám.
	– *Bevor* ich abreise, rufe ich dich noch an.
třeba:	Co je ještě **třeba**?
	– Was ist noch *nötig*?
	Může tam jet **třeba** Jan.
	– Es kann *zum Beispiel* Jan dorthin fahren.
	Zítra už bude **třeba** pozdě!
	– Morgen *kann es* schon zu spät sein!
	Třeba ještě přijdou.
	– *Vielleicht* kommen Sie noch.
že:	Říkáš, **že** divadlo bylo plně obsazené?
	– Du sagst, *dass* das Theater voll besetzt war?
	Představení bylo hezké, **že**?
	– Die Vorstellung war nett, *nicht wahr*?

LEKTION 16

GRAMMATIK

NEBENORDNENDE KONJUNKTIONEN

a (= und), **i** (= wie auch), **i – i** (= sowohl – als auch), **ale** (= aber), **nejen – ale i** (= nicht nur – sondern auch), **avšak / však** (= jedoch), **ani – ani** (= weder – noch), **nebo** (= oder), **buď – (a)nebo** (= entweder – oder), **neboť** (= denn), **(a) proto** (= deshalb, deswegen)

Beispiele:
1. Na návštěvu přijde můj otec **a** můj bratr.
   Zu Besuch kommen mein Vater *und* mein Bruder.
2. Na návštěvu přijde můj otec **i** můj bratr.
   Zu Besuch kommen mein Vater *wie auch* mein Bruder.
3. Na návštěvu přijde **i** můj otec, **i** můj bratr.
   Zu Besuch kommen *sowohl* mein Vater *als auch* mein Bruder.
4. Na návštěvu přijde můj otec, **ale** bratr nepřijde.
   Zu Besuch kommt mein Vater, der Bruder kommt *aber* nicht.
5. Na návštěvu přijde **nejen** můj otec, **ale i** bratr.
   Zu Besuch kommt *nicht nur* mein Vater, *sondern auch* mein Bruder.
6. Na návštěvu přijde můj otec, bratr **však** nepřijde.
   Zu Besuch kommt mein Vater, der Bruder kommt *jedoch* nicht.
7. Na návštěvu **ne**přijde **ani** otec, **ani** bratr.
   Zu Besuch kommt *weder* der Vater *noch* der Bruder.
8. Na návštěvu přijde otec, **nebo** bratr.
   Zu Besuch kommt der Vater *oder* der Bruder.
9. Na návštěvu přijde **buď** otec, **nebo** bratr.
   Zu Besuch kommt *entweder* der Vater *oder* der Bruder.
10. Na návštěvu přijde otec, **proto** můj bratr nepřijde.
    Zu Besuch kommt der Vater, *deshalb* kommt der Bruder nicht.

DIE SATZGEFÜGE (Zusammenfassung)

Zum Unterschied vom Deutschen steht im tschechischen Nebensatz das finite Verb (das Prädikat) **nicht unbedingt** am Ende des Nebensatzes. Die **Wortfolge** ist **freier** und die Endstellung des Satzgliedes ist mit der **Betonung** des **wichtigsten** Bestandteils verbunden.

Beispiele:
1. Alex napsal, že **přijde**. – (..., dass er **kommt**.)
2. Alex napsal, že přijde **zítra**. – (..., dass er **morgen** kommt.)
3. Alex napsal, že zítra přijde **se svou přítelkyní**. – (..., dass er morgen **mit seiner Freundin** kommt.)
4. Alex napsal, že nepřijde, protože má **moc práce**. – (..., weil er **viel zu tun** hat.)

DIE WICHTIGSTEN KONJUNKTIONEN DER NEBENSÄTZE:
I. OBJEKTSÄTZE

Realmodalität: **že** (= dass)

Beispiele:

Vím, že máš pravdu.	Ich weiß, dass du Recht hast.
Tvrdila, že nemá čas.	Sie behauptete, dass sie keine Zeit hat. /..., sie habe keine Zeit.

Die Auslassung des Bindeworts **že** ist unzulässig!

Irrealmodalität: **jestli / zda** (= ob)

Beispiele:

Zeptej se ho, jestli / zda přijde.	Frag ihn, ob er kommt.
Nevíte, jestli přijde?	Wissen Sie nicht, ob er kommt?
Kdo ví, jestli měla pravdu.	Wer weiß, ob sie Recht hatte.

Wunschmodalität: **abych, abys... + l-Form**. (= dass). Siehe auch L. 15, S. 230.

Beispiele:

Chci, abys přišel včas.	Ich will, dass du rechtzeitig kommst.
Přejeme si, abyste tu byli spokojeni.	Wir wünschen, dass ihr da zufrieden seid.

LEKTION 16

II. KAUSALSÄTZE

protože / **jelikož** (= weil, da)

Beispiele:

Nechtěl se ženit, protože byl ještě moc mladý.	Er wollte nicht heiraten, weil er noch zu jung war.
Protože pršelo, zůstali jsme doma.	Weil es regnete, blieben wir zu Hause.

III. TEMPORALSÄTZE

když (= wenn, als) mit der Vergangenheitsform
až (= wenn, bis) mit der Zukunftsform

Beispiele:

Pokaždé když k nám **přišel**, jsme hráli šachy.	Jedesmal, wenn er zu uns kam, spielten wir Schach.
Když k nám včera **přišel**, hráli jsme šachy.	Als er **gestern** zu uns kam, spielten wir Schach.
Až k nám zítra **přijde**, budeme hrát šachy.	Wenn er **morgen** zu uns kommt, werden wir Schach spielen.
Počkám, až **přijde**.	Ich warte, bis er kommt.
Počkejte, až to **bude** hotovo.	Warten Sie, bis es fertig ist.

jakmile / **sotva** / **hned jak** (= sobald / kaum)

Beispiele:

Jakmile budete připraveni, začneme.	Sobald ihr bereit seid, fangen wir an.
Jakmile / sotva / hned jak vstoupil, všichni zmlkli.	Kaum war er eingetreten, verstummten alle.

dokud / **pokud** (= solange)

Beispiel:

Dokud jsem byl svobodný, hodně jsem sportoval.	Solange ich ledig war, trieb ich viel Sport.

(dříve) než (= ehe / bevor / früher als)
Beispiel:
Než odejdeš, ukliď si svůj pokoj.   Bevor / ehe du weggehst,
　　　　　　　　　　　　　　　　　räume dein Zimmer auf.

od té doby co / poté co (= nachdem / seit)
Beispiel:
Od té doby co se přestěhoval,   Nachdem er umgezogen war,
jsem ho neviděl.   sah ich ihn nicht mehr.

Das Tschechische kennt **keine Zeitenfolge**, d. h. es wird kein Plusquamperfekt und kein Futurum II in den Temporalsätzen verwendet.

IV. BEDINGUNGSSÄTZE

kdybych, kdybys... + l-Form / když / jestli(že) / -li (= wenn / falls)

Beispiele:
Kdy**bych** měl čas, šel bych /   Wenn **ich** Zeit hätte, würde ich
　půjdu s vámi.   mitgehen.
(Siehe auch L. 15., S. 229.)
Když / jestli **budu mít** čas,   Hätte ich Zeit, würde ich
　půjdu s vámi.   mitgehen.
Budu-li mít čas, půjdu s vámi.   Falls ich Zeit habe, gehe ich mit.

V. FINALSÄTZE

abych, abys... + l-Form (= damit, um – zu)

Beispiele:
Musíš mi pomoci, **abych**   Du sollst mir helfen, damit **ich**
　to stihl.   es schaffe.
Karel přišel, **aby** se seznámil   Karl kam, um meine Eltern
　s mými rodiči.   kennen zu lernen.
(Siehe auch L. 15., S. 229–30.)

LEKTION 16

Nach den Bewegungsverben kann auch im Tschechischen ein Infinitiv stehen.

Beispiel:

Přišel **se seznámit** s mými rodiči.

Er kam, um meine Eltern kennen zu lernen.

VI. KONZESSIVSÄTZE

i když / **ačkoli** / **přestože** (= trotzdem / obwohl / obgleich)
Beispiel:

I když / Ačkoli / Přestože s tím nesouhlasil, neprotestoval.

Obwohl er damit nicht einverstanden war, protestierte er nicht.

ÜBUNGEN

■ **1.** *Üben Sie die Aussprache. Wiederholen Sie das Wort oder die Wortverbindung.*

vstupenka – , předprodej – , zahraniční filmy – , průhledný – , ovlivnit – , ovlivnit diváka – , představitel – , představitel hlavní role – , všichni herci – , umělecké dílo – , smysl pro humor – , výtvarný sloh – .

■ **2.** *Ergänzen Sie die passenden Ausdrücke (nach dem Lehrbuchdialog).*

1. V novinách píší, že – vstupenek na festival – až příští týden. 2. Nevíš, kolik – lístek na večerní představení? 3. Letos je program bohatší – loni. 4. V tom filmu hrají samí známí – . 5. Výpravné filmy mě vůbec – . 6. Noviny psaly velmi kriticky o poslední inscenaci té – , ale mně se to docela – . 7. Můj partner má rád obrazy a grafiku, často spolu chodíme na – . 8. Ta komedie měla velmi průhlednou – . 9. Nejsem žádný – výtvarného umění, například sochám vůbec – .

■ **3**. *Drücken Sie den Gegensatz aus.*

BEISPIEL: Herci hráli dobře. – Herci hráli špatně.

1. Herci hráli dobře. – 2. Byla to velmi chytrá hra. – 3. Carmen zpívala báječně. – 4. Repertoár koncertu byl výborný. – 5. Kamera byla naprosto bez nápadu. – 6. V našem kině dnes hrají starý film. – 7. Orchestr hrál špatně. – 8. Lístky nebyly levné. – 9. Výprava té inscenace byla veselá. –

■ **4**. *Übersetzen Sie.*

1. Ich habe nur einen Film mit diesem Schauspieler gesehen. 2. Gibt es noch Karten für heute Abend? 3. Leider ist schon alles ausverkauft. 4. Es ist doch die beste Vorstellung des Jahres. 5. Dieser Thriller läuft erst ab Donnerstag. 6. Wenn euch das Ballett keinen Spaß macht, gehen wir lieber in die Oper. 7. Die Zuschauer waren zufrieden, nicht wahr? 8. Vielleicht gehen wir auch in diese Ausstellung. 9. Es ist fast ausgeschlossen, die Karten in diesen Jazzklub zu bekommen. 10. Die Aufführung wird Gabi kaum gefallen.

■ **5**. *Ergänzen Sie die passende Konjunktion.*

MUSTER: V pátek půjdeme na muzikál – v sobotu na disko. – V pátek půjdeme na muzikál a v sobotu na disko.

1. V pátek půjdeme na muzikál – v sobotu na disko. 2. Chtěli jsme jít do Laterny Magiky, – bylo vyprodáno. 3. Ještě jsme se nerozhodli, kam o víkendu pojedeme, – na Šumavu, – do Karlových Varů. 4. Vezmete s sebou – děti? 5. Pojedete autobusem – vlakem? 6. Žena má angínu, zítra nemůžeme jít – na návštěvu, – do kina. 7. Líbila se mi – výprava té hry, – režie. 8. Nám se nelíbila – výprava, – režie. 9. Nejen scénář té detektivky, – kamera byla výborná.

LEKTION 16

■ **6.** *Verbinden Sie beide Bestandteile in ein Temporalsatzgefüge. Sprechen Sie von sich selbst (= 1. P. Sg.) in der Vergangenheit. Beachten Sie die korrekte Wortfolge. Verwenden Sie verschiedene Konjunktionen.*

a) BEISPIEL: Vrátit se z práce – zavolat Marii.
Jakmile / když / hned jak jsem se vrátil z práce, zavolal jsem Marii.

1. Vrátit se z práce – zavolat Marii. 2. Zavolat jí – dohodnout si s ní schůzku. 3. Dohodnout si s ní schůzku – přečíst si (= durchlesen) noviny. 4. Přečíst si noviny – osprchovat se (= sich duschen). 5. Vrátit se z koupelny – vzít si novou košili a džíny. 6. Obléknout se – podívat se do zrcadla. 7. Učesat se – obout se. 8. Zamknout (= absperren) byt – jít do garáže pro auto.

Und jetzt sagen Sie dasselbe in der Zukunft.

b) BEISPIELE: Vrátit se z práce – zavolat Marii. – Až / jakmile / hned jak se vrátím z práce, zavolám Marii.

■ **7.** *Tauschen Sie bitte in den Temporalsätzen die angeführte Konjunktion aus der Liste gegen eine andere aus. (Liste: **když, hned jak, jakmile, sotva**.)*

1. Hned jak jsem se ráno osprchovala (= sich duschen), zazvonil telefon. Byl to Tomáš. 2. Sotva jsem se nasnídala, telefonovala Zuzana. 3. Když mi řekla všechny své novinky, zavěsila a ani se nezeptala, jak se mám. 4. Jakmile jsem vyšla (= ausgehen) z domu, potkala jsem souseda se psem. 5. Hned jak jsem přišla do kanceláře, dala jsem se do práce.

■ **8.** *Wählen Sie eine passende Konjunktion aus der Liste.*
(*Liste:* **dokud (ne), (dříve) než, od té doby co, předtím než, poté co**.)

1. – jsme chodili do stejné školy, potkávali (= begegnen *ip.*) jsme se denně. 2. – se odstěhoval z našeho města, už jsem ho neviděla. 3. – jsem napsal test, odešel jsem ze třídy. 4. – jsem šla spát, připravila jsem si věci na ráno. 5. – dítě neusnulo, museli jsme v pokoji svítit. 6. – odjedeš (= fortfahren, wegreisen), zaplať všechny účty. 7. – jsem studovala, chodila jsem do divadla často. 8. – jsem zaměstnaná, mám na kulturu méně času. 9. Ráda bych dostudovala, – se budu vdávat. 10. – se ožením (= heiraten *pf.*), chci hodně cestovat. 11. Užívejte (= geniessen) života, – jste svobodní!

■ **9.** *Übersetzen Sie.*

1. Jedes Mal, wenn ich in Prag bin, gehe ich ins Café Slavia. 2. Als sie jung war, war sie sehr hübsch. 3. Wenn Sie das nächste Mal in Pilsen sind, gehen wir Bier trinken! 4. Warte, bis die Suppe fertig ist. 5. Bevor die Gäste gekommen sind, hatte sie alles vorbereitet. 6. Wenn du zu mir kommst, werde ich dir dieses Buch zeigen. 7. Nachdem wir Platz genommen hatten, begann das Orchester zu spielen. 8. Bevor er hinfährt, muss er noch Geschenke für die Mutter kaufen. 9. Als ich es gesehen hatte, wollte ich sofort weggehen. 10. Sobald ich in Ostrava bin, rufe ich dich an. 11. Nachdem er angekommen war, wollte er seinen PKW parken. 12. Als sie gestern wach wurde, war es erst sechs Uhr.

■ **10.** *Wählen Sie zwischen* **protože** *und* **přestože / ačkoli / i když**.

1. Nejeli jsme nikam, – pršelo. 2. Jeli jsme na výlet, – počasí nebylo nejlepší. 3. Nechtěla se vdávat, – byla ještě hodně mladá. 4. Vdala se, – jí bylo teprve devatenáct let. 5. – měl dobré vysvědčení, nešel studovat na univerzitu. 6. Na party nepůjdu, – tam nikoho neznám. 7. Na party půjdu, – tam nikoho neznám. 8. Na tenis dnes nepůjdu, – zítra dělám těžkou zkoušku. 9. – měla špatné vysvědčení, chtěla studovat na vysoké škole. 10. Naši hokejisté prohráli, – Švédsko bylo lepší. 11. Naši hokejisté vyhráli, – hráli velmi špatně.

LEKTION 16

■ **11.** *Tauschen Sie eine Bedingungskonstruktion gegen eine andere mit* **kdyby** *aus.*

MUSTER: Jestli budu mít čas, přijdu taky. – Kdyby**ch** měl čas, přišel **bych** taky.

1. Jestli budu mít čas, přijdu taky. – 2. Jano a Mílo, jestli se vám to v pondělí nehodí, můžete přijít v úterý. – 3. Jestli to Petr ví, řekne nám to. – 4. Jestli dostanu velký honorář, pojedu do Egypta. – 5. Jestli nechceš jít na návštěvu, můžeme jít třeba do vinárny. – 6. Jestli nám dnes pomůžete, pomůžeme příště i my vám. – 7. Jestli vyhraju milion, koupím si byt. – 8. Paní Veselá, jestli si přečtete tu knihu, změníte svůj názor. –

■ **12.** *Übersetzen Sie.*

1. Wüsste ich das, würde ich das sagen. 2. Wäre er ledig, könnte er studieren. 3. Wenn sie kommt, sagen Sie ihr bitte, dass ich krank bin. 4. Falls Sie nicht kommen können, rufen Sie uns an. 5. Wenn sie es gewusst hätte, wäre sie lieber zu Hause geblieben. 6. Hätte ich eine weiße Bluse, würde ich sie anziehen. 7. Ich wäre glücklich, wenn Sie mich mal in Wien besuchen. 8. Wäre Tanja nicht so faul, könnte sie bessere Zensuren haben.

■ **13.** *Beantworten Sie die Fragen.*

1. Co byste dělal, kdybyste dnes měl víc času? 2. Kam byste cestoval, kdyby vám to někdo zaplatil? 3. Do čeho byste investoval, kdybyste měl deset milionů? 4. Co byste dělal, kdyby vám ještě jednou bylo devatenáct let? 5. Jakou knihu byste si vzal s sebou, kdybyste musel půl roku žít na pustém (= öde) ostrově? 6. Kde byste chtěl bydlet, kdybyste si mohl vybírat (= auswählen)? 7. Co byste dělal/a, kdyby od vás odešel / odešla partner / partnerka?

■ **14.** *Unterscheiden Sie die Objektsätze, die verschiedene Modalität ausdrücken. Ergänzen Sie die passende Konjunktion. Wählen Sie zwischen* **že, aby, jestli, kdyby**.

1. Vím určitě, – dnes Jana přijde. 2. Chtěl bych, – Věra taky přišla. 3. Zeptej se někoho, – Marcela také přijde. 4. Přeju vám, – vám ty léky pomohly. 5. Nevím, – mi ty léky pomůžou. 6. Lékař si je jistý, – mi léky pomůžou. 7. Informuj se, – ten vlak jezdí i v neděli. 8. Na

nádraží mi řekli, – ten vlak jezdí každý den. 9. Kdo ví, – syn tu zkoušku udělá. 10. Byl bych rád, – syn tu zkoušku udělal. 11. Syn nám napsal, – tu zkoušku udělal. 12. Kritika píše, – ten film je výborný. 13. Raději se ještě zeptám, – je ten film dobrý. 14. Byl bych rád, – Karel mohl přijet už v pátek.

■ **15.** *Übersetzen Sie.*

1. Niemand weiß, ob Rudolf gesund oder krank ist. 2. Geben Sie mir bitte Ihre Adresse, damit ich Ihnen schreiben kann. 3. Sie wünscht, dass ich jedes Wochenende zu ihr komme. 4. Bist du dir sicher, dass er heute kommt? 5. Wenn ich mir nicht sicher wäre, würde ich nicht darüber sprechen. 6. Wir möchten nach Bern fahren, um dort eine alte Dame zu besuchen. 7. Wir erwarten ihre Antwort, ob sie im Juni in Bern ist. 8. Sollte sie im Juni bei der Tochter in Frankreich sein, würden wir den Besuch verschieben (= odložit). 9. Schreib mir bald, ob du meinen Brief erhalten hast und ob wir dich am Freitag erwarten können.

■ **16.** *Beantworten Sie die Fragen.*

MUSTER: Přijde zítra Marta? – Nevím, jestli Marta zítra přijde, ale byl bych rád, kdyby přišla.

1. Přijde zítra Marta? – 2. Vyhrajeme ten hokej? – 3. Zajímá Petra historie? – 4. Koupí Zdeněk ten dům? – 5. Jede taky Alena? – 6. Dají ti na to rodiče peníze? – 7. Pomůže vám s tím někdo? –

■ **17.** *Ergänzen Sie die passende Konjunktion.*

1. Chci, – to všichni věděli. 2. Maminka si přála, – o tom doma už nikdo nemluvil. 3. Petr řekl Lucii, – mu večer zavolala. 4. Lucie slíbila, – mu určitě zavolá. 5. Nevím, – mu Lucie zavolala. 6. Nevíš, – Klára tu knihu četla? 7. – ji četla, určitě by o tom se mnou mluvila. 8. Karel mě prosil, – mu knihu vrátil už v pátek. 9. To auto si koupíme, i – si na ně měli půjčit (= leihen). 10. – nedostali lístky na večer, mohli bychom na ten film jít i odpoledne. 11. Tu hru musím vidět, i – měl kvůli tomu jet až na konec města. 12. Na procházku chodíme denně, – prší. 13. Koupila jsem si lístek dopředu, – dobře viděla. 14. – si koupíte lístky na druhou galerii, budete špatně vidět i slyšet. 15. I – jsme si koupili drahé lístky, viděli jsme špatně.

LEKTION 17
VEŘEJNÝ ŽIVOT
POLITIKA

Co je ve světě nového?

(Osoby: A – žena, B – muž)

A Tady máš, Františku, svou ranní kávu. Ještě noviny. Á, vidím, že už je čteš[1]. Tak co je ve světě nového?

B Nic veselého, jako vždycky. V dolní sněmovně se mluví o návrhu zákona o daních, v kulturním výboru senátu byla zřízena komise pro ochranu sta-

vebních památek, v Portugalsku bude zítra jmenována nová vláda, italský ministr vnitra má být odvolán, ve Francii se zase stávkuje, izraelský premiér prohrál volby, mezi Řeckem a Českem byla uzavřena nová obchodní smlouva.

A O tom zloději na naší poště nepíšou[2] nic? Včera to hlásili[2] v rozhlase i v televizi. Ještě ho nechytili[2]?

B Toho zloděje? Ještě ne. Ale tady čtu, že policejní ředitel našeho okresu byl přeložen. Kdo ví, proč. Tady něco neklape. Může jít i o korupci.

A Ty jsi ale nedůvěřivý! Proč hned ve všem hledat podvod nebo zločin? Vidím, že se neumíš zbavit svých starých předsudků.

B To není žádný předsudek, to je životní zkušenost. Nemáme snad v našem veřejném životě skoro každý den nějaký skandál? Ty každému důvěřuješ a přitom tě už na ulici dvakrát okradli[2].

A Moc opatrná nejsem, v tom s tebou souhlasím. Ale za to přece nemůže[3] vláda.

17

ÖFFENTLICHES LEBEN
POLITIK

Was gibt's Neues in der Welt?

(Personen: A – Frau, B – Mann)

A Franz, da hast du deinen Morgenkaffee. Noch die Zeitung – ah, ich sehe, du bist schon beim Lesen. Also, was gibt's Neues in der Welt?

B Nichts Lustiges, wie immer. Im Unterhaus wird ein Antrag des neuen Steuergesetzes erörtert, im Kulturausschuss des Senats wurde eine Denkmalschutzkommission gebildet, morgen wird in Portugal eine neue Regierung ernannt, der italienische Innenminister soll abberufen werden, in Frankreich wird wieder gestreikt, der israelische Premierminister wurde abgewählt, zwischen Griechenland und Tschechien wurde ein neuer Handelsvertrag abgeschlossen.

A Über den Dieb in unserem Postamt wird nichts geschrieben? Gestern haben es der Rundfunk und das Fernsehen gemeldet. Ist er noch nicht gefasst worden?

B Der Dieb? Nein, noch nicht. Aber da lese ich, dass unser Bezirkspolizeidirektor versetzt worden ist. Wer weiß, warum. Da klappt etwas nicht, da kann es sich auch um Korruption handeln.

A Bist du aber misstrauisch! Warum soll man überall Betrug oder Verbrechen suchen? Ich sehe, du bist nicht im Stande, dich von deinen alten Vorurteilen zu lösen.

B Das ist kein Vorurteil, das ist eine Lebenserfahrung. Gibt es vielleicht nicht in unserem öffentlichen Leben fast jeden Tag einen neuen Skandal? Du vertraust jedem. Und dabei hat man dich schon zweimal auf der Straße bestohlen.

A Vorsichtig bin ich nicht, da stimme ich dir zu. Aber dafür kann doch die Regierung nichts.

LEKTION 17

B Ale může[3] za to, že hodně podvodníků a zločinců zůstává nepotrestáno. A že naše soudy pracují pomalu. A jak říkával[4] můj tatínek – ryba smrdí od hlavy.
A Františku, víme, že se v politice nedohodneme. Ale proto přece nevyhlásíme v rodině válku. Já teď musím vařit a ty mi ještě něco přečti. Ale bez komentáře, prosím.

B To ti nemůžu slíbit. Tak třeba něco o počasí. Jižní Bavorsko je zase ohroženo povodněmi.
Některé silnice jsou zaplavené.
A Doufejme, že nejsou žádné oběti na životech.
B Bohužel, tady píšou[2], že utonuli dva lidé a několik osob se pohřešuje.
A Přírodní katastrofy jsou hrozné – v zimě laviny, na jaře povodně, v létě požáry, v Americe vichřice –

B A lokální války celý rok. K čemu pak je dobrá Rada bezpečnosti? Organizace spojených národů by měla mít kontrolu nad světovým zbrojním arzenálem.

A Já tomu taky nerozumím. Politici se na sebe na obrazovce usmívají, jezdí z jedné země do druhé –
B – a všichni jen mluví. Jedni něco navrhují, jiní to odmítají, zatímco nevinní lidé hladovějí, krvácejí a umírají na bojištích i v týlu, jsou pronásledováni a vyháněni. Často se mi zdá, že dnes celý svět nemá rozum.

WORTSCHATZ

bezpečnost f.	e Sicherheit	• **hlasovat** ip.	abstimmen
bojiště n.	s Schlachtfeld	**jiný**	r, e, s andere
daň f.	e Steuer	**jmenovat** + Akk.	ernennen
důvěřovat ip.	vertrauen	+ Inst. ip.	
hladovět ip.	hungern	**minulost** f.	e Vergangenheit
hlásit ip.	melden	**mnoho** adv.	viel

B Aber sie kann dafür, dass viele Betrüger und Verbrecher unbestraft bleiben. Und dass unsere Gerichte zu langsam arbeiten. Mein Vater pflegte zu sagen – der Fisch stinkt vom Kopf an.
A Franz, wir wissen, dass wir uns über die Politik nicht einigen. Aber deswegen treten wir doch nicht in den Familienstreik. Ich muss jetzt kochen und du lies mir noch was vor. Aber bitte ohne Kommentar.
B Das kann ich dir nicht versprechen. Also zum Beispiel etwas über das Wetter. Südbayern wird wieder durch Hochwasser bedroht. Manche Straßen sind überflutet.
A Hoffentlich gibt's keine Opfer.
B Leider wird hier geschrieben, dass zwei Menschen ertrunken sind und einige Personen vermisst werden.
A Naturkatastrophen sind schrecklich – im Winter Lawinen, im Frühling Hochwasser, im Sommer Brände, in Amerika Wirbelstürme –
B Und lokal begrenzte kriegerische Konflikte das ganze Jahr über. Es sieht so aus, als ob der Sicherheitsrat zu nichts taugt. Die Organisation der Vereinten Nationen sollten doch die Überwachung über das Weltrüstungsarsenal haben.
A Ich kann es auch nicht begreifen. Die Politiker lächeln sich am Bildschirm zu. Sie fahren von einem Land ins andere –
B – und dabei wird nur gesprochen. Eine Seite schlägt etwas vor, die zweite lehnt es ab, während unschuldige Menschen hungern, auf den Schlachtfeldern und im Hinterland verbluten und sterben, verfolgt und vertrieben werden. Oft scheint mir, dass die ganze Welt verrückt spielt.

návrh *m.*	r Antrag, r Vorschlag	• **odsoudit** *pf.*	verurteilen
		odvolat *pf.*	abberufen
navrhovat *ip.*	vorschlagen	**ohrozit** *pf.*	bedrohen
nedůvěřivý	misstrauisch	**okrást**, okradu, okradl *pf.*	bestehlen
nevinný	unschuldig		
oběť, -i *f.*	s Opfer	**podvod** *m.*	r Betrug

LEKTION 17

podvodník *m.*	r Betrüger	**válka** *f.*	r Krieg
pohřešovat *ip.*	vermissen	**veřejný**	öffentlich
potrestat *pf.*	bestrafen	**vláda** *f.*	e Regierung
povodeň, -dně *f.*	s Hochwasser	**volby** *f. pl.*, G. *pl.* voleb	e Wahl, e Wahlen
požár *m.*	r Brand		
pronásledovat *ip.*	verfolgen	• **vstávat** *ip.*	aufstehen
• **propustit** *pf.*	entlassen	**výbor** *m.*	r Ausschuss
přeložit + Akk. (koho) *pf.*	versetzen	**zákon**, -a *m.*	s Gesetz
		zatímco *kon.*	während
rozhlas *m.*	r Rundfunk	**zaplavit** *pf.*	überfluten, überschwemmen
rozumět + D. *ip.*	begreifen		
sedět *ip.*	sitzen	**zbavit se** + G. *pf.*	sich lösen
smlouva *f.*	r Vertrag	**zdát se** *ip.*	scheinen
obchodní s.	r Handelsvertrag	**země** *f.*	s Land
sněmovna *f.*	s Parlament, s Unterhaus	**zkušenost** *f.*	e Erfahrung
		zločin *m.*	s Verbrechen
soud *m.*	s Gericht	**zločinec**, -nce *m.*	r Verbrecher
stávkovat *ip.*	streiken	**zloděj** m.	r Dieb
svět, -a *m.*	e Welt	**zničit** *pf.*	vernichten, kaputt machen
televize *f.*	s Fernsehen		
usmívat se na + Akk. *ip.*	jemandem zulächeln	• **zranit** *pf.*	verletzen, verwunden
utonout *pf.*	ertrinken	**zřídit** *pf.*	bilden, errichten
uzavřít, -vřu, -vřel *pf.*	abschließen	• **zvolit** *pf.*	wählen

ERLÄUTERUNGEN ZUM TEXT

1. Vidím, že **čteš** noviny (= Ich sehe, du bist beim Lesen.) – der Verlauf der aktuellen Handlung (d. h. gerade, jetzt eben) wird nur durch ein **imperfektives** Verb ausgedrückt. Dieser Bedeutung entspricht oft die deutsche Konstruktion *er ist beim Lesen, sie ist beim Kochen* u. s. w.

2. V novinách **píšou**, že…, (= In der Zeitung wird geschrieben, dass …) – falls der Handlungsurheber unbekannt, unwichtig oder allgemein aufgefasst ist, wird diese Auffassung durch die subjektlose Verbkonstruktion mit 3. P. Pl. zum Ausdruck gebracht.

3. **Moct / moci za + Akk.** = können für + Akk. Z. B.: Kdo za to může? (= Wer kann dafür?) On za to nemůže. (= Er kann nichts dafür.)

4. Jak **říkával** můj otec (= Wie mein Vater zu sagen pflegte …) – die regelmäßig wiederholte Handlung wird durch ein Verb mit dem Suffix **-va-** (z. B. **říkávat, chodívat, sedávat**) ausgedrückt und entspricht der deutschen Konstruktion *pflegen + zu + Infinitiv*.

GRAMMATIK

DAS PASSIV

Im Allgemeinen wird das Passiv im Tschechischen weniger verwendet als im Deutschen. Das Passiv kommt besonders in der offiziellen Sprache und in der Fachsprache vor.

Das Passiv wird auf zweierlei Art zum Ausdruck gebracht werden.

1) **Das Reflexivpassiv** hat die Reflexivpartikel **se + Indikativ der 3. P. Sg./Pl.** Das Reflexivpassiv wird häufiger von den **imperfektiven** Verben gebildet. Z. B.:

Ta kniha **se** už prodává.	Das Buch wird schon verkauft.
Ta kniha **se** dobře prodávala.	Das Buch wurde gut verkauft.
Ta kniha **se** bude prodávat zítra.	Das Buch wird morgen verkauft werden.

Auch in den subjektlosen Sätzen:

Pořád **se** jen řeční.	Es wird immer nur geredet.
O tom **se** u nás nemluvilo.	Darüber ist bei uns nicht gesprochen worden.

2) **Das Partizippassiv** hat eine **zusammengesetzte Form**. Sie besteht aus den Formen des Hilfsverbs **být + Partizipform.** Das Partizippassiv wird häufiger von den **perfektiven** Verben gebildet. Das Partizip stimmt mit dem Subjekt überein. Z. B.:

Román **je** přeložen do němčiny.	Der Roman ist ins Deutsche übersetzt.
Ann**a je** taky pozván**a**.	Anna ist auch eingeladen.

LEKTION 17

To mís**to** už **bylo** obsazen**o**.
Kin**o bude** zavřen**o**.

Der Platz war schon besetzt.
Das Kino wird geschlossen sein.

Zločinc**i byli** zatčen**i**.

Die Verbrecher wurden verhaftet.

Dom**y byly** opraven**y**.

Die Häuser sind repariert worden.

Oběti **jsou** tam pronásledován**y**.

Die Opfer werden dort verfolgt.

Zvířat**a byla** ohrožen**a**.

Die Tiere waren bedroht.

PARTIZIPFORMEN

Die Partizipform wird auf folgende Weise gebildet: anstatt dem -l in der Vergangenheitsform stehen folgende Suffixe:

1. **-n**, z. B.: udělal – udělá**n**, uváděl – uváděn, operoval – operová**n**
Die Verben auf **-it** haben anstatt dem -i- **-e-** , z. B.: dovolit – dovolil – dovol**en**, postavit – postavil – postav**en**.

2. **-t** steht bei vielen Verben auf **-nout**, z. B.: prominout – prominul – prominu**t**, und bei einigen unregelmäßigen Verben, z. B.: zabít – zabil – zabi**t**, vypít (= austrinken) – vypil – vypi**t**.

Anmerkungen

1) Bei den Verben auf **-at** und **-ovat** ist die **Dehnung** des Stammvokals **-a-** zu beobachten: uděl**a**l – uděl**á**n, operov**a**l – operov**á**n, jmenov**a**l – jmenov**á**n, potrest**a**l – potrest**á**n.

2) Bei den Verben auf **-it** wird der Stammkonsonanten **-t-, -d-, -s, -z-, -st-** vor dem Suffix **-en** verändert, z. B.: zapla**t**il – zapla**c**en, probu**d**il – probu**z**en, ohlá**s**il – ohlá**š**en, ohro**z**il – ohro**ž**en, propus**t**il – propu**št**ěn ...

3) Wenn die Partizipien die Adjektivendungen annehmen, werden sie zu Adjektiven und sind deklinierbar, z. B.: napsan**ý** dopis, prodan**á** kniha, vypit**é** víno, odsouzen**í** zločinci, postaven**é** domy, pronásledovan**é** ženy, zabit**á** zvířata.

ÜBUNGEN

■ **1.** *Üben Sie die Aussprache. Wiederholen Sie das Wort oder die Wortverbindung.*

sněmovna – , dolní sněmovna – , návrh – , návrh zákona – , ministr vnitra – , prohrát volby – , smlouva – , nová smlouva – , nedůvěřivý – , zaplavené silnice – , veřejný život – , pronásledovat – , zbrojní arzenál – .

■ **2.** *Ergänzen Sie das passende Wort. Wiederholen Sie bitte den ganzen Satz.*

MUSTER: Co o tom skandálu píšou v –? – Co o tom skandálu píšou v novinách?

1. Co o tom skandálu píšou v –? 2. Včera večer to hlásili v – i v – . 3. Ukazuje se, že naše – by měly pracovat rychleji. 4. Jeho matka je hodně pověrčivá a má i jiné – . 5. Po – byly některé silnice zaplavené. 6. Utonuli dva lidé a několik osob se – . 7. Každý den máme v našem – životě nějaký skandál. 8. Jedni politici něco –, druzí to – . 9. Hodně podvodníků pořád zůstává – . 10. Ve Francii se často – .

■ **3.** *Übersetzen Sie.*

1. Bist du schon fertig? – Nein, ich bin gerade beim Anziehen. 2. Als ich zu ihr kam, war sie gerade beim Lesen. 3. Barbara ist nicht da, sie ist gerade beim Einkaufen. 4. Einen Moment bitte, Oma kommt gleich, sie ist gerade beim Kochen. 5. Meine Freundin ist traurig, ihr Opa liegt im Sterben.

■ **4.** *Formen Sie die Sätze um. Das Prädikatsverb soll die regelmäßige, wiederholte Handlung ausdrücken.*

MUSTER: To často říkal i můj otec. – To často řík**áva**l i můj otec.

1. To často říkal i můj otec. – 2. Ve středu chodíme do kavárny. – 3. Teta vždy seděla na tomto místě u okna. – 4. Dříve jsme si s nimi psali pravidelně. – 5. U nás bylo každou zimu hodně sněhu. – 6. Na

LEKTION 17

vesnici dříve lidi hodně zpívali. – 7. Na tomto klavíru prý Antonín Dvořák hrál své písně. –

■ **5.** *Formen Sie die Sätze um. Drücken Sie dieselbe Bedeutung durch das Reflexivpassiv aus.*

MUSTER: Ve Francii zase stávkují. – Ve Francii **se** zase stávku**je**.

1. Ve Francii zase stávkují. – 2. V parlamentu mluvili o novém zákoně. – 3. V novinách o tom nic nepsali. – 4. Ve škole už na tu aféru zapomněli. – 5. Ve vládě o tom budou hlasovat zítra. – 6. V kulturním výboru o tom nic nevědí. – 7. V Organizaci spojených národů o tom jen mluvili. –

■ **6.** *Bilden Sie die Sätze um. Beschreiben Sie den Vorfall nicht im Passiv, sondern im Aktiv.*

MUSTER: Celá továrna byla zničena požárem. – Požár zničil celou továrnu.

1. Celá továrna byla zničena požárem. – 2. Jižní Bavorsko je zaplaveno vodou. – 3. Stará žena byla zabita zločinci. – 4. Františkova žena byla okradena podvodníkem. 5. Jeden policista byl ohrožen demonstranty. – 6. Mezi Českem a Německem byla uzavřena nová obchodní smlouva. – 7. Nová komise byla zřízena senátem. –

■ **7.** *Beantworten Sie die Frage. In der Antwort gebrauchen Sie die subjektlose Verbkonstruktion mit der 3. P. Pl.*

MUSTER: Kde jste byl okraden, v metru? – Ano, okrad**li mě** (Akk.) v metru.

1. Kde jste byl okraden, v metru? – 2. Kdy byla ta škola zavřena, loni? – 3. Kdy byl ten supermarket otevřen, před týdnem? – 4. Kde byl ten román přeložen, v Německu? – 5. Kdy byl ten hotel opraven, před rokem? – 6. Čím byl váš soused jmenován, ředitelem průmyslovky? – 7. Kdy byla tvá sestra přeložena, letos? – 8. Za co byl pan Novák potrestán, za podvod? 9. Kde byl chycen (= fassen) zloděj, v bance? –

■ **8.** *Beantworten Sie die Fragen bejahend. In der Antwort gebrauchen Sie bitte das Partizip Passiv.*

MUSTER: Vašeho otce prý jmenovali profesorem? – Ano, náš otec (Nom.) byl jmenován profesorem.

1. Vašeho otce prý jmenovali profesorem? – 2. Vašeho kolegu prý okradli. – 3. Vašeho šéfa prý odvolali? – 4. Vaši kolegyni prý přeložili? – 5. Vašeho ředitele prý potrestali? – 6. Vašeho strýčka prý navrhli na senátora? – 7. Vaši sestru tam pronásledovali? – 8. Toho známého zločince propustili? –

■ **9.** *Übersetzen Sie.*

1. Als sie heiratete, wurde viel getanzt und gesungen. 2. Der Verbrecher wurde verhaftet. 3. Die Brücke wurde vernichtet. 4. Darüber wurde bei uns schon früher gesprochen. 5. Die Tiere sind dort sehr bedroht. 6. Die Regierung soll kommende Woche abberufen werden. 7. Das Buch ist auch ins Tschechische übersetzt. 8. Das Hotel wurde da erst vor einem Jahr gebaut. 9. Als wir dorthin kamen, waren schon alle Plätze besetzt. 10. Das Theater wurde im Jahre 1871 eröffnet. 11. Diese Ausstellung ist mir von meinem Freund empfohlen worden. 12. Ich kann doch nichts dafür, dass das Konzert ausverkauft ist. 13. In unserer Familie wird nicht lange geschlafen, wir stehen um 6 Uhr auf. 14. In der Sporthalle wird nicht geraucht. 15. Viele Betrüger bleiben unbestraft. 16. Heute wird in unserem Theater nicht gespielt.

■ **10.** *Übersetzen Sie mit Ihrem Wörterbuch ins Deutsche. Wie viele Passivkonstruktionen haben Sie gefunden?*

Mezinárodní organizace UNESCO byla založena v roce 1945. V současné době má pro Českou republiku zvláštní význam program Paměť světa. Je zaměřen na to, aby bylo pro další generace zachováno dokumentární dědictví písemné, grafické a hudební minulosti. UNESCO přišlo s nápadem, aby dokumenty byly nahrány na CD ROM – vědci pak mohou rukopisem listovat a „plastové kolečko" může být posláno třeba na druhý konec světa.

(Podle časopisu Respekt, X, 25)

LEKTION 18
Z ČESKÝCH DĚJIN

Od praotce Čecha k zániku Velkomoravské říše
(Znělka rozhlasu)

Vážení posluchači, dnes pokračujeme v našem cyklu „Kapitoly z českých dějin". Minule jsme zde vyprávěli o praotci Čechovi, který – podle staré pověsti – přišel se svým slovanským kmenem do centra Čech na horu Říp. Zde se prý rozhlédl po okolí, které se mu líbilo, a slíbil svému lidu dostatek obživy v těchto místech.

M. Aleš: Der Urvater Tschech auf dem Berg Říp

Tato stará legenda existuje v několika variantách kronikářů, nemá však žádnou hodnotu faktografickou. Je jen součástí našeho předhistorického období. Zůstává však legendou stále živou. Každý náš žák zná sérii starých pověstí českých, které v roce 1894 napsal Alois Jirásek. Jeho vyprávění byla tak krásná, že inspirovala mnoho českých umělců romantického 19. století k jejich dalšímu ztvárnění. Kdo z Čechů by neznal operu Bedřicha Smetany o Libuši, dceři Krokově, stejně jako Smetanův cyklus symfonických básní Má vlast o Vyšehradu, Blaníku a o Šárce, jedné z postav dívčí války. Českým srdcím je blízký i soubor výtvarných děl Mikolá-

Vyšehrad

AUS DER BÖHMISCHEN GESCHICHTE

Vom Urvater Tschech bis zum Untergang des Großmährischen Reiches

(Radiosignal)

Verehrte Zuhörer,
heute setzen wir unseren Zyklus „Kapitel aus der tschechischen Geschichte" fort. Das letztemal haben wir vom Urvater Tschech gesprochen, der – einer alten Legende zufolge – seinen slawischen Stamm in das Zentrum Böhmens, auf den Berg Říp geführt habe. Hier habe er in die Umgebung hinabgeschaut, die ihm gefiel, und er habe seinem Volk ausreichende Nahrung an diesem Ort versprochen. Diese alte Fabel existiert bei den Chronisten in einigen Varianten, sie hat jedoch keinerlei faktografischen Wert. Sie ist nur ein Bestandteil unseres prähistorischen Zeitraums. Jedoch ist sie eine ständig lebendige Legende geblieben. Jeder unserer Schüler kennt die Reihe alter böhmischer Sagen, die 1894 Alois Jirásek geschrieben hat. Sein Erzählen war so schön, dass es viele tschechische romantische Künstler des 19. Jahrhunderts zur weiteren Bearbeitung inspirierte. Wer von den Tschechen kennt nicht die Oper von Bedřich Smetana über Libussa, Kroks Tochter, ebenso wie Smetanas Zyklus sinfonischer Gedichte „Mein Vaterland" über den Vyšehrad, den Blaník, über Šárka, eine der Gestalten des Mädchenkrieges. Den tschechischen Herzen steht auch die Kollektion der Gemälde von Mikoláš Aleš und weiterer Maler sowie Bildhauer nahe, die slawische heidnische Götter und Szenen aus der alten böhmischen Mythologie abbildet. Vergessen wir jedoch nicht, dass keine konkreten Beweise vom damaligen Leben der Tsche-

Alois Jirásek

Bedřich Smetana

LEKTION 18

še Alše a dalších malířů a sochařů, který zobrazuje pohanské slovanské bohy a scény ze staré české mytologie. Nezapomeňme však, že žádné konkrétní důkazy o tehdejším životě Čechů nemáme k dispozici. Víme jen, že doba, o které staré pověsti vyprávějí, spadá mezi roky 500–800. Písemné zprávy neexistují, a o tom, co víme, poskytuje svědectví jenom archeologie.

Bohaté důkazy nám archeologie poskytuje i o krátké, ale vyspělé existenci Velkomoravské říše, prvního státu u nás. Zde od roku 862 po čtvrt století působili křesťanští misionáři z byzantské Soluně, bratři Cyril (Konstantin) a Metoděj. Ti sem Slovanům přinesli nejen svou kultivovanou formu křesťanství, ale i první staroslověnský překlad bible, psaný prvním slovanským písmem, Konstantinovou hlaholicí. Poprvé bylo dovoleno sloužit celou mši v slovanském jazyce, proto měla jejich kázání velký úspěch. Staroslověnský překlad bible se stal i učebnicí moravských duchovních. Když byli po Metodějově smrti v roce 882 – Konstantin zemřel o 16 roků dříve – z Moravy bavorskými mnichy vyhnáni, bylo jich prý už asi dvě stě. Velkomoravská říše pak brzy zanikla.

(Zpracováno podle knihy „Toulky českou minulostí I" od Petra Hory-Hořejše, Praha, Bonus Press 1993)

WORTSCHATZ

báseň, -sně *f.*	s Gedicht	**duchovní**, -ho *m*	r Geistliche
bible *f.*	e Bibel	**důkaz** *m.*	r Beweis
blízký	nahe, nahestehend	**hodnota** *f.*	r Wert
		hora *f.*	r Berg
bůh/Bůh, boha/Boha *m.*	r Gott	**kázání** *n.*	e Predigt
		kmen *m.*	r Stamm
cyklus, -klu *m.*	r Zyklus	**křesťanský**	christlich
dějiny *f. pl.*	e Geschichte	**křesťanství** *n.*	s Christentum
dispozice *f.*	e Verfügung	**lid** *m.*	s Volk
být k dispozici	zur Verfügung stehen	**minule** *adv.*	das letztemal
		• **mnohý**	mancher, zahlreich
• **domluvit se** *pf.*	sich verabreden		
dostatek, -tku *m.*	s Genüge, ausreichend	**mše** *f.*	e Messe
		sloužit mši	die Messe lesen

chen zur Verfügung stehen. Wir wissen nur, dass der Zeitraum, von dem die alten Sagen berichten, in die Jahre 500–800 fällt. Schriftliche Belege existieren nicht, und von dem, was wir wissen, legt nur die Archäologie Zeugnis ab.

Reichhaltige Beweise bringt die Archäologie auch über die kurze, dafür aber hochentwickelte Existenz des Großmährischen Reiches, des ersten Staates bei uns. Hier wirkten seit 862 fast ein Vierteljahrhundert lang die christlichen Missionare aus dem byzantinischen Thessaloniki, die Brüder Cyrill (Konstantin) und Methodius. Diese brachten den Slawen nicht nur ihre kultivierte Form des Christentums, sondern auch die erste altslawische Bibelübersetzung, in der ersten slawischen Schrift, Konstantins Glagolica, geschrieben. Zum erstenmal war es gestattet, die ganze Messe in der slawischen Sprache zu lesen, und auch deswegen hatten die Predigten großen Erfolg. Die altslawische Bibelübersetzung wurde auch zum Lehrbuch der mährischen Geistlichen. Als diese nach dem Tode von Methodius – Konstantin starb 16 Jahre früher – durch bayrische Mönche aus Mähren vertrieben wurden, betrug ihre Anzahl angeblich um die 200. Das Großmährische Reich ging dann bald unter.

(Nach dem Buch Petr Hora-Hořejš: Toulky českou minulostí I)

obživa *schriftspr. f.* e Nahrung
okolí *n.* e Umgebung
• **opravovat** *ip.* reparieren
• **pamatovat se** *ip.* sich erinnern
písemný schriftlich
písmo *n.* e Schrift
pohanský heidnisch
pokračovat v + L. *ip.* fortsetzen
postava *f.* e Gestalt
pouze *adv.* lediglich, nur
pověst *f.* e Sage, e Legende
praotec, -tce *m.* r Urvater
překlad *m.* e Übersetzung
přinést, přinesu, přinesl *pf.* bringen
působit *ip.* wirken
rozhlédnout se, rozhlédl se *pf.* hinabschauen
říše *n.* s Reich
• **Velkomoravská ř.** s Großmährische R.
slovanský slawisch
smrt *f.* r Tod
spadat *(do doby)* fallen *(in die Zeit)* *schriftspr. ip.*
srozumitelný verständlich
stát *m.* r Staat

LEKTION 18

tehdejší	damalig	**zemřít**, -mřu,	sterben
umělec *m.*	r Künstler	-mřel *pf.*	
vlast *f.*	s Vaterland	**zobrazovat** *ip.*	abbilden
vyhnat, vyženu *pf.*	vertreiben	**ztvárnění** *n.*	e Bearbeitung,
vyspělý	hoch entwickelt		e Darstellung
zaniknout,	untergehen	**živý** *f.*	lebendig
zanikl *pf.*			

GRAMMATIK

DIE DEKLINATION DER INTERNATIONALISMEN

Internationalismen behalten meist ihr ursprüngliches Geschlecht, z. B.: cyklus = M., centrum = N., téma = N., galerie = F. Die Endung **-us** und **-um** fällt beim Deklinieren weg und die Hauptwörter werden nach den tschechischen Mustern dekliniert,

d. h. **génius** wie *pán*, in Pl. wie *muž*

Sg. Nom.	géni**us**	Pl.	géni**ové**
G.	géni**a**		géni**ů**
D.	géni**ovi**		géni**ům**
Akk.	geni**a**		géni**e**
L. (o)	géni**ovi**		géni**ích**
Inst.	géni**em**		géni**i**

cyklus wie *hrad*

Sg. Nom.	cykl**us**	Pl.	cykl**y**
G.	cykl**u**		cykl**ů**
D.	cykl**u**		cykl**ům**
Akk.	cykl**us**		cykl**y**
L. (o)	cykl**u**		cykl**ech**
Inst.	cykl**em**		cykl**y**

centrum wie *slovo*

Sg. Nom.	centr**um**	Pl. centr**a**
G.	centr**a**	cent**er**
D.	centr**u**	centr**ům**
Akk.	centr**um**	centr**a**
L. (o)	centr**u**	centr**ech**
Inst.	centr**em**	centr**y**

téma in Sg. wie *hrad*, in Pl. wie *slovo*

Sg. Nom.	tém**a**	Pl. tém**ata**
G.	tém**atu**	tém**at**
D.	tém**atu**	tém**atům**
Akk.	tém**a**	tém**ata**
L. (o)	tém**atu**	tém**atech**
Inst.	tém**atem**	tém**aty**

galerie wie *růže*

Sg. Nom.	galeri**e**	Pl. galeri**e**
G.	galeri**e**	galeri**í**
D.	galer**ii**	galeri**ím**
Akk.	galer**ii**	galeri**e**
L. (o)	galer**ii**	galeri**ích**
Inst.	galer**ií**	galeri**emi**

Einige Internationalismen bleiben undekliniert. Beispiele: atašé, kupé, tabu, revue, blues, madam u. a.

LEKTION 18

ÜBUNGEN

3-34

■ **1.** *Üben Sie die Aussprache. Wiederholen Sie das Wort oder die Wortverbindung.*

Báseň – , první – , brzy – , překlad – , slíbil – , hora Říp – , pověst – , staré pověsti – , křesťanství – , křesťanský – , zemřel – , zemřel dříve – , malíři a sochaři – .

■ **2.** *Beantworten Sie die Fragen auf Tschechisch.*

1. Kam přišel praotec Čech se svým slovanským kmenem? 2. Co zde slíbil svému lidu? 3. Kdo napsal pověst o praotci Čechovi? 4. Kteří umělci a ve kterých dílech zobrazovali postavy starých českých pověstí? 5. Kdo byla Šárka? 6. Kdo a kdy přinesl na Velkou Moravu křesťanství? 7. Proč měla kázání Cyrila a Metoděje úspěch? 8. Kdy zanikla Velkomoravská říše?

■ **3.** *Ergänzen Sie den richtigen Ausdruck (nach dem Lehrbuchtext).*

1. Praotec Čech se na – Říp rozhlédl po – . 2. Tato legenda inspirovala mnoho českých – . 3. Tato díla zobrazují – slovanské bohy. 4. Žádné konkrétní – z té doby nemáme k dispozici. 5. Od roku 862 zde působili – misionáři. 6. Překlad bible byl psán prvním – – . 7. Konstantin – o 16 roků dříve než Metoděj. 8. Po Metodějově smrti Velkomoravská – brzy – .

■ **4.** *Setzen Sie das in Klammern gegebene Substantiv in die richtige Form.*

1. Prohlédli jsme si všechny (fotografie) ve starém (album). 2. Zítra půjdeme do (Muzeum) české hudby. 3. Obrazy v naší (galerie) jsou od slavných malířů. 4. Tato vila byla postavena ve stylu (funkcionalismus). 5. Smetana a Dvořák napsali několik (symfonie). 6. V (publikum) sedělo mnoho známých umělců. 7. Co se stalo před tímto (datum), není nikomu známé. 8. Jejich dcera studovala na (lyceum) a syn na (gymnázium). 9. Sedli jsme si do prvního (kupé). 10. Orchestr hrál známé americké (blues).

WIEDERHOLUNGSÜBUNGEN

■ **5.** *Beantworten Sie die Fragen. Sagen Sie beide Möglichkeiten.*

MUSTER: Kolik pokojů má ten byt, dva nebo pět? – Ten byt má dva pokoje. Ten byt má pět pokojů.

1. Kolik pokojů má ten byt, dva nebo pět? – 2. Kolik poschodí má váš dům, jedno nebo dvě? – 3. Kolik roků je jejímu bratrovi, čtyři nebo šest? – 4. Kolik pokojů máte nahoře, tři nebo jeden? – 5. Jaký plat tam má učitel, šest nebo devět tisíc? – 6. Kolik set stála ta kniha, pět nebo šest? – 7. Kolik cizích jazyků umíte, dva nebo tři? – 8. Kolik stanic ještě pojedeme, čtyři nebo pět? – 9. Kolik eur stojí jízdenka, čtyři nebo pět? – 10. Kolik stran má kniha, dvacet čtyři nebo dvacet pět? –

■ **6.** *Was sagen Sie in folgenden Situationen?*

a) Begrüßen Sie (auf verschiedene Art) folgende Personen: Lukáš, Karel, Klára, slečna Hujerová, pan Pešek, paní Márová
1. beim Zusammentreffen, 2. beim Abschied, 3. vor der Reise, 4. bevor er/sie in die Disko gehen.

b) Was sagen Sie? Sie wollen sich bei folgenden Personen bedanken: pan doktor, paní učitelka, sestra Marie, pan Skála, Alena, Luděk, Martin.

c) Was sagen Sie? Sie wollen sich bei folgenden Personen entschuldigen: pan předseda, paní inženýrka, pan ředitel, Zdeňka, Zdeněk.

d) Reden Sie eine unbekannte Person an und fragen Sie 1. nach dem Weg zum Karlsplatz, 2. nach dem Preis der Zeitschrift, 3. nach der Abfahrtszeit des Zugs nach Bratislava, 4. nach der Wechselstube, 5. ob der Tisch frei ist, 6. wo die Fahrkarten zu lösen sind, 7. wo hier in der Nähe ein Postamt ist.

e) Jemand hat sich Ihnen vorgestellt. Was sagen Sie? Stellen Sie sich auch vor.

LEKTION 18

■ **7.** *Protestieren Sie.*

MUSTER: Nikdo to prý nevěděl. – To není možné. Někdo to přece musel vědět.

1. Nikdo to prý nevěděl. – 2. Nikdo to prý neviděl. – 3. Nic se jí tam prý nelíbilo. – 4. Nikdy tam prý nepršelo. – 5. Nikde se prý ta kniha neprodávala. – 6. Žádné peníze tam prý nepotřebovala. – 7. S nikým tam prý nemluvili. – 8. Ničeho si prý nevšimla. – 9. O nic se prý nezajímala. –

■ **8.** *Beantworten Sie die Frage. Sagen Sie, dass es jetzt anders ist als früher.*

MUSTER: Chcete jet do Afriky? – Dříve jsem chtěl, ale teď už nechci.

1. Chcete jet do Afriky? – 2. Smíte jíst sladké? – 3. Umíte dobře lyžovat? – 4. Můžete si to dovolit? – 5. Smějete se tomu pořád? – 6. Máte ještě často chuť na cigaretu? – 7. Hrajete bridž? – 8. Píšete ještě poezii? – 9. Čtete každý den noviny? – 10. Jíte maso? – 11. Jezdíte pořád na koni? – 12. Běháte ještě na lyžích? –

■ **9.** *Ergänzen Sie die Endung der Vergangenheit.*

1. Byl- tam asi deset Japonců. 2. Na kurs češtiny přijel- šest Finů. 3. U stolu seděl- samí Francouzi. 4. V naší skupině byl- i dva Němci. 5. Na kongres jel- více než dvacet našich lékařů. 6. Ve třídě byl- sedm Američanů. 7. Nevím, kolik žáků tu knihu četl-. 8. Ke zkoušce přišl- jen tři studenti. 9. Včera přišl- ke zkoušce deset studentů. 10. V čekárně byl- ještě hodně pacientů.

■ **10.** *Wählen Sie die richtige Futurform aus.*

1. Brzy ti o sobě (píšu, napíšu, budu psát) víc. 2. Zítra si (říkáme, řekneme, mluvíme) pár slov o starých českých pověstech. 3. Příští rok (pojedeme, jezdíme, budeme jezdit) na Island. 4. Až Veronika (dělá, udělá) maturitu, (studuje, bude studovat) medicínu. 5. Až (vyhrávám, vyhraju) v loterii, (koupím si, kupuju si) dům se zahradou. 6. Až budu ženatý, (přestanu, přestávám) chodit do hospody. 7. Hned jak se z Berlína vrátím, (zavolám, volám) ti. 8. Za měsíc

se stěhuju, pak (budu bydlet, bydlím) blízko tebe. 9. Jakmile tu knihu (čtu, budu číst, přečtu), vrátím vám ji. 10. Nové auto si (koupíme, kupujeme), až na ně (máme, budeme mít) peníze. 11. Tak co si dnes (dáme, dáváme, budeme dávat) k obědu, kachnu nebo krůtu? 12. Dříve než se (rozhoduješ, rozhodneš), dobře si vše rozmysli. 13. Ještě nevím, jestli v létě zase (jedu, jezdím, pojedu) k moři.

■ **11.** *Wiederholen Sie zuerst die Frage, fügen Sie dann bitte einen Imperativsatz hinzu.*

3-38

MUSTER: Proč nechcete jet s námi? – Proč nechcete jet s námi? Pojeďte s námi.

1. Proč nechcete jet s námi? – 2. Proč si nechcete sednout dopředu? – 3. Proč si nechcete dát polévku? – 4. Proč mu to nechcete říci sám? – 5. Proč si nechcete koupit nové lyže? – 6. Proč nechcete jít s nimi na túru? – 7. Proč na to nechcete zapomenout? – 8. Proč se jim nechcete omluvit? – 9. Proč si tu báseň nechcete přečíst? – 10. Proč nám to nechcete slíbit? – 11. Proč na ni nechcete počkat? – 12. Proč nechcete zavolat policii? –

■ **12.** *Formen Sie die Sätze um. Verwenden Sie den Konditional.*

MUSTER: Až změním místo, budu mít víc peněz. – Kdybych změnil/-a místo, měl/-a bych víc peněz.

1. Až změním místo, budu mít víc peněz. – 2. Až budu mít větší plat, koupím si nové kolo. – 3. Až si koupím nové kolo, budu pravidelně sportovat. – 4. Až budu pravidelně sportovat, budu zdravější. – 5. Když bude bouřka, zůstaneme raději doma. – 6. Když bude hezky, uděláme si piknik. – 7. Jestli to Franta ví, bude se zlobit. – 8. Když se Franta bude zlobit, poprosím ho o prominutí. – 9. Až mi to Franta promine, budeme zase dobří kamarádi. – 10. Když budeme v divadle sedět vepředu, budeme dobře vidět. – 11. Až budeš chodit dřív spát, nebudeš ráno tak unavený. – 12. Když budete brát ty léky, budete se cítit lépe. –

LEKTION 18

■ **13.** *Formen Sie die Sätze um, fügen Sie das in Klammern stehende Wort hinzu.*

MUSTER: Franta je můj dobrý kamarád. (Pepík)
– Franta a Pepík jsou moji dobří kamarádi.

1. Franta je můj dobrý kamarád. (Pepík) – 2. Donutil je známý český komik. (Polívka) – 3. Zvíkov je starý český hrad. (Karlštejn) – 4. Klimt je slavný rakouský malíř. (Kokoschka) – 5. „Figarova svatba" je známá Mozartova opera. („Don Giovanni") – 6. Navrátilová je naše slavná tenistka. (Novotná) – 7. Heidelberg je staré německé město. (Tübingen) – 8. Labe je velká evropská řeka. (Rýn) – 9. Beethoven je nejznámější německý skladatel. (Bach) –

3-39

■ **14.** *Antworten Sie unter Verwendung des Personalpronomens.*

MUSTER: To je dárek pro mě? – Ano, pro tebe.

1. To je dárek pro mě? – 2. To je dárek od Karla? – 3. To je dárek od tebe? – 4. To je dárek od Heleny? – 5. S kým tam jdeš, s Věrou a Martou? – 6. Komu voláš, Marcele a Vaškovi? – 7. To je kniha od vás (höflich)? – 8. To je kniha od vás? – 9. Jdeš tam kvůli Milanovi? – 10. Jdeš tam kvůli mně? – 11. Jedeš tam bez Franty? – 12. O kom se tam mluvilo, o mně? – 13. Týká se to i tebe? – 14. Od koho to víš, od Anety? –

■ **15.** *Beantworten Sie die Fragen auf Tschechisch.*

1. Kde jste se narodil/-a? 2. Kdy jste se narodil/-a? 3. Kolik je vám let? 4. Čím jste? 5. Kolik je hodin? 6. Kolikátého je dnes? 7. Který je dnes den? 8. Ve kterém měsíci má tvůj muž / tvoje žena narozeniny? 9. Kolik tam stojí pivo? 10. Kolik je venku stupňů? 11. Jaká je jeho žena / její muž? 12. Za kolik jste to auto koupil/a? 13. Jak se dostanu na letiště? 14. V kolik hodin vstáváte? 15. Od kolika hodin pracujete? 16. Odkdy jste v té bance zaměstnán/-a? 17. Dokdy je otevřený supermarket? 18. Který sport máte nejraději? 19. Máte bratra nebo sestru? Kolik? 20. Kam jste chodil/-a do školy? 21. Jaké máte vzdělání?

■ **16.** *Beschreiben Sie folgende Umstände oder erzählen Sie über folgende Ereignisse.*

1. Jaký máte byt? Jak dlouho v něm bydlíte? 2. Jak jezdíte do práce? 3. Kde jste byl / byla loni na dovolené? Jaké tam bylo počasí? 4. Máte nějaké koníčky? 5. V čem chodíte do práce? Co máte na sobě teď? 6. Jakou barvu máte nejraději? A jakou barvu nemáte rád / ráda? 7. Jaký je váš šéf? Je velký nebo malý? Je starý nebo mladý? Je přísný? 8. Vyprávějte o někom, koho máte rád / ráda. 9. Je vaše rodina velká? 10. Jaká byla vaše babička? 11. Žijete zdravě? Co pro to děláte? 12. Máte nějakou vážnou nemoc? 13. Byl / byla jste někdy v nemocnici a s čím? 14. Jste v nějaké politické straně? Chodíte k volbám? 15. Kdy u vás nejvíce prší? 16. Co můžeme vidět při bouřce? 17. Kolik let už jezdíte autem? Jaké máte auto? 18. Věříte horoskopům? Víte, ve kterém znamení jste se narodil / narodila? 19. Byl / byla jste někdy v zahraničí? Kde? Co se vám tam líbilo? A co se vám tam nelíbilo? 20. Znáte nějaké české hrady? 21. Znáte nějakou starou pověst? Vyprávějte ji. 22. Jakému umění nejvíce rozumíte? Co nejraději čtete? Máte nějakého oblíbeného herce? 23. Co snídáte? Kde obědváte? Chodíte často na večeři do restaurace?

■ **17.** *Formen Sie bitte die Sätze um. Bilden Sie die Konstruktion mit dem Partizip Passiv.*

3-40

MUSTER: Podvodníka odsoudili na patnáct let. – Podvodník byl odsouzen na patnáct let.

1. Podvodníka odsoudili na patnáct let. – 2. Naši ulici opravili za dva měsíce. – 3. Inženýra Hanáka zvolili předsedou komise. – 4. Některé novináře tam pronásledovali. – 5. Ministra kultury zase kritizovali. – 6. Mého bratra jmenovali ředitelem konzervatoře. – 7. Ve vlaku nás okradli. – 8. Toho zloděje prý včera zatkli. – 9. Jana Majera na šéfredaktora nedoporučili.

LEKTION 18

 ■ **18.** *Übersetzen Sie, verwenden Sie dabei das Aktiv, das im Tschechischen häufiger benutzt wird.*

ZUM BEISPIEL: Frau Lang, Sie wurden **von jemanden** gesucht. – Paní Langová, **někdo** Vás hledal.

1. Frau Lang, Sie wurden von jemandem gesucht. – 2. Die Delegation wurde sogar vom Bürgermeister empfangen. – 3. Hoffentlich wurde der Verbrecher von der Polizei verhaftet. – 4. Ich bin von niemandem gefragt worden. – 5. Die CDs wurden ihm von uns zum Geburtstag geschenkt. – 6. Ich bin von meiner Tante zum Einkaufen geschickt worden. – 7. Ihr werdet von allen erwartet. – 8. Ich wurde von Herrn Klein nicht verstanden. –

 ■ **19.** *Übersetzen Sie. In der Übersetzung verwenden Sie die reflexive Passivkonstruktion.*

MUSTER: In der Schule wird nicht geraucht. – Ve škole se nekouří.

1. In der Schule wird nicht geraucht. – 2. In unserer Firma wird wirklich hart gearbeitet. – 3. Ich weiß nicht, was am Sonntag im Theater „Archa" gespielt wurde. – 4. Nichts wurde dagegen getan. – 5. Im Parlament wird immer viel geredet. – 6. Was wurde darüber in der Zeitung geschrieben? – 7. Hier wird ein neues Palais gebaut. – 8. Ihr Auto wird gerade repariert. –

 ■ **20.** *Übersetzen Sie.*

1. Man sagt, dass Artur schrecklich geizig ist. 2. Das weiß man nicht genau. 3. In der Schule glaubt man nicht, dass die Lehrerin gerecht ist. 4. In Genf spricht man mehr französisch als deutsch. 5. Wer weiß, wie man es auf Tschechisch sagt? – 6. In Prag geht man das ganze Jahr ins Theater, nicht nur im Winter. 7. Man erzählte, dass sie mit ihrem Mann unglücklich war. 8. In seiner Familie darf man darüber nicht sprechen. 9. Am Sonnabend und Sonntag arbeitet man nicht.

 ■ **21.** *Drücken Sie Ihre Meinungsverschiedenheit aus. Verwenden Sie den Gegensatz zu dem Adjektiv / Adverb aus dem ersten Satz.*

MUSTER: Gustav je prý **mladší** než jeho žena. – Kdo to říkal? Gustav je **přece mnohem starší**.

1. Gustav je prý mladší než jeho žena. – 2. Irena prý přišla dříve než Radka. – 3. Kamila prý mluví francouzsky hůř než Zita. – 4. Ota prý vydělává mnohem víc než Jaroslav. – 5. Horákovi prý mají menší byt než vy. – 6. Ten film je prý lepší než ten román. – 7. Láhev sektu prý stojí v restauraci U hrušky méně než U bílého koně. – 8. Knihy jsou prý v Rakousku levnější než u nás. – 9. Karin je prý línější než Pavla. – 10. V Izraeli je prý na podzim chladněji než u nás. –

■ **22.** *Ergänzen Sie die passende Konjunktion.*

1. Bohatí nejsme, – chudí také ne. 2. Musíte přestat kouřit, – dostanete infarkt. 3. Náš Pavel se ještě definitivně nerozhodl, chce jít – na gymnázium, – na průmyslovku. 4. Naše Marcela nechce jít – na obchodní akademii, – do učení. 5. Zahraniční studenti byli přijati – u rektora univerzity. 6. Nevím, – je ten tvůj nápad dobrý. 7. Bára si myslí, – má vždycky pravdu. 8. – jsem jel/a poprvé do Prahy, vzal/a jsem si s sebou mapu města. 9. – přijedete do Prahy, půjdeme na nový muzikál. 10. Užívejte života, – jste mladí. 11. – se Mirek doma víc učil, měl by lepší vysvědčení. 12. Teta chtěla zase domů, – jsme ji k nám přivezli. 13. Cesta autem trvala dlouho, – pořád pršelo. 14. V Americe jsem se všude domluvila, – umím anglicky jen málo. 15. Zeptejte se jí na to, – ji příště potkáte. 16. Byl bych, pane Veselý, rád, – byl ke mně upřímnější. 17. Vezměte si ještě salát, – vám chutná. 18. Maminka vždycky chce, – ji Anna o všem informovala. 19. Nevím, – se Anně chce maminku o všem informovat, myslím, – ne.

■ **23.** *Wählen Sie die richtige Futurform (das imperfektive oder das perfektive Futur).*

BEISPIEL: Až Olgu (poznat), určitě (líbit se) vám. – Až Olgu poznáte, určitě se vám bude líbit.

1. Až Olgu (poznat), určitě (líbit se) vám. 2. Až (vzpomenout si) na nás, (napsat) nám? 3. Až (ochutnat) plzeňské pivo, (nekupovat) jiné. 4. Až (vrátit se), (zavolat) nám? 5. Až (přestat se) zlobit, (smát se) tomu. 6. Až sem teta (přijet), každý den (chodit) po návštěvách. 7. Až (prohlédnout si) výstavu, (být) spokojeni. 8. Až

LEKTION 18

(být zdravý), zase (smět) sportovat. 9. Až (uvidět) Itálii, (nechtít) jezdit nikam jinam. 10. Až (koupit si) ten fotoaparát, (přijít) nám ho ukázat? 11. Až (jít) na ten koncert, (říct) nám to? 12. Až (jet) do Karlových Varů, (vzít) nás s sebou?

■ **24.** *Übersetzen Sie.*

1. Tante Věra kommt heute auf dem Hauptbahnhof an. 2. Kommen Sie herauf! Sie werden schon von allen erwartet. 3. Wenn Herr Reiner kommt, schicken Sie ihn bitte gleich in mein Büro. 4. Man sagt, ihr Vater soll sehr reich sein. 5. Fräulein Schmied wohnt hier leider seit drei Monaten nicht mehr. 6. Seine Schwester wird es wohl vergessen haben. 7. Trink nicht so viel, sonst wird dir übel. 8. Worum handelt es sich? 9. Vielen Dank für eueren Besuch. Und kommt bald wieder! 10. Wenn ich dich schon da habe, hilf mir bitte. 11. Es fällt mir gerade nichts anderes ein. 12. Bis es Ferien gibt, müssen wir alle noch warten. 13. Kaum jemand kann es besser erklären als Professor Hájek. 14. Möglich, dass du ihn morgen auch siehst, er sollte abends im Roxy-Café sein. 15. Und kommt er bestimmt? – Hoffentlich ja. 16. Ich begegnete ihr in unserer Stadt oft, sie war in dieser Zeit ungefähr sechzehn, sie war also ziemlich jung. 17. Zum Glück haben wir heute genug Zeit. 18. Doktor Henner kommt erst am Freitag aus Berlin zurück. 19. Es ist nichts in unserem Leben umsonst.

25. *Hören Sie die tschechische Staatshymne.*

Kde domov můj
Česká státní hymna

domov s Heim

Kde domov můj, kde domov můj?
Voda hučí po lučinách,
bory šumí po skalinách,

v sadě skví se jara květ,

zemský ráj to na pohled!

A to je ta krásná země,
země česká, domov můj,
země česká, domov můj!

hučet tosen, *lučina* e Wiese
bor r Kiefernwald, *šumět* rauschen,
  skalina r Felsen
sad r Garten, *skvít se* glänzen,
  prunken, *květ* e Blüte
zemský ráj s Erdenparadies,
  na pohled schön anzusehen

RATSCHLÄGE FÜR DIE IN DER TSCHECHISCHEN REPUBLIK LEBENDEN AUSLÄNDER

■ I. GENERELL

In der deutschen Übersetzung suchen Sie die Bedeutung der fett gedruckten Wörter.

Podle zákona **o pobytu** cizinců na **území** ČR může **občan** členského státu EU požádat o zvláštní pobytové povolení – k **přechodnému** nebo k **trvalému pobytu** – a to buď na **zastupitelském úřadě** ČR, nebo na **cizinecké policii**. Přílohy k **žádosti** jsou: **cestovní doklad**, doklad potvrzující **účel pobytu**, fotografie a v některých případech i lékařská zpráva, že žadatel netrpí „závažnou" nemocí.

Laut Gesetz über den Aufenthalt von Ausländern auf dem Territorium der Tschechischen Republik kann ein Bürger eines der EU-Mitgliedsstaaten um eine Sonderaufenthaltsgenehmigung ersuchen – zum vorübergehenden oder ständigen Aufenthalt – und das entweder bei der Vertretung der Tschechischen Republik oder bei der Ausländerpolizei. Anlagen zum Antrag sind das Reisedokument, ein den Zweck des Aufenthaltes bestätigender Beleg, ein Passfoto und in einigen Fällen auch die ärztliche Bescheinigung darüber, dass der Antragsteller an keiner „ernsten" Krankheit leidet.

■ II. FRAGEBOGEN

Füllen Sie den FRAGEBOGEN aus. Zur Verfügung steht Ihnen der Wortschatz (S. 287–90).

OSOBNÍ DOTAZNÍK

Příjmení, jméno, titul			Den, měsíc, rok narození			
rodné			Místo, okres (stát)			
Trvalé bydliště – PSČ			Přechodné bydliště – PSČ			
ulice		číslo	ulice		číslo	
		telefon			telefon	
Občanský průkaz			Národnost	Státní příslušnost		Rodinný stav
evid. čís. (str. 1)		rodné číslo (str. 14)				
vydalo		pod pořadovým číslem	Cestovní pas pro služební účely č.	Jste voják?		Datum sňatku, rozvodu, ovdovění
dne			platnost do r.			

RODINNÍ PŘÍSLUŠNÍCI

Jméno, příjmení (i rodné)	Datum narození	In-val.	Bydliště	Zaměstnán(a), studuje - kde
Manžel(ka), druh, družka				
Děti				
Rodiče				
Ostatní vyživované osoby				

	VZDĚLÁNÍ	Druh školy, výchovy, obor	Počet tříd (semestrů)	Rok ukončení	Druh zkoušky
DOKONČENÉ	základní				
	střední odborné				
	úplné střední (učeb. obor s mat.)				
	úplné střední všeobecné				
	úplné střední odborné				
	vyšší odborné				
	vysokoškolské				
	vědecká výchova				
	postgrad. studium				
	nahrazující předepsané				
	Nedokončené včetně součas. studia při zaměstnání				
	Dlouhodobé kursy odborná školení apod.				

VYUČEN			ZNALOST CIZÍCH JAZYKŮ		
v organizaci (podniku)	v roce	v oboru	jazyk	stupeň znalosti	zkoušky

PRŮBĚH PŘEDCHOZÍCH ZAMĚSTNÁNÍ
(uveďte všechna zaměstnání, včetně studia, voj. zákl. služby apod.)

organizace (podnik) – sídlo	pracovní zařazení	od	do	Záznamy organizace	
				roků	dní

Máte ještě jiný pracovní poměr?

organizace (podnik)	od	druh činnosti	úvazek	Budete uplatňovat nárok na slevu daně ze mzdy u jiné organizace?

Pobíráte důchod?			Změna prac. schop. – invalidita		Váš zdravotní stav
druh	Kč	datum výměru	od	datum výměru	

Je proti Vám vedeno soudní řízení?

Důvod

Máte stanovené srážky ze mzdy např. výživné, půjčky a jiné závazky
☐ ANO ☐ NE

Kým .... č. j. ....

ze dne .... ve výši Kč ....

Způsob ubytování – dopravy do zaměstnání

Vaši příbuzní u nás zaměstnaní

Uveďte další okolnosti charakterizující Vaše osobní zásluhy (řády, vyznamenání), další odborné znalosti, dovednosti (řidičský průkaz, druh a ev. číslo), atp.

Členství ve společenských organizacích

Prohlašuji, že jsem nic nezamlčel a všechny mnou uvedené údaje jsou pravdivé.

V .... dne ....
                                                                                                podpis

III. LEBENSLAUF

Ergänzen Sie im LEBENSLAUF passende Angaben.

ŽIVOTOPIS

Narodil/a jsem se dne ... 19 ... v ..., kraj ..., v rodině ... Mám ... sourozence/ů. Základní / střední / vysokou školu jsem dokončil/a v r. ... (maturitou na ... / diplomem) na .... (V době od ... do ... jsem absolvoval základní / náhradní vojenskou službu.) Od roku ... jsem byl/a zaměstnán/a u/na/v ... jako ... . V roce ... jsem byl/a vyslán/a na zahraniční praxi v ... . Po návratu jsem pracoval/a ve funkci ... u/na/v ... v ..., kde jsem se specializoval/a v oboru ... . Nyní jsem zaměstnán/a jako ... u/na/v ... .
Jsem (svobodný/á, ženatý / vdaná, rozvedený/á, vdovec / vdova). (Manželka je na mateřské dovolené.)
Ovládám práce na PC (MS Office), aktivně angličtinu / němčinu / francouzštinu / španělštinu, pasivně ... . Mám řidičský průkaz B třídy. Aktivně sportuji, nekouřím. Můj zdravotní stav je ... .

V ... dne ... .   Podpis

IV. ANTRAG

Schreiben Sie einen Antrag. Wählen Sie eine aus den in den Klammern angegebenen Möglichkeiten aus. Wenn Sie wollen, geben Sie Ihre aktuelle individuelle Alternative an.

ŽÁDOST

Žádám o vydání (řidičského průkazu), (živnostenského listu), (zbrojního pasu), (technického průkazu k motorovému vozidlu SPZ AMB 68971), o prodloužení (pracovního povolení), (dlouhodobého pobytu).

Přílohy: 1. výpis z rejstříku trestů
           2. maturitní vysvědčení
           3. pracovní povolení

V ..., dne ... 20..   podpis

■ V. BESTÄTIGUNG

Schreiben Sie eine Bestätigung. Wählen Sie eine der angegebenen Möglichkeiten aus. Wenn Sie wollen, geben Sie Ihre aktuelle individuelle Alternative an.

POTVRZENÍ

Potvrzuji převzetí částky … Kč od (pana / paní / firmy …) jako (zálohy na lyžařský zájezd GL 112 / honoráře za provedení auditu / diet při služební cestě v době 7.–11. 2. 20.. / mzdy za provedení stavebních prací u p. / pí … v domě č. …, … ulice v …).
V … dne … 20.. podpis (razítko)

■ VI. ARBEITSVERHÄLTNIS

Lesen Sie den Vorschlag über die Aufnahme in ein Arbeitsverhältnis.

**Návrh
na přijetí zaměstnance do pracovního poměru**

pro pracoviště _____
Vedoucí pracoviště předkládá návrh na přijetí nového zaměstnance
Jméno a příjmení: _____
Datum narození: _____
Bytem: _____
Pojištěn u zdravotní pojišťovny: _____
Zařazení do funkce: _____
Počet pracovních hodin denně: _____
Návrh platu: _____
Nástup na dobu určitou – neurčitou od _____ do _____
Zdůvodnění návrhu:

Praha dne _____ podpis vedoucího pracoviště

K odsouhlasenému návrhu na přijetí pracovník předloží:
1) dotazník + životopis   4) pracovní náplň
2) doklad o vzdělání   5) zápočtový list
3) doklad o odborné praxi (průběh zaměstnání)

VII. ANZEIGEN

Lesen Sie gern Anzeigen? Können Sie Ihre Anzeige in Tschechisch formulieren oder eine Anzeige beantworten? Lesen und übersetzen Sie die Muster.

A.

NEBYTOVÉ PROSTORY – HLEDÁME
(Gewerblich genutzte Räume – Gesucht)
Hledáme nebytový prostor pro kanceláře obchodní společnosti, cca 180 m^2, centrum.

B.

BYTY – HLEDÁME
(Wohnungen – Gesucht)
Pro zaměstnance zahraniční firmy hledáme byt 4+1, terasa / lodžie, garáž, zeleň, klid. Zahrada vítána.

C.

NEMOVITOSTI – NABÍDKA
(Immobilien – Angebot)
Luxusní vila Praha 6-Hanspaulka, 3 podlaží, 3 byty 3+1, 1 byt volný, zimní zahrada, dvougaráž. Cena dohodou.

D.

ZAMĚSTNÁNÍ – NABÍDKA
(Stellenangebot)
Přijmeme asistentku do reklamního oddělení leasingové firmy, SŠ, znalost NJ, AJ, práce na PC (MS-Office).

SŠ, střední škola (= Mittelschule mit Abitur)
NJ, německý jazyk (= deutsche Sprache)
AJ, anglický jazyk (= englische Sprache)

Výuka (= r Unterricht) **češtiny**
pro zaměstnance rakouské firmy,
2krát týdně, 8–9 hod., Praha 10.

E.

ZAMĚSTNÁNÍ – POPTÁVKA
(Stellengesuch)
Nabízím úklid kanceláří, ráno i večer. Doporučení mám.

Pomohu v domácnosti i s dětmi. Mluvím německy, jsem časově nezávislá, spolehlivá, zdravá. Uveďte podmínky.

úklid kanceláří = Büroraumpflege
doporučení mám = Empfehlungsschreiben vorhanden

domácnost = r Haushalt
časově nezávislá = nicht zeitgebunden
uveďte podmínky = erbitte Bedingungen

Studentka
příležitostně večer ohlídá vaše děti.
Volejte 237 584 263, Simona

ohlídat = bewachen, behüten
příležitostně = gelegentlich

■ VIII. POSTAMT

Eine Postanweisung oder eine Postpaketkarte können Sie bestimmt leicht ausfüllen.

Podací lístek

Vyhrazeno pro služební údaje pošty

Odesílatel

Adresát

Dobírka Kč

Udaná cena Kč

Druh zásilky　Hmotnost　Cena služby

Podací číslo　Poznámka (doplňkové služby)　Placeno v hotovosti

T 11 – 036

Česká pošta, s.p.
IČ 47114983

■ IX. REKLAMATIONSFORMULAR

Wenn Sie Ware beanstanden, muss der Verkäufer ein Reklamationsformular ausfüllen.

REKLAMAČNÍ LIST č. _____ ze dne _____

Dodavatel:

Reklamaci uplatňuje:

REKLAMOVANÉ ZBOŽÍ:

Číslo zboží	Název zboží	Cena za jednotku	Jedn. množ.	Množství			Druh reklamace	Reklamovaná částka
				Fakturované	Dodané	Vrácené		

DOKLAD O NÁKUPU A REKLAMACI:

Číslo dokladu	Druh	Datum nákupu	Datum uplatnění reklamace

ZJIŠTĚNÁ ZÁVADA

NÁVRH NA VYŘÍZENÍ REKLAMACE			

PŘI ZJIŠTĚNÍ ZÁVADY DNE		BYLI PŘÍTOMNI JAKO SVĚDCI	
Jméno a příjmení	Funkce	Útvar	Podpis

Spotřebitel prohlašuje, že závada na věci nevznikla jeho neodborným zásahem nebo zaviněním, případně, že závadu svou nedbalostí neumožnil.		Zboží odesláno k opravě
		Datum:
		Kam:
Podpis spotřebitele	Podpis vedoucího (zástupce dodavatele)	Doklad:
Reklamace k posouzení	Zboží z opravy přijato	Opravené zboží předáno majiteli
Datum:	Datum:	Datum:
Komu:	Doklad:	
Doklad:	Podpis příjemce:	Podpis spotřebitele:

Wichtige Spalten des Formulars für die Kunden:

zjištěná závada = *festgestellter Mangel*

Při zjištění závady byli přítomni jako svědci:
(Bei der Feststellung des Mangels waren als Zeuge anwesend:)

Prohlášení spotřebitele, že závada na věci nevznikla jeho neodborným zásahem.
(Erklärung des Verbrauchers, dass der Mangel nicht durch unsachgemäßen Umgang verursacht wurde.)

■ X. AM FAHRKARTENAUTOMATEN

Mit Hilfe der Übersetzung werden Sie die Bedienungsanleitung für den Fahrkartenautomaten gut verstehen.

NÁVOD K OBSLUZE
BEDIENUNGSANLEITUNG

1. Volte jízdenku – opakovaným stiskem tlačítka zvolíte požadovaný počet a druh jízdenek.
   Fahrkarte wählen – durch wiederholtes Drücken der Taste wählen Sie die gewünschte Anzahl und Art der Fahrkarten.

Je-li na dispeji „Automat mimo provoz!", nevhazujte mince.
Falls auf dem Display der Hinweis „Automat mimo provoz!" erscheint, keine Münze einwerfen.
2. Zaplaťte požadovaný obnos (automat vrací nazpět).
   Geld einwerfen (der Automat gibt Rückgeld zurück).
3. Odeberte jízdenku a vrácené mince.
   Fahrkarten und Rückgeld entnehmen.
4. Při chybné volbě jízdenky stiskněte tlačítko STORNO.
   Bei falscher Fahrkartensortenwahl die STORNO-Taste drücken.

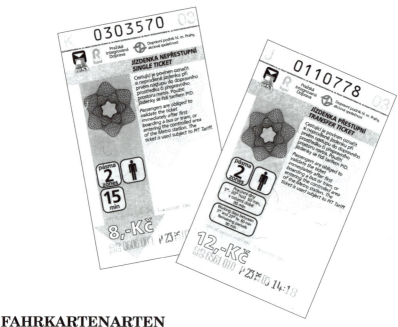

FAHRKARTENARTEN

Pásmo A, B, C = Zone A, B, C (in Minuten)
Plnocenná jízdenka = Fahrkarte mit dem vollen Fahrpreis
Zlevněná jízdenka = Fahrkarte mit dem verbilligten Fahrpreis
Přestupná jízdenka = berechtigt zum Umsteigen
Nepřestupná jízdenka = berechtigt nicht zum Umsteigen
24 hodinová jízdenka = gilt 24 Stunden
Za přepravu zavazadla, zvířete = Für den Transport von Gepäckstücken und Tieren

WORTSCHATZ

audit *m.*	s Steuerprüfverfahren	**druh¹**, -u *m.* unb.	e Art, e Sorte
bezdětný/á	kinderlos	**d. činnosti**	e A. der ausgeübten Tätigkeit
bezúhonnost *f.*	e Unbescholtenheit		
bydliště *n.*	r Wohnsitz	**druh²**, -a *m.* bel.	r Lebensgefährte
přechodné b.	vorübergehender W.	**družka** *f.*	e Lebensgefährtin
		důchod *m.*	e Rente
		inzerát *m.*	e Anzeige
trvalé b.	ständiger W.	**jízdenka** *f.*	e Fahrkarte
bytem *adv.*	wohnhaft	**j. plnocenná**	e F. mit dem vollen Fahrpreis
cesta *f.*	e Reise		
služební c.	e Dienstreise	**j. zlevněná**	e F. mit dem verbilligten Fahrpreis
částka *f.*	e Geldsumme		
číslo *n.*	e Nummer; e Zahl		
č. jednací (č. j.)	s Aktenzeichen	**j. přestupná**	e F. berechtigt zum Umsteigen
evidenční č. (ev. č.)	e Evidenznummer	**j. nepřestupná**	e F. berechtigt nicht zum Umsteigen
pořadové č.	e laufende N.		
daň *f.*	e Steuer		
d. ze mzdy	e Lohnsteuer	**j. 24hodinová**	e F. gilt 24 Stunden
diety *f. pl.*	s Tagesgeld		
dlouhodobý	langfristig	**volba jízdenky**	e Fahrkartensortenwahl
doba určitá	befristetes Arbeitsverhältnis		
		jméno *n.*	r Name
		rodné j.	r Vorname
dobírka *f.*	e Nachnahme	**j. za svobodna / rodné příjmení**	r Geburtsname
na dobírku	per Nachnahme		
dodavatel *m.*	r Lieferant		
dohoda *f.*	Vereinbarung	**kolek**, -lku *m.*	e Gebührenmarke
doklad *m.*	r Beleg		
doporučení *n.*	s Empfehlungsschreiben	**kraj** *m.*	r Bezirk
		kurs *m.*	r Kurs
dotazník *m.*	r Fragebogen	**dlouhodobý k.**	r langfristige K.
osobní d.	r Personalfragebogen		
		lhůta *f.*	e Frist
		list *m.*	r Schein
dovolená, -é *f.*	r Urlaub	**živnostenský l.**	r Gewerbeschein
mateřská d.	r Mutterschaftsurlaub		
		majitel *m.*	r Besitzer

m. bytu	r Wohnungs-besitzer	pojišťovna *f.* zdravotní p.	e Versicherung e Krankenversicherungsanstalt
manžel, -a *m.*	r Ehemann		
manželka *f.*	e Ehefrau		
mince *f.*	e Münze	policie *f.*	e Polizei
místo *n.*	r Ort	cizinecká p.	e Fremdenpolizei (= Ausländeramt)
m. narození	r Geburtsort		
mzda *f.*	r Lohn		
nabídka *f.*	s Angebot	poměr *m.*	s Verhältnis
náplň *f.*	r Inhalt	pracovní p.	s Arbeitsverhältnis
národnost *f.*	e Nationalität	pošta *f.*	e Post
nárok *m.*	r Anspruch	poštovní	Post-
nástup *m.*	r Antritt	p. ceniny *f. pl.*	e Postwertzeichen
nemovitosti *f. pl.*	e Immobilien		
obálka *f.*	r Briefumschlag	p. poukázka	e Postanweisung
obnos *m.*	r Betrag		
obor *m.*	s Fach, e Fachrichtung	p. průvodka p. směrovací číslo (PSČ)	e Paketkarte e Postleitzahl
odebrat	entnehmen		
odesilatel *m.*	r Absender	potvrzení *n.*	e Bestätigung
odstupné *n.*	e Abfindung, e Ablöse	potvrzovat *ip.* povolení *n.*	bestätigen e Bewilligung, e Genehmigung
ovdovět	verwitwen		
ověřený notářsky o.	beglaubigt notariell b.	pracoviště *n.*	r Arbeitsort, e Arbeitsstätte
oznámení *n.*	e Bekanntmachung, e Kundmachung	pracovní p. neschopnost	Arbeits- e Arbeitsunfähigkeit
pas *m.*	r Pass, r Schein	p. poměr	s Arbeitsverhältnis
cestovní p.	r Reisepass		
zbrojní p.	r Waffenschein	p. zařazení	e Funktion
pásmo *n.*	e Zone	pracovník *m.*	r Mitarbeiter
plat *m.*	s Gehalt, r Lohn	prodloužení *n.*	e Verlängerung
platnost do	Gültigkeit bis	prohlášení *n.*	e Erklärung
platný	gültig	čestné p.	e Ehrenerklärung
platová třída	e Lohngruppe		
pobyt *m.*	r Aufenthalt	provedení *n.*	e Durchführung
dlouhodobý p.	r langfristige A.	provoz *m.*	r Betrieb
trvalý p.	r ständige A.	mimo p.	außer B.
počet *m.*	e Anzahl	průběh *m.*	r Verlauf
podmínka *f.*	e Bedingung	průkaz *m.*	r Ausweis
pojištěn u	versichert bei	občanský p. (= OP)	r Personalausweis
pojištěnec, -nce *m.*	r Versicherte		

řidičský p.	r Führerschein
technický p.	r Kfz-Brief
předvolba *f.*	e Vorwahlnummer
přechodný	vorübergehend
přechodné bydliště	vorübergehender Wohnsitz
přeprava *f.*	r Transfer
převzetí *n.*	e Übernahme
přijetí *n.*	e Aufnahme
příjmení *n.*	r Familienname
rodné p.	r Geburtsname
příležitostně *adv.*	gelegentlich
příloha *f.*	e Beilage, e Anlage
příslušník *n.*	r Angehörige
rodinný p.	r Familienangehörige
příslušnost *f.*	e Angehörigkeit
státní p.	e Staatsangehörigkeit
půjčka *f.*	e Anleihe, s Darlehen
razítko *n.*	r Stempel
reklamace *f.*	e Reklamation, e Mängelrüge
rodný	Geburts-
rodné číslo	e Personenkennzahl
rodné jméno	r Geburtsname
rodný list	e Geburtsurkunde, r Geburtsschein
rok *m.*	s Jahr
r. ukončení	s Abschlussjahr
rozvedený/-á	geschieden
řád *m.*	r Orden
řeč, -i *f.*	e Sprache
cizí ř.	e Fremdsprache
řízení *n.*	s Verfahren
soudní trestné ř.	s Gerichtsverfahren
schopnost *f.*	e Fähigkeit
pracovní s.	e Leistungsfähigkeit
sídlo *n.*	r Sitz
slovy *adv.*	in Worten
služba *f.*	r Dienst
základní vojenská s.	r Militärdienst
náhradní (civilní) vojenská s.	r Zivildienst
sňatek, -tku *m.*	e Ehe
datum sňatku	e Eheschließung
sourozenec, -nce *m.*	r Bruder, e Schwester
sourozenci *m. pl.*	e Geschwister
spěšně *adv.*	per Eilpost
spotřebitel *m.*	r Verbraucher
srážka *f.*	r Abzug
s. ze mzdy	r Lohnabzug
stav *m.*	r Stand, r Zustand
rodinný s.	r Familienstand
zdravotní s.	r Gesundheitszustand
stavební práce *f. pl.*	e Bauarbeiten
studium při zaměstnání	s Abendstudium / s Fernstudium
svědek, -dka *m.*	r Zeuge
škola *f.*	e Schule
základní š.	e Grundschule
střední š.	e Mittelschule
střední odborná š.	e Fachmittelschule
vysoká š.	e Hochschule
školení *n.*	e Schulung
odborné š.	e fachliche S.
tiskopis *m.*	e Drucksache
tlačítko *n.*	e Taste
trvalý	ständig, dauerhaft
t. pobyt	r ständige Aufenthalt

účel *m.*	r Zweck	střední odborné v.	Fachmittelschule
úklid *m.*	e Raumpflege	úplné střední všeobecné v.	Mittelschule mit Abitur
ukončení *n.*	e Beendigung		
uplatňovat u. nárok na slevu	geltend machen den Anspruch auf Ermäßigung g. m.	úplné střední odborné v.	Fachmittelschule mit Abitur
úvazek, -zku *m.* pracovní ú.	e Verpflichtung e Arbeitsverpflichtung	vysokoškolské v. vyšší odborné v.	Hochschule, Universität höhere Fachschule
včetně	einschließlich		
vdova *f.*	e Witwe	základní v.	Grundschule
vdovec, -vce *m.*	r Witwer	zájezd *m.*	e Sonderfahrt
vedoucí *m., f.*	r Leiter, e Leiterin	záloha *f.* zaměstnanec, -nce *m.*	r Vorschuss r Angestellte, r Arbeitnehmer
vhazovat *ip.*	hinwerfen		
vozidlo *n.* motorové v.	s Fahrzeug s Kraftfahrzeug	zaměstnání *n.* předchozí z.	e Beschäftigung e vorhergehende B.
vracet *ip.* vrácené mince	zurückgeben s Rückgeld	zamlčet zařazení *n.*	verschweigen e Eingliederung
vydání *n.*	e Ausgabe, e Kosten	pracovní z.	e E. in den Arbeitsprozess
výdej *m.*	e Ausgabe	zásluha *f.*	s Verdienst
výchova *f.*	e Erziehung	závada *f.*	r Mangel
výměr *m.*	r Bescheid	zjištěná z.	festgestellter M.
výpis z rejstříku trestů	r Auszug aus dem Strafregister	zavazadlo *n.* závazek *m.* záznam *m.*	s Gepäckstück e Verpflichtung r Eintrag
vyučený/-á výuční list	(aus)gelernt r Facharbeiterbrief	zdravotní pojišťovna zdůvodnění *n.*	e Krankenversicherungsanstalt e Begründung
vyznamenání *n.*	e Auszeichnung	značka *f.*	s Kennzeichen
výživné, -ého *n.*	e Alimente, s Unterhaltsgeld	státní poznávací z. (= SPZ)	s Kraftfahrzeugkennzeichen
vyživovaná osoba	e zu unterhaltende Person	znalost *f.* odborná z. stupeň znalosti	e Kenntnis s Fachwissen e Kenntnisstufe
vzdělání *n.*	e Bildung, e Schulbildung	žadatel *m.*	r Antragsteller
dokončené v.	abgeschlossene B.	žádost *f.* životopis *m.*	r Antrag r Lebenslauf

NAMEN DER KONTINENTE, DER EUROPÄISCHEN LÄNDER UND IHRER EINWOHNER, HAUPTSTÄDTE

Kontinent	Einwohner er / sie	Adjektiv
Evropa	Evropan/-ka	evropský
Amerika	Američan/-ka	americký
Asie	Asiat/-ka	asijský
Afrika	Afričan/-ka	africký
Austrálie	Australan/-ka	australský

Land		Země	Einwohner er / sie	Adjektiv	Hauptstadt
A	Österreich	Rakousko	Rakušan/-ka	rakouský	Vídeň (F.)
AL	Albanien	Albánie	Albánec / Albánka	albánský	Tirana
B	Belgien	Belgie	Belgičan/-ka	belgický	Brusel
BG	Bulgarien	Bulharsko	Bulhar/-ka	bulharský	Sofie
BY	Weißrussland	Bělorusko	Bělorus/-ka	běloruský	Minsk
CH	Schweiz	Švýcarsko	Švýcar/-ka	švýcarský	Bern
CZ	Tschechische Republik (Tschechien)	Česká republika (Česko)	Čech / Češka	český	Praha
D	Deutschland	Německo	Němec / Němka	německý	Berlín
DK	Dänemark	Dánsko	Dán/-ka	dánský	Kodaň (F.)
E	Spanien	Španělsko	Španěl/-ka	španělský	Madrid
EST	Estland	Estonsko	Estonec / Estonka	estonský	Tallin
F	Frankreich	Francie	Francouz/-ka	francouzský	Paříž (F.)
FIN	Finnland	Finsko	Fin/-ka	finský	Helsinky (Pl. F.)

Land	Země	Einwohner er / sie	Adjektiv	Hauptstadt
GB Großbritannien	Velká Británie Anglie	Brit/-ka Angličan/-ka	britský anglický	Londýn
GR Griechenland	Řecko	Řek / Řekyně	řecký	Athény (Pl. F.)
H Ungarn	Maďarsko	Maďar/-ka	maďarský	Budapešť (F.)
HR Kroatien	Chorvatsko	Chorvat/-ka	chorvatský	Záhřeb
I Italien	Itálie	Ital/-ka	italský	Řím
IRL Irland	Irsko	Ir/-ka	irský	Dublin
L Luxemburg	Lucembursko	Lucemburčan/-ka	lucemburský	Lucemburk
LT Litauen	Litva	Litevec / Litevka	litevský	Vilnius
LV Lettland	Lotyšsko	Lotyš/-ka	lotyšský	Riga
MD Moldawien	Moldavsko	Moldavan/-ka	moldavský	Kišiněv
MK Mazedonien	Makedonie	Makedonec / Makedonka	makedonský	Skopje (F.)
N Norwegen	Norsko	Nor/-ka	norský	Oslo
NL Niederlande	Nizozemí Holandsko	Nizozemec / Nizozemka Holanďan/-ka	nizozemský holandský	Amsterodam
P Portugal	Portugalsko	Portugalec / Portugalka	portugalský	Lisabon
PL Polen	Polsko	Polák / Polka	polský	Varšava
RO Rumänien	Rumunsko	Rumun/-ka	rumunský	Bukurešť (F.)
RUS Russland	Rusko	Rus/-ka	ruský	Moskva
S Schweden	Švédsko	Švéd/-ka	švédský	Stockholm
SK Slowakei	Slovensko	Slovák / Slovenka	slovenský	Bratislava
SLO Slowenien	Slovinsko	Slovinec / Slovinka	slovinský	Lublaň (F.)
TR Türkei	Turecko	Turek / Turkyně	turecký	Ankara
UA Ukraine	Ukrajina	Ukrajinec / Ukrajinka	ukrajinský	Kyjev
YU Jugoslawien	Jugoslávie	Jugoslávec / Jugoslávka	jugoslávský	Bělehrad

GRAMMATIKÜBERSICHT

■ DIE DEKLINATION

SUBSTANTIVE

MASKULINA

Sg. Nom.	**pán**	**hrad**	**muž**	**stroj**
G.	pána	hradu	muže	stroje
D.	pánu/pánovi	hradu	muži/mužovi	stroji
Akk.	pána	hrad	muže	stroj
V.	pane!	hrade!	muži!	stroji!
L.	(o) pánu/pánovi	hradu/hradě	muži/mužovi	stroji
Inst.	pánem	hradem	mužem	strojem

Pl. Nom.	**páni/pánové**	**hrady**	**muži**	**stroje**
G.	pánů	hradů	mužů	strojů
D.	pánům	hradům	mužům	strojům
Akk.	pány	hrady	muže	stroje
V.	páni/pánové!	hrady!	muži!	stroje!
L.	(o) pánech	hradech	mužích	strojích
Inst.	pány	hrady	muži	stroji

FEMININA

Sg. Nom.	**žena**	**růže**	**píseň**	**kost**
G.	ženy	růže	písně	kosti
D.	ženě	růži	písni	kosti
Akk.	ženu	růži	píseň	kost
V.	ženo!	růže!	písni!	kosti!
L.	(o) ženě	růži	písni	kosti
Inst.	ženou	růží	písní	kostí

Pl. Nom.	**ženy**	**růže**	**písně**	**kosti**
G.	žen	růží	písní	kostí
D.	ženám	růžím	písním	kostem
Akk.	ženy	růže	písně	kosti
V.	ženy!	růže!	písně!	kosti!
L.	(o) ženách	růžích	písních	kostech
Inst.	ženami	růžemi	písněmi	kostmi

NEUTRA

Sg. Nom.	**slovo**	**pole**	**nádraží**	**kotě**
G.	slova	pole	nádraží	kotěte
D.	slovu	poli	nádraží	kotěti
Akk.	slovo	pole	nádraží	kotě
V.	slovo!	pole!	nádraží!	kotě!
L.	(o) slově	poli	nádraží	kotěti
Inst.	slovem	polem	nádražím	kotětem

Pl. Nom.	**slova**	**pole**	**nádraží**	**koťata**
G.	slov	polí	nádraží	koťat
D.	slovům	polím	nádražím	koťatům
Akk.	slova	pole	nádraží	koťata
V.	slova!	pole!	nádraží!	koťata!
L.	(o) slovech	polích	nádražích	koťatech
Inst.	slovy	poli	nádražími	koťaty

UNREGELMÄSSIGE SUBSTANTIVE

člověk *m.* (sg. *pán*, pl. *kost*), pl. Nom. lidi / lidé
dcera *f.* (*žena*), sg. D., L. dceři
den *m.* (*hrad*), sg. G. dne, D., L. dnu / dni, pl. Nom., Akk. dny / dni, G. dnů / dní
kámen *m.* (*hrad*) sg. G. kamenu / kamene, D., L. kamenu / kameni
noha *f.* (*žena*) pl. G., L. nohou, Inst. nohama
peníze *m.* pl. (*stroj*), G. peněz, D. penězům, L. penězích, Inst. penězi
přítel *m.* (sg. *muž*), pl. N., V. přátelé, G. přátel, D. přátelům, Akk. přátele,
    L. přátelích, Inst. přáteli
ruka *f.* (*žena*) pl. Nom., Akk. ruce, G., L. rukou, Inst. rukama
týden *m.* (*hrad*) sg. G. týdne, D., L. týdnu / týdni
vejce *n.* (*pole*) pl. G. vajec

ADJEKTIVE

	MASKULINA 1	FEMININA 1	NEUTRA 1
Sg. Nom.	mladý	mladá	mladé
G.	mladého	mladé	} = M 1
D.	mladému	mladé	
Akk.	bel. = G. unb. = Nom.	mladou	mladé
L.	(o) mladém	mladé	} = M 1
Inst.	mladým	mladou	

		MASKULINA 1	FEMININA 1	NEUTRA 1
Pl.	Nom. bel.	mladí	mladé	mladá
	unb.	mladé		
	G.		mladých	
	D.		mladým	
	Akk.	mladé		mladá
	L.		(o) mladých	
	Inst.		mladými	

	MASKULINA 2	FEMININA 2	NEUTRA 2
Sg. Nom.	jarní	jarní	jarní
G.	jarního	= Nom.	} = M 2
D.	jarnímu	= Nom.	
Akk. bel.	jarního	= Nom.	jarní
unb.	jarní		
L.	(o) jarním	= Nom.	} = M2
Inst.	jarním	= Nom.	

Pl. Nom.	jarní
G.	jarních
D.	jarním
Akk.	jarní
L.	jarních
Inst.	jarními

DIE PERSONALPRONOMINA

	1. Person		2. Person	
Sg. Nom.	já *(ich)*	Pl. my *(wir)*	Sg. Nom. ty *(du)*	Pl. vy *(ihr, Sie)*
G.	mne, mě	nás	tebe, tě	vás
D.	mně, mi	nám	tobě, ti	vám
Akk.	mne, mě	nás	tebe, tě	vás
L.	(o) mně	nás	tobě	vás
Inst.	mnou	námi	tebou	vámi

	3. Person		
Sg. Nom.	on *(er)*	ona *(sie)*	ono *(es)*
G.	jeho, ho	jí	jeho, ho
D.	jemu, mu	jí	jemu, mu
Akk.	jeho/jej, ho	ji	je
L.	(o) něm	ní	něm
Inst.	jím	jí	jím
Pl. Nom.	oni (*sie*, M. bel.)	ony (*sie*, M. unb. + F.)	ona (*sie*, N.)
G.	jich	jich	jich
D.	jim	jim	jim
Akk.	je	je	je
L.	(o) nich	nich	nich
Inst.	jimi	jimi	jimi

DIE DEMONSTRATIVPRONOMINA

Sg. Nom.	ten *(der)*	ta *(die)*	to *(das)*
G.	toho	té	toho
D.	tomu	té	tomu
Akk.	toho (M. bel.) ten (M. unb.)	tu	to
L.	(o) tom	té	tom
Inst.	tím	tou	tím
Pl. Nom.	ti (M. bel.)	ty (M. unb.+ F.)	ta
G.	těch	těch	těch
D.	těm	těm	těm
Akk.	ty	ty	ta
L.	(o) těch	těch	těch
Inst.	těmi	těmi	těmi

DIE INTERROGATIVPRONOMINA

Nom.	kdo *(wer)*	co *(was)*
G.	koho	čeho
D.	komu	čemu
Akk.	koho	co
L.	(o) kom	čem
Inst.	kým	čím

Indefinitpronomina **někdo, něco** *(jemand, etwas)* und Negativpronomina **nikdo, nic** *(niemand, nichts)* werden nach dem Muster der Interrogativpronomina dekliniert.

DIE POSSESSIVPRONOMINA

Sg.			
Nom.	můj *(mein, M.)*	má/moje *(meine, F.)*	mé/moje *(mein, N.)*
G.	mého	mé	mého
D.	mému	mé	mému
Akk.	mého (bel.), můj (unb.)	mou/moji	mé/moje
L.	(o) mém	mé	mém
Inst.	mým	mou	mým

Pl.			
Nom.	mí/moji (M. bel.)	mé/moje (M. unb.+ F.)	má/moje (N.)
G.	mých	mých	mých
D.	mým	mým	mým
Akk.	mé/moje	mé/moje	má/moje
L.	(o) mých	mých	mých
Inst.	mými	mými	mými

Tvůj, tvá/tvoje, tvé/tvoje *(dein, deine, dein)* wird nach dem Muster **můj** dekliniert.

Sg.			
Nom.	náš *(unser)*	naše *(unsere)*	naše *(unser)*
G.	našeho	naší	našeho
D.	našemu	naší	našemu
Akk.	našeho (M. bel.), náš (M. unb.)	naši	naše
L.	(o) našem	naší	našem
Inst.	naším	naší	naším

Pl.			
Nom.	naši (M. bel.)	naše (M. unb.+ F. + N.)	
G.	našich	našich	
D.	našim	našim	
Akk.	naše	naše	
L.	(o) našich	našich	
Inst.	našimi	našimi	

Váš, vaše, vaše *(euer/Ihr, euere/Ihre, euer/Ihr)* wird nach dem Muster **náš** dekliniert.

Jeho (Sg. M.+ N., d. h. zu *er, es*) und **jejich** (Pl., d. h. zu *sie*) ist **undeklinierbar.**

Její (Sg. F. *ihr, ihre, ihr*, d. h. zu *sie*) wird nach dem Muster *jarní* dekliniert.

Nom.	její (muž, okno)
G.	jejího
D.	jejímu
Akk.	jejího (+ M. bel.), její (+ M. unb. + N.)
L.	(o) jejím
Inst.	jejím

DIE KARDINALZAHLEN

Nom.	jeden *(eins, M.)*	jedna *(eine, F.)*	jedno *(ein, N.)*
G.	jednoho	jedné	jednoho
D.	jednomu	jedné	jednomu
Akk.	jednoho (M. bel.) jeden (M. unb.)	jednu	jedno
L.	(o) jednom	jedné	jednom
Inst.	jedním	jednou	jedním

Nom.	dva (+ M.)	dvě (+ F. + N.) *(zwei)*
G.	dvou	dvou
D.	dvěma	dvěma
Akk.	dva	dvě
L.	(o) dvou	dvou
Inst.	dvěma	dvěma

Oba (+ M.), **obě** (+ F.+ N.) *(beide)* werden nach dem Muster **dva/ dvě** dekliniert.

Nom.	tři *(drei)*	čtyři *(vier)*	pět *(fünf)*
G.	tří	čtyř	pěti
D.	třem	čtyřem	pěti
Akk.	tři	čtyři	pět
L.	(o) třech	(o) čtyřech	(o) pěti
Inst.	třemi	čtyřmi	pěti

Alle **Kardinalzahlen** von 6 – 99 werden nach dem Muster **pět** dekliniert. Abweichung: devět *(neun)* – **devíti**.
Sto *(hundert)* wird nach dem subst. Muster **slovo** dekliniert. Nom. 200 – **dvě stě**, 300 = **tři sta,** 400 = **čtyři sta**, 500 = **pět set** u.s.w.
Tisíc *(tausend)* wird nach dem subst. Muster **stroj**, **milion** nach dem Muster **hrad, miliarda** nach dem Muster **žena** dekliniert.

DIE ORDNUNGSZAHLEN

werden nach den adjekt. Mustern dekliniert.

■ *DIE KONJUGATION*

PRÄSENS DER REGELMÄSSIGEN VERBEN

		I. Gr. **dělat**	II. Gr. **platit**	**myslet**
Sg.	1. P.	dělám	platím	myslím
	2. P.	děláš	platíš	myslíš
	3. P.	dělá	platí	myslí
Pl.	1. P.	děláme	platíme	myslíme
	2. P.	děláte	platíte	myslíte
	3. P.	dělají	platí	myslí

		III. Gr. **pracovat**	IV. Gr. **prominout**	V. Gr. **nést**
Sg.	1. P.	pracuji/-uju	prominu	nesu
	2. P.	pracuješ	promineš	neseš
	3. P.	pracuje	promine	nese
Pl.	1. P.	pracujeme	promineme	neseme
	2. P.	pracujete	prominete	nesete
	3. P.	pracují/-ujou	prominou	nesou

VERGANGENHEIT DER REGELMÄSSIGEN VERBEN

In der zusammengesetzten Form der Vergangenheit werden **Geschlecht** und **Zahl** in dem -l-Partizip immer ausgedrückt.

Sg. M. **-l**, F. **-la**, N. **-lo**
Pl. M. bel. **-li**, M. unb. + F. **-ly**, N. **-la**

	I. Gr.		
Sg. 1. P.	dělal/-la/-lo jsem	Pl.	dělali/-ly/-la jsme
2. P.	dělal/-la/-lo jsi		dělali/-ly/-la jste
3. P.	dělal/-la/-lo		dělali/-ly/-la
	II. Gr.		
Sg. 1. P.	platil/-la/-lo jsem	Pl.	platili/-ly/-la jsme
2. P.	platil/-la/-lo jsi		platili/-ly/-la jste
3. P.	platil/-la/-lo		platili/-ly/-la
Sg. 1. P.	myslel/-la/-lo jsem	Pl.	mysleli/-ly/-la jsme
2. P	myslel/-la/-lo jsi		mysleli/-ly/la jste
3. P.	myslel/-la/-lo		mysleli/-ly/-la
	III. Gr.		
Sg. 1. P.	pracoval/-la/-lo jsem	Pl.	pracovali/-ly/-la jsme
2. P.	pracoval/-la/-lo jsi		pracovali/-ly/-la jste
3. P.	pracoval/-la/-lo		pracovali/-ly/-la
	IV. Gr.		
Sg. 1. P.	prominul/-la/-lo jsem	Pl.	prominuli/-ly/-la jsme
2. P.	prominul/-la/-lo jsi		prominuli/-ly/-la jste
3. P.	prominul/-la/-lo		prominuli/-ly/-la

Muster **tisknout** hat im -l-Partizip: Sg. tiskl, tiskla, tisklo
Pl. tiskli, tiskly, tiskla

	V. Gr.		
Sg. 1. P.	nesl/-la/-lo jsem	Pl.	nesli/-ly/-la jsme
2. P.	nesl/-la/-lo jsi		nesli/-ly/-la jste
3. P.	nesl/-la/-lo		nesli/-ly/-la

FUTUR

Das Futur **der perfektiven Verben** wird durch die Präsensformen der perfektiven Verben ausgedrückt. Z. B.: udělám, uděláš, udělá, uděláme, uděláte, udělají.

Das Futur **der imperfektiven Verben** besteht aus den Formen des Hilfszeitworts být + Infinitiv.

Sg. 1. P.	budu dělat	Pl.	budeme dělat
2. P.	budeš dělat		budete dělat
3. P.	bude dělat		budou dělat

KONDITIONAL

besteht aus dem -l-Partizip + den Formen des Hilfszeitworts.

Sg. 1. P.	dělal/-la/-lo, platil/-la/-lo ... bych
2. P.	dělal/-la/-lo, platil/-la/-lo ... bys
3. P.	dělal/-la/-lo, platil/-la/-lo ... by
Pl. 1. P.	dělali/-ly/-la, platili/-ly/-la ... bychom
2. P.	dělali/-ly/-la, platili/-ly/-la ... byste
3. P.	dělali/-ly/-la, platili/-ly/-la ... by

VERBEN MIT ABWEICHENDER REKTION

bát se + G.	sich fürchten vor
bavit se o + L.	sich unterhalten über
bojovat o + Akk.	kämpfen für
dbát o + Akk.	beachten + Akk.
děkovat + D. + za + Akk.	danken + D. + für
dělat reklamu + D.	werben für
diskutovat o + L.	diskutieren über
divit se + D.	sich wundern über
dojít pro + Akk.	holen + Akk.
hlasovat o + L.	abstimmen über
hlasovat pro + Akk.	stimmen für
hlasovat proti + D.	stimmen gegen
hledat + Akk.	suchen nach
hrát na + Akk. *(hudební nástroj)*	spielen + Akk. *(ein Musikinstrument)*
informovat se o + L.	sich erkundigen nach
jednat se o + Akk.	sich handeln um
jet + Inst. *(vlakem)*	fahren mit *(dem Zug)*
jít kolem + G. *(pošty)*	gehen an *(der Post)* vorbei

jít o + Akk. *(život)*	gehen um *(ums Leben)*
lišit se + Inst. + od + G.	sich unterscheiden durch – von
litovat + G.	bereuen + Akk.
loučit se s + Inst.	sich verabschieden von
mít k dispozici + Akk.	verfügen über
mít radost z + G.	sich freuen über
mít starost o + Akk.	sich sorgen um
nadávat na + Akk.	schimpfen über
omluvit se + D. + za + Akk.	sich entschuldigen bei – für
pečovat o + Akk.	sorgen für, betreuen + Akk.
platit za + Akk.	zahlen für
podívat se na + Akk.	sich ansehen + Akk.
pochybovat o + L.	zweifeln an
pokračovat v + L.	fortsetzen + Akk.
potkat + Akk.	begegnen + D.
považovat + Akk. + za + Akk.	halten + Akk. + für
prosit o + Akk.	bitten um
přemýšlet o + L.	nachdenken über
rozčilovat se pro + Akk. / kvůli + D.	sich aufregen über
rozumět + D.	verstehen + Akk.
seznámit se s + Inst.	kennen lernen + Akk.
shánět + Akk.	nachfragen nach
shodnout se v / na + L.	sich einigen über
smát se + D.	lachen über
snažit se o + Akk.	streben nach
starat se o + Akk.	sich kümmern um, sorgen für
stěžovat si na + Akk.	sich beklagen über
šetřit na + Akk. *(byt)*, na + L. *(jídle)*	sparen für / an
těšit se na + Akk.	sich freuen auf
účastnit se + G.	teilnehmen an
vdávat se za + Akk.	heiraten + Akk.
vypadat na + Akk.	aussehen (wie)
vzpomínat (si) na + Akk.	sich erinnern an, gedenken + G.
zajímat se o + Akk.	sich interessieren für
zajít pro + Akk./k, ke + D.	vorbeikommen, vorbeigehen bei
záležet na + L.	abhängen von, ankommen auf
(za)nechat + G.	aufgeben + Akk.
zapomenout na + Akk.	vergessen + Akk.
zavolat/zatelefonovat + D.	anrufen + Akk.
zbavit se + G.	loswerden + Akk.
zlobit se na + Akk.+ pro + Akk.	böse sein + D. / auf + Akk.
ženit se s + Inst.	heiraten + Akk.
žít z + G.	leben von

AM HÄUFIGSTEN GEBRAUCHTE REFLEXIVE VERBEN

Im Tschechischen reflexiv	Im Deutschen nicht-reflexiv
domnívat se	meinen, vermuten
hrát si *(s míčem, na kosmonauty)*	spielen
líbit se	gefallen
narodit se	geboren werden
potit se	schwitzen
probudit se	erwachen
(na)učit se	lernen
(po)dívat se	schauen
procházet se	spazieren gehen
ptát se	fragen
seznámit se	kennen lernen
smát se	lachen
stěhovat se	umzichen
účastnit se	teilnehmen
usmát se	lächeln
vdá(va)t se	heiraten *(nur Frauen)*
vrátit se	zurückkommen
všimnout si	bemerken, beachten
zastavit se	stehen bleiben
(o)ženit se	heiraten *(nur Männer)*

Im Tschechischen nicht-reflexiv	Im Deutschen reflexiv
činit, obnášet (sumu)	sich belaufen auf
poděkovat	sich bedanken
toužit	sich sehnen
vyplývat, plynout (z čeho)	sich ergeben aus
zabloudit	sich verirren

UNREGELMÄSSIGE VERBEN

Infinitiv	Präsens	Imperativ	Vergangenheit	Bedeutung
bát se	bojím se, bojí se	boj se	bál se	(sich) fürchten
bít	biju/-ji, bijou/-jí	bij	bil	schlagen
brát	beru, berou	ber	bral	nehmen
být	jsem, jsi, je, jsme, jste, jsou	buď	byl	sein
česat	češu, češou	češ	česal	kämmen
číst	čtu, čtou	čti	četl	lesen

Infinitiv	Präsens	Imperativ	Vergangenheit	Bedeutung
dát	dám, dáš, dá, dáme, dáte, dají	dej	dal	geben
dostat	dostanu, dostanou	dostaň	dostal	bekommen
hrát	hraju /-ji, hrajou/-jí	hraj	hrál	spielen
hřát	hřeju/-ji, hřejou/-jí	hřej	hřál	wärmen
chtít	chci, chceš, chce, chceme, chcete, chtějí	chtěj	chtěl	wollen, mögen
jet	jedu, jedou	jeď	jel	fahren
jíst	jím, jíš, jí, jíme, jíte, jedí	jez	jedl	essen
jít	jdu, jdou	jdi	šel	gehen
klást	kladu, kladou	klaď	kladl	legen, stellen
krást	kradu, kradou	kraď	kradl	stehlen
krýt	kryju/-ji, kryjou/-jí	kryj	kryl	decken
kvést	kvetu, kvetou	kveť	kvetl	blühen
lhát	lžu, lžou	(ne)lži	lhal	lügen
lít	liju/-ji / leju/-ji, lijou/-jí/ lejou/-jí	lij/ lej	lil	gießen
mazat	mažu, mažou	maž	mazal	schmieren
mést	metu, metou	meť	metl	kehren
mít	mám, máš, má, máme, máte, mají	měj	měl	haben
mlít	melu, melou	mel	mlel	mahlen
moct/ moci	můžu/mohu, můžou/mohou	–	mohl	können
nalézt	naleznu, naleznou	nalezni	nalezl	finden
obout	obuju/-ji, obujou/-jí	obuj	obul	Schuhe anziehen
péct/ péci	peču, pečou	peč	pekl	backen, braten
pít	piju/-ji, pijou/-jí	pij	pil	trinken
plakat	pláču, pláčou	plač/plakej	plakal	weinen
plavat	plavu, plavou	plav/plavej	plaval	schwimmen
plést	pletu, pletou	pleť	pletl	stricken
pomoct/ pomoci	pomůžu/-ohu, pomůžou/-ohou	pomoz	pomohl	helfen
poslat	pošlu, pošlou	pošli	poslal	schicken
prát	peru, perou	per	pral	waschen
přát	přeju/-ji, přejou/-jí	přej	přál	wünschen
přijmout	přijmu, přijmou	přijmi	přijal	an/aufnehmen
psát	píšu/-ši, píšou/-ší	piš	psal	schreiben

Infinitiv	Präsens	Imperativ	Vergangenheit	Bedeutung
růst	rostu, rostou	–	rostl	wachsen
říct / říci	řeknu, řeknou	řekni	řekl	sagen
skákat	skáču, skáčou	skákej	skákal	springen
smát se	směju/-ji se, smějou/-jí se	směj se	smál se	lachen
smět	smím, smí/smějí	–	směl	dürfen
spát	spím, spí	spi	spal	schlafen
stát	stojím, stojí	stůj	stál	stehen, kosten
stát se	stanu se, stanou se	staň se	stal se	geschehen
stonat	stůňu, stůňou	stonej	stonal	krank sein
šít	šiju/-ji, šijou/-jí	šij	šil	nähen
téct/téci	teče, tečou	teč	tekl	fließen
(u)kázat	ukážu, ukážou	ukaž	ukázal	zeigen
umřít	umřu, umřou	umři	umřel	sterben
vázat	vážu, vážou	važ	vázal	binden
vést	vedu, vedou	veď	vedl	führen
vézt	vezu, vezou	vez	vezl	transportieren
vědět	vím, víš, ví, víme, víte, vědí	věz	věděl	wissen
vstát	vstanu, vstanou	vstaň	vstal	aufstehen
vzít	vezmu, vezmou	vezmi	vzal	nehmen
začít	začnu, začnou	začni	začal	beginnen
(za/vz)-pomenout	zapomenu, zapomenou	zapomeň	zapomněl/ zapomenul	vergessen
(za)vřít	zavřu, zavřou	zavři	zavřel	schließen
zvát	zvu, zvou	zvi	zval	einladen
žít	žiju/-ji, žijou/-jí	žij	žil	leben

KLEINE BELEHRUNG ÜBER DAS GEMEINTSCHECHISCH

Diejenigen, die schon einige Zeit in der Tschechischen Republik leben und hören, wie die Tschechen in inoffiziellen Alltagssituationen miteinander sprechen, stellen sehr bald fest, dass sich oftmals das Tschechisch in seiner gesprochenen Form davon unterscheidet, was sie in den normativen Lehrbüchern gelernt haben. Die Unterschiede betreffen dabei nicht nur die lexikalische Seite (d. h. Wörter aus der Umgangssprache treten neben standardsprachlichen Wörtern auf), sondern auch die grammatische Seite, d. h. phonetische, morphologische und syntaktische Erscheinungen, welche die standardsprachliche Norm nicht zulässt.

Diese nicht-standardsprachliche Varietät des Tschechischen, die in der gesprochenen inoffiziellen Alltagssituation (auch unter Gebildeten, besonders in Böhmen, in Mähren weniger) benutzt wird, wird als Gemeintschechisch bezeichnet. Einige Linguisten halten das Gemeintschechisch sogar für eine Parallelstruktur der tschechischen Nationalsprache, die neben der Standardform mit ihrer kodifizierten Norm existiert.

In der offiziellen gesprochenen Kommunikation (Medien, öffentliche Reden und Vorträge, Schulunterricht, offizielle Verhandlungen usw.) wird die Benutzung von Elementen des Gemeintschechischen als unpassend empfunden und wirkt unkultiviert, sogar vulgär. In der geschriebenen Kommunikation ist das Gemeintschechisch nicht zulässig (eine mögliche Ausnahme stellen persönliche Briefe inoffiziellen Charakters dar). Eine Ausnahme stellt auch die zeitgenössische künstlerische Prosa dar, in der sich einige Autoren um die authentische Evokation der gesprochenen Alltagssprache bemühen, besonders in den Dialogen.

Die oben beschriebene tschechische Sprachsituation der Gegenwart ist Gegenstand nicht abgeschlossener Polemiken unter Fachleuten und Laien sowie ein aktuelles Thema der wissenschaftlichen Forschung und Publikationen.

Die Hauptcharakterzüge des Gemeintschechischen

I. Phonetik

1. vo- anstatt o- am Wortanfang oder an der Präfigierung.

Beispiele: von, vona, vono, voni, vokno, voko, voba, vosum /osm, votočit se, vodemknout, vodpovědět, zavostřit, navobědvat se.
In standardsprachlichen Wörtern und Lehnwörtern wird das vorangestellte v- nicht verwendet.

Beispiele: obzor, ovšem, otec, obuv, oponent, orchestr.

2. -ej- anstatt -ý- im Wortinnern und in den Endungen der Adjektive und Adjektivpronomen.

Beispiele: tejden, mejdlo, bejt, umejt, takovej malej kluk, ve tvejch malejch botách, s mejma malejma dětma.

3. -í- anstatt -é- in der Wortmitte und -ý- statt -é- in den Endungen der Adjektive und Adjektivpronomen.

Beispiele: mlíko, polívka, líp, míň, takový velký vokno, vod takovýho velkýho kluka, v tý starý knížce (Vgl. auch II. 2.b).

4. Kürzung der Vokale in der letzten Silbe.

Beispiele: domu (= domů), nevim, povim, před nim, dělaji, vobědvaji.

5. Vereinfachung schwer aussprechbarer Konsonantengruppen

Beispiele: neska (= dneska), du (= jdu), pudu (= půjdu), di (= jdi), děte (= jděte), eště (= ještě), ňákej (= nějaký), vemu (= vezmu), žíce (= lžíce), řebík (= hřebík).

Die Aussprache der Wörter sem (statt jsem), si (statt jsi), sme (statt jsme), ste (statt jste), sou (statt jsou) wird für den Standard gehalten und die Aussprache mit j- am Anfang wird für hyperkorrekt erachtet.

II. Morphologie

1. SUBSTANTIVE
   a) Instrumental Plural hat -ma statt -y/-i und -mi.
   Beispiele: s klukama, pokojema, holkama, jidlama, místnostma, skříněma, slovama, dětma.

Die gleiche Endung tritt auch bei Adjektiven und Adjektivpronomen auf.
Beispiele: ňákejma úzkejma uličkama, se všema těma tvejma kamarádama, za takovejma širokejma voknama.

2. ADJEKTIVE UND ADJEKTIVPRONOMEN
   a) in allen Endungen des hart auslautenden Musters -ej statt -ý (Vgl. I. 2.)
   Beispiele: takovej velkej byt, takovejch malejch holek, někerejm známejm hercum, o kerejch českejch knížkách, se všema spolužákama.
   b) in allen Endungen des harten Musters -ý- statt -é- (vgl. I. 3.)
   Beispiele: malýho kluka, velkýmu městu, v tý starý hospodě, ňáký nový knížky.
   c) im Nominativ Plural aller Genera -ý-
   Beispiele: ňáký velký kluci, takový starý boty, všechny mladý herečky, samý nový auta.
   d) Bei den Possessivadjektiven entsprechen die Endungen der hart auslautenden Adjektive nicht dem Standard.
   Beispiele: u Tylovýho náměstí, k Masarykovýmu nádraží, na Husovým pomníku, za Smetanovým nábřežím.

3. VERBEN
   a) Schwankung beim Muster der Verben der II. Gruppe prosit a sázet in der 3. Person Plural Präsens
   Beispiele: (oni) proseji (statt prosí), seději (statt sedí), choději (statt chodí), hláseji se (statt hlásí se), líběji se (statt líbí se), jezději (statt jezdí).
   b) Elision der Endung -í in der 3. Person Plural Präsens der Verben der I. und II. Gruppe (Muster dělat, prosit, sázet)
   Beispiele: (oni) dělaj, říkaj, choděj, platěj, bydlej, bolej, vracej se, přicházej.
   c) Elision der Endung -e in der 1. Person Plural Präsens der Verben der III., IV. und V. Gruppe (Muster pracovat, prominout, nést).

Beispiele: (my) pracujem, nakupujem, prominem, nesem, pudem (= půjdeme), přídem (= přijdeme).

d) Elision der Endung -l im Präteritum der maskulinen Formen der Verben der V. Gruppe (Muster nést) und einer Reihe unproduktiver Verben (vgl. Verzeichnis IV./36)
Beispiele: (on) nes, přivez, sněd, řek, pomoh, moh, vyrost, utek, vodvez (= odvezl), přečet.

e) Elision des Hilfsverbs být in der 1. Person Singular und Plural Präteritum und dessen Ersatz durch das pronominale Subjekt
Beispiele: Já nic neřek. Já to věděla. My to slyšeli.

f) im Konditional: bysem (statt bych), bysi (statt bys), bysme (statt bychom)

4. NUMERALE
   a) Genitiv und Lokativ dvouch (statt dvou), vobouch (statt obou), Genitiv třech (statt tří), štyrech (statt čtyř), Instrumental třema, štyrma (statt třemi, čtyřmi)
   b) Die ersten Teile der zusammengesetzten Numerale bleiben undekliniert.
   Beispiele: o tři sta dvaceti (statt o třech stech dvaceti)

III. Syntax

Die Syntax der gesprochenen tschechischen Alltagssprache hat gegenüber der Syntax des geschriebenen Tschechisch eine Reihe spezifischer Charakterzüge, die vor allem durch Faktoren der gesprochenen Sprache gegeben sind, zum Beispiel Spontanität der Äußerung, Rücksichtnahme auf die Anwesenheit des Hörers sowie das Vorhandensein situativer Momente der Kommunikation u. a. Diese Faktoren spiegeln sich im gesprochenen Tschechisch zum Beispiel in der Verletzung der syntaktischen Konstruktion, dem häufigen Gebrauch von Mitteln zur Kontaktanknüpfung mit dem Hörer, in der höheren Betonung der persönlichen und emotiven Haltungen und Einstellungen des Sprechers, im häufigen Gebrauch situativer und kontextueller Ellipsen wider.

In der Syntax der gesprochenen tschechischen Alltagssprache handelt es sich also um eine andere Redesituation als in den phonetischen und morphologischen Erscheinungen des Gemeintschechischen, die von den Faktoren der Gesprochenheit und deren sprachlichen Auswirkungen „isoliert" sind.

Zu den Erscheinungen der Syntax der gesprochenen Alltagssprache, in deren Satzmodellen auch phonetische und morphologische Erscheinungen des Gemeintschechischen auftreten können, aber nicht müssen, gehören vor allem:

a) die Expansion der „unpassenden" Nominative
Beispiele: (Aus dem Dialog zweier Mädchen) – Ein hübscher Pullover. Italien? – Nein. Mutter. Hezkej svetr. Itálie? – Ne. Maminka.
(Die Unkenntnis der familiären Realien erlaubt es dem uneingeweihten Hörer nicht, die Ellipse „die Mutter kaufte / strickte?" – zu ergänzen.
(Aus dem Dialog zweier Männer) – Wo wir im Sommer waren? No, Österreich, Deutschland, Schweiz. – Und Frankreich nicht? – Kde sme byli v letě? No, Rakousko, Německo, Švýcarsko. – A Francie ne?–

b) der häufige Gebrauch von Kontaktwörtern
Beispiele: Ein ganz guter Film, nicht wahr? Docela dobrej film, ne? – Guck mal, wir werden zusammen wohnen, ja? Hele, a budeme bydlet spolu, jo? – Dir hat es dort gefallen, nicht wahr? A že se ti tam líbilo, viď? – Schau, mir ist es ganz egal, was die Pauker davon halten, weißt du? Koukej, mně je úplně jedno, co si vo tom kantoři myslej, víš? – Ich bitt dich, denk nicht mehr dran. Prosím tě, tak už na to nemysli.

c) häufige Benutzung der Pronomen ten, ta, to in hinweisender Funktion auf schon Gesagtes.
Beispiele: Tak v ten štvrtek do toho kina na ten americkej film s váma nepudu. Představ si, ta Hana si ten klobouk vod tý Marie vopravdu koupila.

d) häufiger Gebrauch des pronominalen Subjekts.
Beispiele: My sme ti řikali, abysi tam nechodil. Těší mě, já sem

ňákej Hájek. Ty si vo tom přece musela vědět, ne? My ti teda to kolo koupíme, dyž budeš mít dobrý vysvěčení.

e) Gebrauch des vorgeschobenen Personalpronomens der 3. Person
Beispiele: Vona ti to Marta neřekla? Von prej ji Franta fakt šíleně naštval. Dyť vona Marta taky není svatá. Voni vo tom rodiče nechtěj vůbec mluvit.

f) häufige Ellipse (Vgl. III.a)
Beispiele: V pátek nemůžu. Možná v sobotu nanejvejš. A nejlíp v neděli. Jó Karel, ten hned s Mirkou do kina, hned s ňákou jinou, no něco příšernýho.

g) Im zusammengesetzten Satz wird die Parataxe häufiger als die Hypotaxe benutzt. Die Sätze sind in der Regel kürzer und weniger strukturiert als in der geschriebenen Sprache.

LÖSUNGSSCHLÜSSEL

■ **Lektion 1**

5. 1. ty jsi 2. vy jste 3. jste 4. ty jsi 5. vy jste 6. vy jste
7. 1. Vítám vás. 2. Odložte si. 3. Posaďte se, prosím. 4. Těší mě. 5. Děkuju. / Děkuji. 6. Není zač. / Prosím.
9. 1. cestu 2. ohlásím 3. Vítám 4. posaďte se 5. vás zase vidím
11. 1. Kdo je to? 2. Co je to? 3. Kde je šéf? 4. Čí je to auto? 5. Kdo je to? 6. Kdy je to? 7. Kde je firma Bona?

■ **Lektion 2**

2. 1. máš 2. máte 3. mají 4. máš 5. má, má 6. mají 7. máš 8. máte 9. má
4. 1. Ne, Kurt ještě nemá byt. 2. Simona je u kamarádky. 3. Martin a Ilona mají malý domek. 4. Ten byt je dost daleko. 5. Ten byt není moc velký. 6. Kurt má čas zítra večer v šest.
6. byt m., kamarádka f., kamarád m., metro n., stanice f., pokoj m., štěstí n., auto n., cesta f., žena f., vzduch m., angína f., kašel m., firma f., dům m., domek m., dokumentace f., počasí n., pole n.
8. 1. Nemám čas. 2. Nemáme auto. 3. Erik nemá byt. 4. Nemají dům. 5. Soňa nemá dům. 6. Nemám počítač. 7. Martin nemá firmu.
10. a) kamaráda, byt, auto, kamarádku, čas, sestru, sekretářku, dokumentaci
    b) pokoj, adresu, hotel, Josefa, Tomáše, Milenu, pana Nováka, doktora Sušila, Viktorii, kino, Stanislava
    c) dům, garáž, sekretářku, telefon, dokumentaci, počítač, šéfa
11. A1 – B2, A2 – B1, A3 – B7, A4 – B5, A5 – B4, A6 – B3, A7 – B6
12. 1. Georg má štěstí. 2. Představ si, (my) máme byt! 3. Ten byt není moc velký, ale to nevadí. 4. Ten dům je bohužel moc daleko. 5. To auto je už moc staré. 6. Snad to vyjde. 7. Snad je tam dobrý vzduch. 8. Možná, že pro vás taky něco mám. 9. Možná, že pro vás (höflich) taky něco mám. 10. Tak platí, zítra v šest. Ahoj!

■ **Lektion 3**
2. Zavolám, zavoláš, zavolá, zavoláme, zavoláte, zavolají Tomášovi. Zkusím, zkusíš, zkusí, zkusíme, zkusíte, zkusí to za pět minut. Hledám, hledáš, hledá, hledáme, hledáte, hledají hotel. Bydlím, bydlíš, bydlí, bydlíme, bydlíte, bydlí v centru. Prosím, prosíš, prosí, prosíme, prosíte, prosí. Podívám se, podíváš se, podívá se, podíváme se, podíváte se, podívají se. Platím, platíš, platí, platíme, platíte, platí za byt.
3. 1. Milanovi, Janovi, Marii, Rudolfovi, šéfovi, muži / mužovi, Daně, kamarádovi, Lucii, panu Novákovi, Martinovi, panu Königovi, Nataše 2. tatínkovi, Haně, panu Ortovi, bratrovi, Libuši, šéfredaktorovi, Mirkovi, profesoru Gutovi 3. k Václavovi, k Ludmile, k doktorovi, k Sylvii, k Milanovi, k učiteli Dvořákovi, k trenéru Váchalovi, k inženýru Kohoutovi
7. 1. To je nápad! 2. Jistě. Zkusíme to za pět minut. 3. To nevím. 4. Promiňte, to je moje chyba. 5. Děkuju, dobře. 6. Není zač. 7. To je moc. Jdu ke konkurenci.
9. 1. tatínkovi, Marii, bratrovi, Ireně, kamarádovi, Alici, Václavovi, Soně, Milošovi. 2. hotelu, směnárně, nádraží, restauraci, východu z metra, kinu. 3. šéfovi, ženě, firmě, Petrovi, Lucii, Ivaně, panu Hanákovi, paní Martě, tatínkovi, Tomášovi.
12. a) 1. Hledáte ještě něco? 2. Bydlí tu ještě někdo? 3. Máte ještě něco? 4. Neplatíte už nic. 5. Nehlásí se nikdo. 6. Je tu někde směnárna? 7. Promiňte, nic tu nevidím. 8. Nic už tam není. 9. Markus teď nic nedělá. 10. To už tu nikdo nedělá.
b) 1. Kdy se vrátíte? 2. Tomáš se ptá, kde to je. 3. Zajímáte se o politiku? 4. Ona to dělá kvůli tatínkovi. 5. Kdy se Otto žení? 6. Hotel „Union" je proti poště.

■ **Lektion 4**
7. 1. Kde nakupujeme? – 2. Kde vystupujeme? – 3. Kam cestujeme? – 4. Co studujeme? – 5. Kde pracujeme? – 6. Kdy sportujeme? – 7. Kde lyžujeme? –
8. 1. cukru, masa, mouky, chleba 2. kávy, salámu, rýže, sýra 3. piva, vína, sektu, limonády 4. kávy, čaje, čokolády 5. vody,

mléka, kakaa 6. dortu, koláče, másla, chleba, sýra 7. smetany, oleje, mléka 8. zeleniny, ovoce, tvarohu, masa
10. do divadla – do kina, do knihovny – do práce, do hotelu – do lékárny, do továrny – do kavárny, do klubu – do restaurace, do nemocnice – do hospody
11. 1. hotelu 2. stadionu 3. telefonu 4. restaurace 5. divadla, kavárny 6. Heleny, Lucie 7. hospody, Tomáše 8. Kolína 9. Polska 10. domu 11. tramvaje 12. muže 13. kanceláře 14. práce 15. stolu 16. Věry, cukrárny 17. práce, hotelu
14. 1. chodíme 2. jdeme 3. jdu 4. chodíme 5. chodíš 6. chodí 7. jezdí 8. jedeme 9. chodí 10. nechodím

■ **Lektion 5**
3. 1. metrem, autem, vlakem, tramvají, autobusem 2. Arturem, Radkou, panem Jonákem, Lydií, panem doktorem 3. Karlem, Hedvikou, šéfem, Marií 4. hotelem, garáží, domem, bankou, nádražím, stanicí autobusu 5. rohem, klinikou, náměstím, parkem 6. nádražím a stanicí metra, poštou a supermarketem, policií a kinem, hotelem a školou, galerií a synagogou, restaurací a bankou
7. 1. námi, ním, se mnou 2. nás, něho, ně 3. tobě, vám, ní 4. něj / něho, nich, vás 5. mě, nás, ně 6. ně, něj / něho, mě 7. tebe, Vás, něj / něho 8. nás, něj / něho, beze mě
10. 1. On chce, ale nemůže. 2. Ona může, ale nesmí. 3. Oni chtějí, ale nemůžou / nemohou. 4. On může, ale nechce. 5. Ona chce, ale neumí to. 6. Ony chtějí, ale nevědí to. 7. Ona chce, ale neumí to.
13. 1. V této firmě se nesmí kouřit. 2. Neví se, kde teď Martin pracuje. 3. Tady to můžeme / se to může koupit. 4. To se musí vidět. 5. To se ještě neví. 6. Nevím, jak se to projednává. 7. Dnes se to nemůže stihnout. 8. Jak se to řekne anglicky?
14. 1. Pacient už smí chodit. 2. Nevím, kde Kurt bydlí. 3. Nechce se nám tam jet. 4. To dnes nemůžeš stihnout. 5. Dělám všechno, co dělat můžu / umím. 6. Umíte anglicky? 7. Proč nechcete jet autem? 8. Co teď máme dělat? 9. Paní Volfová dělá jen to, co dělat musí. 10. Umíte lyžovat? 11. Kdo chce, ten může. 12. Tady se nedá nic dělat. 13. Neví se, jak to je. 14. Kdo to má vědět? Já to taky nevím.

Lektion 6

5. 1. mladá 2. starý a nemocný 3. nějakého dobrého 4. nové 5. francouzskou 6. gotický, barokním 7. vysoké 8. známého 9. kulturní 10. letní 11. starý americký detektivní 12. zadním, předním

6. 1. toho vašeho mladého 2. tou svou senzační 3. té naší staré 4. toho tvého dobrého 5. toho svého elegantního 6. tou svou hezkou mladou 7. našeho starého, toho nového 8. tím vaším sympatickým 9. té naší známé 10. tím svým starým

8. 1. Těším se na to. 2. Babička o tom nikdy nemluví. 3. K tomu se hodí sklenice vína. 4. O to se nezajímáme. 5. Je někdo proti tomu? 6. Na tom může něco být. 7. Jsi s tím spokojený?

9. 1. toho pána, tu adresu, ten dům, jeho auto, vaši paní 2. té ženy, té mladé sekretářky, toho starého šoféra, toho vojáka 3. tu velkou tašku, ten malý nůž, tu červenou baterku, ten starý kufr 4. tím novým supermarketem, tím malým kinem, tou velkou křižovatkou, tím moderním nádražím, tím bílým domem 5. tou americkou firmou, vaší zahraniční filiálkou, zajímavou polskou galerií, tou reklamní agenturou, španělskou cestovní kanceláří

10. 1. drahý 2. zdravý 3. bohatá 4. lehká 5. nízký 6. široká 7. tichý 8. čisté 9. těžká 10. hezká 11. hloupá 12. líný 13. rychlé

15. 1. můj bratr, má / moje sestra, mé / moje slovo, mí / moji kamarádi, mé / moje byty, mé / moje knihy 2. tvůj tatínek, tvá / tvoje maminka, tvé / tvoje divadlo, tvé / tvoje domy, tví / tvoji sousedi, tvé / tvoje kolegyně 3. jeho šéf, její / jejich šéf, jeho teta, její / jejich teta, jeho dítě, její / jejich slovo, jeho auta, její / jejich auta, jeho rodiče, její / jejich rodiče 4. naše firma, náš dědeček, naše nádraží, naši kamarádi 5. vaše knihy, vaše (höflich) knihy, její / jejich knihy, její byt / jejich byt, jeho dívka, její muž, Váš muž, naše hotely, naše školy, vaše sekretářky 6. její / jejich kolegyně, Vaše kolegyně, jeho strýček, její / jejich strýček, Váš strýček, váš strýček, Vaši sousedi

18. 1. mého příbuzného 2. vepřovou, plzeňského 3. známým 4. spropitného 5. hovězího 6. vrchní 7. školném

19. 1. Vím to od svého známého. 2. Pavla jde s tvým novým sousedem do kina. 3. Musím hned zavolat našemu šéfovi. 4. Proč jste pořád nespokojení? 5. Promiňte, ale my jsme proti tomu. 6. Vrchní je velmi nevlídný. 7. Tenhle / ten / tento kufr se mi zdá moc malý a strašně drahý. 8. Jeho sestra je vdaná, na podzim čeká dítě. 9. Co na to říká tvá / tvoje partnerka? 10. Jedeme k paní Novákové. 11. Našemu dědečkovi je už osmdesát let. 12. Jeho otec pracuje pro jednu známou německou firmu. 13. Můžeš mi dát tvou starou mapu? 14. Jeho adresu bohužel neznáme. 15. Ty boty jsou mi moc malé. 16. Na to potřebuješ nějaký velký kufr. 17. Taky přestupujete u divadla? 18. Znáš už paní Machovou, naši novou sekretářku? 19. Její / jejich bratr je chytrý, ale trochu líný. 20. Kde jsou mé / moje dnešní noviny?

■ **Lektion 7**
3. 1. Karlův most 2. Husův pomník 3. Masarykovo nádraží 4. Hanin bratr 5. ženin tatínek 6. Nerudova ulice 7. Rašínovo nábřeží 8. Martina dcera 9. Palachovo náměstí 10. Hrabalovy romány 11. Dvořákova symfonie 12. Smetanova opera 13. Mášini kamarádi 14. Formanovy filmy 15. Čapkovy knihy 16. Karlova univerzita
4. 1. náměstí 2. ulice 3. pomník 4. cesta, brány 5. věže 6. orloj, radnici 7. hrad 8. renesanční 9. centru 10. daleko 11. prohlédnout 12. restaurace 13. třídu 14. kouzelné
6. 1. Autobus tu nestaví. 2. Metro je hned na rohu. 3. Koleje se opravují, je tu objížďka. 4. Promiňte, jsem cizinec / cizinka. 5. Jděte pořád rovně. 6. Nic tam nejezdí. 7. Jde se tam podchodem. 8. Příští ulici zahněte doprava. 9. Je to blízko, jen deset minut pěšky. 10. Jedete špatně, musíte jet opačným směrem. 11. Promiňte, nevím, jsem tu cizí.
7. poděkuj – poděkujme – poděkujte, připrav se – připravme se – připravte se, nezapomeň – nezapomeňme – nezapomeňte, kup si – kupme si – kupte si, napiš – napišme – napište, podrž – podržme – podržte, podívej se – podívejme se – podívejte se, udělej – udělejme – udělejte, zavři – zavřeme – zavřete, přijď – přijďme – přijďte, zavolej – zavolejme – zavolejte, vrať se – vraťme se – vraťte se, zaplať – zaplaťme – zaplaťte, ukaž – ukažme – ukažte, najdi – najděme – najděte, pojď – pojďme –

pojďte, pojeď – pojeďme – pojeďte, mysli – mysleme – myslete, zeptej se – zeptejme se – zeptejte se, odpověz – odpovězme – odpovězte, promiň – promiňme – promiňte
12. Zum Beispiel: 1. chrám svatého Štěpána 2. curyšskou radnici 3. muzeum Pergamon 4. glyptotéku a pinakotéku 5. kolínský dóm 6. starou univerzitu 7. na letiště 8. o muzeum porcelánu 9. Semperovu operu a Zwinger 10. naše víno, sýry a čokoládu
13. **a)** ve škole, v Praze, v hospodě, v knize, v Ostravě, v Plzni, v kanceláři, v autě, v Hannoveru, v kině, v metru, ve vlaku, v tramvaji, v opeře, v Německu, v Americe, ve Francii, v Polsku, ve Varšavě, v lékárně, v domě, v kuchyni, v pokoji, v restauraci, v hotelu
b) na zahradě, na radnici, na toaletě, na náměstí, na ulici, na jihu, na severu, na stadionu, na Slovensku, na Šumavě, na policii, na Moravě, na Sicílii, na Korsice, na Krétě, na Sněžce, na Matterhornu, na stanici
c) o autorovi, o filmu, o obchodě, o orchestru, o Lucii, o Martinovi, o doktorovi, o Angličanovi, o ministrovi, o Němci / Němcovi, o Japonci / Japoncovi, o Číňanovi, o Rusovi, o Američance, o studentce, o politikovi, o učitelce, o panu Holubovi, o paní Holubové, o panu Starém, o paní Staré, o Jitce Veselé, o Karlu Gottovi, o Antonínu Dvořákovi
15. 1. Wieviel kostet eine Briefmarke in die USA? 2. Wir stehen vor dem Jan Hus-Denkmal. 3. Das lohnt eine Aufnahme. 4. Eintritt auf den Turm kostet zehn Kronen. 5. Kaffee kostet dort dreissig Kronen. 6. Das ist nicht der Rede wert. 7. Bara soll auch kommen.
16. stůl, dort, kavárna, kostel, věž, byt, město, divadlo, bratr, sestra, Jana, tatínek / táta, maminka / máma, Věra, socha, ulice

■ Lektion 8
3. 1. jste byli 2. jsme byli 3. jsme letěli, jsme jeli 4. rybařil 5. chodily 6. chutnala 7. jsem nezapomněl 8. jsme objeli 9. trávila
4. 1. Pracoval/a jsem – Pracovali/y jsme 2. Bydlel/a jsem – Bydleli/y jsme 3. jsem hledal/a – jsme hledali/y 4. jsem uviděl/a – jsme uviděli/y 5. Měl/a jsem – Měli/y jsme 6. Byl/a jsem nakupovat – Byli/y jsme nakupovat 7. Neměl/a jsem – Neměli/y jsme

8. Seděl/a jsem – Seděli/y jsme 9. Objednal/a jsem si – Objednali/y jsme si 10. Jel/a jsem – Jeli/y jsme 11. Koupil/a jsem si – Koupili/y jsme si 12. Zaplatil/a jsem – Zaplatili/y jsme 13. Zeptal/a jsem se – Zeptali/y jsme se 14. Šel jsem / Šla jsem – Šli/y jsme 15. Vrátil/a jsem se – Vrátili/y jsme se

6. Včera jsem se vrátil/a z práce brzy, už v pět hodin. Šel / šla jsem pěšky, bylo teplo. Až před bytem jsem zjistil/a, že jsem si zapomněl/a v kanceláři klíče. Měl/a jsem smůlu, musel/a jsem se vrátit. Pak už jsem jel/a domů tramvají. Doma jsem si chtěl/a uvařit kávu, ale bylo už sedm hodin. Vzal/a jsem si tedy jen chléb se sýrem a spěchal/a jsem do sportovní haly. V osm jsem měl/a sraz s kamarády. Nejdříve jsem s nimi hrál/a asi hodinu volejbal a pak jsem šel / šla do bazénu. V deset už jsem byl/a doma, připravil/a jsem si všechno na ráno a v jedenáct jsem šel / šla spát.

8. 1. ses ptal 2. sis koupil 3. sis sedla 4. ses ženil 5. ses vdávala 6. Zeptal ses 7. Připravila ses 8. ses vrátil 9. Odpočinul sis 10. sis o tom myslela

9. 1. Petr k nám přijel ze Slovenska. 2. Do kavárny přijďte prosím přesně v osm hodin. 3. Tramvaj tady nejede, pojďme pěšky. 4. Pojď sem! 5. Vlak přijede za pět minut. 6. Proč Anna nepřišla? 7. Doktor Fischer už odešel. 8. Přijedete autem, nebo vlakem? 9. Přijď ráno do knihovny! 10. Kde zůstala Margit? – A, tamhle už jde / přichází. 11. Z kterého nádraží odjíždí náš vlak? 12. Přijdeš zítra také / taky do divadla? 13. Pojďme rychle, náš autobus už jede / přijíždí. 14. Na které nádraží přijedete? 15. Přijďte k nám zase!

10. 1. jste koupila – jsem kupovala, jsem koupila 2. psal – napsal 3. se učila – naučila 4. zakazoval – zakázala 5. jsi navštívil – navštěvoval 6. jsi odpověděla – odpovídala 7. jsem čekal – jsi nepočkal 8. platil – jsem ho zaplatil 9. chodila, šli 10. jsme jezdili, jsme jeli – jste jel, jste jezdil

11. 1. V létě jsme byli/y v Londýně. 2. Měl jsem málo času. 3. Jak se vám líbilo v Kolíně? 4. Bydleli/y jsme u našich známých. 5. (Ona) neměla tvou / tvoji adresu. 6. Kde studoval? 7. Kde studovala? 8. Pane Altmanne, kde jste studoval? 9. Soňo, kde jsi koupila tu knihu? 10. Proč jste mi hned nezavolali/y?

11. To jsme nemohli/y vědět. 12. Nikdo o tom nechtěl mluvit. 13. Nečekal/a jsi moc dlouho? 14. Kdo zaplatil účet? 15. Paní Simonová, byla jste už někdy v Praze? 16. Proč jste to udělali/y? 17. Karle, kdy ses z Rakouska vrátil? 18. Včera jsme dlouho spali/y.

■ Lektion 9

3. Zum Beispiel: 1. teplo 2. zima / mráz 3. sychravo 4. teplo / vedro 5. dusno 6. teplo / horko 7. zima / mráz 8. zima / chladno
7. Zum Beispiel: 1. hezky, teplo, svítí slunce, někdy prší, často jsou přeháňky, po dešti se ochladí, na ulici jsou louže 2. horko a dusno, často lilo jako z konve, hřmělo a blýskalo se, byla bouřka, bylo vedro a pak přišel liják a krupobití 3. chladno a sychravo, často fouká vítr, celá obloha je zamračená, ráno je mlha 4. mrznout / mráz, sněžit / padat sníh, brzy tma, chladno / zima
9. 1. a) bude hrát 1. b) zahraju 2. a) napíšu 2. b) budeš psát 3. a) budeš dělat 3. b) udělám 4. a) budeš překládat 4. b) přeložím 5. a) podívám 5. b) budeš dívat 6. a) bude stěhovat 6. b) přestěhuje
10. 1. nevracej 2. zavřete 3. nedávej 4. neprodávejte 5. neberte 6. napišme 7. kupte si 8. nechoď 9. nečekejte 10. zavolej
12. osmdesát čtyři, sto osmnáct, osm set čtyřicet jedna, dvě stě dvacet tři, třista dvacet dva, čtyři sta padesát jedna, sedm set patnáct, šest set jedenáct, jeden tisíc sto šestnáct, čtrnáct tisíc, čtyřicet tisíc, pět set pět, pět set patnáct, pět set padesát, sedm set sedmdesát jedna, sedm set sedmnáct, sedm set sedmdesát sedm, devět set čtyřicet pět, devět set padesát čtyři, šest set šedesát šest, dva tisíce osm set, devět tisíc čtyři sta devadesát, tři miliony
13. 1. dvou, tří, čtyř 2. dvěma, třemi, čtyřmi, deseti 3. dva, tři, čtyři 4. třem, čtyřem, šesti 5. sto, dvě stě 6. dvaceti čtyřech / čtyřiadvaceti, třiceti šesti / šestatřiceti, devatenácti 7. dvou, třech, osmnácti, pětadvaceti / dvaceti pěti 8. dvěma, třemi, pěti 9. šesti 10. šesti, sedmi, osmi, devatenácti, dvaceti jedné / jedenadvaceti, dvaceti dvou / dvaadvaceti 11. dvěma sty

padesáti, sto osmdesáti, třemi sty dvaceti, čtyřmi sty padesáti, třemi sty osmdesáti, šesti sty devadesáti 12. šest set osmdesát pět / šest set pětaosmdesát, devět set třicet devět / devět set devětatřicet, tisíc osm set devadesát

14. 1. Dnes / dneska bylo chladno / bylo zima. 2. Je po dešti. / Přestalo pršet. 3. Brzy / brzo ti napíšu / napíši dlouhý dopis. 4. O tom teď / nyní nebudu mluvit. 5. Každý pátek chodí do kavárny, dnes / dneska půjde také / taky. 6. Pojďte sem! 7. Eva se brzy / brzo vrátí. 8. Od září bude Lars pracovat v Praze. 9. Kde tam bude bydlet? 10. Dej mi to, prosím. 11. Nedávejte mu to! 12. V létě zde / tu máme / míváme hezké / krásné počasí. 13. Budeš v neděli zase / zas tak dlouho spát? 14. Na podzim půjde / jde náš syn do školy. 15. Brzy / brzo pojedeme do Londýna. 16. Od dvanácti do čtrnácti máme volno.

■ Lektion 10

2. 1. ženin koníček 2. dědečkovo hobby 3. bratrova záliba 4. synův zájem 5. mužův koníček 6. Milanova láska 7. Janina záliba

4. 1. kamarádi, mí / moji kamarádi, všichni mí / moji kamarádi, všichni mí / moji dobří kamarádi 2. hrady, naše hrady, všechny naše hrady, všechny naše staré hrady 3. kavárny, všechny kavárny, všechny vaše kavárny, všechny vaše vídeňské kavárny 4. dopisy, tvé / tvoje dopisy, všechny tvé / tvoje dopisy, všechny tvé / tvoje staré dopisy 5. obchodníci, vaši obchodníci, všichni vaši obchodníci, všichni vaši mladí obchodníci 6. řeky, ruské řeky, všechny velké ruské řeky 7. města, všechna města, všechna německá města, všechna známá německá města

6. 1. Ti muži byli staří. 2. Ty hotely byly staré. 3. Ty ženy byly staré. 4. Ta auta byla stará. 5. Ty ulice byly tiché. 6. Ti autoři byli u nás známí. 7. Ti Norové byli dobří lyžaři. 8. Ti Italové byli dobří režiséři. 9. Ty filmy byly dobré. 10. Tvé / tvoje dopisy nebyly dlouhé. 11. Ty dívky byly velmi hezké. 12. Ty jeho obrazy nebyly zajímavé. 13. Ta koťata byla ještě malá. 14. Ta děvčata byla ještě příliš mladá.

8. 1. Řidiči stáli u auta a kouřili. 2. Byli tam i naši kluci. 3. Čekali jsme tam na známé kluky. 4. Děti mají rybičky, ptáky, želvy a teď chtějí koně. 5. Malá děvčata stále dělají z keramiky nějaká zvířata: psy, kočky, opice, slony, tygry nebo žirafy. 6. Jeho filmy byly známé. 7. Sklenice se rozbily. 8. Ti lidé mají hezké koníčky. 9. Chlapci cvičili psy. 10. Investice nebyly malé.
9. a) 1. Slyšeli jsme zpívat ptáky. 2. Slyšeli jsme hrát hudebníky. 3. Slyšeli jsme mluvit dva muže. 4. Slyšeli jsme volat o pomoc nějaké ženy. 5. Slyšeli jsme o tom diskutovat politiky.
b) 1. Viděl jsem tam kouřit dva kluky. 2. Viděl jsem tam běžet tři vojáky. 3. Viděl jsem tady pracovat čtyři Italy. 4. Viděl jsem tam dva muže krást auto. 5. Viděl jsem u stolu sedět tři Angličany. 6. Viděl jsem hrát fotbal dva Slováky. 7. Viděl jsem tam pomáhat tři Rusy.
11. 1. Martin rád lyžuje a hraje tenis. 2. Pavla se zajímá o hudbu, hraje dobře na housle. 3. Dnes / dneska se mojí ženě nechce vařit. 4. Děti jsou pořád pryč. 5. Na koníčky mi nezbývá čas. 6. Mé / moje povolání je velmi / hodně / moc náročné. 7. Všichni moji známí sportují / sportujou. 8. V naší firmě pracují / pracujou jako psychologové dva Švédové. 9. Jeho rodiče nebyli ještě staří. 10. Čekám na dva Američany. 11. Hudebníky jsme tam neviděli. 12. Byli tam tři Švýcaři. 13. Slyšel jsi ty psy? 14. Nemám rád ryby. 15. V naší zoo žijí / žijou tygři, medvědi, lvi a opice. 16. Děti chtějí pozorovat medvědy a opice. 17. Hrajete na klavír? 18. Už třicet let zpívá v jednom sboru. 19. Děti mají rády koťata a štěňata. 20. Od zvířat se člověk může hodně učit. 21. Těch lidí!

■ **Lektion 11**
4. 1. vážná 2. pilná 3. nespolehlivá 4. tmavé 5. malá 6. špatný 7. svobodný 8. pomalý 9. hloupý 10. velký 11. skromný
7. 1. Anton je zklamaný. 2. Moji rodiče nebyli moc přísní. 3. Má / moje teta byla zaměstnaná samostatná žena. 4. Pavel je prý rozmazlený a sobecký. 5. Slyšel jsem, že Hana je lehkomyslná a vypočítavá. 6. To není pravda, vždy / vždycky byla hodná a upřímná. 7. Ty jsi ale lakomý/á! 8. Pan Hornhof je chytrý,

ale jeho žena je trochu hloupá. 9. To je pravda, ale je moc hezká a hodná. 10. Je její sestra skutečně / opravdu tak pověrčivá? 11. Ale ne, je jenom moc zvědavá. 12. Jeho dcera se mi zdá moc drzá. 13. Ale kdepak! Je jenom / jen moc mladá. 14. Můj šéf byl dnes / dneska zase moc / velmi nepříjemný. 15. Možná že byl jen / jenom rozzlobený. 16. Moji sousedi jsou strašně závistiví a zlomyslní. 17. Markus je hezký, ale jeho sestra je ošklivá. 18. Nemáš pravdu, Beata je hezká a milá dívka / hezké a milé děvče.

8. pilnější, línější, chladnější, teplejší, mladší, starší, hezčí, ošklivější, kratší, delší, lepší, horší, menší, větší, těžší, lehčí, pomalejší, rychlejší, hloupější, chytřejší, bohatší, chudší, drzejší, lakomější, veselejší, upřímnější, hezčí

9. a) starší, mladší, pilnější, menší, větší, bohatší, chudší, chytřejší

   b) veselejší, přísnější, zvědavější, štíhlejší, skromnější, upřímnější

   c) lepší, horší, teplejší, chladnější, příjemnější, hezčí

12. 1. rychlejší, lehkomyslnější 2. pomalejší, spolehlivější 3. nadanější, línější 4. hloupější, pilnější 5. chytřejší, drzejší 6. veselejší, lakomější 7. hezčí, zbabělejší 8. zvědavější, hodnější

13. 1. Otec je o dva roky starší. Matka je o dva roky mladší. 2. Lyže jsou o tři tisíce levnější. Boty jsou o tři tisíce dražší. 3. Sestra je o tři roky starší. Bratr je o tři roky mladší. 4. Kostel je o sedmdesát metrů nižší. Věž je o sedmdesát metrů vyšší. 5. Sál je o čtyřicet pět metrů širší. Pokoj je o čtyřicet pět metrů užší. 6. Bajkal je o sedm set metrů hlubší. Viktoria je o sedm set metrů mělčí.

14. 1. nejhezčí 2. nejchytřejší 3. nejskromnější 4. nejveselejší 5. nejzvědavější 6. nejpilnější 7. nejrozmazlenější 8. nejpřísnější 9. nejnadanější 10. nejskromnější 11. nejhodnější

15. 1. nejpopulárnějších zpěváků 2. nejnadanějších skladatelů 3. největších tragikomiků 4. nejznámějších malířů 5. nejlepších herců 6. nejznámějších dramatiků 7. nejslavnějších sochařů 8. nejpopulárnějších hokejistů

16. 1. Frantou 2. Vláďou, 3. Standou 4. Jardovi 5. Honzou 6. jedním kolegou 7. vašeho Pepy 8. vašeho předsedy 9. našemu sta-

rostovi 10. policisty 11. Máchou 12. Kafky 13. turisté / turisti 14. naši filozofové 15. pesimistou 16. fotbalisté / fotbalisti

17. 1. Ich weiß noch nicht, ob ich komme. 2. Wenn es regnet, bleiben wir zu Hause. 3. Schreibt / schreiben Sie mir, ob ihr / Sie schon am Freitag Abend kommt / kommen. 4. Wenn Sie mich rechtzeitig anrufen / ihr mich rechtzeitig anruft, werde ich Sie / euch auf dem Bahnhof erwarten. 5. Ich muss sie fragen, ob sie unsere neue Telefonnummer haben. 6. Wer weiß, ob Marie und Paul zusammenpassen. 7. Ob ich den kommenden Monat Urlaub habe, weiß ich noch nicht. 8. Blanka, wenn du ihn wenig kennst, sei vorsichtig.

18. 1. Nevím, jestli není lakomý. 2. Ona je o dva roky starší než její muž. 3. Opravdu / Skutečně? Myslel/a jsem, že je mladší než on. 4. Můj kamarád není tak líný jako já, je pilnější. 5. Dnes / dneska máme lepší počasí než včera. 6. V sobotu jsem tě viděl/a s nějakým mladým mužem. 7. Nemáte pravdu, on je slušný muž. 8. Olga není moc chytrá, a přitom je domýšlivá. 9. Naďa je má / moje nejlepší kamarádka. 10. Zavolejte mu, jestli má v pátek čas. 11. Nejkrásnější pozdravy z Mnichova ti posílá tvůj Robert. 12. To je (ten) nejhorší dopis v posledním týdnu. 13. Máme teď větší byt. 14. Myslíš (si), že je vypočítavý? 15. Ale kdepak, (on) je velmi charakterní. 16. Naši sousedi jsou bohatší než my. 17. To je pravda, ale vaše děti jsou mnohem chytřejší.

■ Lektion 12

4. A 1. Vy chodíte každý den do restaurace? 2. A Všechno nejlepší, miláčku 3. A Já si dám humrový salát. A ty? 4. A Já si dám želví polévku. 5. A Á, tady to máme – vepřová pečeně, knedlík, zelí. 6. A Tak si připijme. Na zdraví!

6. 1. několik Poláků 2. pár Angličanů 3. hodně Němců 4. jen málo Američanů 5. spousta Rusů 6. několik Norů 7. moc Japonců 8. hodně Slováků 9. jen málo Čechů 10. dost Francouzů a Číňanů

7. 1. dvě knihy, šest knih 2. čtyři města, pět měst 3. deset dolarů, sto dvacet dolarů 4. dvě koruny, dvacet korun, dvě stě korun 5. čtyři nové školy, šest nových škol 6. dvě pražské stanice metra, osm pražských stanic metra 7. tři známé italské písně, třicet pět / pětatřicet známých italských písní 8. dva naši psi, pět našich psů 9. tři moji / mí noví kolegové, pět mých nových kolegů 10. čtyři malá koťata, osm malých koťat 11. pět zahraničních časopisů, dvacet osm / osmadvacet zahraničních časopisů 12. čtyři mladí spisovatelé, dvanáct mladých spisovatelů 13. tři exotická zvířata, dvacet devět / devětadvacet exotických zvířat 14. čtyři pečená kuřata, šest pečených kuřat 15. čtyři eura, devadesát eur

8. vedle těch nových domů, vedle těch továren, vedle těch vysokých paneláků, vedle těch hezkých domků, vedle těch krásných vil, vedle těch starých garáží, vedle těch moderních obchodů

11. 1. tří vysokých škol, dvou solidních bank, čtyř pražských nádraží, dvaceti starých domů. 2. pěti německých firem, sedmi italských továren, čtyř belgických supermarketů 3. dvou našich známých herců, tří mladých německých obchodníků, čtyř set kanadských dolarů 4. čtyř secesních domů, pěti malostranských paláců, dvou pařížských kostelů

12. 1. Leona byla moje / má první láska. 2. My bydlíme ve druhém a naše děti ve třetím poschodí. 3. Směnárna je v pátém domě zleva. 4. Kde přestupujeme? Na sedmé, nebo na osmé stanici? 5. Dnes je patnáctého února. 6. Narodila se dvacátého čtvrtého / čtyřiadvacátého května. 7. Její / jejich syn chodí už do páté třídy. 8. Moje / má maminka má šestnáctého března narozeniny. 9. Velikonoce letos začínají druhého dubna. 10. Škola u nás začíná prvního září. 11. Prázdniny trvají od prvního července do třicátého prvního / jedenatřicátého srpna. 12. Teta zemřela osmnáctého listopadu tisíc devět set devadesát šest / devatenáct set devětašedesát. 13. Kolik je hodin? 14. Přijdu / přijedu v jednu hodinu (ve dvě hodiny, ve čtyři hodiny, v šest hodin). 15. Do Kolína přijedu v šestnáct hodin dvacet pět / pětadvacet minut / za pět minut půl páté odpoledne. 16. Pokladna je otevřená od devíti třiceti / od půl desáté do devatenácti čtyřiceti pěti / do tři čvrtě na osm. 17. Koncert začíná už / již v osmnáct patnáct / ve čtvrt na sedm večer. 18. Zprávy jsou v sedm a pak / potom v devět hodin. 19. Pracuju / pracuji od osmi do sedmnácti / pěti hodin.

■ **Lektion 13**
3. **b)** 1. na průmyslovku, do páté třídy 2. na pedagogické fakultě 3. na univerzitě v Heidelberku 4. ve škole, z angličtiny 5. do jazykové školy na francouzštinu 6. z informatiky, z logiky 7. z fyziky 8. medicínu 9. z dějepisu, do třetího ročníku 10. na techniku, na Vysokou školu ekonomickou 11. z češtiny a z dějepisu 12. němčinu a angličtinu
6. **a)** školách, pokojích, kancelářích, obchodech, restauracích, tramvajích, kinech, bankách, novinách, městech
   b) ulicích, náměstích, stolech, židlích, stromech, nádražích, koncertech, schodech, vesnicích, lyžích, horách
   c) knihách, filmech, lidech, dětech, zvířatech, psech, kočkách, programech, autech
8. O prázdninách, v hotelech, bungalovech a penziónech, v restauracích a hospůdkách, ve všech pokojích, na chodbách, na ulicích, v kavárnách a barech, na plážích, po památkách, po obchodech, na rybách, po horách, v těch vedrech.
9. 1. dobře 2. německy 3. tiše 4. hloupě 5. špatně 6. přátelsky 7. čistě 8. drze
10. 1. anglicky 2. německy 3. španělsky 4. česky 5. francouzsky 6. rusky
13. 1. daleko 2. dávno 3. blízko 4. nedávno 5. dlouho 6. hluboko 7. často
14. 1. Ich komme gleich. 2. Wir kommen bald zurück. 3. Ins Theater gehen wir selten, aber ins Kino oft. 4. Wieder kommst zu du spät! 5. Warum kannst du nicht abends rechtzeitig kommen? 6. Sprich langsam und laut. 7. Kommt / kommen Sie rasch her! 8. Den ersten Montag im Monat ist der Eintritt gratis. 9. Gehen Sie / geht ihr auch zum Ball? 10. Es war schon fast fünf Uhr. 11. Das ist ganz einfach. 12. Es war schon Nacht, wir haben nichts gesehen. 13. Du rauchst wieder? 14. Fragen Sie / fragt lieber jemanden anderen. 15. Am liebsten gehe ich ins Kino mit Paul.

16. 1. doma, venku 2. nahoru 3. venku, dovnitř 4. vepředu, vzadu 5. sem

17. 1. Wir haben vorne gesessen. 2. Setzt euch / setzen Sie sich nach vorne. 3. Kommt / kommen Sie her! 4. Geht / gehen Sie dorthin! 5. Wir sind da oben. 6. Komm zu uns nach oben! 7. Alle wollten oben sitzen, niemand wollte unten sitzen. 8. Bring es mir herunter! 9. Wann kommst du morgen nach Hause? 10. Heute bleibe ich den ganzen Tag zu Hause. 11. Draußen war es kalt, aber drinnen war es warm. 12. Warten Sie / wartet nicht draußen, kommen Sie / kommt herein! 13. Komm heraus, es ist da warm. 14. Da / hier sind wir, ganz hinten! 15. Ich komme abends in den Klub, warten Sie / wartet dort auf mich! 16. Wir können hin / dorthin mit der S-Bahn oder mit der U-Bahn fahren. 17. Die Kinder sind immer weg. 18. Geh nicht weg, ich werde deine Hilfe brauchen. 19. Wie kommen wir dorthin?

■ Lektion 14

2. 1. ordinuje 2. objednat 3. bolí 4. špatně 5. páteře, srdce 6. sama 7. nakazit 8. proti 9. doporučení 10. vyšetření 11. čerta

3. 1. angínu 2. zápal plic 3. chřipku 4. depresi 5. nemocný žlučník

4. 1. Večer se mi udělalo špatně, v noci přišla změna počasí. 2. Myslel/a jsem, že všechno přejde samo. 3. Můj tatínek byl celý život zdravý jako ryba. 4. Bolesti v zádech jsou často od páteře, nebo od srdce. 5. Ty bolesti jsou hodně velké. 6. Pane doktore, předepište mi, prosím, něco proti bolestem hlavy. 7. Nejedná se o něco nebezpečného? 8. Není to nebezpečné? 9. Ty injekce mi nepomáhají. 10. Kdy mám přijít na kontrolu? 11. Potřebuji / potřebuju neschopenku. 12. Cítím se už lépe / líp.

6. rychleji – nejrychleji, pomaleji – nejpomaleji, později – nejpozději, dříve – nejdříve, tišeji – nejtišeji, hůře – nejhůře, lépe – nejlépe, dále – nejdále, častěji – nejčastěji, déle – nejdéle, více – nejvíce, tepleji – nejtepleji, chladněji – nejchladněji, levněji – nejlevněji, více – nejvíce

8. 1. Sestře je o pět let více než bratrovi. – Bratrovi je o pět let méně než sestře. 2. Petr vydělává za měsíc o dva tisíce méně než Veronika. – Veronika vydělává za měsíc o dva tisíce více než Petr. 3. Dnes bylo ve škole o tři děti méně než včera. – Včera bylo ve škole o tři děti více než dnes. 4. Marta zaplatila za boty o 200 korun více než Ivana. – Ivana zaplatila za boty o 200 korun méně než Marta. 5. Video stálo o 5 000 korun méně než televizor. – Televizor stál o 5 000 korun více než video.

10. a) spolužáky, prodavači, učiteli, lékaři, sekretářkami, novináři, hosty b) filiálkami, obchody, hotely, bankami, cestovními kancelářemi, restauracemi c) dobrými manažery, známými advokáty, dobrými lékařkami, známými chirurgy, známými anglickými firmami

11. mezi našimi firmami, mezi našimi filiálkami, mezi našimi ministry, mezi našimi učilišti, mezi našimi knihovnami, mezi našimi policisty, mezi našimi nemocnicemi

13. 1. Dítě zůstalo v bytě samo. 2. Můžete to udělat sám / sama? 3. Starej se sám / sama o sebe. 4. Zápal plic může být nebezpečný. 5. Dnes / dneska se cítím lépe / líp než včera. 6. Vyšetření stálo víc / více než dva tisíce korun. 7. Měl/a jsem nesnesitelné bolesti hlavy. 8. S lékaři jsme ještě nemluvili/y. 9. Nejrychleji se tam dostanete autobusem. 10. Jak mám ty prášky brát? 11. Mluvte prosím pomaleji. 12. Vydělávám o šest set korun méně / míň než můj muž. 13. To byla naše nejlepší dovolená. 14. Spolupráce mezi mými kolegy není dobrá. 15. Letos přijelo / přišlo méně / míň lidí než loni. 16. V naší skupině byli samí Japonci. 17. Naše dcera měla samé jedničky.

■ Lektion 15

2. 1. hnědou sukni, bílou blůzu, koženou bundu. 2. černý oblek, šedou košili, proužkovanou kravatu 3. barevné tričko a novou čepici. 4. modrým kalhotám 5. těch zelených šatech 6. teplou šálu a bavlněné ponožky 7. nějakou večerní kabelku, nějakou apartní brož

6. dva byty, dvě sestry, dvoje brýle, dvoje noviny, dva časopisy; tři pokoje, tři židle, troje housle, troje lodičky; čtyři boty, čtvery boty, čtyři kamarádi, čtvery Velikonoce; šestery hodiny, šest psů, šestery šaty, šest měsíců, šestery džíny; desatery kalhoty, deset svetrů, deset sukní

13. 1. Když / Jestli bude málo sněhu, na hory nepojedu. 2. Když / Jestli bude pršet, zůstaneme doma. 3. Když / jestli mi s tím poradíte, budu ráda. 4. Když / Jestli bude mít Alenka dobré vysvědčení, rodiče jí koupí psa. 5. Když / Jestli se mi ten film bude líbit, řeknu ti to. 6. Když / Jestli zase přijdeš pozdě, nikdo na tebe čekat nebude. 7. Když / Jestli(že) budete mít nějaké otázky, lektor vám na ně rád odpoví.

14. 1. Zavoláme vám brzy, abychom se dohodli. 2. Musíš víc sportovat, abys byl/a zdravější. 3. Napište si to datum, abyste pak na to nezapomněl/a. 4. Koupíme si tu kazetu, abychom mohli ten spirituál často poslouchat. 5. Petr ti to vysvětlí, abys to pochopil/a rychleji. 6. Dej si peněženku do kabelky, abys ji neztratil/a. 7. Vezměte si plán města, abyste nezabloudil/a. 8. Gábina se musí hodně učit, aby se dostala na univerzitu.

15. 1/C, 2/A, 3/B, 4/H, 5/G, 6/D, 7/E, 8/F, 9/J, 10/I

16. 1. Jdu se na party pobavit s přáteli. 2. Marta si jde do nemocnice léčit srdce. 3. Jedeme si do Alp zalyžovat. 4. Šel jsem si na disko zatancovat se svou dívkou. 5. Často jezdíme domů navštívit rodiče. 6. Bratr chce jet do Londýna studovat ekonomii. 7. Kolega odjede do Brna pracovat v naší filiálce. 8. V neděli si pojedu na chatu odpočinout od města. 9. V létě si jezdíme do Itálie užít tepla. 10. Každý pátek si chodím do klubu zahrát bridž.

17. 1. Mohl/a byste mi poradit? 2. Co bych si dnes / dneska měl/a obléknout / vzít na sebe? 3. Moje / má kamarádka by potřebovala nové letní šaty, žlutá jí ale nesluší. 4. Říká, že prý má ve skříni samé staré džíny. 5. Hodí se ta / tahle červená kravata k mé kožené bundě? 6. Kdybyste měli/y dobré a pohodlné sportovní boty, mohli/y byste s námi jít na túru. 7. Slečno, ukázala byste mi něco jiného? Červenou nemám rád/a. 8. Co byste mi doporučil/a k bílým kalhotám, modrou košili, nebo tamto zelené tričko? 9. Kolik stojí ta / tahle francouzská rtěnka? 10. Mohl/a byste mi ještě zabalit nějaký dobrý kartáček na zuby / zubní kartáček a jednu tubu Thymolinu? 11. Na disko dnes / dneska nepůjdeme. 12. Kdybys byl/a mladší a zdravější, chtěl/a bys navštívit Aljašku? 13. Ukázal/a jsem mu ten citát v knize, abych ho přesvědčil/a. 14. Naše dcera by chtěla / by ráda pracovala v Rakousku, aby lépe / líp mluvila německy. 15. Můj syn mi napsal, abych v sobotu přijel/a / že mám v sobotu přijet do Hamburku. 16. Můj muž si nepřeje, abych pracovala. 17. Když zítra nebude pršet / kdyby zítra nepršelo, půjdeme hrát golf. 18. Ředitel mě prosil, abych pomohl/a našemu novému kolegovi. To je ale vyloučené, mám dnes / dneska moc práce. 19. Jdu do kavárny „U zvonu", abych se tam sešel / sešla se svým starým kamarádem.

■ Lektion 16
2. 1. předprodej, bude zahájen 2. stojí 3. než 4. herci 5. nelákají 6. hry, líbilo 7. výstavy 8. zápletku 9. znalec, nerozumím
4. 1. Viděl jsem jen / jenom jeden film s tím hercem. 2. Jsou ještě lístky / vstupenky na dnes večer? 3. Bohužel je už všechno vyprodáno. 4. Je to přece nejlepší představení roku. 5. Ten thriller běží až / teprve od čtvrtka. 6. Když vás balet nebaví, půjdeme / pojďme raději / radši do opery. 7. Diváci byli spokojeni, že? 8. My asi taky / také půjdeme na tu výstavu. 9. Je skoro / téměř vyloučené dostat lístky / vstupenky do toho jazzklubu. 10. Inscenace se Gábině sotva bude líbit / asi nebude líbit.
5. 1. a 2. ale 3. buď, nebo 4. i 5. nebo 6. ani, ani 7. jak, tak i / i, i 8. ani, ani 9. ale i
6. a) 1. Hned jak jsem se vrátil/a z práce, zavolal/a jsem Marii. 2. Když jsem jí zavolal/a, dohodl/a jsem si s ní schůzku. 3. Když jsem si s ní dohodl/a schůzku, přečetl/a jsem si noviny. 4. Hned jak jsem si přečetl/a noviny, osprchoval/a jsem se. 5. Když jsem se vrátil/a z koupelny, vzal/a jsem si novou košili a džíny. 6. Když jsem se oblékl/a, podíval /a jsem se do zrcadla. 7. Když jsem se učesal/a, obul/a jsem se. 8. Jakmile jsem zamkl/a byt, šel / šla jsem do garáže pro auto.
b) 1. Až se vrátím z práce, zavolám Marii. 2. Až jí zavolám, dohodnu si s ní schůzku. 3. Až si s ní dohodnu schůzku,

přečtu si noviny. 4. Až si přečtu noviny, osprchuju/i se. 5. Až se vrátím z koupelny, vezmu si novou košili a džíny. 6. Až se obléknu, podívám se do zrcadla. 7. Až se učešu, obuju se. 8. Až zamknu byt, půjdu do garáže pro auto.

8. 1. Dokud 2. Od té doby co 3. Hned jak / poté co 4. Než / Dříve než / Předtím než 5. Dokud 6. Než / dříve než 7. Dokud 8. Od té doby co 9. dříve než 10. Než / dříve než 11. dokud

9. 1. Po každé, když jsem v Praze, jdu / chodím do kavárny „Slavia". 2. Když byla mladá, byla velmi hezká. 3. Až budete příště v Plzni, půjdeme na pivo. 4. Počkej, až bude polévka hotová. 5. Dříve než / Než přišli hosté/i, všechno (si) připravila. 6. Až ke mně přijdeš, ukážu ti tu knihu. 7. Hned jak / Sotva / Jakmile jsme si sedli, začal orchestr hrát. 8. Než / Dříve než odjede, musí ještě koupit dárky pro matku. 9. Když jsem to viděl/a, chtěl/a jsem hned odcestovat. 10. Jakmile budu v Ostravě, zavolám ti. 11. Hned jak / Sotva / Jakmile přijel, chtěl zaparkovat své auto. 12. Když se včera probudila, bylo teprve šest hodin.

10. 1. protože 2. i když / přestože 3. protože 4. přestože 5. Přestože / I když / Ačkoli 6. protože 7. i když / přestože 8. protože 9. Přestože / I když / Ačkoli 10. protože 11. i když / přestože / ačkoli

12. 1. Kdybych to věděl/a, řekl/a bych to. 2. Kdyby byl svobodný, mohl by studovat. 3. Až přijde, řekněte jí, prosím, že jsem nemocný/á. 4. Kdybyste nemohl/a přijít, zavolejte nám. 5. Kdyby to věděla, zůstala by raději / radši doma. 6. Kdybych měla nějakou bílou blůzu, oblékla bych si ji / vzala bych si ji na sebe. 7. Byl/a bych šťastný/á, kdybyste mě někdy ve Vídni navštívil/a. 8. Kdyby Táňa nebyla tak, líná, mohla by mít lepší známky.

14. 1. že 2. aby 3. jestli 4. aby 5. jestli 6. že 7. jestli 8. že 9. jestli 10. kdyby 11. že 12. že 13. jestli 14. kdyby

15. 1. Nikdo neví, jestli je Rudolf zdravý, nebo nemocný. 2. Dejte mi, prosím, svou adresu, abych Vám mohl napsat. 3. Přeje si, abych k ní jezdil/a každý víkend. 4. Jsi si jistý/á, že dnes / dneska přijde? 5. Kdybych si nebyl/a jistý/á, nemluvil/a bych o tom. 6. Chtěli/y bychom jet do Bernu, abychom tam navštívili/y jednu starou dámu. 7. Čekáme na její odpověď, jestli v červnu v Bernu bude. 8. Kdyby v červnu měla být u dcery ve Francii, návštěvu bychom odložili/y. 9. Napiš mi brzy / brzo, jestli jsi můj dopis dostal/a a jestli tě v pátek můžeme čekat.

17. 1. aby 2. aby 3. aby 4. že 5. jestli 6. jestli 7. Kdyby / Jestli 8. abych 9. kdybychom 10. Kdybychom 11. kdybych 12. i když 13. abych 14. Když 15. když

■ Lektion 17

2. 1. novinách 2. rozhlasu, televizi 3. soudy 4. předsudky 5. povodních 6. pohřešuje 7. veřejném 8. navrhují, odmítají 9. nepotrestáno 10. stávkuje

3. 1. Jsi už hotový/á? – Ne, právě se oblékám. 2. Když jsem k ní přišel / přišla, právě četla. 3. Barbara tu není, právě nakupuje. 4. Moment, prosím, babička přijde hned, právě vaří. 5. Moje kamarádka je smutná, její dědeček umírá.

6. 1. Požár zničil celou továrnu. 2. Voda zaplavila jižní Bavorsko. 3. Zločinci zabili starou ženu. 4. Podvodník okradl Františkovu ženu. 5. Demonstranti ohrozili jednoho policistu. 6. Česko a Německo uzavřely novou obchodní smlouvu. 7. Senát zřídil novou komisi.

9. 1. Když se vdávala, hodně se tancovalo a zpívalo. 2. Zločinec byl zatčen. 3. Most byl zničen. 4. O tom se u nás už dříve mluvilo. 5. Zvířata jsou tam velmi ohrožena. 6. Vláda má být příští týden odvolána. 7. Ta kniha je přeložena i do češtiny. 8. Ten hotel tady / tu byl postaven teprve před rokem. 9. Když jsme tam přišli, byla už všechna místa obsazena. 10. To divadlo bylo otevřeno v roce 1871. 11. Tu výstavu mi doporučil můj kamarád. 12. Já přece nemůžu / nemohu za to, že je koncert vyprodán / vyprodaný. 13. V naší rodině se dlouho nespí, vstáváme v šest hodin. 14. Ve sportovní hale se nekouří. 15. Hodně podvodníků zůstává nepotrestáno. 16. Dnes / dneska se v našem divadle nehraje.

10. byla založena, je zaměřen, bylo zachováno, byly nahrány, být posláno

Lektion 18

3. 1. hoře Říp, okolí 2. umělců 3. pohanské 4. důkazy 5. křesťanští 6. slovanským písmem 7. zemřel 8. říše, zanikla

4. 1. fotografie, albu 2. Muzea 3. galerii 4. funkcionalismu 5. symfonií 6. publiku 7. datem 8. lyceu, gymnáziu 9. kupé 10. blues

6. a) 1. Ahoj, Lukáši, Karle, Kláro. Dobrý den / Dobré ráno / Dobrý večer, slečno Hujerová, pane Pešku, paní Márová

2. Ahoj / Měj se dobře, Lukáši, Karle, Kláro, Na shledanou / Dobrou noc, slečno Hujerová, pane Pešku, paní Márová

3. Šťastnou cestu, Lukáši, Karle, Kláro, slečno Hujerová, pane Pešku, paní Márová

4. Dobře se bav, Lukáši, Karle, Kláro. Dobře se bavte, slečno Hujerová, pane Pešku, paní Márová

b) Děkuji vám, pane doktore, paní učitelko, sestro Marie, pane Skálo. Děkuju ti, Aleno, Luďku, Martine.

c) Promiňte, pane předsedo, paní inženýrko, pane řediteli. Promiň, Zdeňko, Zdeňku.

d) 1. Prosím vás, jak se dostanu na Karlovo náměstí?
2. Prosím vás, kolik stojí ten časopis?
3. Kdy, prosím vás, odjíždí vlak na Bratislavu?
4. Kde je tu, prosím vás, směnárna?
5. Prosím vás, je ten stůl volný?
6. Kde se prodávají jízdenky, prosím vás?
7. Prosím vás, kde je tu blízko pošta?

e) Těší mě. Já jsem X.Y.

9. 1. Bylo 2. přijelo 3. seděli 4. byli 5. jelo 6. bylo 7. četlo 8. přišli 9. přišlo 10. bylo

10. 1. napíšu 2. řekneme 3. pojedeme 4. udělá, bude studovat 5. vyhraju, koupím si 6. přestanu 7. zavolám 8. budu bydlet 9. přečtu 10. koupíme, budeme mít 11. dáme 12. rozhodneš 13. pojedu

12. 1. Kdybych změnil/a místo, měl/a bych víc peněz. 2. Kdybych měl/a větší plat, koupil/a bych si nové kolo. 3. Kdybych si koupil/a nové kolo, pravidelně bych sportoval/a. 4. Kdybych pravidelně sportoval/a, byl/a bych zdravější. 5. Kdyby byla bouřka, zůstali/y bychom raději doma. 6. Kdyby bylo hezky, udělali/y bychom si piknik. 7. Kdyby to Franta věděl, zlobil by se. 8. Kdyby se Franta zlobil, poprosil/a bych ho o prominutí. 9. Kdyby mi to Franta prominul, byli bychom zase dobří kamarádi. 10. Kdybychom seděli/y v divadle vepředu, viděli/y bychom dobře. 11. Kdybys chodil/a dřív spát, nebyl/a bys ráno tak unavený/á. 12. Kdybyste bral/a ty léky, cítil/a byste se lépe.

13. moji dobří kamarádi, známí čeští komici, staré české hrady, slavní rakouští malíři, známé Mozartovy opery, naše slavné tenistky, stará německá města, velké evropské řeky, nejznámější němečtí skladatelé

18. 1. Paní Langová, někdo vás hledal. 2. Delegaci přijal i starosta. 3. Snad policie toho zločince zatkla. 4. Nikdo se mě neptal. 5. Cédéčka od nás dostal k narozeninám. 6. Teta mě poslala nakupovat. 7. Všichni vás čekají. 8. Pan Klein mi nerozuměl.

19. 1. Ve škole se nekouří. 2. V naší firmě se opravdu / skutečně tvrdě pracuje. 3. Nevím, co se v sobotu hrálo v divadle „Archa". 4. Nic se proti tomu nedělalo. 5. V parlamentu se pořád hodně řeční. 6. Co se o tom psalo v novinách? 7. Tady se staví nový palác. 8. Vaše auto se právě opravuje.

20. 1. Artur je prý strašně lakomý. 2. To se přesně neví. / To nikdo přesně neví. 3. Ve škole se nevěří / Ve škole nikdo nevěří, že je ta učitelka spravedlivá. 4. V Ženevě se mluví víc / více francouzsky než německy. 5. Kdo ví, jak se to řekne česky? 6. V Praze se chodí do divadla celý rok, ne jenom v zimě. 7. Vyprávělo se, že byla se svým mužem nešťastná. 8. V jeho rodině se o tom nesmí mluvit. 9. V sobotu a v neděli se nepracuje.

21. 1. starší 2. později 3. lépe / líp 4. méně / míň 5. větší 6. horší 7. více / víc 8. dražší 9. pilnější 10. tepleji

22. 1. ale 2. jinak / nebo 3. buď, nebo 4. ani, ani 5. i 6. jestli 7. že 8. Když 9. Až 10. dokud 11. Kdyby 12. hned jak / sotva 13. protože 14. i když / přestože / ačkoli 15. až 16. kdybyste 17. jestli / když 18. aby 19. jestli, že

23. 1. Až Olgu poznáte, určitě se vám bude líbit. 2. Až si na nás vzpomenete, napíšete nám? 3. Až ochutnáte plzeňské pivo,

nebudete kupovat jiné. 4. Až se vrátíte, zavoláte nám? 5. Až se přestanete zlobit, budete se tomu smát. 6. Až sem teta přijede, každý den bude chodit po návštěvách. 7. Až si výstavu prohlédnete, budete spokojeni. 8. Až budete zdravý/á, zase budete smět sportovat. 9. Až uvidíte Itálii, nebudete chtít jezdit nikam jinam. 10. Až si koupíte ten fotoaparát, přijdete nám ho ukázat? 11. Až půjdete na ten koncert, řeknete nám to? 12. Až pojedete do Karlových Varů, vezmete nás s sebou?

24. 1. Teta Věra přijede dnes / dneska na Hlavní nádraží. 2. Pojďte nahoru! Všichni už na vás čekají. 3. Až přijde pan Reiner, pošlete ho prosím hned do mé kanceláře. 4. Její tatínek je prý velmi bohatý. 5. Slečna Schmiedová tady / tu už bohužel tři měsíce nebydlí. 6. Jeho sestra na to asi zapomněla. 7. Nepij tak moc, nebo ti bude špatně / nebo se ti udělá špatně. 8. Oč jde? / Oč se jedná? 9. Děkuji / děkuju / děkujeme mnohokrát za vaši návštěvu. A přijďte zase brzy! 10. Když už tě tu / tady mám, pomoz mi prosím. 11. Nic jiného mě právě nenapadá. 12. Než budou prázdniny, musíme si všichni ještě dlouho počkat. 13. Sotva to někdo umí vysvětlit lépe / líp než profesor Hájek. 14. Možná, že ho zítra taky / také uvidíš, měl by být večer v kavárně „Roxy". 15. A přijde určitě / jistě? – Snad ano. 16. Potkával jsem ji v našem městě často, bylo jí v té době asi šestnáct, byla tedy dost mladá. 17. Naštěstí máme dnes / dneska dost času. 18. Doktor Henner se vrátí z Berlína teprve / až v pátek. 19. Nic v našem životě není zadarmo.

WORTREGISTER

A

a *kon.* und
aby *kon.* damit, um, dass
ačkoli *kon.* obwohl, trotzdem, obgleich
adresa *f.* e Adresse
Afrika *f.* s Afrika
ahoj Hallo, Tschüss
album, -ba *n.* s Album
ale *kon.* aber
americký amerikanisch
Američan *m.* r Amerikaner
Amerika *f.* s Amerika
andulka, G. *pl.* -lek *f.* r Wellensittich
angína *f.* e Angina
anglický englisch
Angličan *m.* r Engländer
Angličanka, G. *pl.* -nek *f.* e Engländerin
angličtina *f.* s Englisch
Anglie *f.* s England
ani *kon.* weder
ani – ani *kon.* weder – noch
ano *par.* ja, jawohl
apoštol *m.* r Apostel
asi *par.* ungefähr, vielleicht, wahrscheinlich
aspoň *par.* mindestens
auto *n.* s Auto, r PKW
automechanik *m.* r Automechaniker
avšak *kon.* jedoch
až¹ *kon.* wenn, bis
až² *par.* erst

B

babička *f.* e Großmutter, e Oma
báječný fabelhaft
banka *f.* e Bank
barevný farbig, bunt
barva, G. *pl.* -rev *f.* e Farbe
basa *f.* r Kontrabass
báseň, -sně *f.* s Gedicht
bát se + G., bojím se *ip.* Angst haben, sich fürchten
baterka *f.* e Taschenlampe
bavit *ip.* Spaß bereiten; Spaß machen; **To mě baví.** Das macht mir Spaß.
bavit se *ip.* sich unterhalten; **Bavte se dobře!** (Recht) viel Spaß!
bavlněný Baumwoll-, baumwollen
bavorský bayerisch
běhat *ip.* (oft) laufen
Belgie *f.* s Belgien
bez, beze + G. *präp.* ohne
bezpečnost *f.* e Sicherheit; **Rada bezpečnosti** r Sicherheitsrat
běžet *ip.* laufen
bible *f.* e Bibel
bílý weiß
blázinec, -nce *m.* s Irrenhaus
blízko + G. *präp.* in der Nähe von; *adv.* nahe
blízký nahe, nahestehend
blonďák *m.* r Blonde
blůza *f.* e Bluse
blýskat se *ip.* (**blýsknout se** *pf.*) blitzen
bodnout, bodl *pf.* (**bodat** *ip.*) stechen
bohatý reich, reichlich
bohužel *par.* leider
bojiště *n.* s Schlachtfeld
bolerko *n.* s Bolerojäckchen
bolest *f.* r Schmerz

bolet *ip.* wehtun; **Bolí mě v krku / hlava.** Ich habe Halsschmerzen / Kopfschmerzen.
bota *f.* r Schuh
bouřka, G. *pl.* -řek *f.* s Gewitter
bradka *f.* r Spitzbart
brána *f.* s Tor; **Prašná b.** r Pulverturm
brát, beru, bral *(léky) ip.* (**vzít** *pf.*) einnehmen *(Arznei)*
brát si (s sebou), beru si, bral si *ip.* (**vzít si** *pf.*) (mit)nehmen; + Akk. heiraten
bratr *m.* r Bruder
brouk *m.* r Käfer
brož *f.* e Brosche
brýle *pl. f.* e Brille
brzy, brzo *adv.* bald; früh
břeh *m.* s Ufer
březen, -zna *m.* r März
buď – (a) nebo *kon.* entweder – oder
budoucnost *f.* e Zukunft
bůh / Bůh, boha / Boha *m.* r Gott
buchta, G. *pl.* -chet *f.* e Buchtel
bunda *f.* e Jacke
bydlet *ip.* wohnen, e Wohnung haben
bydliště *n.* r Wohnort
být, jsem, jsi, je, jsme, jste, jsou, byl *ip.* sein; **b. rád** froh sein
byt *m.* e Wohnung
bývat *ip.* zu sein pflegen

C

celovečerní abendfüllend
celý ganz
cena *f.* r Preis
centrum, -tra *n.* s Zentrum
cesta *f.* e Reise; r Weg
cestou *adv.* unterwegs
cestovat *ip.* reisen
cestovní Reise-
cítit se *ip.* sich fühlen
cizí fremd; **c. jazyk** *m.* e Fremdsprache
cizinec, -nce *m.* r Ausländer
co *pnm.* was
ctižádostivý ehrgeizig
cukr *m.* r Zucker
cukrárna, G. *pl.* -ren *f.* e Konditorei
cvičení *n.* e Übung
cvičit (psy) *ip.* (**vycvičit** *pf.*) abrichten (die Hunde)
cyklus, -klu *m.* r Zyklus

Č

čaj *m.* r Tee
čas *m.* e Zeit
časopis *m.* e Zeitschrift
často *adv.* oft
Čech *m.* r Tscheche
Čechy *f. pl.* s Böhmen
čekárna, G. *pl.* -ren *f.* s Wartezimmer
čekat *ip.* (**počkat** *pf.*) warten
čepice *m.* e Mütze
černý schwarz
čert *m.* r Teufel
červen, -vna *m.* r Juni
červenec, -nce *m.* r Juli
červený rot
Česko *n.* s Tschechien
český tschechisch
Češka, G. *pl.* -šek *f.* e Tschechin
čeština *f.* s Tschechisch(e)
čí *pnm.* wessen
Čína *f.* s China
Číňan *m.* r Chinese
číslo *n.* e Nummer; **č. telefonu** s Telefonnummer

číst, čtu, četl *ip.* (**přečíst** *pf.*) lesen
čistý sauber, rein
článek, -nku *m.* r Artikel
člověk *m.*, *pl.* lidé / lidi r Mensch
čokoláda *f.* e Schokolade
čokoládový Schokoladen-
čtenářka, G. *pl.* -řek *f.* e Leserin
čtrnáct *num.* vierzehn
čtvrt, -ě *f.* s Viertel
čtvrtek, -tka *m.* r Donnerstag
čtvrtý *num.* r vierte
čtyři *num.* vier
čtyřicet *num.* vierzig

D

dál / **dále** *adv.* weiter
daleko *adv.* weit
dálnice *f.* e Autobahn
další r nächste
daň *f.* e Steuer
dárek, -rku *m.* s Geschenk
dát, dám, dej!, dal *pf.* (**dávat** *ip.*)
  geben, schenken, stellen u.a., siehe
  L. 12, Erl. 4, S. 184
dát se do práce sich ans Werk
  machen
dát si, dám si, dej si! *(k jídlu, pití) pf.*
  (**dávat si** *ip.*) bestellen (zu essen,
  trinken)
datum, -ta *n.* s Datum
dávat *ip.* (**dát** *pf.*) geben
dávno *adv.* lange her
dcera, D., L. Sg. dceři *f.* e Tochter
dědeček, -čka *m.* r Großvater, r Opa
dějepis *m.* e Geschichte (s Fach in
  der Schule)
dějiny *pl. f.* e Geschichte
děkovat + D za + Akk. *ip.* (**poděkovat** *pf.*) danken; **Děkuju. / Děkuji.**
  Danke.; **Díky!** Danke!
dělat *ip.*(**udělat** *pf.*) machen, tun
den, dne, *pl.* dni / dny *m.* r Tag
denně *adv.* täglich
desátý *num.* r zehnte
deset *num.* zehn
déšť, deště *m.* r Regen
deštník *m.* r Schirm
dětství *n.* e Kindheit
devadesát *num.* neunzig
devatenáct *num.* neunzehn
devátý *num.* r neunte
děvče, děvčete *n.* s Mädchen
devět, G. devíti *num.* neun
devítka *f.* (*umgspr.* **devátá třída**)
  e neunte Klasse
dílo, G. *pl.* děl *n.* s Werk
dítě, dítěte, *pl.* děti *n.* s Kind; **čekat
  d.** ein Kind bekommen
divadlo *n.* s Theater
divák *m.* r Zuschauer
dívat se na + Akk. *ip.* (**podívat se**
  pf.) schauen, anschauen
dívčí válka r Mädchenkrieg
dívka, G. *pl.* dívek *f.* s Mädchen
dlouho *adv.* lange
dlouhý lang
dnes, dneska *adv.* heute
dnes večer heute Abend
do + G. (wohin?) *präp.* in, nach
doba *f.* e Zeit; r Zeitraum
dobrý gut; **Dobrý den!** Guten Tag!
dobře *adv.* gut
docela *adv.* sehr, ganz
dodnes *adv.* bis heute
dohodnout se, dohodl se *pf.* sich
  einigen
dohromady *adv.* zusammen
dokonce *par.* sogar

dokud *kon.* solange
dole *adv.* unten
doleva, nalevo *adv.* nach links
dolní untere, Unter-
dolů *adv.* nach unten, herunter
doma *adv.* zu Hause, daheim
domácí Haus-
domek, -mku *m.* s kleine Haus
domluvit se *pf.* (**domlouvat se** *ip.*) sich verabreden
domýšlivě *adv.* eingebildet
domů *adv.* nach Hause, heim
dopis *m.* r Brief
dopoledne *adv.* vormittags, am Vormittag
doporučení *n.* e Empfehlung
doporučit *pf.* (**doporučovat** *ip.*) empfehlen
doprava *f.* r Verkehr; **hromadná d.** öffentliche Verkehrsmittel
doprava, napravo *adv.* nach rechts
dopravní Verkehrs-; **d. pravidla** e Verkehrsregeln
dopředu, vpřed *adv.* vorn, nach vorn
dort *m.* e Torte
dost, dosti *adv.* ziemlich, genug
dostat, -tanu, -aň! *pf.* (**dostávat** *ip.*) erhalten, bekommen
dostat se, dostanu se *pf.* (**dostávat se** *ip.*) kommen, gelangen
dostatek, -tku *m.* s Genüge, ausreichend
dostudovat *pf.* s Studium zu Ende bringen
dotáhnout, dotáhl *pf.* (**dotahovat** *ip.*) bringen; **d. to daleko** weit bringen
doufat *ip.* hoffen

dovnitř *adv.* nach innen, hinein
dovolená, -é *f.* r Urlaub
dovolit *pf.* (**dovolovat** *ip.*) erlauben, gestatten; **Dovolte.** Gestatten Sie.
dovolit si *pf.* (**dovolovat si** *ip.*) sich leisten
dozadu *adv.* nach hinten, rückwärts
dozor *m.* e Überwachung
dozvědět se, -zvím se *pf.* (**dozvídat se** *ip.*) erfahren
drahý teuer
druhý *num.* r zweite
drzý frech
držet, drž! *ip.* (**podržet** *pf.*) halten
dříve *adv.* früher
dříve než *kon.* ehe, bevor, früher als
duben, -bna *m.* r April
dubnový April-
duha *f.* r Regenbogen
duchovní, -ího *m.* r Geistliche
důkaz *m.* r Beweis
dům, domu *m.* s Haus
Dunaj *m.* e Donau
dusno *adv.* schwül
důvěřovat *ip.* vertrauen
důvod *m.* r Grund
dva, dvě, dvě *num.* zwei
dvacet *num.* zwanzig
dvanáct *num.* zwölf
dvojka, G. *pl.* -jek *f.* e Zwei, r Zweier
dvůr, dvora *m.* r Hof
dýchat *ip.* atmen; **dýchá se mi špatně** ich habe Atemnot
džíny *m./f. pl.* Jeans

E

e-mail, -u *m* e E-Mail
euro, -a, *pl.* -a r Euro
existence *f.* e Existenz

F

fakulta *f.* e Fakultät
farma, G. *pl.* -rem *f.* e Farm; **venkovská f.** r Bauernhof
filiálka, G. *pl.* -lek *f.* e Filiale
firma, G. *pl.* firem *f.* e Firma
fotka, G. *pl.* -tek *umgspr.* s Foto
foukat *ip.* wehen
Francie *f.* s Frankreich
Francouz, -e *m.* r Franzose
francouzský französisch
francouzština *f.* s Französische
fyzika *f.* e Physik

G

galerie *f.* e Galerie
garáž *f.* e Garage
génius, -nia *m.* r Genius
gratulace *f.* e Gratulation
gratulovat *ip.* (**pogratulovat** *pf.*) gratulieren
guláš *m.* s / r Gulasch
gymnázium, -zia *n.* s Gymnasium

H

herec, -rce *m.* r Schauspieler
hezký hübsch, nett
hlad *m.* r Hunger
hladovět *ip.* hungern
hlaholice *f.* e Glagolica
hlásit (se) *ip.* (**ohlásit se** *pf.*) (sich) melden
hlasovat *ip.* abstimmen
hlava *f.* r Kopf
hlavní Haupt-; **h. jídlo** *n.* s Hauptgericht
hledat *ip.* suchen
hloupý dumm
hluboký tief
hlučný laut, lärmend
hnát se, žene se *ip.* aufziehen *(Gewitter)*
hned *adv.* gleich, sofort
hned jak *kon.* sobald, kaum
hnědý braun
hobby *n.* s Hobby
hodina *f.* e Stunde; e Uhr
hodit *pf.* (**házet** *ip.*) werfen
hodit se^1 *ip.* passen
hodit se^2 pro + Akk. *ip.* eignen für
hodit se^3 **(k sobě)** *ip.* zusammenpassen
hodně + G. Sg./Pl. *adv.* sehr, recht; allerhand, viel, viele
hodnocení *n.* e Einschätzung
hodnota *f.* r Wert
hodný gut, brav
holicí Rasier-; **h. strojek** r Rasierapparat
holit se *ip.* (**oholit se** *pf.*) sich rasieren
honem *adv.* schnell, rasch
honorář *m.* s Honorar
hora *f.* r Berg
horko *adv.* heiß, warm
horní obere, Ober-
horoskop *m.* s Horoskop
hory *pl. f.* s Gebirge
hospoda *f.* s Gasthaus
host, Nom. *pl.* hosté / hosti *m.* r Gast
hotel *m.* s Hotel
hotovo *adv.* fertig
hotový fertig
houba *f.* r Pilz
housle *f. pl.* e Geige
hovězí Rind-; **h. polévka** e Rindfleischsuppe
hovězí, -ího *n.* s Rindfleisch
hra (divadelní), G. *pl.* her *f.* s Schauspiel

hrad *m.* e Burg
hrát, hraju/-i *ip.* (**zahrát** *pf.*) spielen
hrávat *ip.* zu spielen pflegen
hrom *m.* r Donner
hrozit *ip.* drohen
hrozný schrecklich
hruška, G. *pl.* -šek *f.* e Birne
hrůza! *umgspr. f.* schrecklich!
hřbitov, -a *m.* r Friedhof
hřeben *m.* r Kamm
hřmět, hřmí *ip.* (**zahřmět** *pf.*) donnern, es donnert
hudba *f.* e Musik
hudebník *m.* r Musiker
humrový Hummer-
hvězda *f.* r Stern

CH

charakterní ehrenhaft
chladno *adv.* kühl
chléb, chleba *m.* s Brot
chodit *ip.* gehen; **ch. do práce** zur Arbeit gehen; **ch. za školu** *ip.* die Schule schwänzen
chodívat *ip.* zu gehen pflegen
chovat se *ip.* sich benehmen
chrám *m.* e Kirche, r Dom
chřipka *f.* e Grippe
chtít, chci, chceš, chce, chceme, chcete, chtějí; chtěl *ip.* wollen, mögen; **Nechcete...?** Mögen Sie nicht ...?
chudý arm
chutnat *ip.* schmecken
chuť, -i *f.* r Appetit
chvíle *f.* e Weile, s Weilchen
chyba *f.* r Fehler
chytat *ip.*(**chytit** *pf.*) fassen; **ch. ryby** *ip.* fischen
chytrý gescheit, klug

I

i *kon.* (wie) auch, sogar
i – i *kon.* sowohl – als auch
i když *kon.* trotzdem, obwohl, obgleich
informatika *f.* e Informatik
injekce *f.* e Spritze
injekční Spritzen-
inscenace *f.* e Aufführung
Ital, -a *m.* r Italiener
Itálie *f.* s Italien

J

já *pnm.* ich
já (ty, on, my ...) také gleichfalls
jak *adv.* wie
jakmile *kon.* sobald
jako *kon.* wie, als
jaký *pnm.* wie, was für ein
Japonec, -nce *m.* r Japaner
japonský japanisch
jaro *n.* r Frühling; **na jaře** im Frühling
jasný klar, heiter
jazyk, -a *m.* e Zunge; e Sprache; **cizí j.** e Fremdsprache
jde o + Akk. es handelt sich um
jeden, jedna, jedno *num.* ein, eine, ein
jedenáct *num.* elf
jednička, G. *pl.* -ček *f.* e Eins, r Einser
jedno *adv.* egal, gleich; **Mně je to jedno.** Mir ist es egal.
jednoduše *adv.* einfach
jednou *adv.* einmal, mal
jeho *pnm.* sein, seine, sein
její *pnm.* ihr, ihre, ihr
jejich *pnm.* ihr, ihre, ihr

jelikož *kon.* weil, da
jen / **jenom** *par.* nur
jeskyně *f.* e Grotte
jestli / **jestliže** *kon.* ob; (když) wenn
ještě *par.* noch
jet, jedu, jeď! *ip.* fahren
jezdit *ip.* (oft) fahren
jídelní lístek e Speisekarte
jídelníček, -čku *m.* e Speiseplan
jídlo, G. *pl.* -del *n.* s Essen
jinak *kon.* sonst; *adv.* anders
jindy *adv.* ein anderes Mal
jiný r, e, s andere
jíst, jím, jíš, jí, jíme, jíte, jedí; jez!, jedl *ip.* (**sníst** *pf.*) essen
jistě *adv.* sicher, gewiss
jistý sicher
jít[1] jdu, šel, šla *ip.* gehen; **Jděte dál.** Gehen Sie hinein. **Pojďte dál.** Kommen Sie herein.
jít[2] o + Akk. *ip.* sich handeln um; **Oč jde?** Worum geht's?
jižní Süd-
jméno *n.* r Name
jmenovat + Akk. + Inst. *ip./pf.* ernennen
jmenovat se *ip.* heißen

K

k, ke + D. *präp.* zu
kabát *m.* r Mantel
kabelka, G. *pl.* -lek *f.* e Handtasche
kadeřník *m.* r Friseur
kachna, G. *pl.* -chen *f.* e Ente
kachnička, G. *pl.* -ček *f.* s Entchen
kalhotový Hosen-; **k. kostým** *m.* r Hosenanzug
kalhoty *f. pl.* e Hose
kam *adv.* wohin
kamarád *m.* r Freund
kamarádka, G. *pl.* -dek *f.* e Freundin
kámen, kamene *m.* r Stein
kancelář *f.* s Büro
kapesník *m.* s Taschentuch
kapitola *f.* s Kapitel
kapka, G. *pl.* -pek *f.* r Tropfen
kašel, -šle *m.* r Husten
kašlat, kašlu *ip.* husten
káva *f.* r Kaffee
kavárna, G. *pl.* -ren *f.* s Café
kázání *n.* e Predigt
každý *pnm.* jeder
kde *adv.* wo
kdo *pnm.* wer
kdy *adv.* wann
kdyby *kon.* wenn
kdysi *adv.* einst
když *kon.* wenn, als
keramika *f.* e Keramik
klapat *umgspr. ip.* (**klapnout** *pf.*) klappen
klášter, -a *m.* s Kloster
klesnout *pf.* (**klesat** *ip.*) sinken
klíč *m.* r Schlüssel
klid *m.* e Ruhe
klidný ruhig
klobouk *m.* r Hut
klub *m.* r Klub
kluk *m.* r Junge
kmen *m.* r Stamm
knedlík *m.* r Knödel
kniha *f.* s Buch
knihovna, G. *pl.* -ven *f.* e Bibliothek
koláč *m.* r Kuchen
kolej[1] *f.* s Gleis
kolej[2] *f.* s Studentenheim
kolem + G. *präp.* um, herum
kolik, -a *pnm.* wie viel

kolo *n.* s Fahrrad
konec, -nce *m.* r Schluss, s Ende, r Ausgang
konečně *adv.* endlich
konev, -nve *f.* e Kanne; **Leje jako z konve.** Es gießt wie aus Kannen.
koníček, -čka *m.* s Hobby
konkurence *f.* e Konkurrenz
konzervatoř *f.* s Konservatorium
kopie *f.* e Nachbildung
koruna *f.* e Krone
kost *f.* r Knochen
kostel, -a *m.* e Kirche
košile *f.* s Hemd
kotě, -těte *n.* s Kätzchen
koupat se *ip.* baden
koupelna, G. *pl.* -len *f.* s Badezimmer
koupit *pf.* (**kupovat** *ip.*) kaufen
kouřit *ip.* rauchen
kousat, koušu *ip.* (**kousnout** *pf.*) beißen, kauen
kousek, -sku *m.* s Stück
kouzelný fabelhaft
kozačky *f. pl.* e Winterstiefel
kožený Leder-
kožešinový Pelz-
krajinomalba, G. *pl.* -leb *f.* s Landschaftsbild
krajkový Spitzen-
král, -e *m.* r König
královský Königs-, königlich
krásně *adv.* schön
krásný schön
krást, kradu, kradl *ip.* (**ukrást** *pf.*) stehlen
krátký kurz
kravata *f.*, e Krawatte, r Schlips
krev, krve *f.* s Blut

krk *m.* r Hals; **Bolí mě v krku.** Ich habe Halsschmerzen.
Krkonoše, G. *pl.* Krkonoš *m. pl.* s Riesengebirge
kronikář *m.* r Chronist
krupobití *n.* r Hagel
krůta *f.* e Pute
krvácet *ip.* verbluten
křesťanský christlich
křesťanství *n.* s Christentum
křiklavý grell
křižovatka, G. *pl.* -tek *f.* e Kreuzung
který *pnm.* welcher
kufr *m.* r Koffer
kuchyně *f.* e Küche
kůň, koně *m.* s Pferd
kúra *f.* e Kur
kupovat *ip.*(**koupit** *pf.*) kaufen
kuře, -ete *n.* s Küken, s Hähnchen
kutil *m.* r Bastler
kutilství *n.* e Bastelarbeit
květen, -tna *m.* r Mai
květina *f.* e Blume
kvůli + D. *präp.* wegen
kýč *m.* r Kitsch
kýchnutí *n.* s Niesen, r Nieser
kytara *f.* e Gitarre

L

Labe *n.* e Elbe
laciný, **levný** billig
láhev, lahve *f.* e Flasche
laik *m.* r Laie
lajdák *m.* r Faulpelz
lákat *ip.* anziehen, locken
lakomý geizig
láska *f.* e Liebe
lavina *f.* e Lawine
leden, -dna *m.* r Januar

lednička, G. *pl.* -ček *f.* r Kühlschrank
legrace *f.* r Spaß
lehkomyslný leichtsinnig
lehký leicht
lék *m.* e Arznei
lékárna, G. *pl.* -ren *f.* e Apotheke
lékař *m.* r Arzt
lékařka, G. *pl.* -řek *f.* e Ärztin
lenivý, líný faul
les, -a *m.* r Wald
letadlo, G. *pl.* -del *n.* s Flugzeug
letět *ip.* (**létat** *pf.*) fliegen
letiště *n.* r Flughafen
léto *n.* r Sommer; **v létě** im Sommer
letos *adv.* dieses Jahr, in diesem Jahr
letovisko, G. *pl.* -sek *n.* r Kurort
lev, lva *m.* r Löwe
levný, laciný billig
lež, lži *f.* e Lüge
lhostejný gleichgültig
-li *kon.* ob; wenn, falls
líbit se *ip.* (**zalíbit se** *pf.*) gefallen
lid *m.* s Volk
liják *m.* r Platzregen
líný, lenivý faul
list *m.* r Schein; **živnostenský l.** r Gewerbeschein
lístek, -tku *m.* s Blättchen, e Karte, r Schein; e Eintrittskarte; e Fahrkarte; e Ansichtskarte; **jídelní l.** e Speisekarte
listopad *m.* r November
lít, liju / leju *ip.* gießen; **Leje jako z konve**. Es gießt wie aus Kannen.
lodičky, G. -ček *f. pl.* e Pumps
loni, vloni *adv.* voriges Jahr
louže *f.* e Pfütze
lustr *m.* r Kronleuchter
lyžovat *ip.* Schi laufen, Schi fahren

M

Maďar *m.* r Ungar
Maďarsko *n.* s Ungarn
malebný malerisch
malíř *m.* r Maler
málo + G. *Sg./Pl. adv.* (ein) wenig, wenige
málokdo *pnm.* kaum jemand
málokdy *adv.* selten
malý klein
maminka *f.* e Mutti
mapa *f.* e Karte
máslo *n.* e Butter
maso *n.* s Fleisch
matematika *f.* e Mathematik
mateřská dovolená r Mutterschaftsurlaub
maturita *f.* s Abitur
měnit *ip.* (**změnit** *pf.*) umtauschen
měřit (si) *ip.* (**změřit** *pf.*) messen
měsíc *m.* r Monat
město *n.* e Stadt
metro *n.* e Metro, e U-Bahn
mezi + Akk. / Inst. *präp.* zwischen, unter
miláček, -čka *m. zärtliche Anrede* s Schätzchen, r Schatz
milion *m. num.* e Million
milostný Liebes-; **m. příběh** *m.* e Liebesgeschichte
milovaný geliebt
milý lieb
mimino *n. umgspr.* s Baby
mimochodem nebenbei gesagt
minule *adv.* das letztemal
minulost *f.* e Vergangenheit
minulý vergangen, vorig
minuta *f.* e Minute

mír *m.* r Frieden
mísa *f.* e Platte, e Schüssel; **švédská m.** e Schwedenplatte
misionář *m.* r Missionar
místo *n.* e Stelle, r Platz; r Ort
místo *präp.* + G. anstatt, statt
mistr *m.* r Meister
mít[1] + Akk. mám, máš, má, máme, máte, mají, měl *ip.* haben; **Máte pravdu.** Sie haben Recht.; **m. moc práce** viel zu tun haben; **m. smůlu** Pech haben; **m. rád** mögen
mít[2] + inf. sollen
mít se *ip.* sich befinden; **Jak se máš?** Wie geht es dir?
mladý jung
mlčet, mlč! *ip.* schweigen
mléčný Milch-; **m. výrobek** s Milchprodukt
mléko *n.* e Milch
mlha *f.* r Nebel
mluvit *ip.* sprechen
mnich *m.* r Mönch
Mnichov, -a *m.* s München
mnohem + Komp. *adv.* viel + Komp.
mnoho, -a + G. *Sg./Pl. adv.* viel, zu viel, viele
mnohý mancher, zahlreich
mobil *m. umgspr.* s Handy
mobilní telefon *m.* s Mobiltelefon
moc + G. *Sg./Pl. adv. umgspr.* sehr, zu viel; viel, viele
moct / moci, můžu / mohu, můžeš, může, můžeme, můžete, můžou / mohou, mohl *ip.* können; **Můžu? (= Smím?)** Darf ich?
mockrát *adv.* vielmals
modrý blau
Morava *f.* s Mähren; **na Moravě** in Mähren
moravský mährisch
moře *n.* s Meer
most *m.* e Brücke
motocykl *m.* s Motorrad
moučník *m.* e Nachspeise
mouka *f.* s Mehl
možná *par.* möglich, vielleicht
možný möglich; **Je to možné.** Es ist möglich.
mrak *m.* e Wolke
mráz, mrazu *m.* r Frost
mrtvý tot
mrznout, mrzlo *ip.* (**zmrznout** *pf.*) frieren
mše *f.* e Messe; **sloužit mši** die Messe lesen
můj, moje/má, moje/mé *pnm.* mein, meine, mein
muset, musím, musíš, musí, musíme, musíte, musí / musejí *ip.* müssen
muzeum, -zea *n.* s Museum
muž *m.* r Mann
my *pnm.* wir
myslet *ip.* denken, meinen, glauben
myš, -i *f.* e Maus
mzda *f.* r Lohn

N

na + L. / Akk. *präp.* an, auf
Na shledanou! Auf Wiedersehen!
nabídnout, nabídl *pf.* (**nabízet** *ip.*) anbieten
nábřeží *n.* s Ufer, r Kai
nad, nade + Akk. / Inst. *präp.* über
nadaný begabt
nádherný prachtvoll
nádraží *n.* r Bahnhof
nadšený passioniert, begeistert

nahlas *adv.* laut
náhoda *f.* r Zufall
nahoru *adv.* nach oben, hinauf
nahoře *adv.* oben
najednou *adv.* plötzlich
najít, najdu, našel *pf.* (**nacházet** *ip.*) finden
nakazit *pf.* anstecken
nakonec *adv.* zum Schluss, schließlich
nákup *m.* r Einkauf
nakupovat *ip.* (**nakoupit** *pf.*) einkaufen
nalíčit se *pf.* (**líčit se** *ip.*) sich schminken, sich schön machen
náměstí *n.* r Platz, r Ring
naopak *adv.* im Gegenteil
nápad *m.* e Idee, r Einfall; **To je nápad!** Eine gute Idee!
napadat *ip.* (**napadnout** *pf.*) einfallen
nápaditý ideenreich
nápadný auffallend
napětí *n.* e Spannung
nápoj *m.* s Getränk
naprosto *adv.* ganz und gar
napsat, napíšu, napsal *pf.* (**psát** *ip.*) schreiben, aufschreiben
náročný anspruchsvoll
narozeniny *f. pl.* r Geburtstag
nasnídat se *ip.* (**snídat** *pf.*) frühstücken
nastupovat *ip.* (**nastoupit** *pf.*) einsteigen
nastydlý erkältet
náš, naše, naše *pnm.* unser, unsere, unser
natáčet *ip.* (**natočit** *pf.*) drehen; **n. video** Videoaufnahmen machen

navíc *adv.* überdies
návrh *m.* r Antrag, r Vorschlag
navrhovat *ip.* (**navrhnout**, navrhl *pf.*) vorschlagen
návštěva *f.* r Besuch; **jít na návštěvu** einen Besuch machen; **být na návštěvě** zu Besuch sein
navštívit *pf.* (**navštěvovat** *ip.*) besuchen
ne *par.* nein, nicht
Neapol, -e *f.* s Neapel
nebe *n.* r Himmel
nebezpečný gefährlich
nebo *kon.* oder
neboť *kon.* denn
něco *pnm.* etwas
něčí *pnm.* irgend jemandes
nedávno *adv.* vor kurzem
nedůvěřivý misstrauisch
nechat *pf.* (**nechávat** *ip.*) lassen
nějaký *pnm.* ein, irgendein
nejdříve *adv.* zuerst
nejen – ale i *kon.* nicht nur – sondern auch
někam *adv.* irgendwohin
nekázeň, -zně *f.* e Disziplinlosigkeit
někde *adv.* irgendwo
někdo *pnm.* jemand
někdy *adv.* manchmal, irgendwann
několik, -a + G. *pl. pnm.* einige, mehrere, ein paar
některý *pnm.* mancher
němčina *f.* s Deutsch
němčinářka *f.* e Deutschlehrerin
Němec, -mce *m.* r Deutsche
Německo *n.* s Deutschland
Němka, G. *pl.* -mek *f.* e Deutsche
německý deutsch
nemoc, -i *f.* e Krankheit

nemocnice *f.* s Krankenhaus
nemocný krank
není zač nichts zu danken
neopatrný unvorsichtig
nepřesný ungenau
nepříjemný unangenehm
nepříznivě *adv.* ungünstig
neschopenka *f.* r Krankenschein
neslýchaný unerhört
nesmysl *m.* r Unsinn
nesnesitelný unerträglich
nespokojený unzufrieden
nést *ip.* tragen
nešťastný unglücklich
nevinný unschuldig
nevlídný unfreundlich
nezaměstnaný, -ého, *m.* r Arbeitslose
nezávislý unabhängig
než *kon.* (bei Komp.) als; **(dříve) než** *kon.* ehe, bevor, früher als
nic *pnm.* nichts
ničí *pnm.* niemandes
nikam *adv.* nirgendhin
nikde *adv.* nirgends
nikdo *pnm.* niemand
nikdy *adv.* nie, niemals
nízký niedrig, nieder
noc, -i *f.* e Nacht; **Dobrou noc!** Gute Nacht!
noha, G. / L. *pl.* nohou, Inst. *pl.* nohama *f.* r Fuß, s Bein
Nor *m.* r Norweger
norský norwegisch
nos *m.* e Nase
nosit *ip.* tragen
notes *m.* s Notizbuch
novinář *m.* r Journalist
novinka, G. *pl.* -nek *f.* e Neuigkeit

noviny *f. pl.* e Zeitung
nový neu
nuda *f.* e Langeweile
nula *f.* e Null
nůž, nože *m.* s Messer

O

o + L. / Akk. *präp.* von; um
obchodní Handels-
obejít se, obejdu se, obešel se bez + G., *pf.* etwas entbehren können
oběd *m.* s Mittagessen
obědvat *ip.* (**naobědvat se** *pf.*) zu Mittag essen
oběť, -i *f.* s Opfer
obchod *m.* s Geschäft
obchodní Handels-
obchodník *m.* r Geschäftsmann, r Kaufmann
obchodovat *ip.* handeln, Handel treiben
objednat (si) *pf.* (**objednávat si** *ip.*) bestellen
objednat se kde *pf.* (**objednávat se** *ip.*) sich anmelden
objet, objedu, objel *pf.* (**objíždět** *ip.*) umfahren
objížďka, G. *pl.* -žděk *f.* e Umleitung
obléct/-ci se, obleču se, oblékl se *pf.* (**oblékat se** *ip.*) sich anziehen, sich (an)kleiden
obléct/-ci si, obleču si, oblékl si + Akk. *pf.* (**oblékat si** *ip.*) sich anziehen + Akk.
oblek *m.* r Anzug
obléknout se, obléknu se, oblékl se *pf.* (**oblékat se** *ip.*) sich anziehen
oblíbený Lieblings-
obloha[1] *f.* r Himmel

obloha² *f.* e Garnierung
obout se, obuju se, obul se *pf.* (**obouvat se** *ip.*) sich Schuhe anziehen
obraz *m.* s Bild
obrazovka *m.* r Bildschirm
obsazeno besetzt
obvykle *adv.* gewöhnlich
obživa *schriftspr. f.* e Nahrung
od, ode + G. *präp.* von
od té doby co *kon.* nachdem, seit
odborník *m.* r Fachmann
odcestovat *pf.* abreisen
oddíl *m.* e Gemeinschaft; **jezdecký o.** r Reiterhof
odejít, odejdu, odešel *pf.* (**odcházet** *ip.*) weggehen
odjíždět *ip.*(**odjet** *pf.*) fortfahren, wegreisen
odkdy *adv.* seit wann
odložit *pf.* (**odkládat** *ip.*) verlegen; verschieben
odložit si *pf.* (**odkládat si** *ip.*) ablegen (den Mantel)
odmítat *ip.* (**odmítnout** *pf.*) ablehnen
odpočinout si *pf.* (**odpočívat** *ip.*) ausruhen
odpoledne *adv.* nachmittags, am Nachmittag
odpouštět *ip.* (**odpustit** *pf.*) verzeihen
odpověď, -i *f.* e Antwort
odpovědět, odpovím, odpověz! *pf.* (**odpovídat** *ip.*) antworten
odpustit *pf.* (**odpouštět** *ip.*) verzeihen, vergeben
odříznout *pf.* (**odřezávat** *ip.*) abschneiden
odsoudit *pf.* (**odsuzovat** *ip.*) verurteilen
odtud *adv.* von dort aus

odvolat *pf.* (**odvolávat** *ip.*) abberufen
odvrátit *pf.* (**odvracet** *ip.*) abwenden
ohlásit *pf.* (**ohlašovat** *ip.*) anmelden, ankündigen
oholit se *pf.* (**holit se** *ip.*) sich rasieren
ohrozit *pf.*(**ohrožovat** *ip.*) bedrohen
ochladit se *pf.* (**ochlazovat se** *ip.*) kalt werden
ochrana *f.* r Schutz; **o. stavebních památek** r Denkmalschutz
ochutnat *pf.* (**ochutnávat** *ip.*) kosten
okno, G. *pl.* oken *n.* s Fenster
okolí *n.* e Umgebung
okolo + G. *präp.* herum, vorbei
okrást, okradu, okradl *pf.* (**okrádat** *ip.*) bestehlen
olej *m.* s Öl
omluvit se *pf.* (**omlouvat se** *ip.*) sich entschuldigen
on, ona, ono *sg.* er, sie, es; **oni, ony, ona** *pl. pnm.* sie
opačný entgegengesetzt
opakovat *ip.* (**zopakovat** *pf.*) wiederholen
opálený braungebrannt
opatrný vorsichtig
opatřit *pf.* (**opatřovat** *ip.*) anschaffen
opice *f.* r Affe
oprava *f.* e Reparatur
opravdu *adv.* wirklich
opravit *pf.* (**opravovat** *ip.*) reparieren, richten
ordinace *f.* s Sprechzimmer
ordinovat *ip.* Sprechstunde haben

orloj *m.* e Turmuhr
oslava *f.* e Feier
osm *num.* acht
osmdesát *num.* achtzig
osmnáct *num.* achtzehn
osmý *num.* r achte
osoba *f.* e Person
osprchovat se *pf.* (**sprchovat se** *ip.*) sich duschen
ostatní *pnm. pl.* r andere, r übrige
ostrov, -a *m.* e Insel
ostrý scharf
ošidit *pf.* (**šidit** *ip.*) betrügen
ošklivý hässlich
otázka, G. *pl.* -zek *f.* e Frage
oteplit se *pf.* (**oteplovat se** *ip.*) warm werden
otevřít, -vřu, -vřel *pf.* (**otvírat** *ip.*) aufmachen, öffnen
otrávený gelangweilt
ovlivnit *pf.* (**ovlivňovat** *ip.*) beeinflussen
ovoce *n.* s Obst
ozvat se *pf.* (**ozývat se** *ip.*) sich melden

P

p. = **pan**
padat *ip.* (**spadnout** *pf.*) fallen
padnout, padl *ip.* passen
palác *m.* s Palais
palačinka, G. *pl.* -nek *f.* r Eierkuchen
památka, G. *pl.* -tek *f.* s Denkmal
pamatovat si *ip.* (**zapamatovat si** *pf.*) sich erinnern
pan, pán *m.* r Herr
panelák *m. umgspr.* s Großplattenhaus

paní *f.* e Frau
panoráma, -matu *n.* s Panorama
panovnický Herrscher-
panovník *m.* r Herrscher
pardon! Entschuldigung!
parník *m.* r Dampfer
pas *m.* r Pass
pátek, -tku *m.* r Freitag
páteř *f.* e Wirbelsäule
patnáct *num.* fünfzehn
patřit *ip.* gehören
pátý *num.* r fünfte
pec, -e *f.* r Brennofen
péct, peču, pečeš, pekl *ip.* (**upéct** *pf.*) braten, backen
pečeně *f.* r Braten; **vepřová p.** r Schweinebraten
pečivo *n.* s Gebäck, e Backware
peněženka, G. *pl.* -nek *f.* e Geldbörse
peníze *m. pl.*, G. peněz s Geld
pes, psa *m.* r Hund
pěst *f.* e Faust; **na vlastní p.** auf eigene Faust
pestrý bunt
pěší Fußgänger-
pěšky *adv.* zu Fuß
pět *num.* fünf
pětka, G. *pl.* -tek *f.* e Fünf
pí. = **paní**
piano *n.* s Piano, s Klavier
píchat *ip.* stechen; **píchání na prsou** s Stechen in der Brust
pilný fleißig
písemný schriftlich
píseň, písně *f.* s Lied
pískovec, -vce *m.* r Sandstein
písmo *n.* e Schrift
pít, piju/-ji, pil, pij! *ip.* (**napít se** *pf.*) trinken

pití *n.* s Trinken
pivo *n.* s Bier
plakat, pláču *ip.* weinen
plátek, -tku *m. umgspr.* e Schundzeitschrift
platit[1] *ip.* (**zaplatit** *pf.*) zahlen
platit[2] *ip.*: **Tak platí.** Also abgemacht.
platit[3] *ip.* gelten
pláž *f.* r Strand
plíce *f. pl.*, G. plic e Lunge
plno *adv.* voll
plný voll
plotna *f.* r Herd
plynně *adv.* fließend
po *präp.* + L. nach
pobyt *m.* r Aufenthalt
počasí *n.* s Wetter
počítač *m.* r Computer
počkat *pf.* (**čekat** *ip.*) warten
pod / pode + Akk. / Inst. *präp.* unter
podat, podám, podej! *pf.* (**podávat** *ip.*) reichen
podél + G. *präp.* vorbei
poděkovat *pf.* (**děkovat** *ip.*) danken
podchod *m.* e Unterführung
podívat se *pf.* (**dívat se** *ip.*) nachschauen
podle + G. *präp.* nach, laut
podniknout *pf.* (**podnikat** *ip.*) unternehmen
podobný ähnlich
podpálit *pf.* (**podpalovat** *ip.*) in Brand stecken
podpatek, -tku *m.* r Absatz; **na vysokém podpatku** hochhackig
podrobnost *f.* e Einzelheit, s Detail
podržet *pf.* (**držet** *ip.*) halten
podvod *m.* r Betrug
podvodník *m.* r Betrüger
podzim *m.* r Herbst; **na podzim** im Herbst
pohanský heidnisch
pohár *m.* r Becher
pohled *m.* e Ansicht, r Blick; e Ansichtskarte
pohnout se *pf.* (**hýbat se** *ip.*) sich bewegen, sich rühren
pohodlně *adv.* bequem
pohodlný bequem
pohřešovat *ip.* vermissen
pochopit *pf.* (**chápat** *ip.*) begreifen
pokoj *m.* s Zimmer, e Stube
pokračovat v + L. *ip.* fortsetzen
pokud *kon.* soviel; solange
Polák *m.* r Pole
pole *n.* s Feld
polévka, G. *pl.* -vek *f.* e Suppe; **hovězí p.** e Rindfleischsuppe; **p. ze sáčku** e Tütensuppe
police *f.* s Regal
policista, -y *m.* r Polizist
politika *f.* e Politik
polopenze *f.* e Halbpension
polotovary *pl. m.* e Fertiggerichte
Polsko *n.* s Polen
polykat *ip.* (**polknout** *pf.*) schlucken
pomáhat *ip.* (**pomoct/-ci** *pf.*) helfen
pomalu *adv.* langsam
pomalý langsam
pomeranč *m.* e Orange
pomník *m.* s Denkmal
pomoc, -i *f.* e Hilfe
pomoct/-ci, pomohu / pomůžu, pomohl, pomoz! *pf.* (**pomáhat** *ip.*) helfen
pondělí *n.* r Montag
ponožka, G. *pl.* -žek *f.* e Socke

poplakat si *pf.* eine stille Träne weinen
poplatek, -tku *m.* e Gebühr
poprosit *pf.* (**prosit** *ip.*) bitten
poprvé *adv.* zum erstenmal
poradit *pf.* (**radit** *ip.*) einen Rat geben
poradit se *pf.* (**radit se** *ip.*) sich beraten
Portugalsko *n.* s Portugal
porušování *n.* e Verletzung
pořad *m.* e Sendung *(Radio, TV)*
pořád *adv.* seit jeher, immer
posadit se *pf.* sich setzen; Platz nehmen
poschodí *n.* r Stock, e Etage
posílat *ip.*(**poslat**, pošlu, pošleš *pf.*) schicken, senden
poslat, pošlu, pošleš *pf.* schicken
poslední r, e, s letzte
poslouchat *ip.* (**poslechnout** *pf.*) hören
poslušný gehorsam
postava *f.* e Gestalt
postavit *pf.* (**stavět** *ip.*) bauen
postavit se *pf.* (**stavět se** *ip.*) sich stellen
postel, -e *f.* s Bett
pošta *f.* e Post, s Postamt
poté co *kon.* nachdem, seit
potkat + Akk. *pf.* (**potkávat** *ip.*) begegnen
potok, -a *m.* r Bach
potrestat *pf.* (**trestat** *ip.*) bestrafen
potřebovat *ip.* brauchen
pouze *schriftspr. adv.* nur
pověrčivý abergläubisch
pověřit *pf.* (**pověřovat** *ip.*) betrauen
pověst *f.* e Sage, e Legende

povídat *ip.* (**povědět** *ip.*) sagen
povodeň, -dně *f.* s Hochwasser, e Flut
povolání *n.* r Beruf
povolit *pf.* (**povolovat** *ip.*) gestatten
povýšit *pf.*(**povyšovat** *ip.*) befördern
pozdě *adv.* spät
pozdější späterer
pozítří *adv.* übermorgen
poznat *pf.* (**poznávat** *ip.*) kennen lernen
pozor! Achtung! Vorsicht!
pozorovat *ip.* (**zpozorovat** *pf.*) beobachten; (be)merken
pozvat, pozvu *pf.* (**zvát** *ip.*) einladen
požár *m.* r Brand
práce *f.* e Arbeit
pracovat *ip.* arbeiten
Praha *f.* s Prag
praotec, -tce *m.* r Urvater
práva *n. pl.* Jura, e Rechte
právě *par.* gerade; eben
pravidelně *adv.* regelmäßig
pravopis *m.* e Rechtschreibung
prázdniny *f. pl.* e Ferien
Pražan *m.* r Prager
pražský Prager-
premiér *m.* r Premierminister
pro + Akk. *präp.* für
probudit se *pf.* (**probouzet se** *ip.*) wach werden
procento *n.* s Prozent
proč warum
prodavač *m.* r Verkäufer
prodavačka, G. *pl.* -ček *f.* e Verkäuferin
prodávat *ip.* (**prodat** *pf.*) verkaufen
prodloužit *pf.* (**prodlužovat** *ip.*) verlängern

prohlédnout si, prohlédl si *ip.*
(**prohlížet si** *pf.*) sich ansehen
prohrát, prohraju/-ji *pf.* (**prohrávat** *ip.*) verlieren
procházka *f.* r Spaziergang; **chodit / jít na procházku** einen Spaziergang machen
projednávat *ip.* (**projednat** *pf.*) verhandeln
projít, -jdu, -šel + Inst. *pf.* (**procházet** *ip.*) passieren, hindurchgehen
prominout *pf.* (**promíjet** *ip.*) verzeihen, entschuldigen
promítat *ip.* (**promítnout** *pf.*) projizieren, zeigen
pronásledovat *ip.* verfolgen
propadnout, propadl z + G. *pf.* (**propadat** *ip.*) durchfallen
propouštění *n.* e Entlassung
propustit *pf.* (**propouštět** *ip.*) entlassen
prosinec, -nce *m.* r Dezember
prosit o + Akk. *ip.* (**poprosit** *pf.*) bitten; **Prosím**. Bitte.
prospět *pf.* (**prospívat** *ip.*) gut bekommen
prostě *adv.* einfach
proti, naproti *präp.* + D. gegen, gegenüber
proto, a proto *kon.* deshalb, deswegen
protože *kon.* weil, denn
proužkovaný gestreift
prozatím *adv.* vorläufig
prsa, G. / L. prsou *n. pl.* e Brust
pršet *ip.* regnen
průběh *m.* r Verlauf
průkaz *m.* r Ausweis, r Schein
průmyslovka *f. umgspr.* e Technische Fachschule
průvod *m.* r Zug, r Umzug; **korunovační p.** r Krönungszug
první *num.* r erste
prý *par.* man sagt, angeblich
pryč *adv.* vorbei; weg
přát (si), přeju/-ji (si) *ip.* wünschen
přátelský freundlich
přece *par.* ja, doch
přečíst, přečtu, přečetl *pf.* (**číst**, čtu, četl *ip.*) (durch)lesen
před, přede + Akk. / Inst. *präp.* vor
předem *adv.* vorher, im Voraus
předepsat, předepíšu *(lék) ip.* (**předpisovat** *pf.*) verschreiben *(e Arznei)*
předevčírem *adv.* vorgestern
předkrm *m.* e Vorspeise
předmět *m.* r Gegenstand, s Fach
přední r vordere, Vorder-
přednosta, -y *m.* r Vorsteher
předpověď, -di *f.* e Vorhersage
předprodej *m.* r Vorverkauf
předseda, -y *m.* r Vorsitzende
představení *n.* e Vorstellung
představit *pf.* (**představovat** *ip.*) vorstellen
představit si *pf.* (**představovat si** *ip.*) sich vorstellen
představitel *m.* r Darsteller
předsudek, -dku *m.* s Vorurteil
předvolba *f.* e Vorwahlnummer
přeháňka, G. pl. -něk *f.* r Regenschauer
přecházet *(nemoc) ip.* verschleppen *(e Krankheit)*
přechod *m.* r Übergang
přejít *pf.* vorbeigehen; **Všechno přejde**. Alles geht vorbei.

překlad *m.* e Übersetzung
překládat z + G. do + G. *ip.*
 (**přeložit** *pf.*) übersetzen aus... ins...
překrásný wunderschön
přelom *m.* e Wende
přeložit[1] z + G. do + G. *pf.* (**překládat** *ip.*) übersetzen aus... ins...
přeložit[2] + Akk. (koho) *pf.* (**překládat** *ip.*) versetzen
přes + Akk. *präp.* über
přesný genau, pünktlich
přesolený versalzen
přestat, přestanu, přestaň! *pf.* (**přestávat** *ip.*) aufhören
přestávka, G. pl. -vek *f.* e Pause
přestěhovat se *pf.* (**stěhovat se** *ip.*) umziehen
přestože *kon.* trotzdem, obgleich, obwohl
přestupovat *ip.* (**přestoupit** *pf.*) umsteigen
přesvědčit *pf.* (**přesvědčovat** *ip.*) überzeugen
při + L. *präp.* bei; während
přibít, přibiju/-ji, přibil *pf.* (**přibíjet** *ip.*) annageln
příbuzný, -ého *m.* r Verwandte
příjemný angenehm
přijet, -jedu, -jel, přijeď! *pf.* (**přijíždět** *ip.*) kommen, ankommen
přijímací Aufnahme-
přijít, -jdu, -šel, přijď! *pf.* (**přicházet** *ip.*) kommen, ankommen
přijmout, přijmu, přijal *pf.* (**přijímat** *ip.*) empfangen, annehmen
příliš *adv.* viel zu
přímořský Küsten-, See-
přinést, přinesu, přinesl *pf.* (**přinášet** *ip.*) bringen

případ *m.* r Fall; **v žádném případě** auf keinen Fall; **pro každý p.** für alle Fälle
připít si *pf.* (**připíjet si** *ip.*) anstoßen
připravit se *pf.* (**připravovat se** *ip.*) sich vorbereiten
připravit (si) *pf.* (**připravovat (si)** *ip.*) vorbereiten, zubereiten
příroda *f.* e Natur; **chodit do přírody** ins Freie gehen
přirozeně *adv.* natürlich, selbstverständlich
přísný streng
příště *adv.* s nächste Mal, nächstens
příští kommend, r, e, s nächste
přitahovat *ip.* (**přitáhnout** *pf.*) anziehen, locken
přitažlivý attraktiv
psát, píšu, piš!, psal *ip.* (**napsat** *pf.*) schreiben
psávat *ip.* zu schreiben pflegen
pták *m.* r Vogel
ptát se + G. na + Akk *ip.* (**zeptat se** *pf.*) fragen
publikum, -ka *n.* s Publikum
půjčit *pf.* (**půjčovat** *ip.*) borgen, leihen
půl halb; **půl kila** ein halbes Kilo
půlnoc, -i *f.* e Mitternacht
pusa *f. umgspr.* r Kuss
působit *ip.* (**způsobit** *pf.*) wirken, bewirken
pustit z hlavy *pf. umgspr.* sich aus dem Kopf schlagen

R

rád, ráda gern; froh
rada *f.* r Rat

Rada bezpečnosti *f.* r Sicherheitsrat
radit *ip.* (**poradit** *pf.*) einen Rat geben
radnice *f.* s Rathaus
Rakousko *n.* s Österreich
rakouský österreichisch
Rakušan *m.* r Österreicher
raněný, -ého *m.* r Verwundete
ráno[1] *adv.* morgens, am Morgen
ráno[2] *n.* r Morgen
restaurace *f.* s Restaurant
ročník *m.* s Studienjahr
rodiče *m. pl.* e Eltern
rodina *f.* e Familie
roh *m.* e Ecke
rok *m.*, G. *pl.* roků / let s Jahr
role *f.* e Rolle
rovně *adv.* gerade aus
rozčilovat *ip.* (**rozčílit** *pf.*) aufregen
rozeznat *pf.* (**rozeznávat** *ip.*) unterscheiden
rozhlas *m.* r Rundfunk
rozhlédnout se, rozhlédl se *pf.* (**rozhlížet se** *ip.*) hinabschauen
rozhodně ne *adv.* auf keinen Fall
rozhodnout se, rozhodl se *pf.* (**rozhodovat se** *ip.*) sich entscheiden
rozloučit se *pf.* (**loučit se** *ip.*) sich verabschieden
rozmar *m.* e Laune
rozmazlený verwöhnt
rozmyslet si *pf.* (**rozmýšlet si** *ip.*) sich überlegen
rozplakat se *pf.* in Tränen ausbrechen
rozpočet, -čtu *m.* r Kostenvoranschlag
rozsvítit *pf.* (**rozsvěcovat** *ip.*) Licht machen

roztát *pf.* (**tát** *ip.*) tauen
rozum *m.* r Verstand; **Máte rozum?** Wo ist Ihr Verstand geblieben?
rozumět + D. *ip.* (**porozumět** *pf.*) verstehen, begreifen
rozzlobený böse
rtěnka *f.* r Lippenstift
ruka Nom. / Akk. *pl.* ruce, G. / L. *pl.* rukou, Inst. *pl.* rukama *f.* e Hand, r Arm
Rus *m.* r Russe
Rusko *n.* s Russland
ruský russisch
ruština *f.* s Russische
různý verschieden
růže *f.* e Rose
ryba *f.* r Fisch
rybařit *ip.* fischen
rybička, G. *pl.* -ček *f.* s Fischchen
rybník, -a *m.* r Teich
rychle *adv.* schnell, rasch
rychlík *m.* r Schnellzug
rychlý schnell
rýma *f.* r Schnupfen
Rýn, -a *m.* r Rhein
rýže *f.* r Reis

Ř

řeč, -i *f.* e Sprache; e Rede
řečnit *ip.* reden
ředitel *m.* r Direktor
řeka *f.* r Fluss
řetízek, -zku *m.* e Kette
řez *m.* r Schnitt
říct / říci, řeknu, řekl *pf.* (**říkat** *ip.*) sagen
řidič *m.* r Fahrer
řidičský Führer-; **ř. průkaz** r Führerschein

říjen, -jna *m.* r Oktober
říkat *ip.* (**říct** / **říci** *pf.*) sagen
říkávat *ip.* zu sagen pflegen
říše *n.* s Reich; **Velkomoravská ř.** s Großmährische R.
řízek, -zku *m.* s Schnitzel

S

s, se + Inst. *präp.* mit
sáček, -čku *m.* e Tüte
salám *m.* e Wurst
salát *m.* r Salat; **ovocný s.** r Obstsalat
sám, sama, samo *pnm.* selbst; allein
samostatný selbstständig
samozřejmě *adv.* selbstverständlich
samý lauter; dicht, knapp
sbírat *ip.* (**sebrat** *pf.*) sammeln
sbírka, G. *pl.* -rek *f.* e Sammlung
sbor *m.* r Chor
scénář *m.* s Drehbuch
sedávat *ip.* zu sitzen pflegen
sedět *ip.* sitzen
sedm *num.* sieben
sedmdesát *num.* siebzig
sedmnáct *num.* siebzehn
sedmý *num.* r siebente
sednout si, sedl si *pf.* (**sedat si** *ip.*) sich setzen
sekretářka, G. *pl.* -řek *f.* e Sekretärin
sekt *m.* r Sekt
sem *adv.* her, herein
série *f.* e Reihe
sestra, G. *pl.* sester *f.* e Schwester
setkat se *pf.* (**setkávat se** *ip.*) sich treffen, zusammentreffen
setmět se *pf.* (**stmívat se** *ip.*) dunkel werden
severně *adv.* nördlich

schody *m. pl.* e Treppe
schopen, -pna, -pni fähig
schůzka, G. *pl.* -zek *f.* s Treffen
sice *par.* zwar
silnice *f.* r Fahrweg, e Straße
sjezdovka, G. *pl.* -vek *f.* e Piste
skladatel *m.* r Komponist
sklenice *f.* s Glas
skoro *adv.* fast
skromný bescheiden
skupina *f.* e Gruppe
skutečně *adv.* wirklich
slabý schwach
sladký süß
slavit *ip.*(**oslavit** *pf.*) feiern
slavný berühmt
slečna, G. *pl.* -čen *f.* s Fräulein
slíbit *pf.* (**slibovat** *ip.*) versprechen
sloh *m.* r Stil
slon *m.* r Elefant
Slovák *m.* r Slowake
Slovan *m.* r Slawe
slovanský slawisch
Slovenka, G. *pl.* -nek *f.* e Slowakin
Slovensko *n.* e Slowakei; **na Slovensku** in der Slowakei
slovo *n.* s Wort
složitý kompliziert
slunce *n.* e Sonne
slušet *ip.* passen, (gut) stehen, zu Gesicht stehen
slušný anständig
služba *f.* r Dienst
služebně *adv.* dienstlich
služební cesta *f.* e Dienstreise
slyšet *ip.* (**uslyšet** *pf.*) hören
smát se, směju/-ji se + D. *ip.* (**zasmát se** *pf.*) lachen
směnárna *f.* e Wechselstube

směr *m.* e Richtung
smět, smím, smíš, smí, smíme, smíte, smějí *ip.* dürfen
smetana *f.* e Sahne
smlouva, G. *pl.* smluv *f.* r Vertrag; **obchodní s.** r Handelsvertrag
smrdět *vulg. ip.* stinken
smrt *f.* r Tod
smůla *f.* s Pech; **mít smůlu** Pech haben
smutný traurig
smysl *m.* r Sinn
snad *par.* hoffentlich; wohl
snadno *adv.* leicht
sňatek, -tku *m.* e Ehe
sněmovna *f.* s Parlament, s hohe Haus; **dolní s.** s Unterhaus
sněžit *ip.* schneien
Sněžka *f.* e Schneekoppe
snídaně *f.* s Frühstück
snídat *ip.* (**nasnídat se** *pf.*) frühstücken
sníh, sněhu *m.* r Schnee
sníst, sním, snědí, sněz!, snědl *pf.* (**jíst**, jím, jedí, jez!, jedl *ip.*) essen
sobec, -bce *m.* r Egoist
sobota *f.* r Sonnabend
socha *f.* s Standbild, e Skulptur
sochař *m.* r Bildhauer
sotva *adv.* kaum; *kon.* sobald
soubor *m.* e Kollektion, e Sammlung, e Auswahl
součást *f.* r Bestandteil
soud *m.* s Gericht
souhlasit s + Inst. *ip.* stimmen, zustimmen; **To souhlasí.** Das stimmt.
soused *m.* r Nachbar
sousedka, G. *pl.* -dek *f.* e Nachbarin

spadat (*do doby*) *schriftspr. ip.* fallen (in die Zeit)
spát, spím, spal *ip.* schlafen
spěch *m.* e Eile
spěchat *ip.* eilen, in Eile sein
spisovatel *m.* r Schriftsteller
spojit se *pf.* (**spojovat se** *ip.*) sich verbinden
spokojený zufrieden
společně *adv.* gemeinsam, zusammen
spolehlivý zuverlässig
spolupráce *f.* e Zusammenarbeit
spolužák *m.* r Mitschüler
sportovat *ip.* Sport treiben
spousta + G. *adv.* (*peněz*) e Menge (Geld)
spravedlivý gerecht
správně *adv.* richtig
spropitné, -ého *n.* s Trinkgeld
sraz *m.* s Zusammentreffen
srdce *n.* s Herz
srovnání *n.* r Vergleich
srozumitelný verständlich
srpen, -pna *m.* r August
stanice *f.* e Station; **konečná s.** e Endstation
starat se o + Akk. *ip.* (**postarat se** *pf.*) sich kümmern
stárnout, stárl *ip.* (**zestárnout** *pf.*) alt werden
staroměstský Altstädter
staroslověnský altslawisch
starost *f.* e Sorge
starosta, -y *m.* r Bürgermeister
starý alt
stát *m.* r Staat
stát[1], stojím, stůj! *ip.* stehen
stát[2] *ip.* kosten; **Kolik stojí ...?** Wie viel kostet ...?

stát se[1], stane se, stalo se *pf.* (**stávat se** *ip.*) geschehen, sich ereignen, vorkommen; **Nic se nestalo.** Macht nichts.
stát se[2], stanu se, stal se *pf.* (**stávat se** *ip.*) werden
stávat se *ip.* (**stát se**, stane se, stalo se *pf.*) geschehen, sich ereignen, vorkommen
stavba, G. *pl.* -veb *f.* r Bau
stávka, G. *pl.* -vek *f.* r Streik
stávkovat *ip.* streiken
stěhovat se *ip.* (**přestěhovat se** *pf.*) umziehen
stejně *par.* sowieso
stejný derselbe
stihnout, stihl *pf.* schaffen
sto *n. num.* hundert
stolek, -lku *m.* s Tischlein
století *n.* s Jahrhundert
stonat, stůňu *ip.* krank sein
stopa *f.* e Spur
stoupenec, -nce *m.* r Anhänger
strach *m.* e Angst
strana[1] *f.* e Seite; **na druhé straně** andererseits
strana[2] *f.* e Partei
stravování *n.* e Verpflegung
stroj *m.* e Maschine
strojní Maschinen-; **s. fakulta** *f.* e Maschinenbaufakultät
strom *m.* r Baum
strýček, -čka *m.* r Onkel
středa *f.* r Mittwoch
střední Mittel-, mittlere
středověk *m.* s Mittelalter
stříbrný silbern
studený kalt
studovat *ip.* studieren

stůl, stolu *m.* r Tisch
stupeň, -pně *m.* r Grad
stý *num.* r hunderte
suchý trocken; dürr
sukně *f.* r Rock
svatba *f.* e Hochzeit
svatý heilig, Sankt
svědectví *n.* s Zeugnis; **poskytovat s.** *ip.* Z. ablegen
svědomitý pflichtbewusst
svět, -a *m.* e Welt
svetřík *m.* r Pulli
svítit *ip.* scheinen
svobodný ledig
sychravo *adv.* nasskalt
syn *m.* r Sohn
sýr, -a *m.* r Käse

Š

šála *f.* r Schal
šálek, -lku *m.* e Tasse
šampaňské, -ého *n.* r Champagner
šatna, G. *pl.* -ten *f.* e Garderobe, e Kleiderablage
šatník *m.* r Kleiderschrank
šaty *m. pl.* s Kleid
šedesát *num.* sechzig
šedý grau; **tmavě šedý** dunkelgrau
šest *num.* sechs
šestnáct *num.* sechzehn
šestý *num.* r sechste
šetřit *ip.*(**ušetřit** *pf.*) sparen
široký breit
škodlivý schädlich, gesundheitsschädlich
škola *f.* e Schule; **jazyková š.** e Sprach(en)schule; **mateřská š.** r Kindergarten
školné, -ého *n.* s Schulgeld

škrabat *ip.* kratzen
šlehačka *f.*, e Schlagsahne
šortky, G. -tek *f. pl.* e Shorts
Španěl, -a *m.* r Spanier
španělský spanisch
špatně *adv.* schlecht; falsch; übel; **udělalo se mi š.** mir wurde übel
špatný schlecht, übel; falsch
špinavý schmutzig
šprtat *ip. umgspr.* (**našprtat** *pf.*) büffeln
šťastný glücklich; **Šťastnou cestu!** Glückliche Reise!
štědrý freigebig
štěně, -ěte *n.* s Hündchen, r Welpe
štěstí *n.* s Glück
štíhlý schlank
Šumava *f.* r Böhmerwald; **na Šumavě** im Böhmerwald
šunka *f.* r Schinken
Švéd *m.* r Schwede
Švýcar *m.* r Schweizer
Švýcarsko *n.* e Schweiz

T

tady, tu *adv.* da, hier
tak *adv.* so
také, taky *par.* auch
takový *pnm.* ein solcher, so ein
takže *kon.* so dass
tam *adv.* dort; dorthin
tancovat *ip.* tanzen
tatínek, -nka *m.* r Vater
taška, G. *pl.* -šek *f.* e Tasche, e Handtasche
teď *adv.* jetzt, nun
tedy *par.* also
tehdejší damalig
tele, -ete *n.* s Kalb

telefonovat + D. *ip.*(**zatelefonovat** *pf.*) anrufen, telefonieren
televize *f.* s Fernsehen
televizor *m.* r Fernseher
ten, ta, to *pnm.* der, die, das
tento, tato, toto *pnm.* dieser, diese, dieses
tenkrát *adv.* damals
tentokrát *adv.* diesmal
teplo *adv.* warm
teploměr *m.* s Thermometer
teplota *f.* e Temperatur, s Fieber
teplý warm
teprve *adv.* erst
těšit *ip.* freuen; **Těší mě**. Es freut mich.
těšit se na + Akk. *ip.* sich freuen auf
teta *f.* e Tante
těžký schwer
tichý still, leise
tisíc *m. num.* tausend
tisící *num.* r, e, s tausendste
tloustnout, tloustl *ip.*(**ztloustnout** *pf.*) dick werden
tlustý dick
tma *f.* e Dunkelheit
tmavý dunkel
totéž *pnm.* dasselbe
totiž *par.* nämlich
toužit po + L. *ip.* (**zatoužit** *pf.*) sich sehnen
továrna, G. *pl.* -ren *f.* e Fabrik
tramvaj *f.* e Straßenbahn
trávit *ip.* (**strávit** *pf.*) verbringen
trh *m.* r Markt
tričko *n.* s T-Shirt
trochu + G. *sg./pl. adv.* ein wenig, ein bisschen, etwas
trojka, G. *pl.* -jek *f.* e Drei, r Dreier

trpět + D. + Akk. *ip.* durchgehen lassen
trubka, G. *pl.* -bek *f.* e Trompete
trvat *ip.* dauern
tržnice *f.* e Markthalle
třeba[1] *adv.* nötig; **je / bylo třeba** es ist / war nötig
třeba[2] *par.* zum Beispiel; vielleicht
třetí *num.* r dritte
tři *num.* drei
třicet *num.* dreißig
třída[1] *f.* e Klasse
třída[2] *f.* e Straße
třináct *num.* dreizehn
tu, tady *adv.* da, hier
tu a tam *adv.* ab und zu
ťuknout si, ťukl si *pf.* (**ťukat si** *ip.*) anstoßen *(beim Toast)*
tumáš (tumáte) *par.* hier / da hast du (habt ihr, haben Sie)
túra *f.* e Tour, e Wanderung
tvaroh *m.* r Quark
tvarohový Quark-
tvrdit *ip.* behaupten
tvrdost *f.* e Hartnäckigkeit
tvůj, tvoje / tvá, tvoje / tvé *pnm.* dein, deine, dein
týden, -dne *m.* e Woche
tygr *m.* r Tiger
týl *m.* s Hinterland

U

u + G. *präp.* bei
ubytování *n.* e Unterkunft
ucpaný verstopft
učebnice *f.* s Lehrbuch
učení *n.* e Lehre
učesat se, učešu se *pf.* (**česat se** *ip.*) sich frisieren, sich kämmen
účet, -čtu *m.* e Rechnung
učiliště *n.* e Berufsschule
učit *ip.* (**naučit** *pf.*) lehren
učit se *ip.* (**naučit se** *pf.*) lernen
učitel *m.* r Lehrer
učitelka, G. *pl.* -lek *f.* e Lehrerin
udělat *pf.* (**dělat** *ip.*) machen, tun, fertigmachen; **u. zkoušku** e Prüfung bestehen
ujít: ujde to ganz gut, es geht
ukázat, ukážu, ukaž! *pf.* (**ukazovat** *ip.*) zeigen
ukázat se, ukáže se *pf.* (**ukazovat se** *ip.*) sich erweisen
uklidit *pf.* (**uklízet** *ip.*) aufräumen
uklidnit se *pf.* (**uklidňovat se** *ip.*) sich beruhigen
Ukrajinec, -nce *m.* r Ukrainer
ukrást / ukradnout, ukradnu, ukradl *pf.* stehlen
ulice *f.* e Gasse
umělec, -lce *m.* r Künstler
uměleckoprůmyslový Kunstgewerbe-
umělecký künstlerisch, Kunst-
umění *n.* e Kunst
umět *ip.* können, wissen, im Stande sein
umírat *ip.* im Sterben liegen
umřít, umřu, umřel *pf.* sterben
unavený müde
univerzita *f.* e Universität
únor, -a *m.* r Februar
upadnout, upadl *pf.* (**padat** *ip.*) (hin)fallen
upéct / upéci, upeču, upekl *pf.* (**péct / péci** *ip.*) braten, backen
úplně *adv.* ganz, total, völlig
úplný voll, total, völlig

upozorňovat *ip.* (**upozornit** *pf.*) aufmerksam machen
uprostřed *adv.* in der Mitte
upřímný aufrichtig
určitě *adv.* bestimmt
úřad *m.* s Amt, e Behörde
úředník *m.* r Beamte
usedle *adv.* gesetzt
usmažit *pf.* (**smažit** *ip.*) braten, rösten
usmívat se na + Akk. *ip.* (**usmát se** *pf.*) jemandem zulächeln
usnout *pf.* (**usínat** *ip.*) einschlafen
úspěch *m.* r Erfolg
ústava *f.* e Verfassung
úterý *n.* r Dienstag
utonout *pf.* (**tonout** *ip.*) ertrinken
útulný gemütlich
úvaha *f.* r Betracht; **přicházet v úvahu** in Betracht kommen
uvařit *pf.* (**vařit** *ip.*) kochen, fertig kochen
uvázat (si), uvážu (si), uvaž (si)! *pf.* (**uvazovat si, vázat si** *ip.*) umbinden
uvidět *pf.* (**vidět** *ip.*) erblicken, sehen
uvnitř *adv.* innen
uzávěrka *f.* r Bilanzabschluss
uzavřít, -vřu, -vřel *pf.* abschließen
uzenina *f.* e Wurst, e Räucherware
úzký schmal, eng
už *par.* schon; **už dva dny** seit zwei Tagen
už ne *par.* nicht mehr
už někdy schon mal
užít (si), užiju/-ji (si), užij si! + G. *pf.* (**užívat si** *ip.*) genießen
užitečný nützlich

užívat[1] **(si)** + G. *ip.* (**užít si** *pf.*) genießen
užívat[2] *(lék) ip.* (**užít** *pf.*) einnehmen *(e Arznei)*

V

v, ve + L. *präp.* (wo?) in
vadit *ip.*: **To nevadí**. Das macht nichts. **To nám nevadilo.** Das hat uns nichts ausgemacht.
válčit *ip.* Krieg führen
válečný Kriegs-
válka *f.* r Krieg
Vánoce, G. Vánoc *f. pl.* s Weihnachten
varianta *f.* e Variante
vařit *ip.* (**uvařit** *pf.*) kochen
váš, vaše, vaše *pnm.* euer, euere, euer; Ihr, Ihre, Ihr
vášnivý leidenschaftlich
vážný ernst
včas *adv.* rechtzeitig, zur rechten Zeit
včera *adv.* gestern
vdaná *(eine Frau)*, nur *f.* verheiratet
vdávat se *(von der Frau) ip.* (**vdát se** *pf.*) heiraten
věc, -i *f.* e Sache
večer, -a *m.* r Abend; **Dobrý večer!** Guten Abend!
večer *adv.* abends, am Abend
večerní Abend-, abendlich
večeře *f.* s Abendessen
večeřet *ip.* zu Abend essen
věčně *adv.* ewig
vědět, vím, víš, ví, víme, víte, vědí *ip.* wissen
vedle + G. *präp.* neben, nebenan
vedro *n.* e glühende Hitze

vejce G. *pl.* vajec *n.* s Ei
veletrh *m.* e Messe
Velikonoce, G. Velikonoc *f. pl.* s Ostern
velký groß
velmi *adv.* sehr
ven *adv.* aus, hinaus, heraus
venkov, -a *m.* s Land; **na venkově** auf dem Lande
venku *adv.* (wo?) draußen
vepředu, vpředu *adv.* vorn
vepřová, -é *f.* r Schweinebraten
veřejný öffentlich
věřit *ip.* (**uvěřit** *pf.*) glauben, (ver)trauen
veselý lustig
vesnice *f.* s Dorf
vést, vedu, vedl *ip.* führen
většinou *adv.* meistens
věž *f.* r Turm
více / víc *adv.* mehr
více než *adv.* mehr als
Vídeň, -dně *f.* s Wien
vidět *ip.* (**uvidět** *pf.*) sehen
vichřice *f.* r Wirbelwind
víkend *m.* s Wochenende
vinárna, G. *pl.* -ren *f.* e Weinstube
víno *n.* r Wein; **červené v.** r Rotwein
viset *ip.* hängen
Vítám vás. Schön willkommen.
vítr, větru *m.* r Wind
vkus *m.* r Geschmack; **věc vkusu** e Geschmackssache
vláda *f.* e Regierung
vlak *m.* r Zug
vlast *f.* s Vaterland
vlastně *par.* eigentlich
vlastní r, e, s eigene
vlídný freundlich
vlněný Woll-, wollen
Vltava *f.* e Moldau
vnitro *n.* s Innere; **ministr vnitra** r Innenminister
vnuk *m.* r Enkel(sohn)
voda *f.* s Wasser
vodoléčba *f.* e Hydrotherapie
voják *m.* r Soldat
volant *m.* s Lenkrad
volat + D. *ip.* (**zavolat** *pf.*) anrufen, telefonieren
volby, G. -leb *f. pl.* e Wahl, e Wahlen
volno *adv.* frei
vpravo, napravo *adv.* rechts
vpřed *adv.* vorn, nach vorn, vorwärts
vrah *m.* r Mörder
vrátit *pf.* (**vracet** *ip.*) zurückgeben
vrátit se *pf.* (**vracet se** *ip.*) zurückkommen
vrchní, -ího *m.* r Ober
vstát, vstanu, vstal *pf.* (**vstávat** *ip.*) aufstehen
vstupenka, G. *pl.* -nek *f.* e Eintrittskarte
však *kon.* aber, jedoch
všechen, všechna, všechno *pnm.* all, ganz (im Attribut)
všechno *pnm.* alles
všimnout si, všiml si + G. *pf.* (**všímat si** *ip.*) bemerken, beachten
všude *adv.* überall
vtipný witzig
vůbec *adv.* überhaupt, ganz und gar
vůbec ne *adv.* gar nicht
vůz, vozu *m.* r Wagen
vy *pnm.* ihr; Sie
výběr *m.* e Auswahl
výbor *m.* r Ausschuss
výborně *adv.* ausgezeichnet

výborný ausgezeichnet
vyčistit *pf.* (**čistit** *ip.*) putzen
vydání *n.* e Ausgabe
vydělat (peníze) *pf.* (**vydělávat** *ip.*) verdienen
vyfotit *pf.* aufnehmen
vyhánět *ip.* (**vyhnat** *pf.*) vertreiben
vyhnat, vyženu *pf.* (**vyhánět** *ip.*) vertreiben
vyhrát, vyhraju/-ji *pf.* (**vyhrávat** *ip.*) gewinnen
východ[1] *m.* r Ausgang
východ[2] *m.* r Osten
vychovávat *ip.* (**vychovat** *pf.*) erziehen
vyjít[1], vyjdu, vyšel *pf.* (**vycházet** *ip.*) ausgehen
vyjít[2]: **vyjde to** *pf.* es klappt
vyléčit *pf.* (**léčit** *ip.*) ausheilen
výlet *m.* r Ausflug
vyloučeno ausgeschlossen
vyměnit *pf.* (**měnit, vyměňovat** *ip.*) umtauschen
vypadat *ip.* aussehen
vyplatit se *pf.* (**vyplácet se** *ip.*) sich lohnen
vyplnit, vyplň! *pf.* (**vyplňovat** *ip.*) ausfüllen, erfüllen
vypočítavý berechnend
vypotit se *pf.* (**potit se** *ip.*) schwitzen
vyprat, vyperu *pf.* (**prát** *ip.*) waschen
výprava *f.* e Ausstattung
vyprávět *ip.* erzählen
výpravný Ausstattungs-
vyprodáno ausverkauft
vyrazit *(na cestu) pf.* aufbrechen *(auf den Weg)*
vyschnout, vyschl *pf.* (**schnout, vysychat** *ip.*) trocken werden

vysoký hoch
vyspělý hochentwickelt
výstava *f.* e Ausstellung
vystavovat *ip.*(**vystavit** *pf.*) ausstellen
výstřih *m.* r Ausschnitt
vystupovat *ip.* (**vystoupit** *pf.*) aussteigen
vysvědčení *n.* s Zeugnis
vysvětlit *pf.* (**vysvětlovat** *ip.*) erklären
vysvitnout *pf.* (**vysvítat** *ip.*) hervorleuchten
vyšetření *(nemocného) n.* e Untersuchung *(eines Kranken)*
výtah *m.* s Lift, r Fahrstuhl
výtvarný bildend
vyučovat *ip.* unterrichten
využívat *ip.* (**využít** *pf.*) ausnutzen
vzadu *adv.* hinten
vzdělání *n.* e Bildung, e Schulbildung; **základní v.** e Grundbildung; **střední / středoškolské v.** e Mittelschul- / Oberschulbildung
vzdělat *pf.* (**vzdělávat** *ip.*) (aus)bilden
vzdělávat *ip.*(**vzdělat** *pf.*) bilden
vzduch *m.* e Luft
vzhůru *adv.* aufwärts
vzít (si), vezmu (si), vzal (si) *pf.* (**brát si** *ip.*) nehmen; **v. (si) s sebou** mitnehmen
vzít si[1] *(na sebe)*, vezmu si, vzal si *pf.* (**brát si** *ip.*) sich anziehen
vzít si[2] *(za ženu, za muže)*, vezmu si, vzal si *pf.* (**brát si** *ip.*) + Akk. heiraten
vzít se, 3. P. *pl.* vezmou se, vzali se *pf.* (**brát se** *ip.*) heiraten

vzniknout, vznikl *pf.* (**vznikat** *ip.*) entstehen
vzor *m.* s Muster
vzpomenout si, vzpomněl si *pf.* (**vzpomínat si** *ip.*) sich erinnern
vždy, vždycky *adv.* jedes Mal, immer
vždyť *par.* ja, doch

Z

z, ze + G. *präp.* aus
za + Akk./Instr. *präp.* hinter, nach
zabalit *pf.* (**balit** *ip.*) einpacken
zabít, zabiju/-ji, zabil *pf.* (**zabíjet** *ip.*) totschlagen
zabloudit *pf.* (**bloudit** *ip.*) sich verlaufen
začínat *ip.* (**začít**, začnu, začal *pf.*) beginnen, anfangen
záda, G. zad *pl. n.* r Rücken
zadarmo, zdarma *adv.* kostenlos, gratis, umsonst
zadní Hinter-, hintere
zahájit *pf.* (**zahajovat** *ip.*) eröffnen, beginnen
zahnout *pf.* (**zahýbat** *ip.*) (ab)biegen
zahrada *f.* r Garten
zahraničí *n.* s Ausland
zahraniční Auslands-, ausländisch
zájem, -jmu *m.* s Interesse
zajímat *ip.* fesseln, interessieren
zajímat se o + Akk., *ip.* sich interessieren
zajímavý interessant
zakázaný verboten
zakázat, zakážu *pf.* (**zakazovat** *ip.*) verbieten
zákazník *m.* r Klient, r Kunde
zákon, -a *m.* s Gesetz
zákoutí *n.* r Winkel

záliba *f.* e Vorliebe
založit (si) *pf.* (**zakládat (si)** *ip.*) gründen
zaměstnání *n.* e Beschäftigung, r Beruf
zaměstnaný berufstätig
zamilovaný verliebt
zamknout, zamkl *pf.* (**zamykat** *ip.*) abschließen, absperren
zamračený trüb
zaniknout, zanikl *pf.* (**zanikat** *ip.*) untergehen
západ *m.* r Westen
zápal *m.* e Entzündung; **z. plic** e Lungenentzündung
zápalka, G. *pl.* -lek *f.* s Streichholz
zaplatit *pf.* (**platit** *ip.*) bezahlen
zaplavit *pf.* (**zaplavovat** *ip.*) überfluten, überschwemmen
zápletka *f.* e Verwicklung
zapnout *pf.* (**zapínat** *ip.*) zumachen
zapomenout, zapomenul/zapomněl *pf.* (**zapomínat** *ip.*) vergessen
zároveň *adv.* zugleich
září *n.* r September
zase, zas *adv.* wieder
zasedání *n.* e Tagung
zataženo *adv.* bewölkt
zatímco *kon.* während
zátiší *n.* s Stillleben
zatknout, zatkl *pf.* (**zatýkat** *ip.*) verhaften
zátoka *f.* e Bucht
závěr *m.* r Schluss, s Ende
zavěsit *(telefon) pf.* (**zavěšovat** *ip.*) anhängen, auflegen *(den Hörer)*
závidět *ip.* beneiden
závislý na + L. abhängig
závistivý neidisch

zavolat + D., *pf.* (**volat** *ip.*) anrufen *(telefonieren)*
zavřít, -vřu, -vřel *pf.* (**zavírat** *ip.*) zumachen, schließen
záznamník *m.* r Anrufbeantworter
zbabělý feige
zbavit se + G. *pf.* (**zbavovat se** *ip.*) sich lösen
zbrojní Rüstungs-
zbývat *ip.* (**zbýt**, zbudu, zbyl *pf.*) übrigbleiben
zda *kon.* ob
zdát se *ip.* scheinen; **Zdá se mi pilný**. Ich finde ihn fleißig.
zde *adv.* hier
zdokonalovat se v + L. *ip.* (**zdokonalit se** *pf.*) sich vervollkommnen
zdraví *n.* e Gesundheit; **na z.!** zum Wohl! Prosit!
zdravý gesund
zeď, zdi *f.* e Wand
zelenina *f.* s Gemüse
zelený grün
zelí *n.* r Kohl, s Kraut
země *f.* s Land
zeměpis *m.* e Erdkunde
zemřít, -mřu, -mřel *pf.* sterben
zeptat se + G. na + Akk. *pf.* (**ptát se** *ip.*) fragen
zevnějšek, -šku *m.* s Äußere
zhasnout, zhasl *pf.* (**zhasínat** *ip.*) auslöschen; erlöschen
zima¹ *f.* r Winter
zima² *adv.* kalt
zítra *adv.* morgen
zjistit *pf.* (**zjišťovat** *ip.*) feststellen
zklamaný enttäuscht
zklamat se *pf.* enttäuscht sein
zkoušení *n.* e Leistungskontrolle

zkouška, G. *pl.* -šek *f.* e Prüfung
zkusit *pf.* (**zkoušet** *ip.*) versuchen
zkušenost *f.* e Erfahrung
zleva *adv.* von links
zlobit se *ip.* (**rozzlobit se** *pf.*) sich ärgern, böse sein
zločin *m.* s Verbrechen
zločinec, -nce *m.* r Verbrecher
zloděj *m.* r Dieb
zlomyslný boshaft
změna *f.* e Wendung; **z. počasí** r Wettersturz
změnit *pf.* (**měnit** *ip.*) wechseln
zmlknout, zmlkl *pf.* verstummen
zmoknout, zmokl *pf.* (**moknout** *ip.*) nass werden
znalec, -lce *m.* r Kenner
znamení *n.* s Zeichen
známka, G. *pl.* -mek *f.* z + G. e Zensur, e Note; *(poštovní)* e Briefmarke
známý bekannt
známý, -ého *m.* r Bekannte
znát, znám, znal *ip.* kennen; wissen
zničit *pf.* (**ničit** *ip.*) vernichten, kaputt machen
znít, zněl *ip.* (**zaznít** *pf.*) klingen
zobrazovat *ip.* (**zobrazit** *ip.*) abbilden
zóna *f.* e Zone
zpět *adv.* zurück; **tam i z.** hin und zurück
zpěvák *m.* r Sänger
zpívat *ip.* (**zazpívat** *pf.*) singen
zpívávat *ip.* zu singen pflegen
zpráva *f.* e Nachricht
zranit *pf.* (**zraňovat** *ip.*) verletzen, verwunden
zrcadlo *n.* r Spiegel
zřídit *pf.* (**zřizovat** *ip.*) bilden, errichten

ztratit *pf.* (**ztrácet** *ip.*) verlieren
ztvárnění *n.* e Bearbeitung, e Darstellung
zub *m.* r Zahn
zúčastnit se + G. *pf.* (**účastnit se** *ip.*) teilnehmen
zůstat, zůstanu, zůstaň! *pf.* (**zůstávat** *ip.*) bleiben
zvědavý neugierig
zvíře, -ete *n.* s Tier
zvládat *ip.* (**zvládnout** *pf.*) bewältigen
zvolit *pf.* (**volit** *ip.*) wählen
zvon *m.* e Glocke
zvracet *ip.* erbrechen, sich erbrechen
zvyknout si, zvykl si *pf.* (**zvykat si** *ip.*) sich gewöhnen

Ž

žádný *pnm.* kein
žák *m.* r Schüler
žákyně *f.* e Schülerin
žaludek, -dku *m.* r Magen
žárlivý eifersüchtig
že[1] *kon.* dass
že[2]? *par.* nicht wahr?
želva *f.* e Schildkröte
žena *f.* e Frau, s Weib; e Ehefrau, e Gattin
ženatý *(nur ein Mann) m.* verheiratet
ženit se s + Inst. *(nur von den Männern) ip.* (**oženit se** *pf.*) heiraten
židle *f.* r Stuhl
žiletka, G. *pl.* -tek *f.* e Rasierklinge
žirafa *f.* e Giraffe
živo lebhaft
život, -a *m.* s Leben
živý lebendig
žízeň, -zně *f.* r Durst
žlučník *m.* e Gallenblase
žlutý gelb
župan *m.* r Morgenmantel

BENUTZTE LITERATUR

Havránek, B., Jedlička, A.: Stručná mluvnice česká. Praha, SPN 1992.

Pravidla českého pravopisu. Praha, Academia 1993.

Slovník spisovné češtiny pro školu a veřejnost. Praha, Academia 1995.

Česko-německý slovník. Pod redakcí H. Siebenscheina. Praha, SPN 1992.

Německo-český slovník. Pod redakcí H. Siebenscheina. Praha, Leda 2002.

Frei, B. J.: Tschechisch gründlich und systematisch. München, Verlag Otto Sagner 1997.

Hasil, J., Hasilová, H.: Tschechisch für Anfänger. ISV Praha, 1995.

Heller, J.: Tschechisch für Deutsche. Praha, Orbis 1949.

Liste, H.: Taschenbuch Tschechisch. Leipzig, Enzyklopädie 1990.

Březina, J.: Kurzer Lehrgang der tschechischen Sprache. Leipzig, 1970.

Jančík, J.: Ahoj! Mluvíte česky? Wien, 1990.

VERZEICHNIS DER AUFNAHMEN

CD 1
Track

1	Lektion 1:	*Text*	Pan König je v Praze
2–8		*Übungen*	1, 2, 3, 4, 6, 8, 10
9	Lektion 2:	*Text*	Ahoj Kurte, už máš byt?
10–14		*Übungen*	1, 3, 5, 7, 9
15	Lektion 3:	*Text*	Zavoláme Milanovi?
16–21		*Übungen*	1, 4, 5, 6, 8, 10
22	Lektion 4:	*Text*	Aleno, kde nakupuješ?
23–32		*Übungen*	1, 2, 3, 4, 5, 6, 9, 12, 13, 15
33	Lektion 5:	*Text*	Proč nechceš jet s námi na hory?
34–42		*Übungen*	1, 4, 5, 6, 8, 9, 11, 12, 15

CD 2
Track

1	Lektion 6:	*Text*	Žádný spěch se svatbou
2–9		*Übungen*	1, 3, 4, 7, 13, 14, 16, 17
10	Lektion 7:	*Text*	Poprvé v Praze
11–17		*Übungen*	1, 5, 8, 9, 10, 11, 14
18	Lektion 8:	*Text*	O dovolené byli všichni spokojeni
19–21		*Übungen*	1, 5, 7

22	**Lektion 9:**	*Text* Rozmary dubnového počasí
23–29		*Übungen* 1, 4, 5, 6, 8, 11, 15
30	**Lektion 10:**	*Text* Máme doma želvu
31–35		*Übungen* 1, 3, 5, 7, 10
36	**Lektion 11:**	*Text* Co tomu říká horoskop?
37–39		*Übungen* 1, 10, 11
40	**Lektion 12:**	*Text* Co si dáme k večeři?
41–43		*Übungen* 1, 9, 10

CD 3
Track

1	**Lektion 13:**	*Text* Čím chceš být?
2–7		*Übungen* 1, 4, 5, 7, 11, 12
8	**Lektion 14:**	*Text* V čekárně a v ordinaci
9–14		*Übungen* 1, 5, 7, 9, 12, 14
15	**Lektion 15:**	*Text* Hnědá kravata? Vyloučeno!
16–21		*Übungen* 1, 7, 8, 9, 10, 18
22	**Lektion 16:**	*Text* Filmový festival je přede dveřmi
23–26		*Übungen* 1, 3, 11, 16
27	**Lektion 17:**	*Text* Co je ve světě nového?
28–32		*Übungen* 1, 4, 5, 7, 8
33	**Lektion 18:**	*Text* Od praotce Čecha k zániku Velkomoravské říše
34–41		*Übungen* 1, 5, 7, 8, 11, 14, 17, 25

TSCHECHISCH IM ALLTAG
Učebnice češtiny pro německy hovořící

Dagmar Brčáková, Eva Berglová

Odpovědná redaktorka: Mgr. Bohumila Kloudová
Obálka a grafická úprava: akademický malíř Marek Jodas
Ilustrace: Karel Benetka
Sazba: PAGE DTP, Jana Růžičky 1, 148 00 Praha 4
Tisk a vazba: PBtisk, s.r.o., Dělostřelecká 344, 261 01 Příbram
Zvuk, střih a mixáž: Ivan Mikota
Mluví: René Durčák, Jana Durčáková,
Veronika Veselá, Radek Zima
Nahrávka pořízena digitálně ve studiu MI 91 v roce 2004
http://www.volny.cz/mikota

Vydalo nakladatelství LEDA spol. s r. o., 263 01 Voznice 64
http://www.leda.cz
1. vydání, 2006
368 stran, CD 1 (74:31), CD 2 (79:41), CD 3 (79:27)

ISBN 80-7335-043-2